VALUE INVESTING

投资至简

从原点出发构建价值投资体系

静逸投资 ◎ 著

机械工业出版社
CHINA MACHINE PRESS

价值投资是一条少有人走的路。它极其简单，简单到可以浓缩为一句话。它又极其复杂，复杂到可能涉及自然界和人类社会所有的知识和规律。价值投资需要化繁为简，又要化简为繁。《投资至简》分为四章：第一章从"投资就是放弃一种资产，获得另一种资产更多的未来现金流的折现值"这一原点出发，以演绎思维推导出资产配置、标的选择、估值方法、买入条件、持有的原因、卖出时机、投资原则、资产观、风险观、企业分析方法等一切投资中的重要答案，并构建一个完善的投资体系。第二章是关于商业洞察，从商业模式、发展空间、竞争壁垒、管理质量与企业文化四个方面，完成对企业的定性分析。第三章是投资实践，提供了我们过去的一些重要投资实践案例，其中一些是重大的投资机会，也有一些是失误的教训。第四章是关于投资的再思考、再认识，包括对人的理解、思维方法，以及从我国传统文化中汲取的营养。

图书在版编目（CIP）数据

投资至简：从原点出发构建价值投资体系/静逸投资著. —北京：机械工业出版社，2019.12（2025.5重印）

ISBN 978-7-111-64313-5

Ⅰ. ①投… Ⅱ. ①静… Ⅲ. ①投资-研究 Ⅳ. ①F830.59

中国版本图书馆CIP数据核字（2019）第263678号

机械工业出版社（北京市百万庄大街22号　邮政编码100037）
策划编辑：李　浩　　责任编辑：李　浩　蔡欣欣　廖　岩
责任校对：李　伟　　责任印制：孙　炜
北京联兴盛业印刷股份有限公司印刷
2025年5月第1版第17次印刷
145mm×210mm · 11.25印张 · 3插页 · 299千字
标准书号：ISBN 978-7-111-64313-5
定价：88.00元

电话服务	网络服务
客服电话：010-88361066	机　工　官　网：www.cmpbook.com
010-88379833	机　工　官　博：weibo.com/cmp1952
010-68326294	金　书　网：www.golden-book.com
封底无防伪标均为盗版	机工教育服务网：www.cmpedu.com

致 谢

《投资至简：从原点出发构建价值投资体系》的出版得益于各方面朋友的大力支持。感谢张居营、宋军、王山、喻乐等一路相互切磋、共同传播价值投资的多位投资同道。感谢家人的理解和支持。感谢一直以来支持静逸投资的各位朋友！

前　言

本书的形成，既有偶然，也有必然。

本书的两位作者，因为偶然读到彼此发表在网络上的投资类文章而结识，才发现我们原来是同一所大学的校友。更重要的是，我们对投资、对世界和人生的认知非常契合。基于相同的价值观和愿景，我们创办了静逸投资。

静逸投资的初心，就是希望成为植根于中国大地的"纯粹的价值投资践行者"。我们要完成两项使命：一是终生知行合一地践行纯粹的价值投资，为信任静逸基金的投资人优化资产配置，实现财富的增值和传承；二是更大范围地传播价值投资的理念和实践经验，帮助更多的人走上"静投资，逸生活"的大道。

我们相信分享的力量是巨大的。为了传播价值投资，我们在微信公众号"静逸投资"、雪球等渠道不定期发布对投资和商业的思考。我们不但分享自己的投资思考，也邀请多位价值投资同道，毫无保留地分享投资的体系和实践经验，这些无私分享已广受好评。本书也是"传播价值投资"使命的一部分，是我们十多年来投资思考的集合，也是我们长期投资实践的阶段性总结。但投资的事业永无止境，我们也将永远在思考和实践中上下求索。

价值投资是一条少有人走的路。它极其简单，简单到可以浓缩为一句话。它又极其复杂，复杂到可能涉及自然界和人类社会所有的知识和规律。价值投资需要化繁为简，又要化简为繁。理解投资、看透市场、洞察商业、克服人性本能都很难。"知是行之始，行是知之成。"理解价值投资，并非记住大师们讲过的几个原则那么简单，而是需要我们自己深度思考，探究其精微之处，抓住投资的本质和商业的规律，并且在长期实践中经历各种极端复杂情况的考验，从实践中再反复锤炼自己的认知。这其中的心路历程，无法省略。

本书也因此分为四部分：第一章从"投资就是放弃一种资产，获得另一种资产更多的未来现金流的折现值"这一原点出发，以演绎思维推导出资产配置、标的选择、估值方法、买入条件、持有原因、卖出时机、投资原则、资产观、风险观、企业分析方法等一切投资中的重要答案，并构建一个完善的投资体系。第二章是关于商业洞察，从商业模式、发展空间、竞争壁垒、管理质量与企业文化四个方面，完成对企业的定性分析。第三章是投资实践，提供了我们过去的一些重要投资实践案例，其中一些是重大的投资机会，也有一些是失误的教训。第四章是关于投资的再思考、再认识，包括对人的理解、思维方法，以及从我国传统文化中汲取的营养。

走上价值投资的大道，投资便不再是兴奋、焦虑、贪婪和恐惧相互交织的零和博弈。价值投资，是一种对社会趋势的观察，对商业模式的理解，对优秀企业家的欣赏，对复杂人性的洞察，对自我的再认知，对世界的好奇心，对知识的终身求索，对喧嚣的远离，对孤独的享受，以及对偶遇同行者的欣喜。

投资不只是关乎财富，它是普世智慧的一个分支。

偶然的相遇，必然的使命。我们将不忘初心，坚定前行。

静逸投资
2019 年 9 月 9 日

目 录

| 致 谢 |　Ⅲ
| 前 言 |　Ⅳ

|第一章|构建投资的大厦|

第一节　投资的第一性原理　002
　一、现金流折现是投资的"第一性原理"　002
　二、现金流折现是评估企业内在价值的唯一标准　016
　三、真实地计算一次现金流折现公式带来的启发　023
　四、股价和估值水平究竟是如何决定的　033
第二节　股票市场的规律　042
　一、进入股市的首要问题：股权思维还是现金思维　042
　二、股票市场的三条公理及其推论　047
　三、股价长期会回归内在价值，"长期"是多长　059
　四、股价只反映可见未来的预期并做动态调整　063
　五、两位市场先生："买买买先生"和"卖卖卖先生"　065
　六、树立正确的风险观，建立完备的"容错机制"　067
　七、对"回撤"的思考：五类情形及应对方法　074
第三节　构建价值投资体系　079
　一、两种安全边际：价格与质量的天平　079
　二、机会成本：如何掌握安全边际的度　084

三、卖出没那么重要：四个卖出标准　087

四、买入和持有的"悖论"　092

五、"确定性"与"弹性"决定投资组合的集中度　095

六、不懂不做，什么是"懂"：正确理解"能力圈"　098

七、费雪体系和格雷厄姆体系的不同　101

八、一句话概括投资体系　104

第二章 洞察商业的秘密

第一节　优秀企业的四个标准：好、大、高、正　110

一、商业的核心　110

二、好的商业模式　111

三、大的发展空间　112

四、高的竞争壁垒　112

五、正的企业文化　113

六、定性分析比定量分析更重要　113

第二节　商业模式七要素分析模型　115

一、目标客户　116

二、价值主张　120

三、产品和服务　124

四、价值链　129

五、盈利模式　136

六、生意特性　140

七、自由现金流　151

商业模式分析案例　157

第三节　企业成长空间分析　162

一、"好成长"与"坏成长"　162

二、商业模式决定企业的市场规模　164

三、企业的发展阶段决定着成长空间　168

四、企业的成长动力分解　169

五、洞察经济社会发展趋势　173

六、缓慢增长行业也可能有很好的投资机会　178

第四节　企业的护城河分析　179

一、市场经济动力学　179

二、分析护城河的三个工具　180

三、关于护城河的注意事项　187

四、识别非护城河因素　191

五、慎言颠覆　193

第五节　管理质量与企业文化　194

一、治理结构　194

二、企业家　201

三、企业文化　208

第六节　企业经营失败的原因分析　214

一、企业未能适应外部环境的重大变化　215

二、企业的重大战略、经营决策、内部治理出现问题　217

三、企业的价值观偏离了正道　221

第七节　投资中如何搜集和处理信息　222

第八节　企业分析综合案例　227

　　Costco 开市客：我其实不是超市，我是你无法拒绝的管家　227

| 第三章 | 投资实战分析 |

第一节　投资的检查清单思维　242

一、入市之前的自我检查清单　242

二、公司研究阶段的检查清单　243

三、买入阶段的检查清单　246

四、持有阶段的检查清单　248

第二节　牧原股份：应用检查清单抓住公司研究的关键问题　249

一、搜寻事实：公司过去是否优秀　250

二、解释过往：公司过去为何优秀　253

三、理解当下：公司当前的优劣势　262

四、预测未来：未来五到十年的情况　264

第三节　呷哺呷哺：从分析、买入到持有的投资案例　267

一、发现与分析：买什么　267

二、择时与建仓：怎么买　275

三、动态检视企业：如何持　277

第四节　伊利股份："三聚氰胺事件"后的困境反转　280

一、"三聚氰胺事件"始末　280

二、为什么此时投资伊利　280

三、为什么投资伊利，而非其他乳企　283

四、行业发展的后续跟踪　283

五、长期持有一家公司的股票是怎样一种体验　286

第五节　2014年的五粮液：四重悲观叠加下的大机会　288

一、投资五粮液的背景　288

二、为什么此时投资五粮液　291

三、为什么投资五粮液，而不是茅台或者其他白酒　295

四、投资后的跟踪　297

五、投资五粮液的几点启发　299

第六节　我们是如何错过颐海国际的　301

一、定性分析　301

二、事后的复盘　305
第七节　如何避免踩雷长生生物　307
　　一、长生生物看起来是一家好公司　307
　　二、如何避免踩雷　309

|第四章| 超越投资的思考

第一节　对人的理解：人的感觉、需求和基因的诅咒　312
　　一、人类的六感　312
　　二、人类的需求　314
　　三、动物性、人性和神性　318
　　四、基因的诅咒　320
第二节　知其害而用其利：归纳法与演绎法的运用　321
　　一、归纳法和演绎法的运用　322
　　二、归纳法和演绎法的局限和危害　323
第三节　我们应该怎样对待投资中的错误　326
第四节　大道甚夷，而人好径：《道德经》中的投资智慧　330
第五节　跨越2 500年的异曲同工：《孙子兵法》与价值投资　337
第六节　价值投资是普世智慧的一个分支　342
　　一、人生完美的商业模式　342
　　二、普世智慧的一个分支　347

第一章 构建投资的大厦

第一节　投资的第一性原理

一、现金流折现是投资的"第一性原理"

大道至简，世界上最伟大的理论往往非常简洁。亚里士多德说："在任何一个系统中，存在第一性原理，一个最基本的命题或假设，不能被省略，也不能被违反。"有没有一句话可以总结出投资的本质和全部精髓。甚至以这句话为原点出发，就可以推导出整个投资体系呢？我们认为是存在的，这句话就是：

"投资就是放弃一种资产，获得另一种资产更多的未来现金流的折现值。"

这就是投资的"第一性原理"，投资的"原点"，包含了投资的所有要义和精髓。其他的关于投资的一切道理不过是这句话的推论和实践。资产配置、标的选择、估值方法、买入标准、持有的原因、卖出时机、投资原则、资产观、风险观、企业分析方法、投资的正确态度等一切投资中的重要问题，都可以而且应该从投资的第一性原理推导出来。

也有人认为，投资的"第一性原理"应该是"股票是企业的一部分，买股票就是买企业"。这样说当然也是正确的，但更多停留在理念层面。买股票就是买企业，那么到底是在买企业的什么东西呢？是买企业的资产和负债吗？是买企业的品牌和技术吗？是买企业运营资本的能力吗？都对，但都不完全。**买企业，买的是企业的未来自由现金流**。现金流折现理论是"股票是企业的一部分"这一理念的定量化的表达方式。二者表达的意思是完全等价的，但数学化的表达形式将带给我们更多新的启发。

现金流折现理论是约翰·威廉姆斯在 1938 年《投资价值理论》一书中首先提出的。现金流折现理论的含义为："任何股票、债券或**企业今天的价值，都取决于其未来剩余年限预期的净现金流（现金流入减去现金流出），以一个适当的折现率加以折现后所得的现值。**"用公式来表示就是：

$$\sum_{t=1}^{n}\frac{CF_t}{(1+r)^t}=\frac{CF_1}{(1+r)^1}+\frac{CF_2}{(1+r)^2}+\cdots\cdots+\frac{CF_n}{(1+r)^n}$$

其中，n 表示资产（企业）的寿命；CF_t 表示资产在 t 时刻产生的现金流；r 反映预期现金流的折现率。

抛开数学公式化的表述，其实现金流折现理论非常容易理解。我们做任何投资，不就是放弃现在手上的钱，获得所购买的资产的未来所有的现金流吗？我们去银行存了1万元一年期定期存款，就是放弃了这1万元的使用权，为了一年后可以获得10 300元的现金流（假定利率为3%）。花1万元买入一只五年期国债，就是放弃了这1万元在这五年的使用权，获得了未来五年每年发放的利息以及第五年返还的本金。

现金流为什么需要折现呢？道理很简单。我们不会愿意用当前手上的100元，交换明年同样的100元，更不用说交换10年后的100元。**货币是有时间价值的。**今天的100元比明天、明年的100元更有价值。为什么货币有时间价值呢？一是人的寿命有限。二是在现代信用货币制度下，任何国家都有超额发行纸币收取铸币税的天然冲动。通货膨胀是一个必然现象，货币购买力将随时间自然贬值。三是人有"不耐性"，就算人的寿命趋于无限，100元的价值明年不变，人们在当下消费这100元的效用也要高于明年再消费的效用。下单当天就能收到的商品比五天后才收到的商品效用更高。最后，货币的时间价值还来源于世界的不确定性。放弃当前的100元，明年能不能得到100元有不确定性。万一银行倒闭了呢？万一债券不兑付了呢？所以，未来的现金流需要用一个折现率折成现在的价值，才可以与当前放弃的价值进行比较。

现金流折现就是一项资产的"内在价值"。我们做一切投资决策，都应该首先基于内在价值，而不是"历史成本价值""账面价值""市场公允价值""清算价值"。只有内在价值才是我们得到的，其他的可能是我们曾经付出的，现在要付出的，或者别人付出的，更多的只有参考价值。

1. 现金流折现是评估一切资产价值的统一标准

现金流折现是评估一切资产价值的统一标准。所有资产类别，无论是现金、银行存款、债券、股票、未上市企业、保险、比特币、黄金、白银、农场、房地产、商铺、字画、古董、艺术品、苹果树还是老母鸡，都可以用其未来现金流折现来评估其价值。

如果买一棵苹果树，它的价值取决于从现在一直到苹果树枯死期间，一共摘下的所有苹果的价值，加上最后卖掉枯萎苹果树的清算价值，减去这期间所有的成本，将这些在不同时间的净现金流用合适的折现率折现得到的净值。如果买了一套房子拿来出租，它的价值就取决于未来每年能收到多少租金，每年付出多少维护成本，以及最后结束出租拿到市场上去卖掉房子得到多少钱，然后把这些现金流折现。如果投资收藏一幅齐白石的画，那么它的现金流只有一次，它的价值就是下次卖出这幅画时，对方会出多少钱，然后折现。

如果买入一只十年期的债券，它的价值取决于未来十年每年的息票和最终退还的本金，然后加以折现。假如买入一家未上市企业100%的股权，就要计算其在未来生命周期能带来多少净现金流，然后折现。买入企业和买入债券是完全同样的道理。**企业是特殊的债券，债券是特殊的企业**。只不过债券和企业的未来现金流形式有很大不同，债券的息票是提前定好的，到期日也是定好的。而企业的未来的息票和到期日则是没有提前确定的，未来还可能遇到很多变数。

买入一家公司部分股权，比如50%的股权，计算其内在价值，只需用这家公司未来现金流折现值乘以50%。买入的股权只有万分之一呢？很简单，用这家公司的未来现金流折现值乘以万分之一就行了。股票所代表的股权，就是企业所有股权的一部分。评估股票的价值，也就是企业的一部分的价值，只需要用企业所有的未来现金流折现值乘以所持有股票对应的股权份额比例。

巴菲特在1989年致股东的信中写道："真正重要的还是内在价值，这个数字代表我们公司旗下所有事业的综合价值。通过准确的预测,这个数字是将企业未来的净现金流量以现行的利率进行折现而得出。不管是马鞭制造商还是移动通信从业者,都应在这个相同的计算基础上对其经济价值进行评估。"

所以,任何资产的"内在价值",都是其未来现金流的折现值。每种资产类别的特征都大不相同,资产获得现金流的持续性、确定性、稳定性和增长性都不相同。但是,现金流最终代表的金钱都是一样的。有了这种思维,就可以把母鸡和黄金的价值在一起比较,也可以把股票和债券的价值拿来比较,也可以拿茅台的股票和中石油的股票进行比较。

"投资就是放弃一种资产,获得另一种资产更多的未来现金流的折现值"这句话的前半句——"投资就是放弃一种资产",我们放弃的资产可以是现金,也可能是别的资产。只不过对大多数个人投资者来说,投资时一般是放弃现金,买入某种资产。现金是一种可以视为在交易时刻的市场现值与内在价值相等的资产。无论我们用现金买入股票,用母鸡换一棵苹果树,还是用自己公司的股权交换另外一家公司的股权,都应该同时评估自己手中资产的内在价值、市场现值,以及所交易资产的内在价值和市场现值,然后对四者进行比较。

我们应知道,做一笔投资,**我们放弃的到底是什么,得到的又是什么**。只有得到的大于付出的,这笔投资才有意义。而"付出的是什么"和"得到的是什么",有时候并非一目了然。菲利普·费雪说:"股市充斥着一群人,他们晓得所有东西的价格,却不晓得任何东西的价值。"巴菲特说:"价格是你付出的,价值是你得到的。"当我们付出的价格低于得到的价值(未来现金流折现值)的时候,投资才是理性的。同时,我们用什么方式来支付这个价格,也是有巨大区别的。用资产还是现金来支付,拉长时间会有很大不同。

假设 A 公司的内在价值是 100 亿元,市值是 200 亿元。B 公司的内在价值是 50 亿元,市值是 25 亿元。虽然 B 公司的内在价值的绝对值小于 A 公司,但我们应考虑的是相对量。此时用现金资产交换 B 公司股权资产是划算的,用一部分相同市场现值的 A 公司股权来交换一部分 B 公司股权资产则更加划算。如果 A 公司的内在价值是 100 亿元，市值是 50 亿元，则 A 公司可以用账上的现金回购自己的股票。A 公司付出的是现金（归全部股东所有），得到的是所回购股份的未来现金流折现（内在价值），只有公司股价低于内在价值时，回购对现有股东才有意义，相当于股东放弃现金，从市场上买入了价值更大的资产（本公司的股票）。

注意，以上的比较只是静态的市场现值和内在价值的比较，现实中内在价值是动态变化的，我们需要有更长远的眼光。用 A 公司的股权交换 B 公司的股权，拉长时间，A 公司和 B 公司的市场现值都会回归内在价值，同时 A 公司和 B 公司的内在价值又会随时间推移发生变化，所以交易时刻对两家公司长期内在价值的判断是非常关键的。

例如，Dexter 鞋业是被巴菲特称为"值得写进吉尼斯世界纪录的金融灾难"。1993 年，巴菲特收购 Dexter 鞋业时，公司看起来不错，价格也便宜。但很快，由于竞争激烈，Dexter 鞋业竞争优势完全蒸发，内在价值很快归零。巴菲特为这笔收购支付了 4.33 亿美元，但支付的是等值的伯克希尔公司股票，而不是现金。这部分股票到 2014 年价值 57 亿美元。Dexter 鞋业的价值早已归零，但巴菲特支付的代价的机会成本随着伯克希尔内在价值的增长还在不断增加。这就是巴菲特对这笔投资极其后悔的原因，而且伯克希尔股价越上涨，他就越后悔。

2. 从未来现金流特征比较三种大类资产

虽然一切资产的价值都可以用现金流折现这个尺度来衡量，但是不同的资产类别具体的现金流特征——如持续性、确定性、稳定性、增长性，是大不相同的。依据资产未来现金流特征的不同，可以将所有资产分为三种类型：现金类资产、交易类资产和股权类资产。

第一类是以货币计价的"现金类资产"，如现金、银行存款、货币基金、债券、短期债券等。现金可以看作未来收益为零，只有期末一次性现金流的高度确定性的资产。因为 100 元放在枕头下 20 年后拿出来还是 100 元。现金类资产面临的最大敌人是通胀。现金的内在价值会随着持有期加长而缩小。即便是温和的通胀，经过长期的复利效应，现金类资产也面临大幅的缩水。例如，1 美元的购买力在过去

200多年跌去95%。持有这类资产，表面上看是最安全的，其实长期来看是风险很高的。

现金类资产不适宜作为大比例资产配置的选择，但现金的作用却不可忽视。现金类资产可以直接兑换其他所有类型资产，并且可以直接清偿债务和税务，而无须任何中介，是一种"中心化"的资产。**现金类资产在关键时刻为我们提供流动性，并对其他资产形成保护**。巴菲特说："现金就像氧气，当它存在的时候，从来不想它，但当缺了它的时候，却是心里唯一想要的东西。"所以现金在关键时刻有救命的作用。很多企业的倒闭并非没有高价值的资产，而是缺乏流动性资产，缺乏现金。

无论是企业还是个人的生活中，都需要保留一部分高流动性的现金类资产，以供不时之需。对个人投资者而言，在投资中应该只用闲钱。所谓闲钱，就是未来五年甚至更长时间内不会动用的钱。只用闲钱，可以保证我们不会在急需用钱的时候被动决定我们的卖出时点。闲钱可以让我们更加从容，更加坦然地面对各种极端市场情况。

除了保证必要的流动性外，现金类资产在资产配置中应该占据比较小的比例。因为它们在长期来看是高度确定会永久损失本金的资产。此外要注意，有些所谓的类现金资产，并不真正等同于现金，并不具备现金的最高流动性和"中心化"特征。一些银行理财产品，表面上有现金的模样，却要求锁定几十天至几年不等，背后的资产甚至是股权或债券。**这就失去了我们持有现金类资产的应有之意**。我们在选择现金类资产时，一定要想明白现金的作用和意义是什么。

第二类是没有生产性，不能持续创造现金流的"交易类资产"，例如黄金、原油、比特币、艺术品等。这类资产没有生产性的现金流，只有在最后卖出时产生的"一次性现金流"。以黄金为例，黄金的实际需求无法推动价格的持续上涨。但每当国际形势动荡时，黄金价格因为避险需求增长会上升，但每次都证明不过虚惊一场。200多年间，黄金价格在扣除通胀后只涨了2倍多，可见黄金并不是好的避险资产。

比特币是一种基于区块链技术的去中心化的电子加密货币。比特币通过私钥作为数字签名，允许个人直接支付给他人，不需经过银行、清算中心等第三方机构，从而避免了高手续费、复杂流程以及受监管的问题。比特币协议数量上限为 2 100 万个。比特币被认为是对主权货币的一种替代，可以避免通胀。大众的这种不切实际的幻想引发了比特币的投机狂潮。但暴涨暴跌、交换价值极不稳定的比特币不可能作为交易的媒介替代主权货币。比特币数量稀缺也只是一种想象，因为还有莱特币、以太币等大量的替代品。人们想要多少种数字货币就可以有多少种。单个比特币本身也可以拆分。比特币目前主要是一种投机的工具。当然，比特币的底层技术区块链本身是中性的，今后可应用在各行业。比特币当然会长期被某些人所需要，可以用于科研、收藏、地下交易、跨境转移资产等。比特币也有它的价值，只是这种价值我们完全无法估算，无法预测。

投资于没有生产性的资产，就一定是在投机吗？也不一定。格雷厄姆对投资和投机区分的标准是：**"投资是根据详尽的分析，在本金安全的基础上获得满意回报。不符合这一标准的是投机。"** 是否是投资依赖于我们是否能建立起高度确定性。对黄金、白银、古董、石油、比特币这类资产，虽然它们只有一次性的现金流，但如果对其基本面经过了专业的分析，对市场交易者的需求有高度确定性的预测，有极大的把握能以更高的价格卖出去，那也是一种投资。《国语》中"夏则资皮，冬则资絺，旱则资舟，水则资车，以待乏也"体现的古代人的投资思想，就是通过准确预测供求关系的周期性变化，买卖非生产性资产获得大幅增值的未来一次性现金流。

1998 年，巴菲特进行了一项非传统投资，大量买入白银。虽然引起了很大争议，但巴菲特其实对白银观察了几十年，对白银的供求特征已经了如指掌，有极高把握判断白银供求的失衡导致价格的上涨。尽管如此，这类交易性资产价格非常难以评估，供求关系变化的时间难以预测，出错的概率极高，大部分都是出于投机的目的。

无风险套利机会也可视为一种提供一次性现金流的交易类资产。如果对套利成功的概率经过了详细的分析并且有足够的确定性，也是一种投资而不是投机。实际上，套利是一种有坚实逻辑的投资方法。

第三类资产是有生产性，可以持续产生现金流的"股权类资产"，包括企业、商铺、农场、租赁性土地等。这个类别的资产因为总体上有比较稳定的、可预期的现金流产出，相对容易评估。因为有持续的产出，所以不需要他人"接盘"，甚至不需要股市等交易市场的存在，投资者也能享受产出的现金流。这类资产是投资者精耕细作的大本营。长期来看，股权类资产可以给投资者带来最大的回报。西格尔等学者已经详细比较了不同资产类别跨越百年在各个国家的不同表现。他们的结论是，在最近两百多年中，股权类资产是长期收益最高的资产。

3. 股权为什么可以成为长期收益最高的资产呢

所有的人类生产活动，都要回答如何"做蛋糕"和"分蛋糕"的问题，前者是价值生产，后者是价值分配。总的蛋糕越做越大，而且分的份额也越来越大，使得股权成为长期收益最高的大类资产。

股权成为长期收益最高资产的第一个原因是**经济的持续增长，即"总的蛋糕越做越大"**。经济持续的增长，其实是人类总体生产、交换和消费越来越多商品和服务的表现。财富，或者价值的来源，一是生产，二是交换。生产使得人类总体能够支配的商品和服务越来越多，交换使得这些商品和服务能够配置到效用最高的地方。人类过去200多年生产和交换的总和，超过了之前上百万年生产和交换的总和。200多年经济整体的持续增长，根源就在于科技的进步和生产关系的改进，使得人类生产和交换的效率都空前提高，财富极大丰富。科技创新愈来愈成为经济增长和社会进步的决定性因素。20世纪90年代后，科技对经济增长的贡献逼近85%。财富主要来自智力的开发，来自有组织的研究和开发活动。可以预见，未来的科技革命和创新，还将进一步大幅度提高人类生产和交换的效率，从而进一步大幅度提高财富总量。

第二个原因，**在现代经济制度和供需条件下，股权所代表的物质资本，在价值生产和价值分配过程中一直具有主导权。股权所有者占有了相当部分的人力资本所有者权益，即"股权分蛋糕分得多"**。

所有的生产过程，都是物质资本与人力资本结合的过程。在现代经济制度和供需条件下，股权所代表的物质资本，在做蛋糕和分蛋糕两个过程中，都一直占据着主导权。"资本雇佣劳动"而不是"劳动雇佣资本"。

20世纪60年代以后，美国经济学家西奥多·W.舒尔茨（1960）和加里·贝克尔（1964）提出了现代人力资本理论。人力资本是体现在具有劳动能力的人身上的、以劳动者数量和质量所表示的资本。它是通过天性、价值观和教育投资形成的。人力资本包含了人所有的体力、脑力、心力和协同创新能力。包含价值观的企业家心力、企业文化已经成为极其重要的生产要素。在新的时代背景下，人力资本能够取得比物质资本多得多的回报，其重要性甚至已经远超过物质资本。卓越的企业家和卓越的管理层能够在相同的物质资产条件、相同的商业模式下，领导企业获得远超同行的总（物质）资产回报率，这种现象在某些行业、某些企业非常突出。

但是，人力资本的回报更多体现为工资和劳务，作为营业成本，是"优先的"，而股权的回报主要来自于利润，是"劣后的"。**"优先的"并不意味着占据主导，"劣后的"反而是有主导地位**。我们对人力资本贡献的承认目前也部分地以物质资本的形式来实现。例如，一家公司要对核心技术人员、核心高管给出巨额奖励，往往不会再通过简单的"加工资奖金"的方式，而常常会通过奖励股票、期权的方式来实现。人力资本的流动性也弱于物质资本特别是金融资本的流动性，因此各国政府在税收优惠等方面都倾向于给予物质资本更多的照顾。

在现有会计准则下，**并非所有创造净利润的资产都体现在了资产负债表中**。

传统的会计恒等式：资产 = 负债 + 所有者权益

完整的表述应是：物质资产 = 债权所有者权益 + 股权所有者权益

如果再加上隐含的部分则是：

创造利润的资产 = 物质资本形态资产 + 人力资本形态资产
       = 债权资本所有者权益 + 股权资本所有者权益 +
       人力资本所有者权益

第三个原因是**企业的利润再投资**。这一点最先由埃德加·史密斯在《用普通股进行长期投资》一书中揭示出来。企业会将利润的一部分留存下来不断用于扩大再生产，经过复利效应，企业的利润规模会越来越大。而股票代表对企业利润的所有权，可以享受到企业的成长带来的利益。而债券支付利息的大小和时间都是固定的，无法享受企业成长的复利效应，所以债券的长期收益不如股票。

以上三个原因共同作用，使得最近200多年来，股权成为长期收益最高的大类资产。

4. 资产配置是投资的首要决策

投资的策略涉及"**资产配置、标的选择、市场择时（择价）**"三个方面。资产配置，主要是指我们的投资组合包括哪些大类资产，以及每种资产所占的比例各是多少，即"主要持有什么大类资产"；标的选择，是如何管理每个单独的资产类别，例如股票资产中选择哪些个股，债券资产中选择哪些债券品种，即"具体买哪个标的"。市场择时（择价），是指"在什么时间以什么价格买多少"。

资产配置对每个人来说都具有不可回避性。每个人，无论是否意识到，都在时刻做资产配置——现金、存款、黄金、理财、股权、债权、房产、实物、实业等。任何一个人，无论贫穷还是富有，一定拥有以上资产的一种或多种，并不断决定着它们的比例。富人在全球配置股权、房产和实业是一种资产配置，农村老太太将积攒的现金埋在地下也是一种资产配置，乞丐将乞讨得到的现金用来购置扩音器同样是一种资产配置。所以，投资是任何一个人都无法回避的，人人都在做投资。即使人们什么也没有做，实际上他也做了一项投资决策——不改变当前资产配置。

耶鲁大学教授罗格·伊博森对投资回报率来源的研究结论是，机构投资中超过90%的回报率变动要归因于资产配置，而标的选择和市场择时带来的回报很小甚至是负的。当然，伊博森的研究针对的是比较分散的机构投资，所以个股选择的意义不大。此外，伊博森定义的"市场择时"是指频繁地预测市场时机进行短线交易，频繁交易反而带来负面结果。伊博森的研究对标的选择和市场择时的观点是比较片面的，但是资产配置在投资中最为重要的观点是正确的。

所以，**投资首先要考虑的问题就是主要配置何种类别的资产**。长期大比例配置货币基金或银行理财，无论选择哪家基金公司的产品、哪家银行的理财，无论何时买入和卖出，要想取得长期的高收益都不太可能。

耶鲁大学捐赠基金是全球运作最成功的学校捐赠基金，"耶鲁模式"也创造了机构投资史无前例的成就。**耶鲁基金之所以取得成功，最重要的原因就是资产配置中长期的、强烈的股权倾向**。其首席投资官大卫·斯文森认为，资产配置是投资者投资决策体系中最重要的决策，具有核心地位。耶鲁基金自从斯文森1985年接管以后就一直在改造旗下的资产配置，将绝大部分资金配置在权益类资产上。

5. 股权类资产的优势和劣势

既然股权类资产是长期收益最高的资产，为什么人们这么害怕呢？尤其是国人，大部分资产都是房产，其次是银行理财、余额宝、定期存款等，对大比例配置股权类资产向来没有兴趣。在国人看来，股权类资产之一的股票，不过是那些不务正业的人投机炒作的工具。其实，这是一种误解。股权类资产有自己的优势，也有劣势。规避其劣势，充分利用其优势，股权类资产才能给我们带来最满意的回报。

股权类资产的优势是：

（1）它是所有大类资产中长期收益最高，本金回报不足风险最低的资产。

（2）与债权相比，可分享社会发展、企业成长的大部分利益。

（3）和实业相比，不需要管理复杂的事务性工作，主要是战略判断、本质分析能力。股权本质上也是实业，但二者的具体实践和能力要求不同。做实业需要管理很多人员，需要研发、设计、生产、营销、财务、融资等众多复杂的事务。做投资，考验的是眼光。

（4）投资股权类资产（尤其是上市类股权）的另一个好处是，在判断失误或企业基本面发生变化时，比较容易退出。而选定了一个实业的方向，如果最初决策失误或企业基本面发生了变化，退出的代价是很大的，并且也是非常耗费时日的事情。

股权类资产的劣势也很明显：

（1）内部分化严重，部分股权毁灭价值。股权类资产总体上是最好的资产。但真正优质的股权只占比较小的比例，很大一部分股权是劣质资产。

（2）不同股权存在不同的交易渠道和交易门槛，例如非上市公司、创业型公司，普通投资者无法接触到。

（3）股权资产的价值评估不易，需要投资者具备复杂的商业知识和财务知识，需要长时间的训练。

（4）即使发现了可以交易的好股权，往往也不容易以好的价格买到，需要耐心等待。

上市公司股权是股权类资产的一个类别，它具有股权类资产本身的优劣势，也具有其独有的优劣势。上市公司股权的优势是：

（1）它是一种可以便利化、标准化获得和转让的股权，是高流动性资产。

（2）资产信息披露更规范。

（3）大多数上市公司股权可以容纳的资金量很大。

（4）有些不该上市的优质股权可能由于种种原因反而上市了，例如茅台、五粮液根本不需要上市。

（5）市场价格波动巨大，使得投资者可能以极低代价获得大量股权。

上市公司股权的劣势同样也很明显：

（1）很多优质股权并不上市，通过股票市场能获得的优质股权种类并不多。

（2）同样是因为市场价格波动巨大，资产公允价格在短期内难以建立与公司内在价值的相关性，对投资者是巨大的考验。股价受投资者情绪等各种复杂因素的影响。

通过研究美国股市 1900—2000 年的波动历史可知，超过 1/3 的年份股市是下跌的。1907 年、1917 年、1931 年、1937 年、1974 等年份股市下跌了 30%~40%。我国股市也是一样，暴涨暴跌比美国更甚。对个股而言，即使再优秀的公司，也可能在某年股价腰斩，也可能好几年不涨。由于损失厌恶是人类本能，只有极少数的投资者可以看淡这种波动。所以，投资股票资产，必然要接受大起大落的波动。这也是绝大多数国人，包括众多的机构投资者对股票不信任的深层原因。反过来讲，对于一个对股票资产有深入研究的投资者，波动性大也是一个优势而不是劣势，这可以让竞争对手很少，而且时不时可以用非常便宜的价格买入大量优质的股权资产。

6. 股票投资的"四大基石"

在解决了资产配置的问题后，我们现在决定把大比例的资产配置在股权类资产上。对大部分普通投资者而言，就是投资上市公司的股票。股票的内在价值就是其背后的公司的未来现金流折现值乘以我们所持有的股权份额比例。我们在投资中，有四大原则必须始终遵守，否则就会遭遇失败，这就是股票投资的"四大基石"。

第一项基石是"**企业思维**"。股票代表企业的一部分。每当买入一只股票，我们实质上就买入了这家企业。我们与这家企业的经营管理、研发、生产、销售、经营者等都建立了实实在在的关系。我们投资一家未上市企业的目的就是获得其未来自由现金流的折现值。投资上市企业也是一样。投资 100% 的股权和投资百万分之一的股权一样，只有份额大小的差异。但是，有了股市后事情就发生了"异化"。过去买股票还有一张纸片，现在只有交易软件中的一行交易代码了。这行代码今天买入，明天卖出就有可能赚 10%，不需要管这家企业是做什么的、谁经营的，甚至不需要知道企业的名字。

其实，"在一位物理学家眼里，电磁场和他坐的板凳一样是客观实在的"。**股票可以代表一种实实在在的资产，也可以被炒作变成一种筹码而失去资产的属性。我们以什么态度对待它，它就是什么。**如果把投资比作一场游戏，那么玩游戏的有两拨人。他们有完全不同的思维模式。第一种把股票当作企业的一部分，第二种只希望以更高的股价卖给别人，前者叫作"股权投资者"，后者叫作"筹码交易者"。

前者的比例可能甚至不到万分之一。

第二项基石是"**安全边际**"。一方面,如果企业未来现金流折现值是 100 万元,我们一般不会用 100 万元购买。如果 50 万元买下,那么才大有赚头。所以,安全边际越大,收益空间越大。另一方面,企业未来现金流折现值不是那么容易估算的,我们可能算错了,企业未来发展也可能和我们预期的完全不同。预留一些空间,哪怕事情不如预期,也不至于损失那么大。所以,安全边际既是控制风险的办法,也是提高收益的办法。当然,如何掌握好安全边际的度,也有一定艺术性。

第三项基石是"**市场先生**"。我们已经计算出股票的价值,剩下的就是和我们的交易对手"市场先生"谈判了。"市场先生"有自己的运行规律,也有古怪的脾气,时而聪明、理性得惊人,时而狂热,时而悲观。我们要仔细了解他的脾气,才能更好地利用他,达成我们的目的。我们的目标就是以尽量便宜的价格从他那里获得尽量多优质的资产。如果"市场先生"对我们手中的资产出价太疯狂,也可以暂时卖给他。

第四项基石是"**能力圈**"。计算企业未来现金流的折现值,是一件非常有学问的事情,因为预测未来太难。一个人不管能力多强,也只能对一小部分企业的一小部分时间的未来现金流做出模糊的评估。一些企业的经营天然就非常易变,更是难以捉摸。所以,我们只坚守在能力圈之内,去评估看得懂其未来现金流的企业。如果做了自己看不懂的事情,往往后果很严重。

所以,投资者经常提到的股票投资的"四大基石",其实都可以从现金流折现理论推导出来。这四个原则表面上看简单易懂,但其实背后的学问很深,有很多精微之处,即使投资大师们对它们的理解也大不相同。一个投资者道行的深浅,主要看对这四个原则理解和应用得如何。本书后续会对这"四大基石"做更深入的解读。

本部分,我们分析了现金流折现是"投资的第一性原理",可以推导出整个投资大厦。一切资产的"内在价值"都可以用现金流折现这个尺度来统一地衡量和评估。但是,不同资产类别的未来现金流特征是差异巨大的,据此可分为"现金类资产""交易类资产""股权类资产"。其中,股权类资产是长期收益最好的资产,是投资者资产配置的重点。在解决资产配置问题后,我们根据现金流折现理论推导出股票投资的"四大基石"。下面,我们看从"第一性原理"出发还能带给我们哪些启发。

二、现金流折现是评估企业内在价值的唯一标准

现金流折现公式似乎已经是老生常谈的话题。但反复领悟,会发现投资中的种种错误,或似是而非的做法,都是偏离了这一投资的原点。可以这么说,**未来自由现金流折现是评估企业内在价值的唯一标准。**

现金流折现是评估一切资产内在价值的唯一标准。当我们把焦点放在企业上时,需要使用自由现金流折现⊖作为评估企业内在价值的唯一标准。注意,这里用了"唯一标准"一词,看起来太绝对了,但事实就是这么绝对。除了这一标准,并没有其他标准了,或者其他标准也是由此推导出来的。投资中我们付出的是价格,得到的是价值。**买入一家公司的唯一理由就是,买入价格相对于未来自由现金流折现值(内在价值)有足够的回报空间。**根据这一理论,我们可以得到很多的启发。

1. "价值投资"的"价值"二字完全是多余的

买了一家公司的股票,就是买下其未来现金流的折现值。不投资于价值就是投机。投机者往往不在意资产的价值几何,而是预期可以更高价格卖给"接盘侠"。巴菲特从来没说过自己是价值投资者。在国内,因为人人都自称为"投资者"而没人自称"投机者",所以一小批具有"企业思维"的投资者不得不称自己的投资为"价值投资"。如芒格所说:"所有聪明的投资都是价值投资。"

当下有一种流行说法:"我们应该追求投资成功,而不是追求价

⊖ 本书第二章对"自由现金流"进行了详细论述。

值投资。"意思是投资只要赚钱就行了,不要管是不是投资于价值。这种说法看起来很有道理,但不投资于价值当然就是投机。投机并不违法,也并非不道德,但是长期投机成功的概率非常低。投机者在长期几乎难以避免失败的命运。无论投资于何种资产,不管是股票、债券、房地产还是贵金属,只要能对其未来现金流做出了高度确定性的评估,依据其内在价值与当前价格的差距来投资,而不是脱离价值的炒作,都可以叫作"价值投资"。

2. 投资必须建立在高度确定性的基础之上

投资要保证本金安全和满意回报,就必须建立在高度确定性的基础之上。如果一家企业的寿命和未来现金流,与预期大不相符,这样"投资"是没有确定性的,只是在碰运气。我们需要选择那些至少可以模糊预测其寿命和未来现金流的企业。

3. 投资必须面向未来,而不是留恋过去

投资者很容易犯的一个错误就是"线性外推",认为历史完整地包含了未来。一家公司过去 10 年有很高的净资产收益率和净利润成长性,不代表将来还能持续。一家公司过去 10 年股价一直上涨也不代表今后还如此。**一切财务数据和股价数据都是已经发生的历史数据。它们都是结果,而非原因。**因为企业当下的内在价值是企业未来自由现金流折现值,只和未来的发展有关。投资者应看到企业获得历史经营业绩的深层次原因,并思考这些原因和环境的变化将如何影响企业未来的自由现金流。

4. 投资价值与企业短期内是否盈利无关

企业内在价值包含了企业整个预期寿命的未来现金流,所以只要投资人能够以高确定性预测企业长期的现金流,那么短期内是否盈利其实影响并不大。这就是有一些公司,如亚马逊,一直亏损但内在价值却不断提高的原因。有些公司因为一些短期因素业绩亏损,而长期发展前景非常不错,这往往还是买入的好时机。

5. 安全边际与 PE、PB 的高低没有必然关系

有一类投资者认为买入 PE、PB 低的股票就拥有安全边际,就是价值投资。研究表明,投资一个分散的、低 PE 低 PB 的组合,的确能够获得不错的长期收益。分散的组合可以用概率来对抗不确定性,这也是格雷厄姆体系目前依然有生命力的原因。但对单只股票来说,任何一个指标都说明不了什么。当下低 PE 或低 PB 的股票可能被高估,可能因企业未来的经营江河日下,落入价值陷阱;当下高 PE 或高 PB 的企业如果有市场未充分意识到的巨大发展潜力,可能仍然是被低估的。唯一判断当前投资是否有安全边际的标准就是用未来现金流折现值跟目前的市值作比较。企业未来价值的成长也是安全边际的一部分。

当然,PE 等估值指标并非一无是处,在对一些弱周期性行业中稳定经营的企业估值时是很好的指标。但是,只看 PE 做投资而不是从自由现金流折现这个原点出发,有些时候会被误导。后面我们会证明,**PE 也只是从自由现金流折现公式推导出来的特例而已。**

6. 投资价值的高低与过去股价涨了多少、跌了多少没有任何关系

在投资一只股票时,过去一年涨了 50%、翻了 3 倍还是跌了 50%,准备建仓的前一分钟是不是突然涨了 10%,对我们的投资决定不应该有任何影响。唯一要判断的是,当前的价格相对于企业的未来自由现金流折现值而言,是不是有吸引力。如果价格相对于内在价值有巨大的折价,仅仅因为建仓前一刻股价已经涨了不少就不敢"追高",往往是错过大好机会的重要原因。连巴菲特都曾经因为建仓沃尔玛前股价涨了一些而错过机会。牢记自由现金流折现这个唯一标准,有助于我们克服"锚定效应"的心理偏误。此外,很多投资者往往有"搬砖"的倾向,A 公司涨了就换到 B 公司。但大多数时候,投资者以为同行业股票一定会上涨相同的幅度,是非常荒谬的。

7. 股价越涨，公司反而有可能是越便宜的

虽然股价涨了，但公司内在价值可能增长得更多。公司可能用现有产品成功开辟了新的大市场，可能成功推出了一项新的业务足以再造一个新的市场，可能推出了对手无法复制的爆款新产品。如果有新的迹象表明公司内在价值大幅增加，且增加的幅度大于股价上涨的幅度，那么就可能股价涨了公司反而更便宜了。一些公司股价过去几十年涨了几十倍，但现在估值依然很合理，甚至反而更加便宜、更加被低估。这种情况一般出现在少数非常优秀的公司。如果对现金流折现公式有深入认识，就能够理解这种情形。

8. 区分左侧交易和右侧交易毫无意义

所谓左侧交易或是右侧交易，都加入了对价格趋势的判断，而非对价格时点的判断。我们不需要预测大盘走势或市场牛熊，只要好公司股价便宜了便值得买入。其中"便宜了"是时点判断，是对当时价格与公司未来现金流折现的衡量，没有任何趋势判断，与股价过去的路径无关，与是否曾经买过无关，与现在是否持有无关，与是否曾经卖过无关，与过去和未来短期内预测股价是否下跌、上涨、横盘统统无关。

9. 区分成长股、价值股毫无意义

根据现金流折现公式，成长本身就是企业价值不可分割的组成部分。成长只是现金流折现公式的一个参数而已。这个参数可以为正，可以为零，也可以为负。企业短期成长快不一定有投资价值，甚至可能伤害投资价值；一时成长慢的企业也可能很有投资价值。当然，长期成长快的企业通常具有生命力强、复制性强的商业模式，可能确实有很大投资价值。

10. 投资价值与企业当前规模和市值大小无关

无论是1万亿元市值，还是4万亿元市值，都不代表企业的潜力已经耗尽。大市值企业可能面临一片广阔的蓝海，还处在发展的初级

阶段，水大鱼大；小市值的企业也可能已经面临天花板，根本就没有什么发展空间，无论如何努力市场也做不大。唯一判断标准就是未来现金流折现有多少，或者说是企业未来发展的空间还有多大。

11. 投资价值与企业处在什么板块、风格无关

投资者不能以为投资白马股就是价值投资，或者投资银行股就是价值投资。价值投资者可以投资白马股，也可以投资创业板、科创板、新三板、非上市企业。在 2015 年，很多价值投资者都没有碰创业板。这只是一种结果而已，因为在创业板很难找到当时股价相对于内在价值大幅折价的企业。

12. 投资价值与企业是新兴产业还是传统产业无关

价值投资者大多表现得很守旧，比较少投资新兴产业。其实这也只是一种结果而已，并非对新兴产业有偏见。新兴产业往往技术迭代迅速，不确定性较高，竞争激烈，对社会发展有利，却很难预测企业未来的自由现金流，难以评估投资价值。如果有能力评估新兴产业和高科技企业的预期寿命和未来现金流，完全是可以投资的。段永平投资苹果、网易不是很成功吗？巴菲特之所以偏爱投资"嘴巴股"，是因为其未来现金流确定性高、稳定性强、容易估算，并非是因为传统产业才是价值投资。

13. 投资价值与企业所处的行业无必然关系

券商研究员总是按照行业来分工，有白酒行业研究员、化工行业研究员、家电行业研究员。投资者也喜欢问这样的问题："你关注哪个行业，看好哪个行业？"作为一名投资者，有太强的"行业概念"是没什么道理的。不管一家企业归属于哪个行业，只要我们看得懂其未来自由现金流，只要有投资价值，就可以关注。尽管不同行业的商业模式有不同的特征，但背后的逻辑是一致的。当然，不同行业的生意模式的确天生有好有坏，但投资的落脚点还是放在单个公司上，不应对行业有事先的偏见。

14. 投资价值与企业未来现金流呈现出的稳定性、周期性关系不大

有些行业中企业的盈利波动性天然就很大。无论企业未来的盈利和现金流波动性大小与否,都没有太大意义。只要现金流折现的价值是相同的,它们的价值就是一样的。例如,巴菲特旗下的再保险业务,在遇到飓风、地震的年份,可能遭受巨额亏损,但巴菲特并不在意,他要的是在长达20年、30年的大区间一定会盈利。A股市场也有一些优秀的公司,长期盈利能力很强,业绩具有巨大的成长性,而且有很宽的护城河,但业绩的波动性和周期性比较大,让很多人敬而远之,错过了机会。假定不考虑折现率和估值的因素,未来五年分别带来现金流10亿元、11亿元、12亿元、13亿元、14亿元的生意,和未来五年分别带来20亿元、–10亿元、60亿元、–20亿元、180亿元的生意,你选择哪个呢?显然应该选择后面一个。

15. 投资价值甚至与股票、债券、房地产等资产类别无关

在长周期的资产类别回报率比较中,一般都是股权(股票)取胜。但在某几年,可能股票的预期收益率,远远比债券和房地产的预期收益率更低。这个时候完全可以投资后者。

16. 投资价值与投资是不是逆向无关

投资者经常引用巴菲特名言:"别人贪婪时恐惧,别人恐惧时贪婪。"但是这句话不能简单地去理解。的确,好的投资一般是逆向的,往往在和大众相反的地方有好的价格,但这只是一种结果而非原因。理性的投资,应该和他人的想法没有任何关系,其他人恐惧也好、追捧也好,一只股票关注的热度高也好、无人问津也好,有没有国家队、外资、所谓庄家、主力的介入,都不是我们买入或卖出的理由。我们分析一家企业,要做到"目中无人"。唯一的衡量标准还是未来现金流折现值与现价的差距有多大。只要具有投资价值,我们的投资可以表现为逆向而行,众人恐惧时我们贪婪,也可以和大众同向而行。只是大多数时候,具有低潜在风险和高潜在收益的投资行为通常表现为逆向罢了。这种逆向常常有两种表现形式,一是市场对企业内在价值看得不足,二是市场对企业内在价值看过了头。理解了这一点,投资就不再只是看到一些逆向的表象。

17. 投资价值大小与巴菲特是否投资无关、与美国的情况怎么样无关

巴菲特、芒格、彼得·林奇或者其他任何人,对任何行业、企业的正面或负面看法都是一种参考意见,不是教条圣经。同样,国外同行业怎么样也只是有一点参考价值而已。如此,才不会迷信权威。

18. 投资价值的大小与企业发放多少股息也没有太大关系

很多投资者非常在意一家公司股息率的高低。这有一定道理。股息率高的公司至少是有现金流可以发放给股东的,比绝大多数只向股东伸手融资却不创造回报的公司要好得多。股息部分说明了利润和现金流的真实性。但如果把股息率高低作为投资的绝对必要条件则是有些极端的。未来现金流折现是判断内在价值的唯一标准。是否发放股息,要比较留存在公司继续扩大再生产创造的未来现金流更大,还是发放到股东手上价值更大。对于有巨大发展前景的企业,显然利润留存在公司,创造的未来现金流更大。伯克希尔公司从不发放股息,留存收益不断利滚利,所以才做得那么大。当然,对于不需要留存收益作为资本支出的公司,以及处于成熟阶段的公司,应该发放股息,将选择权还给投资者。

19. 现金流折现中融合了格雷厄姆体系对静态资产的评估和费雪体系对动态资产的评估

现金流折现公式中包含了多种经营可能性,包含了将企业全部净资产变现的一次性现金流,更包含了企业未来运营资产(包含净资产、负债资产和隐蔽资产等)创造未来现金流的能力和"基因"。格雷厄姆只是更多考虑资产的清算价值,忽略了重要的无形价值。其实

把这两种因素都考虑进去才是完整的。巴菲特完整考虑了所有影响现金流折现的变量，尤其是商业模式、品牌和管理等无形价值变量。这就是二者的根本区别。可以说，格雷厄姆体系只是现金流折现理论中忽略掉某些重要因素的一个特例。通常，格雷厄姆的体系被视为"原教旨主义的价值投资"，巴菲特—芒格—费雪的体系为"修正主义的价值投资"。芒格对格雷厄姆体系的修正，就体现在提高了对出色公司的购买价格的安全边际容忍度，这建立在对出色公司的增长能力和内在价值的判断之上，并将购买的重点从"低价"转移到了"出色"上面。

投资中的种种错误，包括对企业价值评估的错误以及对股价波动应对的错误，其实都是对现金流折现这个"原点"理解不深并且有所偏离。现金流折现是评估企业内在价值的唯一标准。深刻理解现金流折现原理，可以让我们把握住投资的本质，打破投资的种种偏见和认知偏误的束缚，让投资从此海阔天空。

三、真实地计算一次现金流折现公式带来的启发

既然现金流折现是投资的原点，是评估内在价值的唯一标准，那么应该具体怎么计算呢？我们不妨用现金流折现公式精确地计算一次，一窥这一原理的全貌和应用之道。

现金流折现公式本身很简单，最困难的是准确预测企业整个生命周期未来现金流是多少。不要说投资者，连企业的董事长也无法知道明年、后年的利润和现金流是多少。即使是茅台这样稳定经营的公司，其董事长也无法预计明年现金流的精确数字，更不用说十年后的现金流了。连芒格也说过："我从来没见过巴菲特用计算器算过现金流折现公式。"看起来，现金流折现公式像是没用的摆设。但是，每次有人问巴菲特怎么计算内在价值，他都会回答用现金流折现公式。既算不出来，又要用，看似非常矛盾，其实不然。

我们的确无法精确预测企业的未来现金流折现值，但是企业的内在价值就是未来现金流折现值。所以，我们的任务就是通过一系列的

分析判断不断逼近这一事实。还是有一些人对一些企业可以做出比较准确的判断的,而且很多时候也不那么难。

下面,我们不妨先假设有"上帝视角",精确地计算一次企业的现金流折现值,会得到很多启发。就以A股市场公认的最简单也最优秀的公司贵州茅台为例,我们先假定能穿越时空,精确地知道未来所有年度的现金流,看看结果如何。

2018年茅台的净利润为340亿元,由于不需要太多资本支出,净利润基本可以等同于自由现金流。2018年年末茅台的货币现金余额是1 120亿元,其中大约500亿元是可以在2019年1月1日立即分配给股东的自由现金流,为简化计算,我们略去这部分。假定知道之后10年(2019—2028年)茅台现金流每年同比增长15%,2029年以后每年增长5%。折现率假定为10%。计算过程并不难,熟悉加减乘除,加上一点等比数列知识就足够了。计算结果如表1-1所示。

表1-1 2019年1月1日贵州茅台假设未来现金流折现计算过程

(单位:亿元)

年份	净利润增长率	自由现金流计算过程	自由现金流	贴现率	现金流贴现计算过程	现金流贴现值
2019年	15%	$340 \times (1+15\%)$	391	10%	$391/(1+10\%)$	355
2020年	15%	$391 \times (1+15\%)$	450	10%	$450/(1+10\%)^2$	372
2021年	15%	$450 \times (1+15\%)$	517	10%	$517/(1+10\%)^3$	389
2022年	15%	$517 \times (1+15\%)$	595	10%	$595/(1+10\%)^4$	406
2023年	15%	$595 \times (1+15\%)$	684	10%	$684/(1+10\%)^5$	425
2024年	15%	$684 \times (1+15\%)$	786	10%	$786/(1+10\%)^6$	444
2025年	15%	$786 \times (1+15\%)$	904	10%	$904/(1+10\%)^7$	464
2026年	15%	$904 \times (1+15\%)$	1 040	10%	$1040/(1+10\%)^8$	485
2027年	15%	$1040 \times (1+15\%)$	1 196	10%	$1196/(1+10\%)^9$	507
2028年	15%	$1196 \times (1+15\%)$	1 375	10%	$1375/(1+10\%)^{10}$	530
2029年以后	5%	$1375 \times (1+5\%) \times (1+10\%)/(10\%-5\%)$	31 774	10%	$31774/(1+10\%)^{11}$	11 137
总计			39 713			15 514

在上述假设下,站在2019年1月1日,茅台未来现金流折现值为15 514亿元。此时,茅台股价大约是600元/股,一共12.56亿股,所以2019年1月初市值约为7 500亿元,与其内在价值相比打了五折,有一倍利润空间,此时买入茅台股份是值得的。

1. 内在价值随时间推移的变化趋势

然后再来计算,长期持有茅台的股票不动,它的内在价值是如何逐年增长的。假设我们现在处于2020年1月1日,按照上面的计算方法,同样可以得到一张表(见表1-2)。

表1-2　2020年1月1日贵州茅台假设未来现金流折现计算过程

(单位:亿元)

年份	增长率	自由现金流计算过程	自由现金流	贴现率	现金流贴现计算过程	现金流贴现值
2020年	15%	391×(1+15%)	450	10%	$450/(1+10\%)$	409
2021年	15%	450×(1+15%)	517	10%	$517/(1+10\%)^2$	427
2022年	15%	517×(1+15%)	595	10%	$595/(1+10\%)^3$	447
2023年	15%	595×(1+15%)	684	10%	$684/(1+10\%)^4$	467
2024年	15%	684×(1+15%)	786	10%	$786/(1+10\%)^5$	488
2025年	15%	786×(1+15%)	904	10%	$904/(1+10\%)^6$	510
2026年	15%	904×(1+15%)	1040	10%	$1040/(1+10\%)^7$	533
2027年	15%	1040×(1+15%)	1196	10%	$1196/(1+10\%)^8$	557
2028年	15%	1196×(1+15%)	1375	10%	$1375/(1+10\%)^9$	583
2029年以后	5%	1375×(1+5%)×(1+10%)/(10%−5%)	31 774	10%	$31\,774/(1+10\%)^{10}$	12 250
总计			39 322			16 674

所以,在2020年1月1日对茅台未来现金流折现,得到的内在价值是16 674亿元,相比上年内在价值15 514亿元增长了7.5%。我们可以继续计算出2021年、2022年及其以后逐年的内在价值。结果是,2021—2028年,内在价值分别比上年增长7.30%、7.11%、6.90%、

6.66%、6.40%、6.11%、5.78%、5.42%，2029年及以后，茅台每年内在价值增长5%。

可以发现，**即使持有优秀公司不动，随着时间的推移，优秀公司的未来现金流折现因子在变化，未来现金流折现值也在变大，总的内在价值也在逐年增长**。在我们的假设下，在2019年1月1日，茅台未来现金流折现是15 514亿元，如果我们对5%以上的收益率感到满意的话，当日即使以等于当时的内在价值的市场价格买入茅台的股票，一直持有下去，估值不变，内在价值的增长带来的收益也会超过5%。

为了更清楚地揭示这个道理，不妨再用一些便于口算的假设。假设在茅台可以永续经营的基础上：①假定茅台后续每年增长率为8%，折现率为10%。那么其2019年1月1日内在价值是17 000亿元，以后每年内在价值增长8%。此种假设下，如果2019年1月1日以17 000亿元的市值买入茅台，假定估值不变，未来每年也能获得8%的年化收益。②假定茅台后续每年增长率为0，折现率为10%。那么2019年之后每年的内在价值都是3 400亿元不再变化。我们必须以低于3 400亿元的市值买入才有利可图。③假定茅台后续每年增长率为−5%，折现率为10%。那么内在价值每年也是递减5%。必须以非常便宜的价格买入，才有利可图。而且估值一旦回归应尽快卖出，因为越是随着时间推移，形势越是不利。

按照未来自由现金流折现公式的含义，公司只是保留维持性资本支出，将自由现金流按期全部分配给股东。然而真实的情况是，优秀的公司有广阔的市场空间，能够将自由现金流以不变甚至更高的净资产收益率投入到扩大再生产中，成为扩张性资本支出。这部分没有在当期分配给股东的自由现金流，将为股东带来更大的未来自由现金流折现值。

以合理价格买入优秀企业的道理正是如此。我们的计算过程演绎了"时间是优秀企业的朋友，平庸企业的敌人"。业绩不增长的平庸企业，或者业绩下滑的烂企业，必须要用非常便宜的价格买入，而且越是随着时间推移，形势对烂企业越不利。对于业绩不断增长甚至高速增长的优秀企业、伟大企业，以合理价格买入，买入成本等于甚至略微大于当前现金流折现值,随着时间推移,内在价值的增长依然会带来不错的回报。而且,**真正优秀的企业,会不断创新产品和开拓新市场,不断将自由现金流投入到更高资本回报的生产中,获得未来更大的自由现金流**。真正优秀的企业会不断推迟企业落入永续低速增长的时间,未来多年的现金流增幅也很可能超出我们的预估,实际的内在价值逐年增长的幅度可能更大。

2. 改变参数假设的结果

然后,我们再回到2019年1月1日,改变关于成长率和折现率的假设,用同样的计算方法,看看结果如何(见表1-3)。

表1-3 不同增长率和折现率假设下茅台的现金流折现值

(单位:亿元)

增 长 率	折 现 率	现金流折现值
未来每年增长率为0	10%	3 400
未来每年增长率为5%	10%	6 800
未来每年增长率为12%	10%	无穷大
未来10年每年增长15%,后续每年增长5%	10%	15 514
未来10年每年增长15%,后续每年增长为0	10%	9 680
未来10年每年增长10%,后续每年增长为5%	10%	10 540
未来10年每年增长10%,后续每年增长为0	10%	6 800
未来10年每年增长20%,后续每年增长为5%	10%	22 704
未来10年每年增长20%,后续每年增长为0	10%	13 776
未来10年每年增长15%,后续每年增长5%	7%	41 873
未来10年每年增长15%,后续每年增长为0	7%	15 153
未来10年每年增长10%,后续每年增长为5%	7%	27 507
未来10年每年增长10%,后续每年增长为0	7%	10 375
未来10年每年增长20%,后续每年增长为5%	7%	62 924
未来10年每年增长20%,后续每年增长为0	7%	22 028

还可以有更多的假设,比如采用"三阶段模型",对未来10年,第11~20年,20年以后现金流做不同的增长率假设,还可以假设更

多的折现率。但我们要说明的问题是相同的。在对增长率和折现率不同的假设之下，现金流折现值的结果可谓有巨大差别。未来10年每年增长20%，后续每年增长为5%，折现率为10%的假设下，折现值为22 704亿元；而在未来10年每年增长10%，后续每年增长为0，折现率为10%的假设下，折现值只有6 800亿元。未来10年每年增长15%，后续每年增长5%，折现率为10%的假设下，折现值为15 514亿元，而在7%折现率下，折现值为41 873亿元。**稍微调整一下假设，结果差别都这么大，精确计算还有什么意义呢？**这就是巴菲特从来不用Excel计算现金流折现的原因。

我们的计算中，有两个有趣的结果值得一提。

第一，如果增长率大于折现率，那么企业的价值就无穷大，也就是说无论现在以什么价格买都是划算的。现实中是不存在价值无限的企业的，以两位数的速度永远增长下去的"永动机"是不存在的。实际上，连存活时间超过100年的企业在全世界也屈指可数，更不要说连续保持高速增长的企业。

第二，现金流折现法计算的数字并非毫无意义。如果2019年年初，茅台的市值不到3 400亿元，那么我们就很快口算出市场假定茅台未来业绩永远不会增长了。如果事实明显不是这样，我们就捡到了大便宜。市场有时的确会愚蠢到这样，这在茅台、五粮液等公司身上不是没发生过。真要我们拿着Excel计算到小数点后两位的投资机会往往不是好机会，价格愚蠢到不需要计算（或简单口算）的机会才是大机会。如巴菲特所说："真正的好机会是冲着你大声喊叫的！"

3. 现金流折现公式的构成要素

现金流折现公式形式上虽然是精确的数学公式，但在实际使用中，我们无法精确地预测未来现金流，所以应该将其作为一种定性的方法。一个精确的数学公式，却成为一种定性的方法，这让很多人无法理解。其实背后的含义是，**现金流折现公式精确计算的结果并不重要，但计算过程所揭示的原理却十分重要**。它是我们分析企业价值的重要指引。

根据现金流折现公式，如下两个因素决定着企业的内在价值：**未来现金流的大小、折现率**。现金流折现公式的分子是未来现金流的大小，自由现金流越大，企业的内在价值也越大。折现率越大，企业内在价值越小。

4. 现金流的决定因子

如下几个因素决定着未来现金流的大小和实现的可能性。

（1）**现金流的确定性**。投资需要建立在预测的基础上，而确定性是可预测性的前提。企业的未来现金流能否实现是不确定的。一些企业产品和服务满足的人类需求相对比较稳定，可能100年后也不会发生太大变化。一些企业则易于受到科技变化、商业模式变化以及消费者偏好变化等因素的影响。企业是否有抵御竞争对手的"护城河"，也决定着现金流的确定性。

（2）**企业的盈利性**。企业的盈利能力越强，未来的现金流就越大。一家持续亏损的企业是无法带来现金流的。最能体现企业利用股东资产获得盈利能力的财务指标，是净资产收益率（ROE）。

（3）**现金流的自由性**。一些企业虽然能取得不错的账面盈利，但获得的盈利需要不断投入到生意中来维持原有的生意规模和竞争优势。股东无法获得这些盈利，这样的企业没有"自由现金流"，也就是没有"股东利润"。对我们股东来讲，有意义的现金流折现是"自由现金流折现"。

（4）**企业的成长性**。企业未来的成长性（g）越大，企业未来的现金流就越大。我们的计算结果已经清晰展示了成长因子的重要性。企业的成长性取决于企业的发展阶段以及生意的发展空间有多大，也与管理层的能力息息相关。

（5）**企业的寿命**。无论企业获取利润和自由现金流的能力有多强，如果企业的寿命太短，内在价值就会很小。企业获得自由现金流的时间（n），是我们必须要考察的因素。企业的寿命取决于商业模式、护城河、企业文化等因素。

从对茅台现金流的计算表格中可以看出，在未来10年每年增长

15%、后续每年增长5%、折现率为10%的假设下,折现值一共为15 514亿元,其中2029年之后的折现值为11 137亿元,占比近70%。即使再计算20年,2029—2048年的折现值一共是8 520亿元,剩余年限折现值占比也占45%。也就是说,如果茅台只存活10年、20年就不再创造现金流,那么其内在价值只有永续存在下去的30%、55%。可见,企业寿命长短极其重要。

那么,是不是必须要存活百年、千年的企业才有投资价值呢?毕竟企业都要死的,百年企业是罕见的。同样在未来10年每年增长15%、后续每年增长5%、折现率为10%的假设下,从现金流计算公式中,可以发现越到后面年份企业现金流折现值越小,对当前决策的意义越小。从2018年看,茅台100年以后,也就是2118年,自由现金流是111 044亿元,但现值只有8亿元。到160年后,茅台的自由现金流约为200万亿元,看起来很吓人,但折现值约等于零,茅台是否能成为"千年企业"已经毫无意义了!

所以,**企业生命周期越长越好,但对股东最有意义的还是企业壮年期、成年期的那么几十年所创造的现金流**。巴菲特经常说,要判断企业未来10年、20年会是什么样子。一方面,企业自由现金流折现在前面几十年最有意义。其次,太近的、太远的我们都很难看清楚。此外,市场对企业内在价值的反映规律也是走一步看一步"贝叶斯式"调整的,不会反映50年后企业会怎么样。

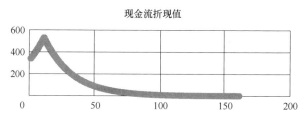

图1-1 贵州茅台未来100多年的现金流折现值

(6) **管理质量和企业文化**。虽然无法从现金流折现公式中直接量化管理的作用,但毫无疑问,企业管理质量和企业文化对企业未来现金流有巨大的影响。

本书第二部分的"商业洞察",其实都是对这六个因子的展开分析。概括起来,同时影响以上六个因子的企业因素包括"商业模式、成长空间、竞争壁垒、管理质量与企业文化"四个方面。

5. 折现率

折现率 r 取决于无风险利率的大小和企业经营确定性的大小这两个因素。1994年伯克希尔股东大会上,巴菲特对如何选择折现率的回答是:"至于折现率,在长期债券的利息7%的情况下,我们至少会用10%以上的折现率。当然,折现率也取决于我们对生意本身的确定性的看法。生意的确定性越高,我们愿意付出的价格越接近其自由现金流折现值。一个生意首先必须要让我们感觉特别有确定性,否则一点兴趣也没有。当然不同生意的确定性的程度也是不同的。如果我们对一个生意未来30年的自由现金流感到很确定,相对于那些5~10年可能给我们来点惊吓的公司,我们估值时给的折现率会更低一些。"

首先,无风险利率越高(一般用长期国债的利率衡量),折现率应该越高。国债是我们轻易就可以投资的,这是我们所有投资都应该用来比较的机会成本。其次,根据生意确定性程度的不同,应该适当增加折现率。当然,对于确定性程度较差的,应该根本不去投资。在同时考虑无风险利率和生意确定性的基础上,再适当保守一些,是比较合理的做法。

另外一种做法,是不考虑生意的确定性程度,只采用无风险利率一个指标作为折现率。计算出现金流折现值之后,根据生意确定性程度的不同,在价格上要求的折扣不同就可以了。以上两种做法都是同一个意思。

那么,为了得到更准确的折现率,我们是不是需要预测未来10年、20年的利率走势呢?毕竟宏观经济是无法预测的。利率对估值的影响是很大的,但利率无法准确预测。其实也并不需要预测,我们对其长期走势有一点常识性的看法就足够了。20世纪90年代末,美国的大牛市中,巴菲特就看到了牛市持续的条件是企业利润率继续提高、利率继续下降,但这两者都已到极限了。1993年7月,我国五年期存款利率高达14%,这真的是一种常态吗?可是很多保险公司就用10%以上的承诺利率,造成了后来巨额的利差损。可见,在利率高得不正常或低得不正常的条件下,我们对长期利率做一些符合常识的适当调整就可以了。

6. "精确的错误"与"模糊的正确"

不是所有重要的东西都能够计算出来,也不是所有能计算出来的东西都重要。在给企业估值时,宁愿要模糊的正确,也不要精确的错误。现金流折现公式的精确计算给了我们判断企业内在价值的清晰指引。投资的重点绝不是拍脑袋在 Excel 上计算出精确到小数点后两位的现金流折现值,而是要懂生意本身。在这一公式的指导下,**我们通过定性和定量的分析,找到那些企业现金流确定性高、生命周期长、有较大成长空间、有宽阔护城河、有优秀管理层和企业文化、利润丰厚、自由现金流充裕的优秀企业**,这种企业有巨大的内在价值。如果市场先生给了根本不需要计算就能看出来的好价格,那么就勇敢地"挥杆",一生中只要"挥杆"少数几次就足够了。

首先,在计算内在价值时,之所以是"模糊的正确",是因为我们买入一家公司的标准是公司的市值比较显著地低于其"当时""我们""判断的"内在价值,也就是说我们对公司内在价值的判断具有时效性、个性、主观性。如果有时间机器,让我们穿越到100年后,可以发现企业的现金流折现值的确是有且仅有一个精确的值。但是站在"当前时点"看却不是那样。有一些公司股票的K线,回过头看,似乎时时刻刻都是"买点",任何时候买入持有至今都是盈利巨大的,都是值得买入的。但这是幸存者偏差的一种。**真实世界不是这样的。我们站在任一时点,看到的过去都只有一条路径,但是任一时点面临的未来却有真实存在的无穷多条路径,无穷多种可能**。我们最终将会进入到其中一条路径中,但是不代表其他路径当时不存在,只是走向每一条路径的概率各不相同而已。股价走势如此,公司经营是如此,甚至世界历史也是如此。

物理学中的"单电子双缝干涉实验"有助于我们**理解世界的多重性**，理解多重世界中必然性和偶然性的关系。虽然我们最终只会观测到唯一一种结果，单个电子要么通过了这个格栅，要么通过了那个格栅，但真实世界中"单个"电子真的"同时通过"了两个格栅。同样的，我们最终看到的公司经营和股价走势只有唯一一种结果，但公司经营和股价波动的多重可能性都是真实存在的。我们需要做的是找到其中大概率的可能性，作为我们投资的依据，同时为小概率的可能性做好准备。

其次，对公司内在价值的判断具有主观性。即使巴菲特、芒格两人对伯克希尔公司内在价值的估计也是有差别的。由于不同的人掌握的信息不同，对未来的假设不同，以及思考方法的不同，会对内在价值的判断都有所不同，甚至差别比较大。当然，这并不是说内在价值就完全不可捉摸了，对于一些公司，实际上大部分具有洞察力的投资者往往会得出比较相似的结论。

所以，真正的"买点"不是一个点，是时间和价格上一个模糊的区域。站在这个区域内，我们能够看到公司过去优秀的经营业绩和实实在在的现金流，我们能够理解公司为何如此优秀，我们还能够大致看到未来人们将继续长期地强烈地需要它的产品和服务，甚至不惜支付更高的价格，但公司扩大生产的边际成本并没有增加甚至反而下降，同时别的公司很难甚至完全没有办法提供相同客户认知、更高品质和更低价格的同类产品和服务去和它争夺市场份额。

四、股价和估值水平究竟是如何决定的

自由现金流折现是企业估值的唯一标准。理解了现金流折现原理，估值的问题也就解决了。但由于现金流折现计算的麻烦，以及过于精确的不必要性，实践中很多人用市盈率（PE）或市净率（PB）来给企业估值。现金流折现法被称作"绝对估值法"，PE、PB则被称为"相对估值法"。很多投资书籍花很大篇幅，给出了七八种估值方法。其实这种区分毫无意义。我们将证明，PE、PB**这些估值指标不**

过是从现金流折现公式推导出来的简易指标而已。其他的一些估值方法，例如可比公司估值法，其实并没有什么道理。"别人这么做，所以我们也这么做"，并没有任何可靠的逻辑。现金流折现公式才是一切估值方法的根本和原点，其他各种估值方法只有在一定范围内有一定的参考价值。

市净率（PB）等于企业的市值除以账面净资产，在估值中意义不大。企业的净资产账面价值和内在价值总体上关系不是很大。以一个学生为例，大学毕业时他的账面价值就是这么多年一共付出的学费、住宿费等"历史成本"，而他的内在价值是未来所有工作年限中收入的折现值。两个账面价值完全相同的大学生，内在价值却可能天壤之别。账面价值基本上没太大意义。很多投资者过于关注PB指标，如果PB超过了5或者10，就感到很恐惧。其实没必要，与之相反的事实是，那些市净率平均值一直比较高的公司反而可能是很好的公司，因为它们在有形资产很少的情况下一直被市场认可，很可能有其独到之处。有可能是其产生大量利润的无形资产、企业文化和人力资本并不体现在资产负债表中。这都需要具体问题具体分析。当然，对于账面价值以公允价值而非历史成本计量的少数金融类企业，PB或许有点参考价值。但总体上这一指标价值有限。所以下面我们集中分析市盈率（PE）这一指标。

1. 股价的两个决定因素：EPS 和 PE

股价是如何决定的呢？一个恒等式可以解释：$P = \text{EPS} \times \text{PE}$，股价＝每股盈利×市盈率。

那么，股价的上涨到底是业绩的决定作用大，还是估值的决定作用大呢？这两个因素的作用都很大，但是短期内估值的作用更大。时间越长，估值作用越小，业绩的作用越大。《沃伦·巴菲特的投资组合》一书的作者做过一个研究：持股3年，股价与业绩的相关性为0.131～0.360；持股5年，相关性为0.374～0.599；持股10年，相关性为0.563～0.695；当持股18年时，相关性为0.688。为何业绩的相关性没我们想象的那么大呢？主要就是因为估值也在起作用。举个例子，万科2007年高点的股价20多元，10年后还是20多元，十年涨幅为零，而业绩从48亿元增长到2016年的180亿元，增长了近3倍。业绩看起来没什么作用，因为2007年高点万科的PE高达近百倍，后来估值回归到10多倍。不亏钱都已经说明万科是家好公司了，再看看中石油就更明白这一点了。

但是，从这个研究中可以发现，时间越是拉长，业绩（EPS）起的作用越大，估值（PE）的作用越小。这就是为什么持股越久，业绩相关性系数越大了。芒格说，"长远来看，不论估值如何，股票的回报率很难比发行该股票的企业的净资产收益率高很多"。越是优秀的公司，越能抹平估值，比如在2007年高点近40倍估值时投资格力，持有10年也有几倍收益。

企业业绩（EPS）在长期为什么比估值（PE）更重要呢？背后的原理是复利。如果持有一家企业50年，通过留存收益，它的业绩不断复利式增长。业绩的增长是每年都在进行的。而估值的影响有且仅有一次。PE的变化并没有复利作用，而且一般说来随着企业规模的变大，PE是缓慢下降的。所以**一个具有"企业思维"的长期投资者，主要赚的是企业业绩增长的钱，而不是估值变化的钱。赚估值变化的钱，对长期投资者来说，某种意义上在整个持股期只有一次。**

从 $P = \text{EPS} \times \text{PE}$ **这个恒等式，可以看到不同的投资流派。**每股盈利反映的是公司经营的成果，公司的经营状况变化缓慢，可以年计。而市盈率反映的是公司的估值，即人们对公司未来的预期，估值的变化速度可以秒计。这个公式反映了股市的众生相。因为短期看来，公司业绩变化并不大，而估值却可以在一周、一个月、半年内发生极大的变化。股市中的盯盘派、图表派、技术派、炒概念派，都是希望在PE（因为他们不怎么看EPS，所以P就由PE决定）这边找规律，低买高卖。学术界占统治地位、多位诺贝尔奖获得者的理论也是只研究价格、不看公司质地如何。盯着短期完全由PE决定的价格也许就是缘木求鱼。还有一种奇怪的年报图表派，公司季报、年报出来，业绩增了，就追高买入，业绩不达预期，赶紧卖出。基于短期业绩走势的买卖也是一种投机。

不同的股票似乎也有自己的性格。根据不同公司 EPS 和 PE 变化的特点不同，可分为以下几类。

（1）EPS 和 PE 一起增长的成长型企业。比如海底捞的底料生产商颐海国际，上市时市值不大，估值较低，发展空间又大，后面几年业绩、估值一起向上，长期持有收益很大。这种机会十分诱人，往往在其他人尚未发现它们巨大的发展前景时才有投资机会。

（2）EPS 和 PE 一起增长的困境反转型企业。比如遭遇特殊事件打击的白酒、高铁等，经过一段时间的下跌后，往往业绩和估值都会大幅提升。以上两类叫作戴维斯双击。

（3）估值不变或下降，但靠业绩，依然实现股价长期上涨。最经典的例子就是格力了，多年被怀疑到达天花板，估值始终在 10 倍 PE 左右，但业绩一直高速增长。长期持有获利很大。

（4）业绩没太大增长，估值也一直很低。典型的如大国企中国工商银行、中国石油等。这种公司除非有极低的估值，长期投资收益不大。

（5）PE 很高，但没有真实业绩。如创业板的很多有概念没业绩，被大肆炒作的公司，十分危险。通过对 EPS 和 PE 不同的表现进行分析，有助于对公司未来长期股价的表现做一些推断。

从 $P = \text{EPS} \times \text{PE}$ 这个公式，还可以看到不同的价值投资策略。不同的价值投资者对 EPS 和 PE 的着重点和利用方式不同。巴菲特、芒格派更强调 EPS 一些，依靠强大的商业判断力，可以大概率判断投资标的未来十年的业绩如何，买入并长期持有优秀公司。当然，他们也强调买入时机，往往在他人恐慌时入手。格雷厄姆、邓普顿、施洛斯、约翰·聂夫等投资大师，更强调估值的变化，在低估值下分散持有，依靠市场回归理性、估值的反转获益。对公司的分析深度不需要太深，也不会超长期持有。以上两种，都有坚实的逻辑基础，实践中都是有效的。

$P = \text{EPS} \times \text{PE}$ 这个公式，还揭示了投资者应该修炼的能力，**EPS 是商业判断力，PE 则代表洞察人性的能力**。

2. 对市盈率的再分解：$PE = \text{Normal PE} + e$

企业的市盈率多少倍算是估值合理的呢？每家企业的合理估值并没有统一的标准答案。如果必须只能给一个平均数字，可以参考美国的情况。美国从 1801 年到现在 200 多年股市的平均市盈率是 15 倍，股票的年化收益率是 6.7%。我国 A 股的估值历史均值差不多也是这个数。但须知，这个 15 倍是整个股市的大致合理 PE，并不代表任何板块、任何行业以及个股的合理 PE 应该是 15 倍。

不同行业、不同企业的 PE 是不同的。2019 年年初，招商银行的 PE 是 10 倍左右，中国工商银行是 6 倍左右，贵州茅台是 27 倍，双汇发展是 16 倍，恒瑞医药是 60 倍，爱尔眼科是 75 倍。这些企业的估值差别为什么这么大呢？而且不是一时的差别，拉到 5 年、10 年，估值也是差别这么大。每只股票的估值水平是合理的吗？怎么才算是低估或者高估呢？我们知道"股价 = 每股盈利 × 市盈率"，每股盈利代表企业的经营状况，是以年计、变化缓慢的；市盈率代表的估值水平至少是以分钟、以秒计的。股价的每次变化，都代表 PE 发生了变化。那么，这个 PE 到底是怎么决定的呢？

其实，**PE 应该分解为两个部分：一是企业在市场常态下的合理估值水平，二是情绪和其他因素的扰动带来的变化**。在交易时间，PE 虽然每分每秒都在发生变化，这主要是情绪、短期消息等在起作用。但无论短期 PE 如何波动，你会发现它在围绕一个轴线上下波动，这个轴线就是企业在常态下的合理估值水平，它是企业内在价值决定的。可以用如下公式来表达：

$$PE = \text{Normal PE} + e$$

企业当下的 PE 包括了常态下的合理 PE 水平（Normal PE）和情绪扰动项（e）两个部分。假如一家企业市盈率是 50，但内在价值决定的市盈率应该是 25，那么剩下的 25 就是情绪给予的高估了。**企业是高估还是低估，不是相对于市场的平均估值而言的，而是相对于企业自身常态下的合理估值水平而言的。参照系是自身的内在价值所决定的合理估值水平**。理论上，一家 50 倍 PE 的公司可能是被低估的，一家 10 倍 PE 的公司可能是被高估的，如果前者合理估值应该是 100 倍，后者合理估值应该是 5 倍的话。

3. 市盈率是现金流折现公式推导出来的另一种表达形式

企业的合理估值水平应该取决于内在价值。Normal PE 等于内在价值除以 EPS。也就是说，Normal PE 等于未来现金流折现值除以"当前"的每股盈利。

$$P = EPS \times PE = EPS \times (Normal\ PE + e) = EPS \times Normal\ PE + EPS \times e$$

EPS × Normal PE 就是企业的每股内在价值，EPS × e 则是情绪因素决定的股价。假如一家公司最近 12 个月每股盈利是 2 元，当前市盈率是 50 倍。而我们计算的每股未来现金流折现值是 40 元，也就是说这家公司合理估值下的 PE（Normal PE）应该是 20 倍。市场给了 50 倍，剩下的 30 倍其实就是高估了。可见，一家企业的市盈率由两部分组成，一部分是现金流折现决定的 PE，另一部分是市场情绪决定的 PE。PE 中的合理估值部分（Normal PE），其实是现金流折现公式推导出来的。所以，**市盈率不过是现金流折现公式推导出来的另一种表达形式。当然现金流折现只能推导出市盈率合理估值部分，情绪部分是无法计算的，依赖于我们对市场和人性规律的认知。**

4. 市盈率指标的缺陷

由现金流折现推导市盈率的过程中使用的 EPS 是"最近一年企业的每股盈利"。现金流折现除以最近一年企业的每股盈利，会出现什么问题呢？如果最近一年是亏损的，那么就没有市盈率了。这种情况一定就不能投资吗？未必，例如伊利在 2008 年时业绩大幅亏损，2009 年还成了 ST 伊利，这个时候反而有重大投资价值。巴菲特在 20 世纪 70 年代投资盖可保险时企业也是亏损的，后来却赚了大钱，看 PE 就没法投资了。对于一些周期性较强的公司，或者因一时困境业绩短期下滑的公司，PE 可能高得吓人。这个时候反而 PE 越高，估值越低。有些公司一时遇到不可持续的重大利好，当年业绩增速太高导致 PE 很低，看起来被低估，其实反而是被高估了。

所以，从 PE 的推导过程可以看出，PE 指标其实存在很多问题。PE 只是估值时看起来更为简便直观，但其背后的原理还是现金流折现公式。企业估值评估，一定要面向未来，估算其现金流折现值，这才是唯一准确的标准。其他所有的估值标准都应该从现金流折现推导出来。只有当前数据对未来有参考意义时，PE 才有意义。如果以为看看 PE、PB 就能投资了，那就将投资过度简单化了。但是，对于大部分经营平稳的公司，当前的每股盈利指标对未来还是有很大参考价值。所以，PE 估值法还是常用的方法，但一定记住其来源和局限性，这一指标才能得到正确的运用。

5. 企业合理 PE 的决定因素

企业的合理估值 Normal PE 是如何决定的呢？既然 Normal PE 由现金流折现公式推导出来，那么所有决定现金流折现的因素也决定着企业的合理 PE 是多少。这些因素包括现金流的确定性、盈利能力、成长性、长寿性、折现率等，这些因素又受到企业的生意模式、竞争优势、发展阶段、发展空间、管理质量、企业文化等因素的影响。所以，企业的合理 PE 至少是由以下因素共同决定的。

（1）**企业的商业模式**。不同的行业有不同的命运，好生意即使平庸的管理层也能做得不错，烂生意即使优秀的管理层也无能为力。企业的商业模式决定了企业的基因。举两个例子，贵州茅台和谭木匠分别是白酒行业和梳子行业的龙头，茅台的 PE 在 25~30 倍；而谭木匠做了很多年，市值很小，PE 一直在 10 倍以下。你能说，茅台被严重高估，而谭木匠被严重低估吗？似乎不能，二者面临的市场规模、需求特征等完全不同。也可以比较五粮液和招商银行的估值差异，前者 PE 是后者的两倍，因为白酒有比银行更好的商业模式。企业即使处于同一行业，采用不同的商业模式，也影响其估值水平。企业的商业模式决定了其生意能做多大、盈利能力的强弱、现金流状况的好坏，这些会决定其可享受到的常态估值水平。

（2）**企业的发展前景**。有良好发展前景的企业可以享受到更高的估值水平。比如恒瑞医药、爱尔眼科估值高达 60 倍以上，多年持续享受了极高的溢价水平,主要原因是其所在的医药和医疗服务行业有非常好的发展前景,且它们都是龙头。而石油、煤炭、造纸、建筑等行业大多常年估值为个位数,就是因为市场对其前景不看好。在长期,市场大部分时候确实是对的。当然,市场也可能出现长期低估或高估一家企业的情况。

(3) **企业的发展阶段**。一般来说,企业处于发展的初期阶段时,可以享受更高的估值水平。毕竟,越小的时候,一般来说成长越快。这个道理很容易理解,一个人的工资可能到快退休的那几年达到最高峰,但那时享受的 PE 却低了,并不是市场错了,而是后面要走下坡路了。大多数企业也是如此,随着企业规模的扩大,发展阶段的成熟,Normal PE 是会下降的。所以,判断企业处于什么发展阶段,也是估值的一个关键点。

(4) **企业的经营态势**。发展状况好,在竞争中占据有利态势的企业可享受更高的 Normal PE。比如,伊利股份的估值多年高于蒙牛,是因为虽然同为乳业的双寡头,伊利的竞争态势、管理明显更胜一筹。除了利润过低的年份拉低了分母,光明乳业的估值更是低于伊利和蒙牛。

除了上述因素,管理层、治理结构、企业文化、市场利率等因素都会影响企业的合理估值水平。

以上分析了几个影响企业 Normal PE 的重要因素,我们发现寻找合理 PE 的过程,也是分析企业内在价值的过程,涉及一系列定性和定量的评估。注意,Normal PE 只是企业应该得到的 PE,并不是实际的 PE,实际的 PE 还受到短期情绪因素 e 的影响,有时这种影响要超过内在价值决定的 Normal PE。企业的实际 PE 总是围绕 Normal PE 上下波动的。

由以上分析可知,企业的估值水平 PE 可以分解为两部分:一个是由其内在价值(未来现金流折现)决定的合理估值水平(Normal PE),它是由企业商业模式优劣、发展前景、发展阶段(成长性)、经营态势、竞争优势、管理、企业文化、市场利率等各种决定内在价值的因素综合决定的。另一个是情绪等短期因素的影响(e),是由人性的恐惧和贪婪、跟风以及人类认知偏误决定的,是心理学、行为金融学的范畴。

在大熊市的时候,在优秀企业突然遇到短期的利空的时候,在企业处于早期大多数人看不清楚其未来优势的时候,在人们对某一行业或个股存在流行偏见的时候,情绪会将估值水平打到 Normal PE 之下,这就提供了不错的买入时机。当人们为新经济、新时代、新概念疯狂的时候,被牛市的赚钱氛围带动纷纷入市的时候,则提供了卖出时机。

如果对未来现金流折现这一"投资第一性原理"理解深刻,估值的问题也就迎刃而解了。回归原点,就不会为五花八门的估值方法所困扰。估值的关键不是如何运用各种指标,而是如何判断企业未来现金流折现,这是本书第二部分要解决的问题。

6. 现金流折现公式和市盈率的实际应用

我们再看一下巴菲特是怎样对现金流折现公式和市盈率进行运用的。巴菲特在 1991 年致股东的信中写道:"几年前的一个传统观点,认为新闻、电视和杂志等媒体事业由于其折旧资金可满足资本支出的需要以及仅有着较小的营运资本需求,因此它们的经营利润可以在不必投入增量资本的前提下,无限期地以每年 6% 左右的速度成长。也因此,其报告利润全部都是可自由分配的利润,它意味着如果你拥有一家媒体事业,就等于拥有了一份每年可按 6% 增长的年金。假设我们用 10% 的折现率来计算这笔年金的现值,就可以得出如下结论:这个每年可赚取 100 万美元的生意,可以给出 2 500 万美元的估值(这相当于税后利润的 25 倍市盈率或税前的 16 倍市盈率)。现在假设条件改变,这家公司只拥有普通的获利能力,所以每年 100 万美元的获利只能上上下下起伏,这种打摆子的形式就是大部分公司的状况,而公司的获利想要有所成长,老板就必须要投入更多的资金才办得到。经过我们将假设重新做修正,同样以 10% 加以折现,大概可以达到 1 000 万美元的价值,结果可以看出,一项看起来不大重要的假设变动却使这家企业的价值大幅降低至 10 倍税后利润市盈率或 6.5 倍税前利润市盈率。"

从巴菲特的运用中可以看出,他对现金流折现公式的运用并非假设复杂的参数,弄个三阶段模型,再用 Excel 算上半天,而是通过符合现实的基本假设进行了简单口算,通过对媒体事业 6% 和 0 增长率以及 10% 折现率的假设,立即通过现金流折现公式口算出公司价值。并且可以看到,他在现金流折现和市盈率之间是可以随时转换的,可见两种估值方式其实是相通的。巴菲特的这个案例,揭示了现金流折现公式和市盈率在实践中的运用方法。

相应地,我们**对一家企业未来收益率的推算有两种方法**。

第一种是用现金流折现法,通过设置简单的并且合乎实际情况的参数,大概计算一下现金流折现值,这不一定是一个数字,也可以通过参数的合理变动,计算出一个大概的合理区间。然后比较股价相对于内在价值的折扣。后面我们将证明,股价一般在 3~5 年回归内在价值。假定股价 5 年回归内在价值,如果股价相对于内在价值区间的最小值还打五折,那么预期收益就在 15% 左右。

第二种方法,是利用市盈率来估算。首先估算未来 5 年的企业利润的年化增长率,比如 20%,再简单推测市盈率的预期变化,如果目前为 20 倍,我们预期 5 年后估值不会变化,那么买入这家公司未来 5 年的预期年化收益率就是 20%。这两种简单推算方法在估值中是经常使用的,用不着精确地用计算器计算,只需要符合常识,简单地口算即可。估值的前提还是对企业做出定性定量的正确分析,否则一切精确的参数都是毫无意义的。

第二节　股票市场的规律

一、进入股市的首要问题:股权思维还是现金思维

我们一旦进入股票市场,就要思考投资股票的首要目的是什么。如果没有思考清楚,就会完全走不同的道路。"股票投资最终是为了持股,还是为了赚钱?"即"**股票投资最终目的是为了获得股权份额,**

还是为了获得现金？"可能有朋友不以为然："这有什么好问的？有时持股，有时持币，或者按不同的仓位同时持股持币，只要总市值在增加，赚钱就好了嘛。"

问题没那么简单。下面我们把**"最终为了持股"叫股权思维**，把**"最终为了赚钱"叫现金思维**。为了简化问题，我们假设只在讨论投资一家经营稳定上升的公认的优质公司。那么股权思维和现金思维有什么区别？

在股权思维下，所有短期的市值波动和市值回撤都是幻象，都是伪命题。我们持有一家公司的股权份额比例，在我们买入的那一刻已经决定了。无论短期内股价如何波动，我们的股数（股权份额）一股都不会少，一股也不会多。例如，有股权思维的投资者往往更在意目前自己"有多少股茅台"，而不在意茅台现在的股价是多少。巴菲特致股东的信中我们经常看到他为自己在所投资公司（如可口可乐、美国运通、苹果的回购）持股比例的上升而开心，从来没听见他对可口可乐股价上涨感到开心。

然而在现金思维下，股价直接关联市值，市值看起来直接等同于现金，现金直接与个人的消费能力挂钩。当股价波动的时候，那种兴奋与痛苦交错出现就顺理成章了。所以，股价上涨——"今晚加餐"，股价下跌——"关灯吃面"。可是，在股价是由"市场上最后一笔交易的成交价格决定"的边际定价机制下，把自己的"快乐"和"痛苦"都建立在达成最后一笔交易的那两个不相干的人的决策上，真是无比的不可思议。人们心中一旦把股票账户市值和金钱画上等号，所有的痛苦和烦恼就都来了。**是否把股票账户市值等同于银行活期存款余额，这一条标准可排除绝大多数的不合格投资者。**

在股权思维下，市场仅仅是一个报价器，提供一个买入股权的通道。**将现金资产通过股票市场转换为某家公司的股权资产，这是资产配置的质变，是"惊险的一跃"**。安全边际的最大意义在于，我们可以利用市场的恐慌或者低迷，用同样数量的现金，买到多得多的股权份额。能"少花钱多办事"，何乐而不为呢？而以过高的价格买入，我们同样可以获得一定数量的股权，没什么不同。有些投资者可能没有意识到不同价格买入的股权,比如300元买到的一股茅台和100元买到的一股茅台,其实是完全一样的。就像用2 000元买的一瓶茅台酒和用800元买的同样一瓶茅台酒是同样的味道一样。为何人们认为被套的股权就该割肉,盈利的股权才拿得安稳呢?以过高的价格买入,我们可能牺牲了巨大的机会成本,投资最大的隐性成本是时间。在股权思维下,投资者为了最大化股权份额,总是寻找相当的安全边际才买入。投资者为了持股,不在乎所谓浮亏和套牢这种幻象,只在乎是不是做到了最小化机会成本,尽量"花更少的钱,办更大的事"。

在股权思维下,也就没有所谓止损、止盈的概念了——无论股价如何变化,持有的股份数量都没变。买入成本价也可以忘掉了。一家公司的股权该不该继续持有,和买入成本价有关系吗?股权思维认为没关系,现金思维认为有关系。股权思维只有止错概念,即对公司看走眼,或者公司在一段时期以后经营情况恶化。投资者的关注点就只在于两个问题——"我持有的公司的内在价值是否越来越高?"和"我在这家公司持有的股权份额能不能越变越大?"

在现金思维下,成本价、市值、浮亏比例、浮盈比例、止损、止盈、清盘线、轮动等概念就自然出现了。投资者关注的问题变成了诸如"股价又创新高"、"今年前五个月已盈利25%"、"卖掉涨得快的买入涨得慢的"、"卖掉浮亏的留下浮盈的"和"卖出一部分先收回本金,留下利润慢慢玩"等。所以,股权思维投资者更关注企业,现金思维投资者更紧盯市场。

股权思维的一种特殊形式是**"将手中股权卖出暂时换成现金,稍后再换成更多股权",这是"更加惊险的一跃"**。为什么股权思维投资者不会在"高估"的情况下卖出股票,而大多数交易者喜欢做波段、轮动,做T?就是因为在股权思维下,投资者必须大概率确保卖出股权之后,必然能够在未来某个时点用这些现金换回更多的股权。**这非常难!** 原因有两个:一是优质公司的长期业绩是向上增长的,而不是向下。随着时间的流逝,股价向上跟随业绩增长的力量变强。卖出股权后时间会成为我们的敌人而非朋友。二是理论上只要低于抛出价的所有价格都应该接回,那么到底在哪个价位接回呢?这很难抉择。短期高估的股价一般有两种结局,一是怎么上去怎么下来,只是我们不知道它会在什么样的时间以什么样的路径下来。二是随着时间的推移,最终被企业内在价值的增长抹平,用不着下来了。

基于以上原因,在股权思维下的投资者,非常害怕丢失自己的股权份额。他们在"极度高估",有非常高的确定性可以在相当低的低位接回更多股权份额的前提下,才会卖出股权,实现"更加惊险的一跃"。否则,宁愿一动不动。太多的人买过好公司、好股票,但最终都没有取得好的收益,就是因为在没有足够的确定性的情况下,想去实现"更加惊险一跃",结果卖出股权后再也接不回来了。股权思维投资者可以在"一般低估"和"极度低估"两种情况下买入股票,在"极度高估"情况下卖出股票,却不会在"一般高估"情况下卖出股票——**"买"和"卖"对估值的标准是非对称的。**

在股权思维下,投资者通常怎样行动呢?有三种策略:

一是"低吸—不抛";

二是"低吸—又低吸—不抛";

三是"低吸—极高抛—低吸"。

这三种策略的难度由低到高。刘元生投资万科的案例,就是第一种策略。公司的经营和市场的情绪,应当"两道"。在这种策略下,股价与我何干?投资者可以只关心公司的经营情况,十年甚至数十年都可以不看股价一眼。市场长期是有效的,拉长时间股价自然会跟上,不用我们操心。有投资者十多年来逢低就买入茅台,从来不抛,就是对应第二种策略。前两种策略都是持股穿越牛熊。第三种策略难度最大,只有在极少数时候,比如全面牛市或者个股情绪极其高昂,必然走向崩塌的时候才有机会实现。所谓牛市,不过是大面积群体性情绪乐观,与公司的经营无关。当牛市出现的时候,股权思维下的投资者要么什么也做不了,要么寻找到高度确定性的机会实现"股权—现金—更多股权"这样"更加的惊险一跃"。如果实在没有这个把握,不确定能不能低吸回来,不做这"更加惊险的一跃"也没什么大不了的。

对股权思维投资者来说,股权是目的,现金是手段。对现金思维

投资者来说，**现金是目的，股权是手段**。股权思维总怕同样多的现金只能买到很少的股权，所以总是耐心等待低价，轻易不会买入。但一旦持有股权后，又怕丢失股权，怕用同样的现金买不回来那么多股权，所以轻易不会卖出。因此**股权思维投资者常表现为既拿得住现金，也拿得住股票**。现金思维投资者总担心现金贬值，急于换成股票增值，于是匆忙买入，但有浮盈后，又有冲动把股权换成现金锁定下来。特别是有相当大幅度浮盈的时候，自我安慰为"落袋为安"。所以**现金思维投资者常表现为，既拿不住现金，也拿不住股票**。

绝大多数投资者，买入股权的那一刻就总去想什么时候卖，赚百分之多少就卖，似乎卖出才是买入的目的。他们总是无法理解，买入这一个动作完成之后，其实就完成了资产配置的目的，并不一定需要卖出的动作。一级市场的 VC、PE 这些投资者，其实也犯了一样的错误。"募、投、管、退"是他们的标准流程。他们在买入一家公司之前，就会考虑如何退出。他们甚至为一只基金定下三年期、五年期的退出期限，千方百计通过转让给其他基金、IPO 甚至自己的其他基金接盘等方式退出。这是很荒谬的做法。好的股权，买入后是不需要退出的，这才是"股权思维"。世界上，似乎只有巴菲特等极少数投资者是这么做的。

既然我们已经清楚地发现股票所代表的股权是所有大类资产中的最佳资产，那么，我们只需要做一件事——不断地寻找市场机会将我们大比例的资产换成优秀企业的尽可能多的股权资产，并长期固定下来。股票不是买来卖的。将心仪的优质股权以合算的价格买到手，买够量，这件事情就已经基本结束了。

"股票投资的最终目的是为了获得股权份额，还是为了获得现金？"这是一个战略选择问题。战略方向选择对了，战术有些许缺陷，也不过是快与慢的问题。但反过来，战术的优势却弥补不了战略的错误。**投资者如果进入股票市场的目的是为了"赚钱"，首先就已经"输了"**。

二、股票市场的三条公理及其推论

公理，是指依据人类理性的不证自明的基本事实，或经过人类长期反复实践的考验，不需要再加证明的基本命题。公设，是指人类定义的基本规则。以现代观点看，公设也是公理。公理构成人类科学理论体系的基石。最典型的例子，就是公元前 300 年古希腊数学家欧几里得所著的《几何原本》。

按照欧氏几何学的体系，所有的定理都是从确定的、不需证明的基本命题即公理演绎出来的。**这种演绎推理思维提供了一种科学的思维方式，我们可以将其运用到对股票市场的规律认识中，可能会推导出一些大部分人都觉得惊讶但正确的结论。**

我们模仿欧氏几何的演绎思维，提出股票市场的三条公理（公设），并分别对其进行解释。

公理一：每股股票都代表对企业拥有一个基本单位的所有权，优秀企业的股票所代表的自由现金流和内在价值长期是增长的。

解释：股票是股份公司发给股东证明其所入股份资产的一种有价证券，它可以被转让和抵押。除了特殊的股票和特别的约定以外，股票市场中交易的每一股普通股票，都代表了对某一家企业拥有一个基本单位的所有权。所有权是所有人依法对自己财产享有的占有、使用、收益和处分的权利。所有权是物权中最重要也最完全的一种权利，具有绝对性、排他性、永续性三个特征。因此，买股票就是买企业的一部分。买"股票"就是买其"股"那部分所代表的资产属性，而不是"票"那部分所代表的筹码属性。

同时，每一股普通股票代表的这一基本单位的所有权也完全相等，即同股同权。巴菲特说过一段话："如果我们不能整体收购获得企业控制权时，我们也很高兴能够通过股票市场买入一家伟大企业的一小部分股权。拥有世界上最大的蓝色钻石'希望之星'的一小部分所有权，也远远胜过拥有一颗人造钻石的全部所有权。"原因就在于每一股股票所代表的企业所有权相等。巴菲特的这段话，重要的部分不是将"希望之星"与"人造钻石"放在了一起比较，而是将"一小部分所有权"与"全部所有权"放在一起比较，其实相当于**把"买股票就是买企业的一部分"升华为了"买股票就是买下了整个企业"**。

优秀企业区别于一般企业的特征是，能够通过不断进行扩大再生产获得高质量的盈利，进而获得不断扩大的自由现金流。所谓高质量的盈利，可以体现为巨大的盈利、持续的盈利、增长的盈利、加速增长的盈利、强大的潜在盈利能力，或者兼而有之。

依据未来现金流折现，优秀企业拥有巨大的内在价值，且长期是持续增长的。优秀企业的股权是非常值得持有的资产。优秀企业的股票，由法律保障代表了优秀企业的股权，其内含的自由现金流和内在价值长期是增长的。

公理二：股票价格长期来看会回归企业的内在价值。

解释：买股票就是买下了整个企业。那么，我们去买下整个企业的时候，需要做什么事情，买其一部分股票的时候，也应该做同样的事情。股票的价格，对应全体股票的市值，也就是整个企业的价格，必然与整个企业的内在价值相关联。

理想情况下，如果一家企业的股票在市场上全流通，理论上是存在买下其全部股票，也就是买下整个企业的可能性。**套利行为本身或者预期套利行为出现，会使得套利空间趋于消失**。极端地试想，茅台的市值有可能跌到 1 元钱吗？根本不可能，因为套利者马上会买入，立即拿到上千亿元的现金，还有每年几百亿元的利润。股价跌得越多投资者的收益反而就越高。在可见的未来，茅台市值不仅不可能跌到 1 元钱，也不可能跌到 300 亿元，跌到 3 000 亿元的可能性也微乎其微（尽管在理论上存在这种可能性）。因此，股票价格长期来看高度相关于公司内在价值。

公理二来自于价值规律和套利原理。公理二也经过了长期的实践检验，只要时间跨度足够大，股票价格都必然向企业的内在价值回归。

"市场短期是投票器，长期是称重器。"股价短期内会根据投票者情绪波动，股价每秒钟的变化都是股民以持有的市值为权重进行投票的结果,但股权价值长期会被称出来,该多少就是多少,不依赖于投票者的情绪。有投资者提出质疑:"难道长期不是由很多个短期构成的吗?难道大家投票投着投着就投出公司真的价值出来了?"的确是这样的,虽然长期是由无数个无法预测的短期组成的,你永远无法预测下个月的股价走势,但长期结果却有了规律性。投票器有时候投出来的价格相比价值太低,有时又太高,但在某个时期一定会把真实的内在价值投出来,这是资本的逐利性和套利规律必然起作用的结果。我们见不到人类历史上哪个疯狂的泡沫没有破裂的,尽管它可能持续很久;我们也见不到被低估的优质公司股价一直不涨的,尽管可能很长时间不涨。

很多人说应该把"股价一定会回归内在价值作为一种信仰,相信价值会迟到但不会缺席",其实这不是一种"信仰",而是价值规律起作用的"必然事实"。因为你无法举出一个例子,企业的内在价值一直在增长,股价却永远无法反映。**市场在长期是非常有效的,它从来不会亏待任何一家优秀企业,也不会放过任何一家烂公司。**

公理三:股票的"主观定价"规则和"边际定价"机制,决定了股票价格在短期内和给定时间点具有随机性,完全不可预测。

解释:股票价格如此被人高度关注,但很多人并不知道,我们在股票软件上看到的实时价格是怎么来的,也不知道开盘价和收盘价是如何产生的。每日的股价之间是否有关系?股价的变动是否连续?公司的市值意味着什么?我们先来看看《上海证券交易所交易规则》。交易规则属于交易所交易机制的根基性文件。

交易规则第3.3.5条规定:"客户可以采用限价委托或市价委托的方式委托会员买卖证券。"这一条规定了**股票的主观定价规则**,即任何人都可以主观地对任何一只股票给出报价或者选择跟随市价。一旦涉及人的主观性,那么随机性就无可避免了。一个人完全可以因为天气不好,心情不好,或者生病不舒服而以某价格卖出股票。另一个人也完全可以因为天气好,心情不错,或者发工资了而以某价格买入股票。而且**任何一个投资者的报价行为和交易行为都将对全市场的其他所有人产生或多或少的影响。**

"一只南美洲亚马孙河流域热带雨林中的蝴蝶,偶尔扇动几下翅膀,可以在两周以后引起美国得克萨斯州的一场龙卷风。"股票市场是所有具有主观性的交易者的集合。股票市场现象是一种混沌现象。有一类混沌现象无法预测,但预测本身不会导致其更加无法预测,如天气。还有一类混沌现象不但无法预测,且预测本身会导致其更加无法预测,如股市。如果大家都一致预测明天股市要涨,那么它真的可能会涨,这更增加了其不可预测性。股价的波动就像布朗运动一样,**是微观世界的随机性在宏观世界的体现。**

交易规则第3.6.1条规定:"证券竞价交易按价格优先、时间优先的原则撮合成交。成交时价格优先的原则为:较高价格买入申报优先于较低价格买入申报,较低价格卖出申报优先于较高价格卖出申报。"股票交易所最本质的功能就是撮合股票交易。现代电子化的交易所在功能本质上和400多年前阿姆斯特河大桥上股票交易者的聚会没有任何区别。只要有一个买入报价高于或等于一个卖出报价,交易即可至少部分地达成。

交易规则第4.1.1和4.1.3条规定:"证券的开盘价为当日该证券的第一笔成交价格。证券的收盘价为当日该证券最后一笔交易前一分钟所有交易的成交量加权平均价(含最后一笔交易)。当日无成交的,以前收盘价为当日收盘价。"所以开盘价与前一天的股价没有任何法规约定上的关系(假设不限制涨跌幅)。收盘价也不是一般人以为的当天最后一笔成交价格。它是被人为规定的。规定为"前一分钟"所有交易的成交量加权平均价可以,规定"前100分钟"当然也可以。股价完全可以是不连续的,理论上也可以一天或者一个星期没有一笔交易。港股的很多小市值股票可以一两个小时没有一笔交易,有交易的时候就可能使股价呈现阶梯状跳跃,而不是像交易活跃的股票那样股价呈连续的曲线。

一般交易时间,股票行情机上的实时股价,就是最新成交的一笔交易的成交价格。而且没有任何条款规定这笔交易的数量不能少于多少。只要它是最新成交的,哪怕只有一股,它就代表了实时股价。**实时股价的含义仅仅是,刚刚有两个人出于某种原因自愿以这个价格成**

交了一些股票，它并不会告诉你你手里的股票的价值是多少。

市值是一种度量公司资产规模的方式，通行的计算方法是，市值等于该公司当前的股票价格乘以该公司所有的普通股数量，即"总市值＝当前股价×总股本"。但我们并没有找到这计算方法的法规依据，看来是约定俗成的一种计算方法。这种计算方法隐含了**股票的"边际定价"**机制，即一家公司的每一股股票的市值都等于当前完成的这一笔股票交易的成交价格，这是一个边际量。

举一个极端的例子。假设一家公司总股本有1亿零1股，公司老板手中持有1亿股，某股民甲手中持有1股。在昨天该公司的股价是1元/股，所以公司市值1亿零1元，老板身家1亿元。今天股民甲不知道什么原因希望以10元的价格卖出手中这1股，而恰好股民乙不知道什么原因愿意以10元钱价格买入这1股。经过交易所撮合，他们成交了（假设无涨跌幅限制和交易数量限制）。这时，股票行情机上就会显示该公司最新股价为10元/股，该公司市值10亿零10元，老板的身家也就瞬间变为10亿元。而老板本人可能这时正在打球什么也不知道呢，他的身家就被这两位不相干的股民给决定了。就像许家印可能某天上午看新闻时才知道自己成了首富，下午又不是了。

从这个例子，**我们可以看出股票边际定价规则的"局限性"甚至"荒谬性"**。边际定价规则隐含了两个推论——要买下整个公司，必须为每一股股票付出当前价格；要卖出整个公司，每一股股票都能卖得出当前价格。这显然是不可能的。我们再看到某某公司市值或者某某老板身家蒸发500亿元这样的新闻时，我们就知道并没有500亿元现金灰飞烟灭，它们本身就不曾存在。我们就不会觉得是个多大的事了。

有些看起来天经地义毋庸置疑的事情，其实未必必须是那样。市值的计算方法也未必必须简单地使用"当前股价×总股本"。假如我们能为每一股股票编制唯一的识别码，按每一股股票各自的最新一次成交价格计算其市值（即历史成本记账法），再把所有股票的市值加总，作为公司的总市值。那么在上面那个例子中，公司的市值就是1亿零10元，老板的身家仍旧是1亿元。很多的疯狂和毁灭、狂喜与绝望可能就不会存在了。

现在，我们的股票市场仍然执行主观定价规则和边际定价规则。通过上面的分析，我们可以得出结论，**股票价格在短期内和给定时间点具有完全的随机性，完全不可预测**。股价连续涨停 10 天后必然会回调吗？当然可以不回调，没有这样的规定。公司市值可以在一段时间内低于净资产吗？当然可以，没有法规规定不许。公司市值可以在一段时间内低于净现金吗？当然可以，没有法规规定股价和公司账上的现金有什么必然关系。

公理三也经过了长期的实践检验。格雷厄姆曾说："如果说我在华尔街 60 多年的经验中发现过什么的话，那就是没有人能成功地预测股市变化。"巴菲特也说："我从来没有见过能够预测市场走势的人。"两位大师所指的预测都是"预测短期"或者"预测给定时间点"。我们在身边也从未见过能预测市场短期走势的人，然而人们总是特别热衷于预测市场短期走势。大家经常会说"这个月要反弹了""还要跌几天""我感觉还有一波攻势""要横盘整理一段时间了。"

其实，短期市场走势是不可能预测的。公司公布了好的业绩，股价可能大跌；公布很差的业绩，股价可能上涨。利率提高，可以解读为对股市不利，也可以解读为宏观经济强劲。牛市时任何的消息都被解读为利好，熊市时任何的消息都被解读为利空，人们的情绪和预期是捉摸不定的。给定时间点同样也不可预测，哪怕间隔的时间很长也不行。我们无法预测五年后的今天，大盘的点位或者茅台的股价一定高于现在。我们只能模糊地预测，在估值稳定的前提下，优秀公司因为业绩的持续增长，其股价在五年后大概率会高于今天。

基于公理三，我们应该做到，**任何买入、卖出、持股、持币的决定都不应基于对市场的任何短期预测和给定时间点预测**。很多投资者，包括价值投资者，在投资操作中很多时候都在潜意识中不自觉地加入了对市场的短期预测和给定时间点预测。例如，尽管估值已经很低了，害怕进一步下跌，导致建仓拖延太久以至于错过机会；或认为估值已经跌到历史最低点，已经不可能再跌，可以加上高杠杆抄底；或者害怕市场下跌，过早地见好就收，从而丢失了潜力巨大的优质股权。

股票市场的三条公理，构成了我们对股票市场规律最基本的认识。它们适用于古今中外的所有股票市场。无论是否限制涨跌幅，无论是 T+0 还是 T+1，无论核准制还是注册制，无论有没有国家队还是所谓庄家，无论是否具有做空机制和工具，都完全适用。**我们在股票市场中所有的投资理念、投资策略都是由这三条公理推导出来的。我们的任何投资行为都不可与这三条公理中的任意一条相抵触。**否则，我们就无法在股票市场中建立投资的确定性，我们就是在赌运气、在投机，就是犯了原则性的错误。这三条公理同样适用于股票衍生品如股票期货、股票期权市场。例如，看涨期权的多头或空头，都是违反公理三的。

根据这三条公理，我们可以得到很多"反常"的推论。

推论一：股票其实是流动性很差的资产。

我国股票实行 T+1 交易。T 日买入，T+1 日卖出，T+2 日提现。所以很多人都把股票当作一种流动性非常强的资产。这种观念大错特错。虽然股票可以实行 T+2 日提现，但是如果要把股票作为一项投资工具的话，股票其实是一种流动性非常差的资产。股票只能在紧急情况下作为高流动性资产用来快速变现救急。

为什么说股票是流动性非常差的资产？

短期内股价不可预测，决定了股票不是一种短期资产。如果我们买入余额宝，哪怕一天的收益不到万分之一，但是它第二天就把收益发给我们。我们提现之后，这次投资就以正收益完成了。即使投资期限再短，它都有很大的概率确定是正收益。而买入股票之后，可能立刻就产生浮亏，甚至很长时间都是不小的浮亏。这个时候如果提现，这次投资就以负收益告终。更不用说买入后遇到重大事项停牌，一停停半年，想变现都变不了的情况。即使买入后立刻产生浮盈，也不过是我们运气好罢了，并不能改变股票不是一种高流动性资产的本质。

长期来看，股价与公司价值挂钩，与公司未来的经营情况紧密相关。如果我们能预测公司未来的经营情况的话，就有很大概率可预测未来的股价。但是这种未来的正收益，又面临两个非线性。一个是公司经营业绩发展的非线性,另一个是股价反映经营业绩的非线性。由于这两个非线性的存在,我们即使预测到了未来的股价会大概率达到某个区间,也无法预测股价会以怎么样的路径和多长的时间到达那个区间。这样我们就不得不长期持有股票。

既然股票是长期资产,流动性很差。那么在投资股票的时候就不应该期望短期变现。一些投资者,错误地以为股票是流动性非常好的资产,把下周、下个月、下半年或者明年要买房的钱、结婚的钱、上学的钱甚至治病的钱投入到股市,期待快进快出,获得增值。特别是在牛市的时候,这种想法更加普遍。"短债长投"是非常危险的,在股市中"期限错配",导致拿不住股票,等不到股票价格回归内在价值的那一天;在急需要现金的时候,不得不在浮亏或者回报不足的状态下卖出股票。

推论二:任一时刻的股价、市值、净值都是精确的错误。

将股票账户市值等同于银行活期存款金额,是绝大多数投资者的痛苦之源。 大多数人在持仓下跌时都是痛苦的,在上涨时都是兴奋的。任一短期时刻的股价、市值、净值其实都是一种幻象,都是一种精确的错误。短期内股价的涨跌,主要由当时参加交易的买方和卖方的买卖行为决定。这些买卖行为的决策,受到很多因素的影响。比如对之前股价走势的观察,股价的心理锚点,对当前股价便宜还是昂贵的判断,对短期股价走势的预测,对长期股价的预测,对公司短期经营情况的预测,对公司长期经营情况的预测,对宏观经济的预测,对货币政策的预测,对所有直接相关、间接相关,甚至风马牛不相及的事情的预测,都会反映到当前的买卖决策上来。

所以,股市在短期内是投票器,股价主要由人们的心理因素和很多莫名其妙的因素决定。而长期而言,虽然每一次股价的形成仍然是人们短期投票的结果,但是长期来看股价却和公司的经营状况产生了非常可靠的相关性。所以,只有在长期由内在价值决定的股价上涨,对投资者才是有意义的。切勿将股票账户的每时每刻波动后的结果等同于可以随时取出的现金。

推论三:只有长期持有才可以确保获得股价与公司价值的高度相

关性和确定性。

　　股价虽然会回归内在价值，但什么时间回归却是完全无法预测的。股价可能随着内在价值增长稳步增长，也可能几年不反应，然后在一个月之内快速反应。很多实例表明，**股价对内在价值的反映也存在"二八法则"，大多数优秀公司的股价上涨是集中在很短的时间完成的，但我们不知道这个时间会在什么时刻到来。**所以，我们的持股务必做到对所有时间傻傻地"全覆盖"，才能保证股价反映内在价值的"闪电时刻"一定在场。

　　持股过程中，有两种常见的错误做法。一种错误做法俗称"做T"。有做当日T的，有做隔日T的，也有做隔周、隔月T的。做T降低成本，或者增加股数，想想确实是非常美好。在当天的高位特别是涨停价抛空，在低位再接回来，要么多出来一部分现金，要么多出来一部分股数。但是，做T降低成本最大的风险就是"卖飞了，接不回来"。有句话叫"如果你从来没有误过飞机，那你一定在机场浪费了很多时间"。股市也是一样，如果你总是能避开回调，那你一定更多次卖飞了自己的好股票，或者错过了更多的涨幅。如果总想在长的投资期限内避开短期的回撤，想利用短期回撤增加现金或者股数，其实是一种贪心不足，将投资决策建立在没有高度确定性的事情上。卖飞以后，需要更多的现金才能接回原有的股数，或者花同样的现金只能接回更少的股数，这种痛苦使得人们不愿意去面对。当初的好公司好价格，也可能与我们无关了。本来一笔很好的投资，半途而废。

　　还有一种错误做法是"板块轮动"，追逐一下热点再切换回来。很多时候以好价格买入了好公司，一直拿着，但是它就是不涨。这种时候，板块轮动的说法就很打动人心——先参与一下热点板块和热点股票的上涨，然后再回来，可以获得更多的股数或者额外的现金。但是这里有两个高度不确定性，一个是切换到热点板块和热点股票的时候，上涨还能延续多久是高度不确定的。股价向上偏离公司价值越远，这种上涨戛然而止的可能性就越大。切换过去有很大的概率是面临估值杀。另一个不确定性是原先持有的股票在我们切换出去的这段时间不一定会在原地甚至更低位置等着我们。这两个高度不确定性决定了板块轮动是非常缺乏逻辑的。

推论四：止损、止盈等任何基于买入成本价做出的交易决策都是逻辑错误的。

止损、止盈都是股市中流行的做法，也被很多投资者奉为圭臬。很多人在买入股票后，看到自己的股票是绿的就受不了。甚至有的投资者过一段时间就要清理掉自己持仓中绿色的股票，只留下红色的股票。很多人都在房产投资中能够耐心持有，但是在股票投资中却根本拿不住。房子不会天天有人给我们报价，还画出K线图均线图吓唬我们。隔壁邻居因为急用钱，以合理价格的五折卖掉了他的房子，也不会引起我们的恐慌。股市中的"短期损失"被每天精确计算并时时刻刻展现在交易软件中，因此更加考验我们的短视损失厌恶心理。

很多时候，一些投资者明明预见到了两三年后一只股票的股价大概率比当前高。但是因为短视"损失"厌恶，担心买入后短期内股价继续下跌，不敢下决心在当前价位买入。而股价过几天真的进一步下跌了，一方面佩服自己前几天没有买入是非常"英明的"，另一方面在当前价位还是不敢买入。没想到过了几天，股价又"反弹"回去，甚至超过了之前犹豫的价格，立刻"懊悔"没有在最低位买入，但是又不敢追高，怕追高后股价回调，又遭遇浮亏。结果股价开始波动盘整，越是盘整，越是心慌，越怕"踏不准节奏"，买在了高位。等哪一天股价向上大幅度突破到了一个更高的平台的时候，终于熬不住了冲了进去。结果一冲进去就遭遇回调，立刻浮亏。浮亏很长一段时间，又熬不住了，亏损离场，股价却开始上涨……

还有一些投资者，则是对自己持仓中浮盈的股票受不了，每过一段时间就要把浮盈的股票抛出，美其名曰："落袋为安""见好就收"。一般来说，很多人会把股票上的盈利与本金划入不同的心理账户，认为前者是来得容易，有一点儿就满足，或者没了也不心疼。股价越是上涨得离自己的买入价越远，这种"落袋为安"的心理就越强烈。但是**股票并不知道我们持有它，更不理会我们的买入价是多少**。"见好就收"是基于当前股价与我们买入价之差的判断，而不是基于公司当前股价与当前内在价值之差的判断。有可能在持有的过程中，股价翻了一倍,但实际上公司的经营情况已发生重大利好的变化而市场未意识到,实际上当前股价比当初买入时还要更加被低估。这样"见好就收"的结果就是白白错失了加仓的好机会,错失了后面更加巨大的涨幅。

这里,我们建议投资者忘掉买入成本价。现在的交易软件,均可以自由修改成本价。如果投资者将所有股票的成本价都改为 0 元,彻底忘掉它,将目光聚焦于公司的未来,也许投资表现会更好。

推论五:任何隐含了对股价短期预测和给定时间点预测的买入、卖出、持仓和空仓决策都是逻辑错误的。

有些投资者认同股价在短期内是不可预测的,但在实际的投资决策中潜意识里面还是隐含了对股价短期走势的预测。比如,"跌得难以承受先出来避一避,更低的价格再接回来""茅台已经跌破 10 倍 PE,绝对不可能再往下跌了""股市大涨,牛市看样子来了,满仓进去""年底了,很多资金要退出股市回去做账,不能持股过节""中美贸易摩擦将导致未来股价继续下跌,先空仓,等摩擦结束了再进去"不知不觉隐含着对未来短期市场走势的预测,是很多投资者容易犯的错误。

推论六:投资策略与资金量应无相关性。

很多投资者认为资金量不同,使用的投资策略也不同。他们认为资金量小的时候,快速致富是最重要的,哪怕真的全部亏完也可以接受。所以资金量小的时候应该激进一些,比如可以只持有一只股票,可以压上高杠杆,可以追逐热点趋势。等到资金量做大后,再开始做稳健的"价值投资"。这种做法是错的。股市其实并不知道你资金量大还是小,不会因为你激进了,就会特别地奖赏你。敢赌不一定能赢,想快不一定就快,采用激进策略不一定能够快速赚"第一桶金",大多数人反而把入市的一点资金全部亏完了。无论资金量大小,都应该采用同一种策略。当然,资金量太小以至于难以分仓,或是资金量大到很容易影响股价是两种特殊情况。除此之外,无论资金量大小,股票投资都应采用一以贯之的策略。

推论七:股价具有反身性,市场出现极端价格的可能性永远存

在，市场维持非理性价格的时间可能远超我们的预期，因此不要使用任何程度的杠杆，也不要做空。

某些时候，在某种条件作用下，投资者们一致的看空情绪导致将股价或者市场的下跌。而股价或市场的下跌可能导致人们更加悲观和恐惧，进而引发更严重的下跌。同样的，一致的看涨情绪将导致股价或者市场上涨，而股价或者市场上涨可能导致人们更加乐观。这就是股价和市场的反身性。因此，无论是否有日涨跌幅限制，市场出现极端价格的可能性都永远存在，可能是极端低价，也可能是极端高价。市场维持非理性价格的时间可能远超我们的预期，可能长达数年以上。

因此，使用杠杆是很危险的。同理，做空也是很危险的，不但做空高估值的好公司是危险的，而且做空高估值的烂公司，甚至做空高估值的造假公司也都是很危险的。很多财务造假的烂公司，可以做到连续多年股价上涨，形似"白马股"。即使明确要被退市了，也可以连续很多个涨停。

杠杆只是能够放大盈利或亏损的幅度，但是它改变不了盈利或亏损的概率。对于大多数人来说，其投资体系是不健全的，杠杆还增加了亏损的概率。使用杠杆的危险远大于好处。

不少人使用杠杆的理由包括：很多优秀的企业都有负债，实业家用杠杆是很平常的事情，所以在投资中也能用；杠杆是高手的游戏，巴菲特等投资大师也用杠杆，用保险公司的浮存金获得巨大投资收益。有了以上两点看似合理的理由，不少投资者就开始融资融券或者从银行贷款投入股市了。对于杠杆，首先要对其危险性有足够的认识，2015年的杠杆牛市遇到股灾后能产生多大的毁灭性能量，恐怕让很多人心有余悸。

股市不同于企业，类比要小心。即使对于投资高手，使用杠杆也没有必要。股市中的融资杠杆和企业经营负债的性质是完全不同的。企业用负债来扩大再生产，只要负债在偿债能力的合理范围内，大多时间没太大问题，这是因为企业经营大多是比较稳定的、可预期的，何时还债也是合同上写明的。只要企业正常经营，把资产负债率控制在相当安全的范围内，负债就不会出问题。

股市中的杠杆，面对的是每天不断波动的股价，而短期内股价如何变动是完全无法预测的，随时都有可能被强制平仓。即使是市场非常悲观的底部，使用杠杆也面临巨大危险。2000点上五倍杠杆，股市能跌到1600点，一旦资产归零，就再也回不来了。多少倍的收益乘以零都还是零。市场和股价并没有可以预测到的"底部"。我们可以看对后天，但如果死在了明天，后天也就没有意义了。杠杆最怕的是"黑天鹅"，长期资本管理公司已经成为经典的案例。即使是一帮最优秀的诺贝尔奖获得者，几百倍杠杆做低风险债券套利，也能功亏一篑。高杠杆能把万分之一的概率事件放大为一个冲击极大的金融破产事件。并且，杠杆资金成本使得时间成为我们的敌人，可观的杠杆资金成本会大幅度减少我们的投资收益。所以，不能认为杠杆是高手的游戏，过度自信是很危险的。

巴菲特使用的杠杆，并非通常意义上的杠杆，也就是通过付利息融资（融资融券、银行贷款等）的杠杆。巴菲特的浮存金杠杆对伯克希尔至关重要。但需要清楚，浮存金是保险公司"先收保费，后赔款"的现金流模式以及"大数定律"共同发挥作用的结果。这两个规律决定巴菲特的杠杆不仅不需要支付任何成本，而且非常稳定，且随着保险业务增长而增长，更不会强制平仓。事实上，巴菲特不仅不用银行融资杠杆买股票，而且公司账上一直留着几百亿美元的现金。

巴菲特的那种杠杆，普通人是无法使用的。一般意义上的杠杆，均是有息杠杆。我们的原则是，坚决不用这种杠杆。使用杠杆表现出对财富的急切追求，往往欲速不达。不使用杠杆，不断提高自己的投资能力，复利的力量同样能让我们实现目标。

三、股价长期会回归内在价值，"长期"是多长

市场短期是投票器，长期是称重器。股价尽管在短期内无法捉摸，但终究会反映价值。这些观点在投资者中似乎没有太大争议。但"短期"又是多短，"长期"又是多长呢？

有投资者拿住一只股票一个月就叫作"长期投资"，也有投资者

持有十年了股价还是没反应。所以,回答这个问题有重要意义:一是如何评价自己的投资,如果自己组合中的一只股票尽管用低估的价格购买,但五年、十年、二十年依然没有收益,是坚守还是认错呢?二是如何评价别的投资者或基金经理,一两年的业绩重要吗?但如果他们五年、十年的业绩都很差,是不是仅仅因为运气差呢?

投资大师们没有系统论述过这个问题,但我们不妨先从他们的只言片语和投资实践中得到一些启发。

巴菲特在2015年致股东的信中,交代了投资者如果要买伯克希尔的股票,要注意什么。

"对于那些打算在买入后一两年内出售股票的投资者而言,我不能够提供任何保证,不论他们的买入价格是多少。在如此短的时间内,股票总体市场的变动,对于你结果的影响,将可能远远重要于伯克希尔内在价值的变化。就像格雷厄姆几十年前说的:'在短期内,市场是投票机;在长期内,市场是称重机。'偶然地,投资者的投票决定——业余投资者和机构投资者都一样——近似于神经病。因为我知道没有方法能够可靠地预测市场变动,我推荐除非你打算持有它们至少五年,否则你别买伯克希尔的股票,那些谋求短期利润的人应当到别处看看。"

巴菲特的意思很明确,股价在一两年内算是短期,没有什么规律;只有至少持有五年,才比较确定股价会反映内在价值。《伯克希尔股东手册》中也提到:"我们认为崇高的目标应该定期用结果来检验。我们会持续以滚动五年期作为检验的时间基准。"

再看菲利普·费雪对这个问题的回答。费雪的投资策略是长期持有少数优质企业。他在《普通股和不普通的利润》一书中如下写道:

"我建立了'三年守则',我向我的客户一再重复,当我为他们购买了某种股票,不要在一个月或一年内判断结果,至少要给我三年的时间。如果在三年后还没有为他们带来有价值的结果,他们就可以解雇我。无论我在第一年内是否成功,运气和其他因素所起的作用都差不多。在我管理个人股票的许多年里,我遵循相同的原则,只有一次例外。如果我深信一只股票在三年后没有什么好的表现,我就会卖出它。如果这只股票在一两年内比市场上的其他股票表现更差,而不是更好,我也不会喜欢它。但是,假如没有发生什么足以改变我对该公司原有看法的事情,我就会持有这只股票至少三年。"

可见,费雪和巴菲特都认为股价在一两年内没有什么规律,只是费雪给的期限是三年,不同于巴菲特的五年。但费雪也提到规则也有少数例外,当三年后自己的某只股票虽然没有反映价值,但反复研究后确认公司基本面和未来不错的话,他依然会继续持有。

再来看投资大师约翰·邓普顿如何对待这个问题。《约翰·邓普顿的投资之道》一书对邓普顿的持有期限进行了统计研究。

"对未来盈利的重视早在20世纪40年代就已成为邓普顿投资哲学的核心部分,他将分析工作的重点设定为未来五年的盈利预期。未来一年的盈利情况和未来股价表现之间,没有统计上的显著关系。股价和未来五年的盈利数据则表现出最拟合且最强的相关关系,这正是邓普顿期望其分析师挑选公司时着重关注的时间期限。这一关系在全球大多数市场都显示能够成立并且在选择的任何时间段上成立。这一发现,使得所有能够在合理的误差范围预测股票未来五年盈利情况的投资者,都可能获得该时间段上的超额收益。五年,正好是邓普顿个人投资组合中股票的平均持有期限,而且也是其基金最显著跑赢市场的期限。这并非巧合,他对使用五年作为关键的预测时间的直觉,归根结底还是来自于其作为投资者的丰富经验。"

邓普顿给的期限是五年,和巴菲特相同。不同的是,邓普顿的最终持有期限也是五年,而巴菲特、费雪则长得多。

大卫·斯文森在耶鲁大学的《金融市场》公开课客座演讲时,讲到如下内容:

"我认为金融市场上最为普遍的问题就是投资期限太短,只关注基金的季度收益率是相当不妥当的。你无法靠只持续了一季度的投资,或月进月出的方式来获得巨额收益,显著失常的定价不会在短短几个月或几周内就在市场中显示出来,因此类似月进月出那些是一种愚蠢的行为。只有通过将投资延长至三年、四年乃至五年,才会出现大量的获利机会。沉迷于愚蠢的短线操作是无法得到这些机会的,因此买进一项你认为有吸引力的资产之后,其价格却跌了20%或30%,甚至40%,也没什么大不了,也许是件好事,因为你可以更低的价格补仓。只要在三年、四年或者五年之后,你的投资理念最终被证明是正确的,你就最终能盈利。"

根据投资大师们的经验以及我们个人的投资经验,**市场价格反映内在价值期限一般在 3~5 年**。其背后的逻辑是因为企业的经营周期差不多是这个时间。一家因为短期经营下滑而被市场低估的优秀公司,实现经营情况的好转,并改变投资者预期,大致是需要这个时间。比如白酒行业在经历黄金十年的快速增长后,受国家宏观经济以及政策因素的影响,自 2012 年出现断崖式调整和快速下滑,经过将近三年的周期性调整,行业走过了矫枉过正的阶段,白酒消费才逐步回归理性,进入健康的发展新阶段。

3~5 年时间,可理解为市场在常态下,反映公司价值至少需要的期限,也是最符合逻辑的期限。这有两层含义,一是要有必要的耐心,不要期望买了股票一两年就有多少收益,一般没有那么快。大多数人是做不到持有三年的,这就是他们与优秀公司失之交臂的原因;二是如果确定自己在合理的价格买了股票,三年甚至五年之后,依然是浮亏或收益很一般,要反省自己对公司的研究真的很透彻吗,有没有可能看错了呢?长期持有本身不一定正确,长期持有正确的东西才是我们的目的。

3~5 年时间,这并不是真正持有的期限,而是市场反映内在价值的正常期限。不是说我们的持有期限不能比 3~5 年更短,或者不能比之更长。投资的平均持有期限与个人的投资体系和策略有关,也与公司经营情况和市场情绪变化的情况有关。巴菲特、费雪这些企业派投资者往往持有期限非常长,数十年甚至终身持有,因为好公司股价在 3~5 年反映内在价值后,后续内在价值还会继续增长,并不需要卖出;而格雷厄姆、邓普顿、施洛斯、彼得·林奇等价值投资中的交易派大师持有期限较短,但也大多在这个时间区间。他们的共同点都是不会认为股价在一两年的短期内有系统的规律。

我们不妨再看几个 A 股的实例:贵州茅台,2012 年利空后,股价从近 200 元一路下跌到近 80 元，三年多时间股价回归合理。张裕A，股价从 2012 年之后的好多年依然是下跌的。中国石油，股价从 2008 年底部到十年后依然是下跌的。有投资者无法忍受茅台下跌，在最低点附近清仓的，而股价只过了一年多就开始反弹，3~5 年回归价值；有持有好几年张裕，收益很普通的；也有长期持有中石油近十年收益为负的。一切只因为公司基本面不同，有的是优秀公司短期挫折，有的是基本面发生了长期不利因素，有的则是步履蹒跚的平庸大国企。可见，市场对基本面的反映在长期还是很有效的。

所以，如果给市场先生一个期限，那就是 3~5 年。像费雪一样，我们也可以制定自己的"三年守则"或"五年守则"，既要有耐心，又要防错误。我们一方面不要短视，过度在意一两年的股价；另一方面也要对市场在长期的有效性保持关注，如果投资一家企业五年甚至十年，股价还没有回到"合理"估值，那么大概率是自己错了。

四、 股价只反映可见未来的预期并做动态调整

股价对内在价值的反映有自己的规律，其中一个重要规律是股价只反映可见未来的预期，而不是未来所有年份的现金流折现，然后股价会根据新的信息的出现进行贝叶斯式调整。

如果能够穿越到未来，企业的现金流最终只有一系列精确的值，只有一条路径。但是，站在任一时点看未来，企业发展的可能路径有很多条，所以对未来现金流的估计不可能是一个精确值。我们只能根据当前的信息来进行估计，这种估计可能与企业未来路径有很大的不同。如果股价过于有效，或者说股价反应总是上帝视角，市场比我们更能看到任何一家企业 50 年后的现金流，并且反映在当期的股价上，那么投资就变得太难。可见，内在价值是不确定的，即使确定性很高的公司，在某一时刻，其未来现金流也变得不够明朗。例如，万科和格力都是公认的好公司，但它们在 2016 年都经历了很大的不确定性。

2016 年，万科的股权争夺战，对万科的正常经营造成非常不利影响。客户开始观望甚至退房，合作伙伴提出解约，猎头公司开始

挖角，国际评级机构拟调低信用评级，投行纷纷下调目标股价。管理层很难全身心聚焦在业务上。如果发生管理层集体出走的事件，万科很大概率要变差。后来，万科引入深圳地铁集团，"野蛮人"被击退，形势稳定下来。但这只是后来的一种可能路径，是无法提前预测的。

2016 年格力宣布拟增发收购新能源汽车企业珠海银隆。如果说格力手机业务失败对公司影响不大，毕竟体量很小，但新能源汽车就有些体量了。盲目自信进入自己不熟悉的领域让人担忧。幸好收购银隆方案被中小股东否决了，后来银隆果然出现重大问题。但假如收购银隆方案没能被否决呢？

企业内在价值是动态变化的，事物的发展具有多重性。我们在做投资时并不是上帝视角，而是根据眼前可见的所有信息对未来做大概率的合理判断。芒格欣赏的华人投资家李录曾举例："如果把中国当作一只大股票，40 年前中国的财富是什么样子？吃穿都犯愁。而 40 年以后中国的价值呢？不用去具体算都知道，肯定比 40 年前增加了很多。那么，40 年前买了中国大股票的投资者，因为在很低的价格买了，首先得到的肯定是价值的回归。但价值本身是一个动态的概念，40 年前的价值和现在完全不一样，如果你 40 年一直持有整个中国的大股票，那价值来源主要是 40 年来中国经济增长产生的价值。"改革开放之前的 1978 年，"文革"刚刚结束，站在那个时点判断"中国"这只大股票的内在价值，谁也无法想象未来会有如此巨大的变化。

但是，**股价并不是反映公司以未来所有现金流折现到当下的价值，而是反映根据可预见的未来而评估的内在价值，这个可见的未来可能只有三五年的时间。**预期的力量不能穿透未来所有时间，而是只反映短期三五年能看清楚的时间。投资者的预期会根据不断出现的新情况、新证据不断进行动态的调整，带动股价不断变化。这个预期事后看，可能是理性的，也可能是非理性的，事前判断这个预期反应程度是否非理性，构成了利润的来源。

举个例子，根据《史蒂夫·乔布斯传》的描述，乔布斯在 1985 年与斯卡利的权力斗争中失败，因此离开苹果公司。苹果在乔布斯离开以后，由于缺少创新，每况愈下，接连更换了3名CEO都无法摆脱破产危机。最终1996年苹果以收购NeXT的方式，使得乔布斯回归。2001年苹果推出iPod之后，业绩不断上升，摆脱了危机。2007年1月，苹果又推出划时代的智能手机iPhone，使得苹果后来成为全球市值最高的公司。我们再看苹果的股价，乔布斯离开后，苹果业绩大幅下滑，股价也是萎靡不振，这个时候股价会提前预见到乔布斯回归吗？不会。乔布斯回归后，股价会立即反映iPod的推出吗？也不会。从2006年的股价中能看到iPhone的巨大成功吗？也不会。所以说股价只会一步步地根据新发生的信息进行调整。绝对不会在当期时点一下子反映未来50年，甚至未来10年的情况。

所以，由于股价反映的规律，我们并不需要一下子看清企业未来30年、50年的发展方向，我们能暂时看清后面3～5年或5～10年就够了，而后者变数更少也更容易把握。**企业内在价值不是一道现在就能看到底计算清楚的计算题，而是一幅不断动态展开的画卷**。我们能对可见未来做出判断，并对当下的市场预期是否理性进行感知，但我们不能判断未来所有的现金流。

所以，我们需要关注的是企业可见的3～5年或5～10年的未来，并判断当下预期和股价的反映程度是否理性，同时不断动态地跟踪企业变化，未来真实的所有现金流是神仙才知道的事情，我们也不必有穿越时空的能力。投资一家企业时，我们一开始要抱着荒岛十年的打算，做长远的规划，但真的被送到荒岛可能是件危险的事情。企业内在价值是变化着的，所以要动态评估，定期评估。

五、两位市场先生："买买买先生"和"卖卖卖先生"

格雷厄姆的"市场先生"寓言，是我们应该如何对待市场波动的绝佳比喻。巴菲特说，"为了使自己的情绪与股票市场隔离开来，总是将'市场先生'这则寓言故事谨记在心"。

格雷厄姆的"市场先生"寓言故事如下：

"假设你在与一个叫市场先生的人进行股票交易，每天市场先生一定会提出一个他乐意购买你的股票或将他的股票卖给你的价格,市场先生的情绪很不稳定。因此,在有些日子市场先生很快活,只看到眼前美好的日子,这时市场先生就会报出很高的价格。其他日子,市场先生却相当懊丧,只看到眼前的困难,报出的价格很低。另外市场先生还有一个可爱的特点,他不介意被人冷落,如果市场先生所说的话被人忽略了,他明天还会回来提出他的新报价。市场先生对我们有用的是他的报价,而不是他的智慧,如果市场先生看起来不太正常,你就可以忽视他或者利用他这个弱点。但是如果你完全被他控制,后果将不堪设想。"

为了更深入地理解,我们可以把市场先生想象为有两位,一位叫"买买买先生",一位叫"卖卖卖先生"。买买买先生只买入股票,卖卖卖先生只卖出股票。每天早上,两位市场先生都会同时登门拜访,他们互相之间不做生意,但都想和你做生意。买买买先生会问你:"你愿意用今天这个价格卖给我股票吗?"而卖卖卖先生会问你:"你愿意用今天这个同样的价格买我的股票吗?"**很显然,你不可能同时和这两位市场先生做生意,除非你逻辑混乱。你要么最多愿意和其中一位先生做生意,要么都不做。**

当出现一些恐慌事件的时候,卖卖卖先生会非常紧张,他非常着急要抛售自己的股票,以至于给你报出一个非常低的价格。当你觉得物超所值的时候,就和卖卖卖先生达成了交易。但买买买先生也想捡便宜,他一边问你一边掩饰不住偷笑:"我这里有足够的现金,你把你手里的股票卖给我吧。"你始终牢记一个原则,最多只和其中一位先生谈生意,而且是非常着急而不是喜形于色的那一位。你拒绝在这种时候和买买买先生谈生意。

在另外一小部分时候,会出现一些极度乐观的情况,买买买先生会非常紧张,他非常着急要买入股票,生怕错过了这场狂欢,以至于给你一个非常高的价格,希望你能把股票卖给他。同时卖卖卖先生却暗自高兴,他很想用这个高价把手里的股票卖给你。你仍然只和着急的而不是高兴的那位先生谈生意。

其他绝大部分时候,你既不愿意和买买买先生做生意,也不愿意和卖卖卖先生做生意。他们给出的报价，既不能吸引你买入，也不能吸引你卖出。这时候，你持有你的现金和股票，不想有任何变化。所以你就对两位先生说抱歉，然后不理他们。他们也并不会失落，第二天早上他们会带着新的报价来找你。

六、树立正确的风险观，建立完备的"容错机制"

每一个进入股市的人都会被告诫："股市有风险，入市须谨慎。"那么，应该如何理解"风险"？什么原因带来了风险？如何很好地识别并且控制风险？如果没有正确的风险观，投资行为一定会走偏，反而给自己带来风险。

1. 如何正确地理解风险

股价波动，哪怕剧烈波动，并不是风险，本金永久性损失或回报不足才是真正的风险。大部分人把股价的下跌当作风险，这是最大的误解。巴菲特说："投资中第一是记住不要亏损，第二是记住第一条。"注意，巴菲特所说的亏损绝对不是指股价下跌，当前股价低于买入成本价。正确的风险的定义只有一个，就是"本金永久性损失或回报不足"。所谓本金永久性损失，是指由于做了错误的投资决策，投入的本金永远不可能回来了，而不是暂时的浮亏。回报不足，则是指长期的投资收益率跑不赢通胀，本金的购买力下降。

股市中绝大多数人包括机构都是盯着股价的短期波动。那些商学院、金融学院众多的教授几乎都以股价的波动程度作为度量风险的标准，发明了"贝塔"等一堆不明觉厉的指标。股价的日常波动大多是由短期消息、投资者情绪等因素决定的，没人能够把握。长期来看，决定股价的是公司的内在价值和盈利能力。优秀的低估值的股票如果因为某种短期负面消息大幅下跌，就是买入的好机会。而大多数人会选择止损出局，白白丢失了优质股权。无论股价如何波动，持有足够长的时间，价值规律就会起作用，不能面对波动的人遇到再好的股票也拿不住。相反，大多数人喜欢追涨，**股票越涨，被感知的风险越**

低，隐含的风险越高。投资者最终要么被套在顶部，要么忍痛割肉出局，这就是本金永久性损失的风险，这才是真正的风险。

如果树立了正确的风险观，就会降低资产配置的风险。**长期来看，股票投资的风险最低，持有现金的风险才最大**。尽管股票是长期收益最好的资产，但大部分投资者把波动当作风险，因为其波动大，把股票视为"风险资产"，所以不敢配置股权类资产。有的机构投资者也要控制股票"隔夜风险敞口"。其实，股票是长期来看风险最小的资产。以合算的价格买入优质股票，是低风险、高收益投资。现金则会造成"回报不足"的风险。但现金类资产波动小，人们认为其风险也小，这是错误的。

股票投资中风险越低，收益越高，而不是风险越高，收益越高。"富贵险中求"，这是很多人的信条和常识。在股市中，这种常识是完全错误的。股市中承担越低风险的人长期来看获得的收益越高。在估值底部区域买一家优秀的公司，将来等市场恢复理性后收益很高，而股价向下的空间却很小。相反，买一只被炒得很高的股票，将来股价上涨的空间很有限，而跌起来可能万劫不复。股票投资中风险越低收益越高的事实，实在是一件很美好的事情。

投资者应把风险放在第一位，收益放在第二位。不少投资者为自己制定每年的收益目标，事后看来这些目标毫无用处，收益多少是市场说了算。投资者掌控不了自己能获得多少收益，但能决定自己承担多少风险。用多种方法提前控制好风险，将收益交给市场，才是正确的态度。在股市中长期活动，如果能先做到不亏损，把向下的风险锁住，那自然就会有很优秀的回报。

2. 是什么造成了风险

逆向思考能够更好地揭示事物的本质。知道可能会死在哪里，我们就不去哪里，这是芒格带给我们的智慧。我们知道了如何投资会失败，避开失败，就会成功。经过多年的投资，如果经常遭遇本金亏损或者回报不足的风险，可以归结为两个方面出了问题，一是认知层面，二是情绪层面。

(1) 认知层面的失败

1) **缺乏对投资规律的正确认知，没有建立完善的投资体系**。能够获得长期成功的投资者一定有系统的、有效的投资体系。所谓投资体系，就是对如何分析公司、如何看待市场，以及买入什么、何时买入、买入多少、何时卖出等理念和操作层面有一套系统的规则，而且这一规则要经得起逻辑和实践的检验。在股市基本规则一致的前提下，投资体系应该放之四海而皆准。而大多数的投资者，根本没有投资体系，而是像无头苍蝇一样盲目操作，赚了还是亏了都不知道为什么。

还有一部分投资者有自己的一套体系，但这套体系根本就是无效的，在逻辑上行不通，在实践中也没有人长期成功，例如技术分析、炒概念等。有效的投资体系未必是复杂的体系，也可以很简单，例如只投资沪深300指数基金，长期定投或者股市低迷时投资，收益长期是可以跑赢其他理财产品的。

仅仅认识到优秀公司的股票是一种非常好的资产，而不是赌博的筹码，就超越了大部分人。但是大部分人在市场还是赌，把投资决策建立在对市场或股票的短期走势预测上，把走势想象为散户和庄家的搏斗。他们没有主心骨，所以会去相信媒体、权威、炒股群、网络大V。把个人财富决策放在别人身上，实在是不可靠。

对于少数有完善有效的投资体系的人来说，股市就是带来物质和精神财富的地方。相反，股市就是凶险的丛林和财富的绞肉机。很多人说亏损最严重的一笔投资就是"认识了股票，进入了A股"。其实错不在A股，没有有效的投资体系，进入美股、港股同样会失败。

2) **缺乏必要的分析能力，缺乏对公司和投资标的的正确认知**。如果选择投资个股，就必须掌握必要的知识体系，如会计、财务报表分析、必要的金融知识、商业理论知识、商业规律等。有些投资者因为没有基本的商业分析能力，导致买入财务造假的公司、港股的老千股以及股价看似便宜其实有价值陷阱的公司，损失惨重。无论在A股还是港股，好公司都是少数，质量一般的公司和烂公司占大多数。投资的陷阱非常多，投资者如果没有必要的分析能力，又不愿意投资指数基金，在投资的丛林中根本无法生存。

雪球网在2018年6月举办过一个"有谁比我惨"的讨论活动："目前为止，你亏损最严重的一笔投资是什么？"很多球友的教训可谓刻骨铭心。我们不妨摘录几位球友的发言："当年看到雨润股价从接近40港元跌到不到4港元，生活中也常吃雨润肠，就买入20万。后来，坏消息此起彼伏，股价逐步下跌，超市的雨润肠也越来越少，后1港元左右割肉。经验是要买好的便宜公司，而不是买股价下跌多了的公司。""亏得最惨的是，投资昆明泛亚有色金属收益所的贵金属受托业务，固定年化收益率13.75%，从2012年年底开始投，刚开始将信将疑，小额投入。2014年看到有郎咸平教授站台，同时冠名CCTV 2财经节目，于是把买房的钱全放进去，再也没有出来。""次新量化轮动策略，回测年化收益300%～400%，历史最大回撤15%，完美！先投入10%仓位，小赚，再加仓到22%仓位，然后这部分仓位就一路亏损40%，惨淡收场。之后再也不敢玩次新了。""必须是香港老千股。买入隆成集团，后来参与两次供股一次合股，外加两次补仓，宣布第三次供股后认赔出局，亏损在80%以上。"

3) **思维僵化，不愿意接受事实和新观点**。我们接触过一些投资者，发现他们思维已经完全僵化。尽管投资时间很久了还在一直亏损，还是不愿意接受新的观点，对自己的想法执迷不悟。他们顽固地认为，价值投资都是骗人的。我国股市没有一家好公司，上市公司全是割韭菜的。公司的财务报表不能信，很多公司两本账，所以基本面分析根本靠不住。散户没有信息优势，怎么可能玩得过机构？即使把铁的事实摆在面前，他们还是不愿意相信，我国还是有一小批好公司，把股票当作企业投资是一种有效的方法。凯恩斯说得很有道理："吸取新观念并不难，难就难在改变旧观念。"

(2) **情绪层面的失败：无法控制自己的情绪，用非理性思维支配行动**

股市是映照投资人内心的一面镜子。贪婪、恐惧、嫉妒、从众这些情绪都是投资的大敌。如果想失败，就让这些情绪控制自己，而不是去理性地思考。

1) **幻想快速致富的贪婪心理**。频繁交易。希望抓住每一个看似会涨的机会，卖出认为不涨或下跌的机会，于是就会频繁交易。我国股市投资者一年有超过 20 倍的换手频率，世界罕见。一些自称"价值投资者"的人也每月甚至每周都有交易。从股价对公司基本面的反映时间来看，3～5 年的时间才会有比较可靠的相关性，如果频繁交易，大概率会导致失败。

过度关注波动。和频繁交易相伴随的一个坏习惯是盯盘，如果说投资失误损失的是金钱，盯盘则浪费了宝贵的时间，甚至导致人生和金钱的双重损失。时间是一个人最宝贵的资源，如果花大把时间用来做无意义的事情，而不是投资于自己的大脑和身体，本身就是最大的失败。

加杠杆。加杠杆的心理也是希望快速致富。杠杆会把本来无关紧要的波动转化为永久性损失。股市、期市无数血淋淋的教训都是杠杆惹的祸。

2）**追求不切实际的预期收益**。e 租宝、钱宝网、唐小僧，近年来倒台的庞氏骗局、P2P，让很多投资者血本无归。根源还是追求不切实际的收益。在股市中，贪婪追求过高的预期收益，会导致高风险的行为，结果造成本金的损失。

3）**恐惧导致在市场恐慌中卖出**。每过几年，市场都可能出现较大波动甚至股灾。我们所持仓的个股也可能遇到"黑天鹅"或毫无原因的暴跌、调整。这个时候，很多投资者因害怕进一步下跌低点抛出，导致出现永久性亏损。如果害怕亏损而频频止损，可能带来更大的亏损。要知道，在股市中，大盘或自己的持仓下跌 30% 甚至 50% 都是正常的，下跌时未必有什么原因，也不一定代表公司的基本面有什么问题，可能仅仅是投资者情绪的变化。如果手中的持仓是买入价格合理的优质股权，只要坚定持有，长期一定可以取得不错的回报。如果每次下跌，总是慌不择路地卖出，这样的投资是失败的。

4）**因嫉妒心理追高买入**。很多投资者看到他人赚钱了或赚得比自己更多，产生嫉妒心理，可能追高买入，或者卖出手中涨得太慢的股票。这在牛市中表现得更加明显，牛市中很多人听到身边的人赚了大钱，忍不住进入股市。所以，**牛市往往会毁灭很多人的财富**。

5）**缺乏独立思考，用从众行为来获得心理上的安全感。**很多个人和机构做出一些投资决策，并非出自于独立思考和理性计算，仅仅是因为别人也是这么做的。跟随潮流能够带来一些安全感，即使错了也是大家一起错。但获得优秀的投资回报，要求我们根据事实和逻辑去做正确的事情，而不是别人在做的事情。追随大众，不可能获得超越市场的收益。很多时候，我们要逆向思考，做和大众相反的事情。

总体上，投资的失败和风险在于认知和情绪两个层面出现问题，这两个层面也是相互影响的。造成本金损失和回报不足的原因一般包括"看错了公司""买贵了"，以及投资者自身的错误投资行为。例如，买入时估值过高甚至疯狂；买入了江河日下甚至走向破产的烂公司；买入了财务造假的公司；买入了好公司但后来基本面发生变化没有及时发觉；用了杠杆导致爆仓；无法承受股价下跌导致不理性的卖出。这些都会造成本金的永久性损失，或者回报不足。

3. 怎样控制风险

很多人控制风险的主要措施是所谓"坚决止损"，例如绝大多数私募基金设置净值跌破70%的清盘线。**止损其实并不能控制风险，而且可能扩大了风险。**连续止损10次，本金还剩下多少？还有很多人控制风险的主要方法是依赖对市场走势的预测，预测市场会下跌时卖出，问题是没人能预测市场。

关于风险控制方法最重要的是，风险控制要在买入之前，而不是买入之后。要做到"胜而后求战"，而不是"战而后求胜"。一定要对企业方方面面研究得十分清楚，并且做好出现"黑天鹅"事件的预案和容错机制之后方可买入。作为投资者，风险控制方法或投资体系的"容错机制"应主要包括以下七个方面：

（1）**世界观层面，要理解"必然性"、"偶然性"和"多重性"。**事物发展过程中一定要发生的趋势是必然性。事物发展过程中可能出现，也可能不出现，或可能以多种多样的方式、路径出现的趋势是偶然性。偶然性中蕴藏了必然性，必然性通过很多偶然性来实现。**成功的投资依靠的是必然性，也就是确定性，但绝不可忽视偶然性。**我们要始终假设一些"小概率的坏事"真的会发生,但其发生时我们所投资的公司、我们的投资体系和投资组合不能因此而崩溃。不要假设一些"可能发生的好事"一定会发生,不要把公司的未来、我们的投资寄托于这种美好的可能性上。

(2) 投资观层面,**要理解投资行为的本质是在合适的时机,以合算的价格进行资产形态的转化,以优化资产配置**。要理解不同类型资产在安全性、流动性、增值性、波动性等方面的巨大差异,知其害而用其利。个人和家庭应该根据自身情况配置合理的大类资产比例。投资是一个动作,是手段,资产配置才是结果,是目的。

(3) 纪律层面,**只买能力圈内的公司,不懂不做**。不懂一般是真的不懂,而懂不一定是真的懂,有可能只是当时认为自己已经懂了。懂的尚且不一定可靠,不懂的就更不能做了。不懂自己不懂,懂得自己不懂,不懂自己已懂,懂得自己已懂,是循序渐进的一个过程。对于能力圈,我们要积极地、努力地,但又要极其谨慎地去扩大。我们只应该投资自己能力圈内的、完全理解其未来 5~10 年的前景的公司。很多投资者频频踩雷一些财务造假的公司,很多时候是因为脱离了能力圈,仅仅看到股价涨得好或者过去几年的财务数据好看,就开始买入。坚守能力圈,不越雷池半步,风险就会小很多。

(4) 公司层面,**尽可能买确定性高的好公司**。好公司的特点就是好生意和好管理。好生意是客观的,好管理是主观的。好生意的特点有三个,一是产品被很多人强烈需要、难以替代、可以提价,有经济特许权;二是成长空间大,自己容易复制扩张,可以做到边际成本不增或者递减;三是别人难以复制、模仿。好管理的特点有两个,一是上下同欲,二是人尽其才。上下同欲将股东、管理层、员工、用户的利益放到了一起而不是对立面,这样的企业文化必然具备普世价值的特征。人尽其才,是充分发挥人的价值和主观能动性,把人真正视为价值创造之源,而不是生物动能的转换工具和机械的传感器、计算机。在一些传统行业,我们也看到了好管理、好文化、好机制给人带来的巨大变化,天资、学历和能力好像并不那么突出的人反而迸发出了巨大的能量和活力。好生意可以在一定程度上降低对好管理的依赖,但好生意配上好管理，才是真正的好公司。好公司是投资确定性的基石。

（5）**价格层面，要求足够的安全边际，好公司还要有好价格。**静态的安全边际来自于市场估值对企业静态资产价值的折价。动态的安全边际来自于市场估值对企业动态内在价值的折价。格雷厄姆—施洛斯一派更看重足够的静态安全边际，巴菲特—芒格一派更看重足够的动态安全边际。定义"足够的"安全边际是很艺术的。安全边际的意义在于看错时仍然可能避免或更少地损失，看对时提供超额的收益。

（6）**组合层面，建立适度分散的投资组合。**适度分散的投资组合可以一定程度上降低"看错"和"买贵"的风险，也可以一定程度上降低公司经营遭遇小概率坏事的风险。无论商业洞察力多么强大，只要是人，就会有犯错的时候。单押一只股票，如果看错或者公司基本面发生了无法预期的变化，风险巨大。如果拥有5~10只，每只股票都看错的概率就会大幅度减小。当然，分散要适度和平衡，如果太过分散，无法深度研究，反而会增加投资风险。

（7）**投资行为方面，不加任何幅度的杠杆、不做空，始终保持理性，不情绪化。**基于市场的基本规律，市场出现极端不合理价格的可能性永远存在，维持不合理价格的时间超过我们想象的可能性永远存在。因此，不加任何幅度的杠杆、不做空，可以避免投资体系在这方面出现重大漏洞。另外，在情绪化躁动的市场中，需要始终保持理性，不被贪婪、恐惧、嫉妒等有害情绪所影响。

投资的第一要务是"识别并控制风险"。在活下来的基础上，我们再去不断修炼对投资更深的理解力、对商业的更深洞察力。无论市场发生什么，只要能活下来，经过复利的作用，长期回报一定是可观的。而确保我们能活下来，并且能活得很好，需要我们建立正确的"风险观"，正确地理解风险，不犯致命性的错误，并且事先打造好控制投资风险的"容错机制"。

七、对"回撤"的思考：五类情形及应对方法

什么是"回撤"？"回撤"是个谓语，前面隐含了一个主语。一

般来说，没有人说"亏损回撤"的，我们说的"回撤"，通常指"股价回撤"、"市值回撤"、"净值回撤"和"盈利回撤"。

"股价回撤"是针对个股的，即股价从前期高点回落。"市值回撤"和"净值回撤"一般对应一个投资组合，我们可以简化地只讨论股票组合。一只或者多只个股的股价回落，引起市值或者净值回落。而"盈利回撤"的说法，其实是不准确的。在股票卖出之前，基金赎回之前，这笔投资并没有结束，没有所谓的"盈利"。所谓"盈利"只是"账面浮动盈利"。股价、市值或净值从高点的回落，造成了"账面浮动盈利"回撤。

绝大多数人是厌恶"回撤"的，那种感觉就像刚刚赚来已经放到包里的钱，又被掏了出去。**"回撤"之所以让很多人难受，是因为人们在心中把"市值"等同于"银行活期存款余额"，把"账面浮动盈利"等同于"已经实现的盈利"**。如果没有对股市规律的深刻理解，是很难淡看回撤的。要想减轻甚至消除回撤带来的痛苦，首先需要在心理上有正确认识，把"市值"与"银行活期存款余额"区分开，把"账面浮动盈利"与"已经实现的内在价值"区分开，把"可能可以避免的回撤"与"不可避免的回撤"区分开，并且采取一些必要的措施来减少"可能可以避免的回撤"。

那么股价为什么发生回撤？股价回撤通常有五类情形。

第一类是单纯因为股价随机游走引起的回撤。根据股票市场的三大公理及其推论，任何一个具体的股价、市值和净值，都是精确的错误。这很像薛定谔的猫。当我们不去观察猫的时候，猫是既"生"又"死"的状态的叠加。当我们观察猫的时候，猫的状态就只剩下"生"或者"死"唯一一种结果。只用一种具体结果去代表整体是错误的。在股市没有开市的时间，或者停牌期间，人们对公司股价的估量都是模糊的，各不相同的。股价呈现出弥散的状态。一旦开始交易，股价就迅速"坍缩"为一个具体的值，并开始随机游走。其实，任何一个具体的交易价格，都不足以衡量公司价值，都只是从一个极小的角度反映公司价值。当我们有长期的、大量的交易价格时，才可以逐步接近公司内在价值的全貌。所以，单纯因为股价随机游走引起的回撤，是完全无法预测的，也没有必要去防范。

第二类是对个股短期高涨情绪回落引起的股价回撤。这多发生于个股股价短期冲高之后。这一类回撤很多人认为可以预测，即使长期看好也会依此来短期地做"高抛"，希望随后"低吸"进一步降低成本。这类操作有一定的正确的概率。但是，高涨的情绪可能会延续，也可能拉长时间跨度后被公司盈利增长追上。所以这种操作正确的概率就大打折扣。而且，高抛之后，理论上任何一个低于高抛位置的价位都值得接回，何时接回就显得很为难。另一种情况是，高抛之后股价继续上涨，是否要认错加价接回长期看好的股票就显得更加为难。绝大部分人是不愿意加价接回的，从此与当初长期看好的股票再无关联。所以，这一类回撤也是很难预测的。我们建议不必去预测，也没有必要去防范。

第三类是公司业绩回落引起的股价回撤。有一些投资者已经不再对股价追涨杀跌，但是却对公司业绩追涨杀跌。公告业绩大增时，就加仓，公告业绩不如预期甚至下滑时，就减仓。殊不知，优秀公司的业绩也不是年年季季高增长的。而且，业绩只是公司经营在财务上的结果，依据业绩表现来加减仓，通常已经太晚了。这一类回撤，要区分是长期业绩下滑还是短期业绩回落。如果是因为公司的经营或者外部环境出现了重大恶化，则一定要尽量避开。如果是因为行业特性、经营短期变化和会计处理引起的短期业绩波动，可以不去做预测和防范。

第四类是"黑天鹅"事件引发强烈悲观预期，造成的股价回撤。公司的经营过程中，往往会出现一些突如其来的"黑天鹅"事件，并带来股价的剧烈回撤。有的"黑天鹅"事件是影响深远的、根本性的。例如2008年三聚氰胺事件，极大地改变了乳业的市场格局和行业规则。有的"黑天鹅"事件却只是一个小插曲，例如"张三林"举报伊利事件。"黑天鹅"事件造成的股价回撤，事前我们几乎无法预知和防范，但事后我们要持续关注事态发展，及时做出评估。有的可能不需要做出反应，有的需要尽快减仓（但不要仅仅因为股价下跌而减仓），也有的可能反而是加仓的好机会。

第五类是牛市崩塌引起的股价回撤。这一类回撤可以比作"覆巢之下,焉有完卵"。2007年的牛市是一个完整意义上的牛市。所谓完整意义上的牛市,就是整个市场上股票的估值均已向上大幅度偏离内在价值,投资者已经找不到敢继续持有的股票,更别提建仓了。越是疯狂的牛市,越是大概率地以一地鸡毛结束。这类牛市崩塌引起的回撤,是有非常大的概率可以预见的。2015年的牛市,是一个"半截子"牛市。因为即使是上证指数在5178点的最高点,还有不少优质股票处于合理甚至合理偏下的估值位置。但是当时的情况是,中小创的估值已经疯狂,并积累了大量高杠杆融资盘。很多投资者不顾风险,一起炒作中小板和创业板股票。当证监会封杀场外非法配资时,强制平仓和爆仓使得中小板和创业板股票连续跌停完全丧失流动性。基金只得抛售蓝筹股来应对巨额赎回。

牛市崩塌引起的回撤,所有的投资者,无论是个人投资者还是机构投资者,都应该提前做好准备,尽可能避开这类回撤。并且,安全的投资体系,需要先假设不能在牛市逃顶,仍然可以获得相当的浮动盈利而不会亏损。

那么回撤有规律吗?

有。但肯定不是"连续上涨××日会回撤"、"涨停板的下一日会回撤"、"高出60日均线××%会回撤"或者"利好出尽要回撤"这样的规律。关于回撤,我们最确定的是——回撤一定会发生。但是不同类型的回撤,规律不同。对于股价随机游走引起的回撤、个股短期高涨情绪回落引起的回撤、"黑天鹅"事件引起的回撤、短期业绩回落引起的回撤,我们发现的规律是——不知道什么时候会发生,不知道在什么位置会发生,不知道回撤多大幅度后会结束。我们将之总结为"**不可避免的回撤**"。

对于长期业绩下滑引起的回撤和牛市崩塌引起的回撤,是有比较大的可能性可以预见的。我们将之总结为"**可能可以避免的回撤**"。这部分回撤才是我们最需要关注和预防的,考验我们对商业的洞察力和对人性的感知力。分散持股,构建一个相关性较小的股票组合,可以在一定程度上减轻个股的某些"不可避免的回撤",从而减轻"市值回撤"或者"净值回撤"。但是分散持股并不是防范"可能可以避免的回撤"的主要手段。

个人投资者和机构投资者如何面对回撤？

个人投资者相对于机构投资者最大的优势就是"对资金的绝对控制权"。个人投资者可以绝对控制投资的资金量、仓位和投资期限。但是很多个人投资者放弃了这个最大的优势，将短期资金投入股市，听消息买卖，追涨杀跌，动用杠杆资金（杠杆资金的平仓规则和杠杆成本都限制了投资期限）。这种情况下个人投资者必然会被各种"不可避免的回撤"所困扰。如果个人投资者能够看清股价幻象，牢牢把握"对资金的绝对控制权"，将关注集中在公司长期经营业绩和市场整体情绪上，那么"不可避免的回撤"将不再是一种困扰，"可能可以避免的回撤"也可能被预防。"不可避免的回撤"发生后，可以不动，可以伺机加仓。"可能可以避免的回撤"应事先尽量预见和防范，或者尽快做出反应，可以减仓、清仓，或者用期货、期权工具来对冲，为股票持仓增加保险。希望交易所能够尽快推出个股期权工具，完善我们的工具箱。

机构投资者并没有对资金的绝对控制权，开放式、定期开放式基金还面临部分客户在市场恐慌时期的赎回压力，所以困难会更大一些。机构投资者既需要自己正确面对回撤，还需要帮助客户正确面对回撤。如果股票不是每天报价，而是每半年或者一年才交易一次，绝大多数个人投资者买入和卖出时会更审慎，投资成绩也会更好。同样的，封闭式基金、定期开放式基金如果能大幅降低净值播报频率，可以帮助部分客户规避频繁面对回撤的痛苦。

一部分机构投资者为了满足客户的需求，将控制"回撤"作为头等大事。如果净值能线性增长当然是好事，但这是不可能的。一些机构投资者用"止损"手段控制"回撤"，显然解决不了问题。如果净值每下跌10%就清空所有仓位"止损"，运气差的话连续"止损"几次净值就归零了，有时候很好的加仓机会反而变成了永久性损失。用复杂的"对冲"工具消除"回撤"的同时，也可能同时消除了本应获得的收益，增加了机会成本。当然，如果只做打新和套利的策略，没有回撤，但收益却远不如股票。为了追求更高的长期投资收益，必须不能把波动和回撤简单当作风险。

"回撤"并不可怕，甚至可能是我们的好朋友。要看淡"不可避免的回撤"，防范"可能可以避免的回撤"，利用"可能带来更好买入机会的回撤"。

第三节　构建价值投资体系

一、两种安全边际：价格与质量的天平

价值投资的"四大基石"中哪个才是最重要、最核心的呢？在格雷厄姆那里，"安全边际"应该是最重要的一条。安全边际是股票价格低于内在价值的幅度，价格越低，安全边际就越大。安全边际的作用是可以吸纳计算失误或负面不确定性所造成的影响，即容纳主观的误判和客观的负面影响。安全边际不仅能为不确定的未来提供保护，有时还能化腐朽为神奇。足够低的价格能够使得质量一般的证券变成稳健的投资机会。一些投资大师运用格雷厄姆的这一思想获得了不错的回报。例如赛思·卡拉曼、霍华德·马克斯等，他们取得的收益不是通过寻找优秀企业，而是寻找价值被低估的具有高安全边际的破产企业、垃圾债券，变废为宝。格雷厄姆对企业成长带来的安全边际持怀疑态度，他认为，成长股投资也是可以符合安全边际的理念的，只不过投资者计算安全边际时需要预期未来的利润，而不是当前的利润，这样做起来难度更大，需要有"相当程度的预见性和判断力"。

1. 两种安全边际

安全边际可以分为静态的安全边际和动态的安全边际。静态的安全边际可以用低 PE、低 PB、高股息率等指标来衡量，计算的基础是企业当前和已经发生的盈利或者净资产价值。动态的安全边际是指企业未来现金流不断成长带来的安全边际，虽然静态估值看起来不低，但企业成长会带来估值的下降。格雷厄姆喜欢静态的安全边际，对动

态的安全边际持保留态度。而巴菲特修正了格雷厄姆的看法，巴菲特在2007年股东大会上说过这样一段话："尽管我们希望花四毛钱买一元钱的东西，但是真碰上伟大的生意，我们愿意出接近一元钱的价格买下来。"

我们不需要像格雷厄姆一样对动态的安全边际过于悲观。格雷厄姆本人希望自己的投资体系能够为普通人所运用，甚至不需要懂公司的生意，只需要运用统计的方法研究公司的历史财务数据和静态的有形资产数据，建立一个具有安全边际的分散化的组合，就可以取得成功。但是，经过费雪、巴菲特、芒格等投资大师们的努力，我们有更多的工具和分析框架来投资所谓的"成长股"。商业模式、护城河、管理层等重要的概念，在格雷厄姆那里是没有的，我们现在却可以利用。经过一定训练的投资者完全可以对部分企业的未来现金流折现做出比较合理的判断。

2. "价格"和"质量"的天平

我们经常会听到这样一种言论，"便宜是投资的硬道理"。如果观察众多投资者，真正能做到知行合一践行价值投资的人凤毛麟角。在这少数人里面，大部分人又更加重视便宜。真正长期持有少数优秀公司的投资者，是极少数。可见，便宜的诱惑是很大的，人们对质量的重视是不够的。注意，我们这里讨论的便宜是"静态的便宜"。

毫无疑问，最佳的投资机会是既便宜又有质量的"便宜的好公司"。但困难的是，这样的机会并不常见，可能好几年才出现一次。大多数情况，便宜的价格公司质地不够好，好公司往往不便宜。对于好公司过于追求价格便宜，会错失很多机会。我们需要做出权衡取舍。我们决策的天平到底应该偏向于"价格"和"质量"的哪一边呢？

在很多人的印象中，格雷厄姆似乎提倡便宜的价格买入烂公司。其实，格雷厄姆也喜欢质地好的公司，规避烂公司，他在《聪明的投资者》中写道："如果前景肯定不好，那么无论证券价格多么低，投资者最好还是不要去购买。"格雷厄姆甚至认为付太高的价格购买优质股的风险不是投资者的主要风险，投资者的主要亏损来自于以高价格买入垃圾公司。

只不过，当质量好的公司不便宜时，格雷厄姆的天平更偏向价格一些，选出一些价格便宜，但质量也说得过去的平庸公司。"可是，被低估的证券都来自于这样的企业：该企业的未来既没有明显的吸引力，也不是明显没有希望。"格雷厄姆的很多弟子们，更进一步，把价格看得更重，甚至只喜欢"捡烟蒂"。

与其导师格雷厄姆不同，巴菲特后期将天平狠狠地拨到了"质量"一边，"我宁愿以合理的价格买入好公司，而不愿意以便宜的价格买入平庸的公司"。既然格雷厄姆的体系依然有效，巴菲特的前半段投资经历按照格雷厄姆的体系也取得了不错的成绩，那么巴菲特后期为何有如此大的转变呢？

"便宜是投资的硬道理"的认同者往往在意的是静态的便宜，没有动态地看问题。我们加入"时间"这个极其重要的变量，一切就显得大为不同。时间是好企业的朋友，是平庸企业的敌人。如果买入静态看起来便宜的平庸公司，拉长时间可能根本没有安全边际。1962年12月，巴菲特合伙企业第一次购买了伯克希尔股票，当时股价是7.5美元，相比于运营资本10.25美元和账面价值20.20美元，是大幅度折价的。随后，巴菲特不断购买，到1965年4月控制了公司。在1966年之后的18年时间里，巴菲特在纺织行业经历了持续不断的挣扎，却全无效果，直到1985年，停止了运营。如果巴菲特1962年买入伯克希尔股票后，第二年就卖掉，会发生什么情况呢？会大赚50%。可见，时间不同，结果大不相同。

我们做投资时，需要知道自己的时间维度。如果看中质量一般的公司静态的低估，价格回归合理后就应该卖出；如果买入了质量很高的公司，就应该伴随其尽可能长的经营时间。早年的巴菲特在伯克希尔纺织厂的痛苦正在于没有看到时间的力量，他总结道："用便宜的价格买股票，就像是捡让人抛弃的烟蒂，还可以再吸一口。尽管烟蒂可能难看或者恶心，吸的那口却是免费的。然而，一旦享受了短暂的愉悦，就再也没有什么能够被期待的了。""尽管用便宜的价格购买不良的生意,作为短期投资可能具有吸引力,它们是构造庞大而且持久的企业的错误基础。挑选可以结婚的伙伴,相比于约会,显然需要更多严格的条件。"所以,"价格"和"质量"的天平到底偏向哪一边,取决于市场给了我们什么样的机会,更取决于投资中的时间维度。

我们不妨用三幅图形更直观地表述时间的作用(见图1-2)。要注意到,图1-2为了说明核心问题进行了简化,真实世界的内在价值绝对不是一条直线,甚至站在某一时点向前看会有多条线,只是内在价值波动幅度通常不如股价那么大而已。

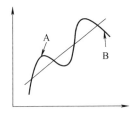 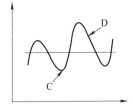 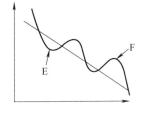

图1-2 时间的作用

如图1-2所示,坐标轴中纵坐标代表内在价值或市值,横坐标代表时间的推移。曲线是股价,直线是内在价值,股价围绕内在价值上下波动,曲线在内在价值之上则为静态的高估,相反为低估。左、中、右三个图形分别代表内在价值随时间不断增长的优秀公司、内在价值一直不变的平庸公司、内在价值随时间下滑的烂公司。

优秀公司的情形下,哪怕在A点高估的时刻买入,B点低估的时候卖出,依然能获得正的收益。在不增长的平庸公司情形下,必须在低估的点买入,如C点,在合理或高估的时点卖出,如D点,才能获得收益。在烂公司情形下,哪怕以低估的价格在E点买入,高估的F点卖出,收益依然是负的。**时间越长,估值的作用越小,企业内在价值的作用越大**。考虑到时间的力量,以合理价格买入优秀公司,好于以便宜价格买入平庸公司。

除了投资收益的不同,选择不同的投资体系对生活方式的影响也很大。如果把价格和低估作为投资第一原则,在图1-2的第二幅图中,需要反复找到低估的点，股价回归合理时就要卖出，因为长期持有是没有意义的，卖出后又要寻找新的低估的标的，每年可能都需要操作很多次，生活方式必然会受影响。如果买了第一幅图中内在价值不断增长的优秀公司，一直持有就行了，持有过程中不需要在意一时的低估和高估。越是拉长时间，估值的作用就越小。

3. 安全边际并不是投资的第一原则

安全边际是投资的重要原则，但不是投资的核心原则、第一原则。安全边际虽然重要，但不是万能的，作用是有限的。如果买错了，在时间面前，"安全边际"只是短期内减轻损失和痛苦，时间越长，安全边际能起到的保护作用越小。安全边际就像买了一份保险，即使发生了事故，也不会有太大损失。但是，如果上了一架有安全漏洞的波音737 MAX，不管买了多少保险，又有什么意义呢？可见，投资中，最关键的还是看对企业。

股票投资的"四大基石"中，最核心的还是"企业思维"，关键是买对。如果买的是基本面优质的好公司，买贵的话付出的是机会成本，但随着时间推移和企业的成长，机会成本是递减的。如果买入了看似价格便宜、有安全边际的烂公司，随时间推移，企业的麻烦越来越多，当初的安全边际也不过是"镜中花，水中月"。很多人掉入了这种"便宜陷阱"。

这并不是说，安全边际不重要。安全边际很重要，再优秀的公司，如果以过高的估值买入，都可能面临永久性亏损。例如，即使五粮液、万科这样的好公司，2007年大牛市中以近百倍的PE买入，都需要10年时间才能消化估值。这里只是说，如果时间维度拉长，要更加重视公司的质量，不应把短期静态的价格看得过重。所以，投资中应以质量为先，其次再争取较高的安全边际。当然，在市场极度不理性时，好公司出现便宜的机会，那时就不需权衡了，不用弯腰就能捡到金子。

对安全边际更深入的理解，应该是当前的价格相对于未来自由现金流折现值的折扣。成长本身就是安全边际的一部分。静态地理解安全边际，静态地追求便宜，没有考虑到企业高质量成长带来的动态安全边际，往往会买入 PE 或 PB 低的企业，可能会掉入"估值陷阱"。从这个意义上讲，便宜不是投资的硬道理。

二、机会成本：如何掌握安全边际的度

每个价值投资者都认同"安全边际"的大原则，但这一原则的具体实践却不那么简单。理论上讲，安全边际越高，收益也会越高，这是没错的。不遵循安全边际原则，付出过高价格，我们就会面临本金永久性损失或回报不足的风险。但太过于追求安全边际，很容易错过机会。"过错"和"错过"的风险，我们都应该注意。

以过高的价格买入，哪怕是优秀的企业，也可能有本金亏损的风险。 为恪守安全边际的原则，买入时要保持必要的纪律和耐心。当很多人手中还有闲置资金，或外部突然来了一笔资金，而当时并没有估值合理的投资机会时，无法做到克制买入的冲动。拒绝资金的闲置对很多人来说是一种难以承受的强迫症。芒格也说："有性格的人，才能拿着现金什么也不做，我们追求的是绝好的机会，而不是平庸的。"

作为一个投资者，我们平时主要工作其实也是研究、观察和等待，大多数时候什么也不用做。每隔几年，市场都会有不理性的时候，当发现有好球进入击球区时，奋力一击就可以了。成功的投资不需要太多的机会，每过两三年能发现一个机会就足够了，一生之中也只需要少数几个机会。

投资中还有一种错误的做法是"锱铢必较"，错过也是一种风险。 很多投资者走入另外一个反面，过度追求安全边际，大面积错过很多估值合理的优秀公司。有些投资者声称"你不会因为没买什么而亏钱""宁可错过，不要过错"。这些话在一些时候是有道理的，但不能走得太远。如果要求贵州茅台 10 倍 PE 以下才考虑买，是不是也是一种贪婪呢？这种做法的机会成本是很大的。盲目等待极端市场下好公司出现极端好价格才出手，也是愚蠢的，因为你可能等了 10 年也没出现这样的机会。

巴菲特当初都犯过这样的错误，何况我们呢？1972年，巴菲特因为一点点价格差点错过喜诗糖果。芒格说："如果喜诗糖果再多要10万美元，沃伦和我就会走开，我们那时是那么蠢。很显然，我们吸取教训很慢。这些机会成本并没有反映在财务报表上，但却让我们失去了几十亿美元。"一些投资者有这样的习惯，"股价不低于多少块绝不买"，如果差个几毛钱就跟心仪的公司擦肩而过，确实可惜。

所以，买入时不遵循安全边际的原则，就可能收益平庸甚至损失本金，而太过于追求安全边际，锱铢必较，则会错过机会。实践中的问题是，安全边际的度如何拿捏？具体操作中，有个量变和质变的过程。如果要求100块买茅台，未来几十年可能也没机会，200块买很划算，300块也可以买，400块还可以买吗？500块呢？800块呢？我们都知道巴菲特的名言："以合理的价格买进优秀的企业，而不是以便宜的价格买进平庸的企业。"那么，到底什么才是"合理价格"？**或者说，安全边际，到底要多安全才是合适的？**

其实一个经济学概念就可以解决，那就是"机会成本"。曼昆的《经济学原理》中，经济学十大原理之一就是机会成本——"某种东西的成本是为了得到它所放弃的东西。"

更完整的表述是：**机会成本，就是做出一项选择时，所放弃的其他所有选择中最好的那一个选择可能带来的收益**。假如我们能力圈内，只有A公司、B公司、余额宝三个机会，我们只能投资其中一个。暂不考虑风险条件下，A公司预期收益是8%，B公司2%，余额宝3%，我们最终选择投资A公司，它的机会成本就是放弃了余额宝3%的收益。

机会成本看似是一个非常简单的概念，但很多人无法理解。例如，用自家商铺开餐馆的人会认为自己没有租金成本（假定周边同样商铺月租金5万元），月毛利润4万元也认为自己是盈利的。殊不知，用机会成本概念计算，实际是每月亏损1万元。同样，种地的农民会认为没有劳动力成本，其实种地意味着放弃了外出打工的收入。错过一个大的投资机会，看起来账户也没什么损失，其实机会成本巨大。可见，对机会成本概念做到深刻理解并运用并不简单。

巴菲特在 2002 年致股东的信中曾经给过一个合理价格："芒格和我目前对于股票有所抵触的态度，并非天生如此。我们喜欢投资股票，但前提是能够以一个较具吸引力的价格买入。在我 61 年的投资生涯中，大约有 50 个年头都能找到这样的机会，我想以后也会同样如此。不过除非我们发现有很高的概率可以让我们获得至少税前 10%（也可视为公司税后的 6.5%~7%）的回报，否则我们宁可坐在一旁观望。"一些投资者因此将预期收益 10% 作为合理价格，其实是教条主义的理解。根据巴菲特和芒格 2003 年股东会上的解释，10% 的最低回报要求，是根据当时的机会成本定下来的，只不过这个机会成本是"预期未来的机会成本"。

所谓"合理价格"，就是在自己能力圈内对所有投资机会不断进行比较的过程。在个人能力圈内，我们只需要选择最好的某一个或某几个就行。能力圈内假如有股票、债券、货币基金、信托理财等，经过比较，选出风险最低、预期收益最高的机会即可。（当然，这种比较并不是短期不断的称重作业。）当我们决定新投资一家公司时，也要跟目前已经持有的优秀公司作比较。如果已经持有茅台，应该问自己，当前价格下，新投资的这家公司会比茅台更好吗？

机会成本意味着，并不存在一个关于合理价格的绝对的定量标准，例如收益率 10% 等。假如所有股票中，一家公司未来几年预期收益率达到 8%，其他公司预期收益为负，那么选择投资 8% 的这家公司即可。假如股票全部处于疯狂状态，未来几年的预期收益均为负，而余额宝有 3% 的收益，高安全性债券有 4% 的收益，那么根据"机会成本"原则，我们选择债券就可以了。

因为每个人能力圈不同，机会成本也不同。所以，对同一只股票，每个人面临的合理价格是不同的。假如张三的能力范围内只有茅台一家公司，根据目前估值，预期未来 10 年有 10% 的收益率，这高于债券、余额宝，那么茅台目前的估值对于张三就是合理价格。同一时刻，李四除了茅台还理解其他 10 家公司，其中一家公司能达到 20% 的收益率，那么茅台此刻的估值对李四就不是合理的，而是高估的。如果选择了茅台，根据机会成本的概念，李四其实是亏损

10%的。

我们对机会成本的衡量，要考虑"未来的机会成本"，保留一定的前瞻性，而不是仅仅考虑眼前的机会成本。巴菲特在2003年股东会上说："我们有160亿美元资产税前收益率只有1.25%，每年利息为2亿美元。我们很容易就能买到20年到期的政府债券，并获得大约5%的收益，我们可以获得每年8亿美元的收入。我们现在决定持有2亿美元收益的流动性资产，是因为相信不久的将来能找到10%或回报更高的资产。如果我们选择投资8亿美元收益的债券，一年后要是出现大机会，我们损失就大了。"巴菲特猜测他在未来适当时候会有机会以有吸引力的回报率投放资金，因此他不会浪费太多的"火力"现在就去购买较低回报、流动性差的资产，但这依然是基于机会成本的计算，因为这种暂时保留"火力"的做法大概率地在整体上最小化了机会成本。

因此，对于什么是"合理价格"，如何掌握"安全边际"的程度，只需要深入地理解"机会成本"概念，就消除了疑惑。每个人面临的约束条件不同，因此每个人面临的"合理价格"也不同。

当然，如何模糊地估计投资一家公司的未来预期收益率，需要对这家公司的未来十年的发展前景和十年前后估值的变化做出大致准确的估计，这考察的是商业洞察力和对市场规律的认识，是另一层面的重要问题。

三、卖出没那么重要：四个卖出标准

投资中，经常有人说"会买的是徒弟，会卖的是师傅"。这是投机者的做法，他们总是钻研市场博弈，希望以尽可能高的价格卖给别人。对于真正的股权投资者而言，股权是目的，现金是手段，所以恰恰相反，**买入几乎决定了一切，卖出并没有那么重要**。

买入的标准是什么呢？其实很简单，就是"股价相对于未来自由现金流折现有合理的折扣"。或者换一种表达方式，就是"预期收益达到我们的目标"，其中这个预期收益是根据我们的机会成本得出的。

如何模糊地估算内在价值，或者说如何估算预期收益率，在我们已经熟悉了估值方法后，最重要的也是懂企业、懂生意，通过一系列定性和定量的分析，对企业内在价值做出正确的评估。这需要永无止境的学习，即使是巴菲特、芒格在90多岁依然在学习。本书的第二章重点分析如何洞察商业，第三章给出一些企业价值评估案例，其实这些内容都是解决买入的问题。

这里我们重点谈一下卖出标准。很多人对于卖出的标准，好像是巴菲特教给的背诵口诀一样，并没有思考背后的逻辑。投资应该回归原点，卖出的标准其实也完全可以从投资第一性原理中推导出来。

卖出的标准绝对不应该是"股价已经上涨了很多"或者"股价已经跌了很多"或者"其他股票正涨得更好，所以要卖出手上不涨的股票"，但是大部分人的卖出标准都是这些原因。所以大部分人是拿不住股票的。股票涨了他们要卖，跌了要卖，不涨不跌也要卖。是否卖出的唯一的判断标准，还是当前股价与未来现金流折现值的差距。任何基于买入成本价和现价差距做出的投资决策都是逻辑错误的。涨了50%，就高兴得"落袋为安"，或者跌了30%就吓得"落荒而逃"，都是没有从投资的第一性原理出发。

买入股票后并不是说什么时候都不能卖出，必要的时候其实可以而且应该卖出。那么卖出的时机应该如何选择？

1. 第一个卖出标准是，发现当初对企业看错了

任何人对企业的理解都是具有历史性的，都可能发生错误和偏差。我们理解任何问题，难以避免会有事先的成见。随着我们后续获得的信息增加或者思考的更加深入，或者发现当初遗漏了重要的变量，或者对某些变量做出了错误的预估，就可能发现当初自己看错了。价值投资者没有"止损"一说，但应该坚决"止错"。如果对企业价值评估失误，也就是说当初买入时对"价格和现金流折现值的比较"做出了错误的判断，后来发现后当然应该第一时间卖出。这个时候不论股价是跌了很多，还是上涨了很多，都应该坚决卖出。错误决策的机会成本随时间是不断增加的。

2. 第二个卖出标准是，企业后来的基本面发生了长期的恶化

企业的发展并不是线性的，既有多种多样外部偶然的因素，也有内部经营者的各种主观决策。即使当初我们做出了正确的评估，企业后来的发展也可能大幅偏离。比如企业可能进行了恶性的多元化，进行了毁灭价值的大型收购；企业改变了原有的战略；企业更换了更差的管理层；企业伤害股东利益；企业产品发生了毁灭性的安全事故等。如果基本面发生了长期的重大变化，就会造成内在价值的大幅下降，此时继续持有就没有益处，就应该卖出。

要注意，卖出的标准是企业基本面发生了长期的恶化，不是短期的恶化。只有具备了对生意的足够了解，才能判断某些事件有短期影响还是长期影响。遇到短期负面消息时对公司信心不足，是很多投资者卖出的原因。即使经营再好的公司，也会一路上时不时冒出负面消息。这时候是考验我们的信息处理能力和商业洞察力的时候。负面消息，有些是需要认真分析的重大事件，有些是卖出的强烈信号，有些是吓唬人的鬼故事，有些甚至反而是重大机会。如果对负面消息不加甄别，一有风吹草动，并且看到股价确实已经跌了，就马上抛空股票跑路为上，其实是对公司信心不足的表现，也反映了当时买入的决策是非常草率的。

3. 第三个卖出标准是，企业价值被"极度高估"

这也可以从投资第一性原理中推导出来。如果要买入一棵苹果树，未来产出的苹果价值折现是1万元，用5 000元买入，那么这是一笔聪明的投资。如果第二天，有人出价10万元买这棵苹果树，我们当然可以卖给他。这就是苹果树价值被极度高估了。股票投资也是一样的道理。牛市疯狂的氛围中，或者对个股极度看好的炒作中，往往就有这样的卖出机会。

要注意，这里说的卖出标准是"极度高估"，而不是"一般的高估"。**已经持有的优质股权被市场一时高估（但不是极度高估），是很难被价值投资者"利用"的，所以这种"一般的高估"也没什么用。**

优秀企业一时达到"一般的高估"是不必卖出的。有以下几个原因：第一，优秀公司如果暂时被高估，收益迟早会增长到让估值变得合理，并且也许能上涨得更高，增长是能够很快抹平一时的高估的。第二，真正有吸引力的好公司数量特别少，卖掉高估的优秀公司还是需要寻找新的投资机会。如果降低了公司品质，产生的风险要大于当前持有价格高估的优质公司的临时性风险。第三，由于股价的不可预测性，卖出后如果股价短期内继续大幅上涨，很难再以合适价格接回来了，只能错失后面的所有涨幅，并且还可能因此买入了其他质地很差的股票。

怎么去判断什么是"一般的高估"以及"极度高估"？它们之间的界限是什么？如果对一家公司足够了解，这个是很容易判断的。如果持有的股票被极度高估，也就是说市场先生的出价远远高于内在价值。哪怕我们对未来长达 10 年的增长率做出极其乐观的假设，折现率做出最低的假设，股价也远远高于内在价值。这个时候确实是"不得不卖"了。"一般的高估"之下，股价可能略微高于内在价值，但要注意，我们计算的合理内在价值不可能精确，只是一个模糊的区间而已。假如持有的是一家优秀公司，那么后面的增长很可能超过预期，越是优秀的企业一般好消息越多，越可能超过我们模糊估算的内在价值。因为股价走势的随机性，我们就可能永远错失优质企业，只能选择平庸的企业了。**卖出优质股权，并且再也无法接回，是"一般的高估"之时卖出的最大风险。**

不躲避高估只是给优秀公司的特殊待遇，并不适用于普通公司或者烟蒂股。质地较差的公司依靠未来业绩增长抹平高估可能需要极长的时间，甚至永远回不来。烟蒂式投资一定是不能长期持有的，价值回归即要卖出。

4. 第四个卖出标准是，发现了"明显更好"的投资机会

在持有 A 公司的过程中，也许发现了 B 公司，它可能和 A 一样优秀甚至更加优秀，而且估值还更低，那么卖出 A 公司换入 B 公司也是有道理的。因为这符合投资的第一性原理。注意，这里提出的标准

是"明显更好"。

为什么要明显更好？背后的原因也是我们难以精确地计算现金流折现值，我们能得到的只是合理的区间估计，这个区间可能还比较大。所以，只有发现明显的、一眼能看出的更好机会，才有换股的必要。一般来说，如果一家公司也许比另一家公司的"股价与内在价值的差距"好上20%或30%，是难以判断的，也没有换股的必要。如果好上100%、200%，做出换股决策或许更简单。所以，换股一般是投资者很少用的卖出理由。因为股价涨跌而频繁换股，是没有什么道理的。

还有一种做法也是正确的，只要企业的潜力还没有完全发挥出来，就永远不考虑卖出。哪怕极度高估也不会卖出。刘元生对万科的卖出标准就是如此，万科2007年市盈率高达百倍，他也没有卖出。巴菲特在1998年佛罗里达大学演讲时也说过卖出方法："一年找到一个好的投资机会，然后一直持有，等待它的潜力充分释放出来。什么叫潜力释放出来呢？最理想的情况是，买的时候，你觉得根本不会有这一天。我们特别想买入愿意永远持有的公司。"对于少数非常优秀和有前景的企业，我们确实可以照巴菲特所说的"永恒持股"，只要企业的潜力还没有完全发挥出来，永远都不考虑卖出。实际上，巴菲特自己几乎很少有永恒的持股（除了购买的未上市公司），一方面是潜力永远不耗尽的企业极少，另一方面真要是出现了太过疯狂的价格，卖出也许是机会成本更小的决策。将价格疯狂的股权转换成现金资产，也是一种投资。

不过，确实有极少数伟大的企业，哪怕一时股价看似疯狂，它们巨大的成长潜力也能抹平一时疯狂的估值，并且实现更大的发展。少数伟大企业的确可以抹平一切估值，包括疯狂得让人怀疑人生的估值。投资者持有了伟大的企业，如果真的做到完全不看股价，只看企业本身，那也许是投资极高的境界。"永恒持股"只适用于少数非常优秀的企业，它们商业模式极其优秀、发展潜力巨大、有坚不可摧的护城河、优秀的管理和企业文化。如果有足够长远的眼光，对投资收益有决定作用的还是企业的成长和盈利能力，毕竟企业的盈利是复利增长，而估值上升的作用只有一次。

如果对投资的第一性原理有深入的理解，投资行为就不会变形，卖出标准只是其中一个运用而已。当然，越是看似简单的道理，真正做到深刻理解就越难。

四、买入和持有的"悖论"

持股过程中会遇到这样一种状态：在某个价格不高不低或略微高估的阶段，我们既不愿意用新增资金买入，也不会卖出。这就似乎出现了一个逻辑上的矛盾，如果还愿意继续持有，那就说明我们认为未来的股价还有满意的空间，那就还有买入的价值，否则也没有持有的价值了；但如果去买入的话，又违反了投资的安全边际原则。

这似乎就出现了买入和持有的"悖论"？

2016年12月，查理·芒格在霍华德·马克斯举办的一场午餐会上对这个问题发表了观点。

"从心理上讲，哪怕一时价格高估，我不介意继续持有一家我喜欢的好公司，我知道多年后它会变得更强大。如果估值变得有些愚蠢，我只是忽略它。所以，我持有一些资产，在目前的价格下我绝不会增加买入，但是持有它们我却感觉到很舒服。我绝不会为买入一家公司付出30倍市盈率，但我有些持仓已经涨了8～10倍，我依然持有它们，因为它们依然是优秀的公司，业绩还在增长。很多优秀的投资者也跟我一样这么做，我不知道逻辑是什么，我也不去捍卫这个逻辑。我只想说，这是让我非常舒服的方式。我也有权利这么做，因为这都是我自己的钱。李录也跟我一样。他也继续持有很多年前以很低价格购买的公司，现在它们依然是伟大的公司，他就一直持有，但绝不会再买入更多了。"

这个"悖论"也可以通过投资的第一性原理来解开。如果我们能穿越到100年后，那么当前所有企业的未来现金流折现的确只有一个精确的值。但是站在当前的时点，我们的预见力有限，而且企业未来发展的可能路径有很多条。我们只能做出模糊的估计，估计最多是一个区间值,连这个区间值本身也不一定是精确的。

假如我们对一家企业的估值是100亿~200亿元,那么我们愿意买入的价格一定要低于100亿元,最好是50亿元,这样才有安全边际,也有满意的收益率。如果市场出价显著高于200亿元,那么我们可以卖出(特别优秀的公司,价值可能远高于200亿元,也可以永不卖出)。市场价格在100亿~200亿元之间,就是持有阶段。这个阶段可以持有,也可以卖出,但卖出要考虑到卖飞优质股权的风险。如果市场价格在100亿~200亿元之间,就不应该再买入。如果买入的话万一企业真实内在价值的确是100亿元甚至低于100亿元,就有可能出现本金损失的风险。正是因为现金流折现估值是一种"模糊的区域",所以对买入一定要做非常严格的要求,一定要确保即使未来最坏的情况出现也不会亏钱。买入比卖出重要,对持有和卖出就没有那么严格。

持有和卖出阶段,我们反而要乐观一些,因为我们如果持有的是发展态势良好的优秀企业甚至伟大企业,由于估值的模糊性和困难性,我们很可能低估了它们的潜力,只要它的业绩还在增长,就不要轻易卖出。可见,买入和卖出的标准是非对称的。买入时要考虑到最坏的情况发生也不会亏损,卖出时则要珍惜手上的优质股权,因为我们可能低估了它的潜力。

从逻辑上看,"买入"和"持有"也是完全不同的两回事。物理学中单位不同的变量是不可以直接比较的,例如"速度"和"加速度"虽然看起来很像但不可放在一起比较。经济学中单位相同意义不同的变量也不可直接比较,例如贵州省GDP和茅台股份市值。**"买入"是一个动作,"持有"是一个状态。一个动作和一个状态当然无法放在一起比较**。人们在讨论"买入"、"卖出"和"持有"时,常常把它们要么都视为动作,或者要么都视为状态。这违反了逻辑中的同一律,偷换了概念。我们必须想清楚,我们在讨论状态,还是在讨论动作。《墨经》中也说道:"正名者,彼彼此此可。彼彼止于彼,此此止于此。彼此不可彼且此也。彼此亦可,彼此止于彼此。若是而彼此也,则彼亦且此也。"

现在我们假设一种完全理想的情况：交易成本完全为 0，交易延时完全为 0，买入价永远等于卖出价且全部可以立即成交。这种理想假设下，我们可以视为每天早上开盘时都把所有股票持仓卖出换为现金，再瞬时买入换为股票。甚至可视为每分每秒都在执行一对这样的卖出和买入动作。那么，现在我们将"持有"这个状态转化为了"卖出"＋"买入"两个动作，就可以和"买入"动作进行比较了。显然，"买入"不等于"卖出"＋"买入"。因为后者多了一个"卖出"动作。"买入"动作完成了现金资产到股权资产的转化，改变了资产配置比例，将现金资产隐含的风险和收益转化为股权资产隐含的风险和收益。而"卖出"＋"买入"动作并没有改变资产配置，没有改变任何隐含的风险和收益。当我们做"卖出"＋"买入"动作也就是"持有"时，这两个动作完全对冲掉了单个动作隐含的额外风险和额外收益。

将"持有"状态等价于"卖出"＋"买入"动作后，从交易角度来看，并不存在所谓"持有标准"，只有"买入标准"和"卖出标准"。而且**"符合买入标准"和"符合卖出标准"显然是互斥的，符合逻辑中的矛盾律，不可同真，必有一假，或者均为假。**同一时间同一标的同一价格"符合买入标准"，就不可能同时"符合卖出标准"，反之亦然。**但是同一时间同一标的同一价格可以既"不符合买入标准"也"不符合卖出标准"，这时就表现为"持有"——持有股票，或者持有现金，或者同时持有股票和现金但不再做任一方向的转换。**需要注意，不同时间的同一标的，很可能已经不是"同一标的"，随着时间的推移，标的很可能已经发生变化了。古希腊哲学家赫拉克利特说过："人不能两次踏进同一条河流。"

回到芒格说的那种情况，持有一家公司的股票，未来继续看好，手中的股票继续持有不会抛出，但是现价已经不愿意继续买入了。表面上看有点矛盾——既然看好为何又不继续买入呢？或者说既然不愿意继续买入为何不卖出呢？实际上仅仅是因为这只股票现价既"不符合买入标准"也"不符合卖出标准"而已，所以既不会做股权资产向现金资产的转化，也不会做现金资产向股权资产的转化。持有而不再买入，或者不买入但也不卖出，都丝毫不矛盾。

五、"确定性"与"弹性"决定投资组合的集中度

投资组合应该如何分配，组合是集中还是分散，以及不同的公司要分配什么样的仓位，一直是投资者比较关心的问题。

投资界依然受到金融学家理论的影响："不要把鸡蛋放在一个篮子里。"现代资产组合理论（MPT）是由美国经济学家哈里·马科维茨在1952年发表的《资产组合的选择》中提出的，标志着现代投资组合理论的开端。在马科维茨看来，证券组合选择的目标是投资者在同样的风险水平下获得最大的收益或者在同样的收益水平下承担最小的风险，他利用"均值—方差模型"分析得出，通过投资组合可以有效降低风险。马科维茨证明，分散化是免费的午餐，降低了风险，而且不会降低收益。

耶鲁大学基金的大卫·斯文森也是分散化信条的支持者。他在一次演讲中说："分散投资很重要。任何一个读过金融基础教材的人，任何一个以正常思维来考虑投资问题的人，都知道分散投资是投资管理的一条重要的基本原则。事实上，哈里·马科维茨就把分散投资喻为'免费的午餐'。"那么，费雪、巴菲特、芒格为何强调集中呢？

分散化究竟是不是免费的午餐，依赖于我们对"风险"的定义。马科维茨、斯文森和巴菲特最大的不同，就是风险观的不同，所以在集中和分散上有完全不同的观点。马科维茨、斯文森认为资产的市场价格波动就是风险，以马科维茨为代表的学术派几乎都是这个风险观的信奉者，部分原因是以波动衡量风险可以找到大量的数据，也可以推导出漂亮的数学公式发表在顶尖的学术期刊上。斯文森本身也是学者，一方面受到学术界主流风险观的影响，另一方面也是投资实践的务实需要。因为耶鲁基金每年都要为学校支出做贡献，所以他要争取波动尽可能地小。大量的分散，会降低组合的波动。持有相关性弱的多元化资产组合，会进一步降低某种资产的系统性波动。所以，耶鲁

基金的资产配置虽然股权导向，但尽可能地分散在绝对回报、私募股权、国内股票、国外股票等不同的资产类别，而且认为证券选择的作用有限。

对巴菲特而言，资产市场价格波动并不是风险，不了解或看错了所投资的企业，导致资产内在价值受损，造成本金永久性亏损或回报不足，才是真正的风险。在这种风险观下，分散会导致对每个企业了解不深，从而带来风险。费雪说："不要过度强调分散投资。把蛋放到太多的篮子中，一定会有很多蛋没有放到好的篮子，而且我们不可能在蛋放进去之后，时时盯着所有的篮子。"

集中投资的第二个原因是，真正好的投资机会是非常稀缺的。虽然我国股市有 3 000 多家企业，真正的好公司没有多少家。而这些好公司在我们能力圈中的则更少。而且，就算遇到了能力圈内的好公司，大多数时间也未必有好价格，需要较长时间的等待。**同时满足"优秀的商业模式、良好的发展前景、宽阔的护城河、优秀的管理层和企业文化，在我们能力圈理解范围内，而且价格合适甚至划算"一系列条件的优秀投资机会非常罕见。**一年甚至几年时间能有一两个机会就很不错了。好公司、好机会太少，所以集中投资也是没办法的选择。

对某些投资策略而言，分散化是理性的选择。例如，风险投资、天使投资，通行的策略是每只标的都投资一些，但仓位都不重。因为早期的企业风险非常大，对某一笔投资而言，本金全部打水漂是家常便饭。风险投资的回报符合统计学上的"幂律法则"，100 笔投资可能大部分表现一般，还有几十笔打水漂，但会有少数几笔投资回报率惊人，可能会有高达几百倍甚至上千倍的收益，足以弥补其他投资的亏损。这类似于赌场，在概率略微对庄家有利的情况下，他希望赌客小额多次持续下注，但不太愿意接受单笔过大的赌注。在股市中投资，我们不宜采用风险投资的策略，上市往往是公司相对成熟的阶段，指望个别的股票能够带来几百倍的回报弥补其他的亏损很不现实。股市投资的策略最好是将资金集中在少数确定性极高、赔率合适的标的上。确定性在前，赔率在后。

投资的收益率取决于投资成功的"概率"和"赔率",或者说"确定性"和"弹性"。这也是凯利公式的基本思想。红杉资本等风险投资机构也追求成功的概率,但由于初创企业的特性是风险大,成功的概率并不高,但少数成功的投资赔率很高。而巴菲特投资成功的概率非常高,赔率不如风险投资那么高。总体上,巴菲特的投资回报绝对不亚于风险投资机构。巴菲特的以概率(高确定性)为先的策略,是更适合二级市场的策略。

在战略层面,我们应该以集中为主要的原则,在集中的基础上适度分散。已经具备较强能力的投资者,更倾向于只做少数决定个人财富命运的重大投资决策。巴菲特建议,一生只打 20 个孔,很多高水平的投资者远远用不完。通过投资伯克希尔、万科、格力、茅台、腾讯等少数几家企业,一些人就收获了巨大的财富。我们知道,格雷厄姆的体系是高度分散投资的,但他的基金大部分钱却是通过集中投资政府雇员保险公司赚来的。

还需谨记,任何一个人都会犯错误。即便是巴菲特、芒格都避免不了看错一些投资标的,何况我们呢?在主客观条件都不具备的情况下,长期集中于一两只股票,要小心犯错误后满盘皆输的风险。那么,到底要集中或分散到什么程度呢?

首先,需要评估个人的投资能力。当我们的投资能力还有限时,尽量多分散一些,或者放弃选股,直接定期买入指数基金,这相当于对国运进行投资。当然,指数投资也并不容易,虽然减轻了选股的压力,但仍需克服人性本能的压力。如果已经具备了完善的投资体系,有必要的知识储备,对商业和人的判断力已经证明比较可靠,应该相对集中地投资,选择 5~10 家具有长期竞争力而且价格合适的公司。当然,我们要谨慎客观地评估自己投资的能力和水平。当一个投资者明白自己的局限时,局限就不再成为局限了。

其次,所投资标的的特征和确定性也决定着集中和分散的程度。如果采用"捡烟蒂"的策略,投资的公司基本面整体较差,那么一定要足够分散,以此来对冲个别企业可能出现问题造成的损失。对于前景好,但确定性没有那么高的企业,也应该尽量分散。相反,对于质地非常好，确定性非常高的企业，就可以集中。有些公司，本身的业务就已经实现了内部的分散，例如伯克希尔，包括保险、铁路、能源、银行、消费品，业务范围足够分散，高仓位投资伯克希尔，风险也并不太大。

当我们可以很清楚地判断某个行业前景非常好，但该行业有好几家企业，我们无法判断哪家企业将胜出时，可以考虑同时分散买入这几家企业。巴菲特对医药股、航空股也是这么操作的。医药行业作为一个整体是好生意，但很难知道哪家医药公司将来的盈利能力最强，组合买入几家医药股是更合理的办法。2016年巴菲特买入航空公司股票也采用了类似的方法，同时买入美国四大航空公司。

总之，某家公司在仓位中所占比例的大小，依赖我们对其"确定性"和"弹性"的判断。我们大仓位持有的标的应该是同时具备"确定性"和"弹性"，当二者不能同时具备，以"确定性"优先。什么是具备确定性的企业呢？依然是优秀公司的标准：好的商业模式、大的扩张空间、高的竞争壁垒、优秀的管理和企业文化。其财务上表现是有较高且持续性强的净资产收益率，并且能产生丰富稳定的自由现金流。"弹性"是指一只股票的预期收益空间有多大，这取决于企业的业绩增长空间以及估值相对于内在价值折扣的大小，例如处于发展早期的企业弹性一般较大。对于一些弹性较大，但确定性有瑕疵的企业，要么不去投资，要么分配较小一些的仓位。

集中和分散，只是投资的表象，关键目的是在把风险控制到尽可能小的基础上获得满意的回报。集中和分散的程度取决于我们个人的投资能力，也取决于所投资企业的特征。我们总体的原则应该是相对集中、适度分散，这样既可以对投资的标的有足够的研究深度，也不至于出现错误时代价过大。

六、不懂不做，什么是"懂"：正确理解"能力圈"

"能力圈"是股票投资的四大基石之一，更通俗的说法是"不懂不做"。《孙子兵法》有言："知彼知己，百战不殆；不知彼知己，一胜一负；不知彼不知己，每战必败。"在投资中也一样，如果既不了解所投资的公司，也不了解自己的能力的边界，一定会被市场教训得鼻青脸肿。

那么如何定义"能力圈"，什么又叫作"懂"呢？所谓**"能力圈"，就是我们能够判断现金流折现的范围**。我们如果能够对10家企业的未来现金流折现有大致准确的判断，那么这10家公司就在我们能力圈范围内。**在实际操作中，所谓"懂"一家公司，就是我们有非常大的把握能够判断一家公司5～10年的未来**。根据股价对现金流折现的反映规律，我们并不需要预测未来几十年、上百年的现金流折现。时间太远或太近都不太容易看清。一家公司未来20年、30年的未来难以判断，因为时间越远变数就越大；一年半载的企业经营受很多随机因素的影响，我们也看不清，企业家自己也看不清。3～5年或5～10年的中期，我们是有能力看清的，因为企业的一些定性的因素、内在的能力一定会在这个时间段起作用。

懂公司的产品不代表懂公司的未来。懂一家公司5～10年的未来，是指能以较大把握判断其未来的"经济特征"，而不是对一家公司的产品了解得多么清楚。巴菲特没有投资微软、谷歌、英特尔，不是他不懂电脑怎么用，不懂office软件，也不是不会用搜索引擎，他实际上可能比任何人都更了解。巴菲特和比尔·盖茨、安迪·格鲁夫都是朋友，与谷歌也有近距离的接触和生意往来。但是，他认为自己看不清楚这些公司10年后竞争优势是不是还在，会不会被竞争对手打败或者被新的技术颠覆。甚至连比尔·盖茨和安迪·格鲁夫自己都承认有点看不清楚自家公司10年后的未来。从《只有偏执狂才能生存》一书，可以感受到格鲁夫强烈的危机感。

巴菲特经常告诫我们，**一个人的能力圈的大小不重要，知道能力圈的边界在哪里最重要**。由于每个人的能力都是有限的，加上很多公司业务过于复杂，或者信息的不足，我们所能理解的公司数量是有限的。芒格将投资对象分为三类："可以投资、不能投资、太难理解的投资。"始终坚守在能力圈之内，是投资的原则性问题，意味着只对我们有确定性的公司投资。能力圈的第一原则就是，严格限制自己在边界之内，不懂的千万不能碰。

但能力圈的大小真的不重要吗？也不是的。巴菲特虽然说过，只需要理解几家公司就够了。事实上，巴菲特本人理解的公司非常多，他的投资所分布的行业几乎无所不包，银行、保险、铁路、航空、房地产、消费、科技、贵金属、石油、衍生品、套利等。能力圈的首要原则是坚持在边界之内，不懂不做。但是，我们应该终身学习，不断拓展能力圈的边界。在不出边界的前提下，能力圈当然越大越好。

投资是关于机会成本的选择，是对不同投资机会进行比较的过程，能力圈更大的投资者拥有更大优势。尤其是对有持续现金流入的投资者来说，已经关注的公司可能已经不便宜无法建仓，能力圈之外的公司可能有几个非常大的机会。只要我们提前有所准备，完全可以将其纳入能力圈之内。如果只关注少数几家企业，不再持续学习，可能不断错过稍作努力就能抓住的机会。所以，在力所能及的前提下，应该去探索尽可能多的公司。能力圈的积累也有复利效应和累积效应，保持不断学习和好奇心，几十年之后，我们可以在较短的时间内判断大部分公司的价值。

其实，多关注几百家企业也并不是那么难，因为很多企业有很多共性，"窥一斑而知全豹"。例如，理解了中国平安，对保险、银行、证券、信托、互联网金融等上百家公司都会有了解。多理解同行业的多家公司，甚至不同行业公司之间的联系和比较，有助于理解当前正在研究的公司。理解了恒瑞医药，就理解了医药行业很多公司，对医药行业的上百家不同公司都有理解，反过来可以更好地理解恒瑞医药。甚至，理解了游戏公司、电影公司，还能加深对医药公司的理解，因为它们的商业模式有相似之处。举一反三、触类旁通，寻找不同公司之间的区别和联系，有助于我们不断拓展能力圈。

研究的深度应该多深呢？ 这个问题容易陷入误区，要么研究太浅，关键问题没搞清楚就重仓了；要么研究太细，以至于抓不到重点，无所适从。研究的深度并非越深越好，因为深度是没有止境的。所以要抓大放小，适可而止。研究茅台，需要对白酒发酵的微生物机理研究很深吗？只有研究微生物学的博士才能来研究？需要去调研红河水的矿物质成分吗？需要了解茅台的每个领导的性格吗？需要了解茅台所有的经销商做得好不好吗？其实，这些都不是投资中的关键问题。很多投资者，为了确定性，挖得太细，以至于"捡了芝麻丢了西瓜"。优秀的投资者往往非常善于抓住主要矛盾和矛盾的主要方面，而不是把时间花在不重要的细节上。把企业的商业模式、发展前景、护城河、管理质量等几个大的问题弄明白就完全足够了。

不要以行业作为划分能力圈的依据。很多投资者以行业作为划分能力圈的标准。典型的就是券商研究员，他们一般就研究某一个行业，如家电行业分析师、医药行业分析师。一些投资者认为自己的能力圈就是银行业，一生中只"死磕"银行，也有人"死磕"地产、"死磕"医药的。能力圈的唯一衡量标准就是能否判断出一家企业5~10年的未来，没有其他标准了。无论一家企业处在什么样的行业，无论我们之前有没有接触过，只要我们有能力对其未来现金流做出可靠的判断，那就可以认为在能力圈之内。不一定卖过家电的人才能投资格力，上过医学院的人才能投资医药股，在银行工作过的人才能投资银行股。落脚点还是放在能否看懂一家企业的商业模式、发展前景、护城河、管理质量等几个重要的问题上。企业处在什么行业并不重要。

关于能力圈，常犯的错误就是以为自己懂了，事后的结果却表明我们不懂。这种错误难以避免。我们能做的一是建立好投资体系的"容错机制"，哪怕有"不懂却自以为懂"的事情发生，也不会产生太大损失。更重要的是，不断训练商业洞察力，提高投资的"命中率"。

七、费雪体系和格雷厄姆体系的不同

费雪体系是菲利普·费雪开创的，其思想集中体现在《普通股和不普通的利润》一书中，后继者是巴菲特、芒格。格雷厄姆是价值投

资教父，后继者是巴菲特、施洛斯等。巴菲特是集大成者，早期践行格雷厄姆体系，后期践行费雪体系。芒格则是一开始就自己领悟到费雪体系，并对巴菲特产生了巨大影响。费雪体系（现在也被称为"巴式投资"）和格雷厄姆体系的不同体现在以下几个方面。

1. 投资研究方面

格雷厄姆体系更重视定量和统计分析，费雪体系更重视定性分析。前者更多依据低 PE、PB 等定量因素选股，后者会考察企业发展前景、生意模式、护城河、管理层优劣等定性因素。由于市场通常状况下还是有效的，前者选出的更多是基本面一般或较差的公司，后者多持有好公司。此外，费雪体系的研究深度高于格雷厄姆体系。比如，费雪强调的"四处打听"（scuttlebutt）的调研方法，在格雷厄姆那里就不会存在。格雷厄姆是反对见公司管理层的。格雷厄姆之所以提倡定量的方法，一个重要原因是他希望自己的投资理论比较适合普通投资者，因为他们没有能力定性地分析单个企业。

2. 对资产的态度

同样是"股票是企业的一部分"这句话，每个字都相同，但不同的投资者的具体理解和操作方法可能都是大不相同的。 对格雷厄姆、施洛斯等而言，股票代表的更多是对企业静态的净资产的所有权，考虑的是企业当前市值与企业静态净资产一次性清算现金流之间的差值。对费雪、巴菲特、芒格而言，股票真正代表的是对企业未来自由现金流量，也就是动态资产的所有权，考虑的是企业当前市值与企业动态资产产生的未来自由现金流折现值之间的差值。

理解的不同，形成投资实践的不同。格雷厄姆、施洛斯强调静态资产，不太关注也不信任动态资产，所以会去寻找类似以下标准的股票：股价跌破净营运资本 2/3、股价跌破净现金、低 PE、低 PB、高股息率。费雪、巴菲特、芒格则发展出一套定性的标准：企业是不是在能力圈内，有没有良好的发展前景，有没有优秀的管理层，有没有好的商业模式，护城河是不是宽阔。费雪、巴菲特、芒格是更加彻底的"企业投资者";格雷厄姆、施洛斯等更像"捡烟蒂"或"垃圾中寻宝"。当然,他们都是取得良好长期收益的投资大师。

3. 投资盈利来源

一只股票的盈利来源于公司盈利的增长和估值的回归。格雷厄姆体系主要赚估值回归的钱。费雪体系以赚企业成长的钱为主,以赚估值的钱为辅。

4. 持有期限

格雷厄姆体系由于主要赚估值回归的钱,一旦估值回到合理价值就会选择卖出。由于低估值的企业有一些是时间的敌人,随着时间推移变数增加,也不宜持有太长时间。费雪体系选出的公司是时间的朋友,只要基本面没有变化或者股价未到疯狂的程度,理论上可以永远持有。

5. 集中与分散

用合理或低估的价格买入符合定性标准的好公司,其实可供选择的投资标的往往不多,所以费雪体系相对集中。格雷厄姆体系用概率对抗单个公司基本面的不确定性,所以需要更分散。

6. 对资金量的容纳

费雪体系由于交易次数较少,买入后可以超长期持有,对大资金的容纳能力更强。格雷厄姆的方法则没办法做大,容纳不了大的资金。格雷厄姆和施洛斯的基金规模都很小。

一些投资者回测港股,发现估值最低的几十只股票长期收益不错,但这些基本都是流动性差、市值很小的公司,资金规模一旦较大,买入和卖出都很困难,对股价的影响也很大。这对资金规模较小的个人投资者也许是可行的,对规模较大的机构投资者意义不大。

7. 投资的复杂程度

格雷厄姆体系持仓分散，持有时间相对短，估值达到合理时卖出股票后，需要反复寻找新的投资标的。定量的投资方法门槛相对较低，竞争对手会更多，寻找标的可能越来越难。费雪体系并不需要总是寻找新的标的，可以提供更好的投资生活方式。

8. 对投资者个人成长的影响

费雪体系由于需要进行大量的定性分析，需要不断提升看生意、看人的洞察力。投资者个人的认知能力也呈现复利增长的特征。相对于定量为主的格雷厄姆体系，费雪体系更有利于投资者个人功力的积累。

9. 对投资者生活方式的影响

费雪—巴菲特—芒格体系下，所投资的均是好公司。选择好公司后，坐在那里等待就可以了。由于持有期限很长，无须频繁交易，无须高频率地考虑卖出后再投资什么标的。和好公司以及优秀的管理层打交道也更让人开心。不需要因为资金规模的扩大改变投资体系。这一切都让巴菲特可以跳着踢踏舞去上班，而早期投资的伯克希尔纺织厂等烟蒂公司带来的则是痛苦。

当然，无论是格雷厄姆体系还是费雪体系，实践证明都是有效的，其最核心的理念也是一致的。但是，两种体系在实践上的差别是巨大的。

八、一句话概括投资体系

投资体系是投资者关于投资的认知和行为的集合，包含了投资者对投资目的和投资意义的选择，包含了投资者的资产观、市场观和风险观，也包含了投资者在资产配置、标的选择和市场择时（择价）的具体做法。投资体系在深层次是投资者世界观、人生观、价值观和方法论的反映。

通过本部分对投资第一性原理、资产类别比较、股票市场公理的推导和市场规律的论述，我们可以概括出自己的投资体系。用一句话来总结：

"不预测市场，但利用市场已经给出的机会，不断将自有资产转换为少数价格合理，且我们可以深刻理解的优质股权尽量多的份额，逐步构建一个稳健均衡的优质股权资产组合，耐心持有这些公司，伴随其尽可能长的经营时间。"

这一句话投资体系回答了我们关于资产配置、标的选择和市场择时（择价）的全部看法，包含了市场出现任何情况包括极端情况时我们的应对措施，交易频率和交易成本都极低。具体包括以下八个要点。

1. 优质股权资产组合

在资产配置中，我们有**强烈的、坚定的和长期的股权倾向**。在考察了所有大类资产的长期表现后，我们可以发现股权资产是长期增值幅度最大的资产，大概率可以超过 GDP、债券、黄金和通货膨胀的增幅。我们也理解了其中的三个原因。优质股权资产又是其中的佼佼者，长期来看大概率可以超越一般股权。优质股权是那些有**良好的商业模式，具有广阔的发展空间，建立了很高竞争壁垒，而且企业文化端正，经营管理高效稳健**的公司股权。因此，我们要将自有资产中的相当大比例资产，配置在优质股权组合上。股票市场提供了一个便利化、标准化交易获得优质股权的通道。**我们进入股票市场的目的不是为了获得现金，买入股权不是为了卖出赚钱，而是为了利用这一便利化的通道，将大比例资产转换为优质股权组合并长期固定下来。股权资产不一定是风险资产，长期使大比例资产远离优质股权才是真正的风险。**

2. 不预测市场，但利用市场已经给出的机会

我们深刻理解世界的多重性和偶然性。短期内市场随机波动，不

可被预测。任何交易决策都不能基于对市场的短期预测和给定时间点预测。我们只可利用其已经波动后形成的结果。波动，哪怕是剧烈波动，本身不是风险，但是波动带来巨大的心理压力导致的不理性行为才是真正的风险。市场经常是有效的，但偶尔很无效，市场无效时往往是重大投资机会所在。

3. 自有资产

在股票市场使用杠杆和公司经营杠杆、房地产杠杆、巴菲特的保险浮存金杠杆性质都完全不同。股票市场杠杆的强制平仓规则，叠加市场的剧烈波动，将是本金永久性亏损的最好方法。拒绝使用任何比例的杠杆，拒绝做空，可以保障我们在市场出现极端情况时不受到伤害。并且，我们持有一定动态比例的现金类资产。现金类资产是对股权类资产的一种保护。同样的，保障性保险资产是对现金资产的一种保护。

4. 少数

由于优质股权是稀缺资产，加之能力圈的限制，我们的优质股权组合相对集中。但要考虑认知偏误和黑天鹅事件，所以优质股权组合也不能绝对集中，要适度分散。一般来说，我们的主要持仓标的在 10 只左右，且有相对侧重。

5. 价格合理

恪守安全边际，但安全边际不是简单的静态低 PE/PB，而是价格相对于公司未来自由现金流折现有合理的折扣。要尽可能最小化投资的机会成本，但也不要过度追求好公司的非常便宜的价格，而是在机会成本的基础上，对安全边际的度进行适度平衡的把握。

6. 深刻理解

坚守在能力圈之内，不懂不做。要深刻理解公司的商业模式、成长空间、竞争壁垒、管理质量与企业文化。在变化的环境中找到不变的、对公司未来经营状况起到决定性影响的因素。经过系统的分析，我们要至少能大概率看清公司 5~10 年的未来。经过终身学习，我们要不断拓展能力圈的边界。

7. 尽量多

"尽量多"有两层含义，一是在保障资产总体流动性、安全性的前提下，尽可能多地将闲置资金转换为优质股权的形式。优质股权就是我们绝大部分资产配置的最终目的、最终去向，而非手段。现金资产、其他资产及工具只是临时性过渡的手段，而非目的。二是我们利用市场机会，以合理、低估甚至极度低估的价格窗口期，可以将同样数量的现金资产转换为优质股权更多的股数份额，"少花钱多办事"。

8. 尽可能长的经营时间

我们持有优质股权，将获得两部分收益。一部分是公司自身增长带来的收益。另一部分是估值向上回归的收益。前者是我们持有优质股权的目的，也是投资收益的主要部分。后者是来自市场的奖赏，可遇而不可强求，是投资收益的次要部分。在我们持有优质股权的过程中，公司增长带来的收益是长期的。估值恢复带来的收益是一次性的。但是，公司的增长是非线性的，公司市值向内在价值回归的路径也是非线性的。它们都可能在任意一个时段以任意一条路径实现。我们只知其终将发生，但不知其何时发生、如何发生。

我们按照曾国藩"结硬寨，打呆仗"的做法，对优秀公司内在价值增长的区间全覆盖，伴随其尽可能长的经营时间，以大概率获得股权资产价格与公司内在价值的高度相关性。直到公司的发展空间或竞争壁垒发生根本性的变化，或者公司被市场乐观情绪极度高估，完全透支了未来多年的增长空间。我们的目的就是利用市场机会，大量获得并长期持有这些优质股权，因此卖出标准与买入标准是非对称的。

股票市场是映射投资人内心的一面镜子。投资者有什么样的世界

观、价值观、人生观和方法论，就会有什么样的投资体系。

本章我们从投资的第一性原理出发，通过理解资产、理解股票市场、理解风险、理解安全边际，推导出我们在股票市场中的投资体系，回答了资产配置、标的选择和市场择时（择价）这三个问题。下一部分，我们将重点探讨如何理解商业，如何寻找优质股权这一稀缺资产。

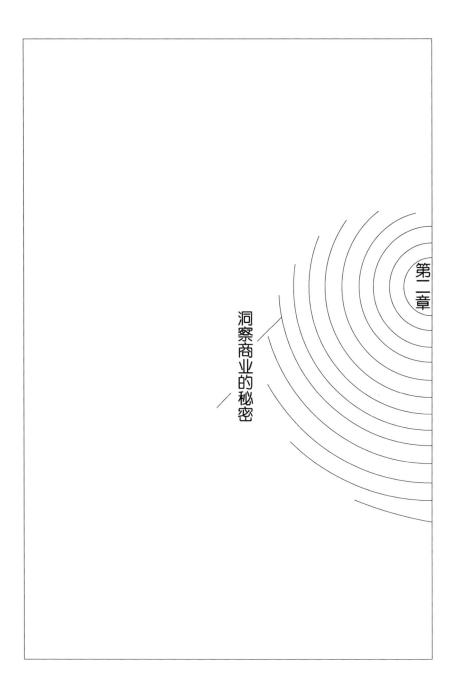

第二章 洞察商业的秘密

第一节　优秀企业的四个标准：好、大、高、正

在第一章中，我们建立了自己的投资体系。这个投资体系的核心目标就是利用市场机会，将大比例资产以优质股权的形式长期保存下来。那么，什么样的股权可以称得上是优质股权呢？什么样的企业能称得上是优秀企业？我们需要从对商业的理解出发来寻找答案。

商业源于原始社会以物易物的交换行为。它的本质是生产后，基于人们对价值认识的等价交换。但交换本身，就带来了福利的改进。大多数的商业行为是通过以成本以上的价格卖出商品或服务来实现盈利。企业获得的盈利是社会福利改进的一部分。

一、商业的核心

商业的核心有如下四点：

第一点是实现 0 到 1，即通过生产某种产品和服务来满足人类中某单一个体的某一种（一组）需求，从而在交换产生的帕累托改进中获得价值增值。

第二点是从 1 到 N，个体中包含了整体。从 1 到 N 有三个层面。第一个层面是单一个体单一需求的重复性满足。第二个层面是满足了单一个体的单一需求后，就可以扩张至更多人类个体的这一种（一组）需求。第三个层面是用具有协同效应的多种产品和服务，去满足这些个体更多种（多组）需求。通过这三个层面的从 1 到 N，实现大规模复制 0 到 1 过程中的价值增值。

第三点就是如何使竞争者不能实现或者慢于自己实现从 0 到 1，再从 1 到 N 的进程。竞争对手要么不知道如何做，要么知道如何做但是却做不到，或者已经来不及做。这样的生意就能在竞争中处于优势地位，并能与消费者议价获得价值增值中更多的部分。

第四点则是需要优秀的企业家、管理团队、治理结构和企业文化来将前面三点变成现实。因为生意毕竟是人来做的。企业文化是指一

个组织由其共有的价值观、仪式、符号、处事方式和信念等内化认同表现出其特有的行为模式，可以从中观察到组织人员行为规律、工作的团体规范、组织信奉的主要价值、指导组织决策的哲学观念等。本书中的"企业文化"采用的是广义的概念，包括企业的使命、愿景、价值观，企业家的能力和道德水平，企业的治理结构、所有制结构、组织结构等各个方面。

上述第一点就是企业最基本的商业模式，决定了生意是不是好生意，**"生意能不能做成"**。第二点是企业的成长空间，决定了**"生意能做多大"**。第三点是企业的竞争壁垒，决定了**"生意会不会被别人抢去"**。而第四点企业管理和企业文化，决定**"谁来怎么做这个生意"**。

失败的创业和商业都是在这四点中至少有一点出了问题。有的创业计划，在从0到1的过程中就不具备可行性。还有的创业计划，发现生意可做，但是目标客户群体却非常小，或者消费频次很低，生意很难做大。更多的生意是自己能做，别人也能做，没有什么独特的竞争优势。企业管理、治理结构和团队出现问题，导致好的生意却难以持续的例子也不少见。

在本书第一章，我们谈到现金流折现公式的几个因子：现金流的确定性、现金流的自由度、盈利性、成长性、长寿性、管理层和企业文化、折现率。除了折现率之外，其他的所有因子均由四个方面决定：商业模式、成长空间、竞争壁垒、企业文化。也就是说，**企业的定性分析要从"模式、空间、壁垒、文化"四个方面进行综合分析**。对这四个方面做出了正确的定性判断，我们就可以对一家企业的自由现金流折现做出"模糊正确"的估算。理想情况下，优秀企业应该在这个四个方面都做得不错。简单来说，优秀企业要满足四个字："好、大、高、正"——好的商业模式、大的成长空间、高的竞争壁垒、正的企业文化。

二、好的商业模式

完美的商业模式，能够以适当的成本生产某种产品和服务，很好

地满足目标客户高强度的、高频次的、高稳定性的需求，并形成稳定的盈利和现金流。**商业模式是实现从 0 到 1 的跨越。所以，企业家、创业者最重要的事就是先把从 0 到 1 这一步想清楚，这一步走的方向，将决定今后的命运。选择比努力更重要。假如海底捞的张勇最初做的不是火锅，而是做四川炒菜，海底捞依然能扩张如此迅速吗？大概率是不能的。因为火锅是所有中餐中，唯一一个可以高度标准化适合快速大规模复制，又能满足顾客高度分散的个性化需求的品类。可见，商业模式的选择在很大程度上决定了一家企业的基因和命运。

三、 大的发展空间

有大的发展空间和扩张前景，意味着企业能以递减的边际成本、很高的组织效率，调配资源不断完成扩大再生产，实现三个（消费、客户、产品）从 1 到 N 的跨越，且很难被某些因素制约。三个从 1 到 N 跨越，第一是单一消费者的复购。我们曾经在某家饭店见到一条标语，"宁可一人吃千遍，不愿千人吃一遍"，表达的就是单一消费者复购的重要性。第二是从满足第一个客户的需求到满足越来越多客户的需求。第三是从满足客户的一个需求，扩展到满足其不同的需求，从一个产品扩张到更多的产品。这些产品生产呈现范围经济和协同效应。当同时生产两种产品的费用低于分别生产每种产品所需成本的总和时，所存在的状况就被称为范围经济。协同效应就是指企业生产、营销、管理的不同环节、不同阶段、不同方面共同利用同一资源而产生的整体经济效应。

四、 高的竞争壁垒

"市场经济动力学"决定了竞争是不可避免的。竞争有利于消费者，也有利于社会进步。但是竞争却是侵蚀企业利润的主要原因。高的竞争壁垒意味着企业能从一个或多个方面，防止竞争对手的复制。竞争对手即使知道原因，在很长一段时期内也无能为力。高的竞争壁垄意味着企业有宽阔的护城河，能够保护自己的利润不被侵蚀，也增加了生意的确定性。

五、正的企业文化

企业是要人来运作的。优秀的企业有良好的企业文化、端正的企业"三观"和方法论、有能力且有道德的管理层、完善的公司治理结构。企业文化被建立起来后，会成为塑造内部员工行为和关系的规范，是企业内部所有人共同遵循的价值观，对维系企业成员的统一性和凝聚力起很大的作用。这些都决定了好的商业模式能否变成现实，发展空间能拓展多大，护城河能挖得多宽多深。

六、定性分析比定量分析更重要

投资实践中，很多人容易犯的错误是过于重视定量分析，忽视定性分析的重要性。罗列一堆财务数据和现金流折现的计算公式，也许会给人带来很科学的感觉，但其实是用硬科学的外衣来寻找自信，反而忽略了问题的本质。现金流折现公式看起来是精密的数学公式，其实在实践中，我们只能够通过定性分析的方法更好地逼近它。

只看定量指标很漂亮，不重视定性分析，投资者很容易掉入陷阱。不妨举几个例子。例如，安信信托过去多年的财务数据非常漂亮，营收和利润保持多年的高速增长，ROE 多数年份高达 30%，净利润率高达 60%。某些人选择重仓安信信托，2018 年遭受了很大损失。如果定性分析，就会发现安信信托的商业模式不牢固。和国外信托不同，我国信托是类信贷通道，属于影子银行的一种，而且行业潜规则是刚性兑付，将大量资金投入到房地产。在年景好的时候，安信信托的利润率很不错，一旦经济下滑，出现违约，将对利润产生严重负面影响。2018 年因为资管政策收紧和经济下滑，安信信托遭遇投资失败和持有债权违约，从而产生巨额亏损。可见，如果只看漂亮的财务数据，而不经过定性分析，是非常不可靠的。

对于像乐视网、康美药业、康得新这些财务有严重问题的企业，之所以有很多人掉入陷阱，也是因为看到漂亮的财务数据。这些公司在爆雷之前，几乎每个季度都能维持20%以上的平稳增长，正是投资者梦寐以求的指标。如果经过定性分析，我们真的懂康得新的预涂膜到底是做什么的吗？我们真的能看懂康美药业眼花缭乱的业务吗？乐视网的"生态化反"真的能成功吗？经过仔细的分析，而不是被漂亮的营收和利润增长率、净资产收益率等财务指标所迷惑，我们不会掉入那么多陷阱。漂亮的财务数据哪怕持续很多年，也未必是可靠的。

投资一家公司是一项系统工程，需要从"模式、空间、壁垒、文化、估值"等几个方面进行综合把握，切不可有"攻其一点，不及其余"的"锤子倾向"。查理·芒格说："手里拿着一把锤子的人，看什么东西都像钉子。"研究商业模式的人，会认为商业模式很好的公司，一定很有投资价值。其实未必。商业模式最多能回答一家企业所从事的业务能否做成这个问题，是否要投资一家企业还要分析成长性、护城河、公司管理质量和企业文化。一些人过度看重发展前景，例如看好宠物行业，就去投资，实际上如果宠物行业谁都能做，没有门槛，也不一定有投资价值。扫地机器人处于渗透率较低的发展早期，也不代表扫地机器人公司一定是好的投资机会。

好生意和前景良好的生意，没有护城河是守不住的；无成长空间的好生意投资价值也不大；太烂的管理层也可以把好牌打坏。即使一家公司满足了优秀公司的所有标准，也不一定有投资价值，因为还要考虑到估值。毕竟，估值太贵的优秀公司不一定是好资产。

可见，企业定性分析要从"模式、空间、壁垒、文化"四个方面进行综合分析，还有另外一层含义，是关于权衡取舍的问题。如果一家公司，商业模式很好，发展空间很大，壁垒也很高，但管理层不是太好，要不要投资呢？或者，管理层特别优秀，成长空间和竞争壁垒也不错，但商业模式一般，如何抉择呢？毕竟，十全十美还股价便宜的企业很罕见，有时不得不略作妥协。例如，茅台和五粮液都是国企，谈不上有多好的管理，甚至有侵占股东利益、高管贪污受贿被调查的现象，但是高端白酒的商业模式极其完美，成长空间广阔，竞争壁垒非常高，对管理层的依赖也比较低，抵消了企业文化的重要性。还有一些产品同质化的商品性企业，但因为管理层特别优秀，企业发展得也非常不错。例如，巴菲特旗下的GEICO等保险公司、内布拉斯加家具城，都处在完全竞争的行业，但管理层特别优秀，使得其成为颇具投资价值的企业。可见，投资实践有时是有一定的艺术性的，需要把握好一定的"灰度"。

第二节　商业模式七要素分析模型

段永平曾经说："在巴菲特这里我学到的最重要的东西就是生意模式。以前虽然也知道生意模式重要，但往往是和其他很多重要的东西混在一起看的。当年老巴特别提醒我，应该首先看生意模式，这几年下来慢慢觉得确实应该如此。"生意模式，也叫商业模式，就是企业生意的基因，对企业的发展空间、护城河、盈利能力、长寿性甚至企业文化等都具有决定性的影响，所以应该是我们分析企业时首先关注的因素。

那么到底什么是商业模式呢？巴菲特、芒格等投资大师在不同的场合有所提及，但并未有系统的论述。管理学界对商业模式的定义也莫衷一是，有人将商业模式定义为企业的盈利模式，即"企业如何赚钱的"；有人定义为"利益相关者的交易结构"；有人定义为企业经营活动的组织方式；有人定义为杜邦分析三要素"利润率、周转率、杠杆率"的不同组合。这些定义虽有一定的价值，但也有一些局限性。我们需要提炼一个全面而且与投资分析密切相关的商业模式分析框架。

出于实用的投资目的，我们认为用如下一句话可以比较全面地概括商业模式的关键要素：

商业模式是指，企业以什么样的方式，提供什么样的产品和服务，来满足什么样的客户的什么样的需求，如何实现盈利，这项生意有什么样的经济特征和自由现金流状况。

按照逻辑顺序，这句话包含了关于商业模式的七个要素：

（1）"什么样的客户"，是指企业满足需求的"目标客户"。
（2）"满足什么样的需求"，是指企业的"价值主张"。
（3）"什么样的产品和服务"，是指业务类型和范围。
（4）"什么样的方式"，是指企业如何组织内外部资源生产产品和服务，也就是企业的"价值链"。
（5）"如何实现盈利"，是指企业的"盈利模式"。
（6）"生意的经济特征"，是指企业的"生意特性"。
（7）"自由现金流状况"，是指企业经过一系列经营和投融资活动后"自由现金流"的状况。这也是投资者最终关心的部分。

一、 目标客户

任何产品和服务被生产出来，都是试图满足人类中某一类群体的某种需求。这样一类群体就是企业的目标客户。

著名管理学家彼得·德鲁克有一句经典名言："企业存在的唯一目的是创造客户。"任正非说："为客户服务是企业生存的唯一理由。"企业战略定位的第一步就是选择目标客户。理想情况下，企业最好能提供一项产品和服务是全球所有人类都需要的。如果氧气在地球上稀缺的话，那也许生产氧气面罩的企业的目标客户可以是全体人类。另一种极端情况是，企业生产的产品和服务，只能满足一位客户的某种特殊需求，而对其他客户几无价值，即完全的"私人订制"。私人订制婚庆服务、订制旅游和管家服务、订制服装可能略符合这种特征。更一般的情况是，大部分产品和服务，在特定时间和特定环境下满足一部分人类群体的某种需求。

按照地理区域、人口统计特征等因素不同，可以将客户按表2-1的因素进行细分，同一细分客户群体往往有类似的需求和偏好，不同细分客户群体的需求和偏好也往往不同。企业可以选择某一个或多个细分客户群体作为自己的目标客户群。很多聪明的企业都有自己聚焦的目标客户群，而不是为所有人服务。美国西南航空公司总裁曾说过："如果你对我们的服务感到不满，那么非常抱歉地告诉你，你不是我们服务的目标客户,你可以乘坐别的航空公司的飞机。"最终企业的目标客户是谁,可能是企业主动进行战略选择的结果,也可能是客户自我选择的结果(见表2-1)。

表2-1 目标客户细分的一些维度

主要变量	细分变量	具体变量
地理因素	地理区域	东北、华北、华东、华中、华南、东北、西北等
	城市规模	一、二、三、四线城市
	城乡	城市、农村、城郊
	气候	北方、南方
	城市群	京津冀、长三角、珠三角、川渝
人口统计因素	年龄	具体岁数;儿童、青年、老人
	性别	男性、女性
	家庭生命周期	单身、已婚、有无子女
	家庭规模	2人,3~5人
	职业	白领、蓝领、企业高管、官员等
	收入	年薪多少
	受教育程度	小学、高中、大学、研究生
	社会阶层	低收入阶层、中产阶层、富裕阶层
	健康	健康、亚健康、疾病
行为和态度	行为和态度	对风险的态度、对理财的态度等

以地理因素为例,快速休闲火锅连锁品牌呷哺呷哺的主要客户群在北方。呷哺呷哺在北京等地的门店经常排队。而在上海、广州等南方地区,呷哺呷哺的扩张并不那么容易,可见我国南北方人民的口味和饮食习惯是不同的。而呷哺呷哺新推出的"凑凑"高端台式火锅品牌则在北方、南方都很受欢迎。

以人口统计学因素作为客户细分的企业更多。比如国内知名的视频弹幕网站哔哩哔哩以90后、00后为自己的目标客户,提供的二次元内容对目前的60后、70后主流人群来说难以理解,但它的用户有很高的黏性。拼多多以三四线城乡低收入群体为目标客户,其创始人黄峥说:"五环以内的人不用拼多多。"拼多多上山寨货横行,但凑合能用，价格极低，吸引了大量的人群。这暴露出我国有一批对价格极其敏感，而对品质不那么敏感的低收入人群，存在巨大的"下沉市场"。对目标客户及其需求的理解，让拼多多发现了一片蓝海。

聚焦于不同的目标客户，商业价值和利润率都是有很大不同的。 商业界有个笑话，给不同客户群体的商业价值排个序：女人＞小孩＞老人＞狗＞男人。这个排序有一定道理。由于基因的差异，女性天然喜欢购物而且是买高价值的物品，例如奢侈品、化妆品和衣服等。孩子喜欢吃和玩具，还需要较多的母婴产品，并且父母都乐于付钱满足孩子的需求。老人则看重身体健康，喜欢买保健品，对健康产品的需求较大。宠物填补了很多人的精神需求，目前也是比较大的市场。男性天然更加理性，不易受营销手段影响，并在日常消费品方面需求比较有限。当然，这个排序并不完全准确。男性虽然日常消费品购买较少，但买汽车、打游戏、打赏主播、喝茅台酒等，这些消费金额很大。所以，对创业者来说，做谁的生意，目标客户是谁，确实是一个重要的决策。如果没有搞清楚目标客户，或者错误地判断了目标客户出现的位置，就可能事倍功半。例如，在地铁里花大价钱做的拒绝象牙制品广告，向共享单车消费者推送奢侈品广告，都是一种目标客户错配。

任何一组目标客户，除了有相应的需求外，还面临不同的消费约束条件。常见的约束条件包括收入、时间、年龄、精力、认知能力和审美能力等。有一些人有钱没有时间，有一些人有时间没有钱，还有一些人既没有钱也没有时间。退休的老年人常常有钱有时间，但很多消费产品已经超出了他们的精力和认知能力。审美能力不够的话，也无法对一些高艺术性、高设计感的产品形成购买决策。

根据目标客户群大小不同，企业可以选择服务大众市场、多元细分市场、单一细分市场、私人订制市场。大众市场是指企业服务最广泛的客户群，如亚马逊致力于为所有人提供服务。多元细分市场，是指企业同时服务多个细分客户群，如宝洁用不同的品牌和产品满足不同客户群的需求，沙宣主打专业造型，海飞丝主打去屑，潘婷主打润发，飘柔主打柔顺。泸州老窖同时提供低端、中端、高端白酒。单一细分市场，是指企业只服务某一个细分客户群。私人订制市场，是指企业为客户提供一对一服务，如银行为私人银行高端客户提供的订制服务。

根据企业客户是个人还是机构，可以分为 2C 的企业和 2B 的企业。一般说来，个人消费者专业知识更缺乏，议价能力也更低，目标客户主要为个人的企业可能有一定的品牌溢价。而 2B 的企业面临的机构客户往往专业知识更丰富，更加精明，议价能力也更强，品牌溢价相对较低。而且 2B 的企业应收账款一般较高。2B 业务的优势是嵌入客户业务流程，长期稳定，黏度较高。

例如，同样生产塑料管道，伟星新材和中国联塑产品结构和客户定位不同。伟星新材主要是生产面向终端零售客户家装用的 PPR 管道，中国联塑的管道产品主要是 PVC 等低端管道，用于给排水、通信、电力领域用途，面向政府部门、房地产商等 2B 的客户。伟星新材的 PPR 毛利率接近 60%，中国联塑的产品毛利率只有 25% 左右。再例如，晨光文具传统核心业务是做学生文具、书写工具，近几年开始发力办公文具。截至 2017 年年末，办公文具占总收入的比例已经达到近 45%，毛利率只有 18.2%，代理的其他品牌办公产品的毛利率不到 15%，而书写工具、学生文具的毛利率都在 30% 以上。办公文具主要客户包括地方政府、大型央企、金融机构等，对下游客户议价能力低，应收账款较多。

正因为个人客户对品牌的忠诚度较高，也有企业试图把本来 2B 的业务转化为 2C 的业务。例如，英特尔本是 2B 的企业，通过采用英特尔 inside 战略，向终端消费者灌输英特尔的 CPU 的优越性来提高自己的议价能力，取得了不错的效果。

还有一些以政府为目标客户的企业，也就是 2G 的企业。在特殊国情之下，这类企业的经营也有一些不同的特征。例如，2018 年爆出疫苗事件的长生生物，其客户为地方卫生防疫中心，曾经发生过多次行贿行为。水务行业的龙头碧水源的客户也是地方政府，但污水治理厂及自来水厂两大市场都是由政府管理，市场还不够公开，民营企业经营也并不容易。

还有一类企业我们需要特别警惕，它们被称为"to VC"或者"to IPO"的企业。它们的目标客户是资本，这是一种奇怪扭曲的商业模式。这些企业的管理层做企业并非为了服务客户，而是通过快速扩张、讲故事吸引更多的资本。它们一旦被更多的资本接盘或者成功上市，管理层和前期 VC 就会套现退出，留给后续投资者一个烂摊子。经营上，它们唯一追求的就是速度、流量、注册用户数、日活规模，它们不在乎亏损，疯狂地补贴，不管这种补贴对长期的经营是否有好处，它们也不在乎补贴是否被人利用。因为那些 VC、PE 最在意数字，所以它们就创造数字。这类企业有很多。它们大多有一个共同特点，就是在 0 到 1 并不成立的前提下，就大规模地复制从 1 到 N。需要投资者认真分辨。

例如，ofo 小黄车在大学校园里运行时，商业模式是成立的。封闭式小环境中，车辆的制造、管理、维修、养护成本都很低而且可控。因此可以规模化复制到更多封闭式小环境中，比如公园、科技园区、旅游景区等。一旦无法精确定位的小黄车进入城市，情况就完全变了。车辆丢失、被盗、损坏、老化、摆位和回收所带来的运营养护成本将急剧上升。如果按照原有的单车骑行频率和客户付费意愿，单车在生命周期内已经远远无法收回成本。原有的从 0 到 1 的商业模式已经不成立了，从 1 到 N 的复制就成了无本之木。在全国乃至全球复制得越多，亏损就越多。小黄车目标客户已经不再是骑行单车的个人用户，它变成了讲故事"to VC"的企业。

二、价值主张

企业与客户之间，抽象地说，**有四次"送达"**。第一次是**需求的送达**。企业从各类客户需求中归纳出通用性的需求，也可以用演绎思维主动找到客户的潜在需求。第二次是**观念的送达**。企业要将产品和服务能够满足客户这种需求的观念传达至客户的脑中，形成购买决策。第三次是**产品和服务的送达**。第四次是**现金流的送达**。

选择了目标客户之后，企业需要确定客户的需求、偏好或痛点是什么，企业应该满足客户的哪些需求或需求的哪些方面，向客户传递和提供什么样的价值，这就是企业的"价值主张"，也就是"观念的送达"。"价值主张"要回答两个层面的问题：一是我能替你解决什么问题？也就是我的产品和服务能满足你什么一般化的需求。我们可以把这种价值主张叫**"一般价值主张"**。二是我有什么特别之处？也就是为客户创造什么样特别的价值，满足客户什么样特别的需求。并且也向客户传递自身产品与竞品的差异之处。我们可以把这种价值主张叫**"特别价值主张"**。

满足客户需求的价值主张一般包括：

（1）集成需求，苹果手机满足了客户早已存在但自己也说不出来的需求，在一部手机上集成地满足了电话、视频、音乐、照相、打字、游戏、上网等多种需求；

（2）高性能，小米手机很在意跑分的指标，强调性价比高；

（3）高可靠性，产品不容易出故障；

（4）价格低廉，沃尔玛"天天低价"；

（5）便利，使用方便，如便利店7-11；

（6）彰显身份，劳力士手表、LV包、茅台酒；

（7）可获得性，例如巴菲特投资的Netjets，客户可以购买私人飞机的一部分使用权，降低了消费门槛；

（8）定制化、个性化，索菲亚定制橱柜，满足客户私人订制需求；

（9）多样性，拥有更丰富的选择，例如购物上天猫就够了；

（10）降低成本，对企业客户而言，ERP系统可以降低管理成本。

企业可以为客户提供的价值主张不限于以上几种，有时候也会有多种主张，需要根据具体的业务具体分析。

例如，格力能够成为空调业的霸主，一个很重要的原因就是格力空调的可靠性做得最好。格力前任董事长朱江洪和现任董明珠对可靠性高度重视。其实，打造产品的可靠性并不容易，与技术专利、产品设计、生产工艺、检测手段和材料质量，以及供应商质量等各个方面都有着极大关系，是一项系统工程。20世纪90年代，格力甚至在产品供不应求的情况下停工整顿，逐一解决可靠性的问题，相继打败当时的主要对手春兰空调、华宝空调。如今格力的竞争对手美的、海尔的空调在技术上和格力并没有太大的差距，但在可靠性和口碑上有较大差距。格力的品牌美誉度和溢价能力也更强。

一些公司通过对客户需求进行更深刻的洞察，重新对一些公认的价值主张进行反思和创新，开辟了新的商业蓝海。例如，传统假设认为，物质越丰富、选择越多，人们便会越幸福，所以要努力为消费者提供无限选择。但实际上更多的选择未必使我们过得更加幸福。一些餐饮企业通过降低菜品数量，打造精品；一些零售商通过精选少量SKU，取得了成功。

区分真需求和伪需求

需求有真需求和伪需求之分。一家企业只有解决了客户的真需求，才能长久经营下去。如果解决的是伪需求，哪怕一时成为网红，也难逃失败的命运。什么是真需求，什么又是伪需求呢？

客户口头表达的需求，通过问卷调查得来的需求，未必是真需求。比如，客户口中一定会说喜欢健康食品，但到选择时可能选择了更美味的垃圾食品。客户绝对会认为吸烟有害健康，但是还是会乐此不疲。客户认为喝酒不健康，还是会继续喝酒，只不过可能喝更好的酒。所以，客户自己表述的需求可能是伪需求，**真正选择并为之付钱的才是真需求。**

另外，客户从来没说过甚至没想过的需求，可能是非常强烈的真需求。就像乔布斯所说："不要问客户他们需要什么，因为他们根本不知道。"客户的想象力有限，在马车时代他们无法想象用上汽车，在习以为常的功能机时代，他们也无法想象iPhone。贝索斯在2018年致股东的信中说："我们在AWS上构建的大部分内容都是在听取客户意见的基础上建立的。询问客户想要什么，仔细倾听他们的答案，并制订计划，全面而快速地提供给他们。没有客户至上的心态，任何生意都无法兴旺起来。但这也不够。业务的最大进展源自那些客户不知道、不要求的东西。我们必须为他们发明。**我们必须利用自己内心的想象力来思考可能发生的事情。**整个AWS业务的出现本身就是一个例子。在 AWS 出现之前没有人要求或者呼吁过 AWS。但事实上，人们渴望得到像 AWS 这样的产品，只是他们还没有意识到。"

大部分企业可能会试图用演绎思维去推演自己凭空想象的客户需求，然后去设计产品和服务来满足它。这种想象是很难的。例如，小米生态链的一款冰箱，冰箱门上有大屏幕，可以听歌、看电影。这就是胡乱猜想的需求。换位思考，真的有用户愿意站在冰箱面前看电影吗？这显然是一种伪需求。**能仅仅依靠演绎思维、依靠想象就发现客户真实需求的生产者，必须本身就是极其敏锐的消费者**。只有真正能够换位思考，对客户需求洞察极强的企业家，才能发现并满足这些隐含的真需求。迟钝的消费者也很难成为好的生产者。北京郊区有不少面向北京中高收入阶层的农家乐、采摘园和民宿，它们期望成为这些消费者周末休闲自驾游的目的地。但是，它们压根儿不知道消费者想要什么。它们提供的产品和服务，并不能满足这些消费者的品质需求和审美需求。"不会生活也不会玩儿"，本身就是迟钝消费者的生产者，是很难想象消费者需要什么的。

近些年的 O2O 上门服务，上门洗车、上门美容等，由于消费频次低、客户家里隐私性强，而且一对一上门的时间成本太高导致价格过高，大多都是伪需求。共享单车也并非什么刚需，一旦收费太高，很多人就不用了。还有一些试图打败微信的社交软件，如子弹短信，仅仅因为信息速度快那么10%，人们就愿意抛弃微信转换过去吗？所以，所有没有抓住客户真需求的产品，往往面临失败的命运。

另外一些伪需求是高额补贴出来的需求。短期内也许能看到需求的爆棚，一旦补贴减少或放弃，客户立即会离开。补贴如果只能吸引薅羊毛的客户，这种需求就是伪需求。相反，很多聪明的公司开发一款新产品时，不仅没有补贴，甚至也没有营销，仅仅依靠客户口口相传的自发增长，来判断自己的产品是不是有真需求。张小龙对微信的推广就是如此：**"一个新的产品没有获得一个自然的增长曲线，我们就不应该去推广它。"**

把握客户的真需求，还有一层含义。哈佛大学的市场营销学教授西奥多·莱维特曾告诫他的学生："顾客不是想买一个1/4英寸的钻孔机，而是想要一个 1/4 英寸的钻孔！"客户需要空调吗？不需要，他只是需要空间里合适的温度。要将客户的真实需求和满足需求的产品分开，产品只是一个媒介而已。如果有能更好地满足需求的替代品出现，客户会立即抛弃原来的产品。

三、产品和服务

在选定目标客户群，并提出满足客户需求的价值主张后，企业需要提供合适的产品。好的产品可以说是企业的立身之本。

1. 企业的产品力比营销能力更重要

关于产品和营销的重要性，段永平曾经做过很好的阐述。他说："外界有个误解，以为我们很看重营销。其实对于我们来说，营销一点儿都不重要，最重要的还是产品。没有哪家公司的失败，是因为营销失败。**公司失败，本质都是因为产品的失败**。当然我不是说不要营销，事实上我们营销做得很好。营销，就是用最简单的语言，把你想传播的信息传播出去。营销不是本质，本质是产品……广告最多只能影响 20% 的人，剩下的 80% 是靠 20% 的人影响的。**营销不好，顶多就是卖得慢一点，但是只要产品好，不论营销好坏，20 年后结果都一样。**"如果在过去信息流转不充分的情况下，存在"酒香也怕巷子深"的现象还是比较正常的。在移动互联网时代，人人都是扩音器。消费者通过自媒体口碑宣传的裂变速度是极快的，覆盖也是全方位的。极具性价比的产品很难不广为人所知。

有很多产品很差，但依靠营销迅速做大的企业，这些企业往往难以长久。20 世纪很多红极一时的企业例如秦池、孔府宴酒、太阳神、红桃 K 等，他们因为营销、央视标王而迅速成功，但又很快消失，就是因为背后没有可以持续为客户创造价值的产品。近些年的鸿茅药酒等产品也因为营销而创造巨大的收入，一旦产品本身被质疑曝光，对企业可能是致命的打击。还有些产品华而不实，但营销做得好，文案写得精彩，会制造噱头，也能在初期吸引到一些客户。但要知道，消费者也是聪明人，一旦发现产品和预期差别太大，客户很快会全部流失。所以，拥有优秀的拳头产品是企业立身之本，这才是经商的正道，也是长久之道。

2. 如何判断一个产品能否成功

判断一家企业的产品力如何，需要我们对其产品的用户体验做仔细观察。观察一家新开的餐馆是否有前景，我们最好实地去体验一下，看环境、菜品、价格、服务态度是否令人满意。有些网红餐厅，去吃一次就发现其实只是噱头而已，绝不会再去第二次。

以地图导航软件为例，高德地图能击败百度、腾讯等巨头旗下的地图，最主要的原因是产品做得好。地图的第一重要特性就是精确，如果一个路段有变化，高德更新得很快。高德还借助用户的参与感进行现金奖励，比如指证前方事故发现与修改确认、公交站台的变化、新增地点与地点报错。高德地图在细节产品工具方面做了很多的延伸，例如地铁图、查公交、跑步、骑行、违章查询等跟出行相关的功能。产品层面还引入语音快速查询、周边美食、酒店、加油站等查询，到开源接口对接滴滴导航、神州专车、首汽约车等平台，先后开通驾车、公交、骑行等产品入口。此外，还有明星语音、出行信息定制推送等用户喜欢的功能。高德地图上甚至能显示每个小区的房价。正是对产品的精益求精，让高德地图打败巨头获得领先。

另外，判断一家企业产品力如何，还可以通过观察用户的反应。如果一家餐厅很长时间一直有排队现象，大概率会比较成功。我们也可以通过用户口碑、点评网站上的点评、购物网站上的数据等各种渠道判断产品是否有生命力。我们投资医药公司时，判断这家公司的药品是否安全有效，也是比较重要的。由于患者吃什么药几乎完全是由医生决定的，而且一些医生开药时将有效、无效的药混在一起，所以判断起来比较困难。我们可以通过一些医生朋友打听某款药是否真的有效，或者查看医药监管部门有没有将这些药物列入监控名单。一款药如果是无效的，即使一时卖得很好，将来也会有很大隐患。

一家企业的产品能否成功并非随机事件，而是有一定规律可循的。如果对一家企业的产品方方面面有仔细的观察和研究，那么我们有可能判断这家企业是否能够成功。但是，通过对产品的观察不一定总是能事先判断它的成功，有些产品是很难提前判断的。例如，曾经有一位著名的基金经理声称，汽车厂商生产的一款新车，自己看一眼外观并看一下价格，就能立即判断这款车能否成为爆款。这也许是一种过度自信了，因为这里隐含的假设是他比所有汽车厂商的管理层、设计师、工程师都更有能力判断一辆车是否好卖，这显然是不可能的。对于竞争激烈甚至同质化的汽车行业，年年都有很多款新车出来，能提前看出来哪辆车成为爆款，几乎是不可能的事情。

当然，即使拥有好的产品，并不代表企业一定能立于不败之地。好的产品只是企业成功的必要条件，不是充分条件。

3. 产品的形态和本质

一般说来，企业的产品形态主要有：实物、服务、体验、资源共享、订购、转售、租赁、代理经纪、注意力、贷款、保险、投资等十余种，每个种类有自己不同的特性。对于某些奢侈品来说，甚至价格本身也可以成为产品的一部分。产品和服务是不同的，方便面、矿泉水等"产品"的生产和消费在时空上是分离的，而理发、美容、一对一培训、医生看病、健身等，这些"服务"的生产和消费是同时进行的。正因为如此，产品品类总体上更容易成为大的可复制的生意，而服务品类的复制总体上更难一些。律师的个人收入可能很高，但全世界没有收入过百亿美元的律所。产品和服务都可以是有形或者无形的，可以是实体的或者电子的。产品和服务都可以被一种或者多种人的感官所体验，而影响人的意识。

"体验"类产品，如迪士尼乐园、电影院、餐饮等，由于消费者必须要到现场消费，所以不受互联网电商的影响。购物中心在互联网电商的冲击下往往会降低产品类商户的比例，增加体验类商户的比例。"转售"类指的是从 A 处进货，再把货品以更高的价格卖给 B，如沃尔玛、京东、亚马逊等。同样是零售企业，阿里巴巴的产品形态却不是"转售"，而更像"租赁""卖注意力"，它没有商品库存，其实更像是广告企业。

4. 一些企业提供的产品并非表面上能看清楚,需要我们认识产品的本质

一家企业提供什么产品和服务,有时候并非看起来那么简单。麦当劳的创始人雷·克罗克曾说:"我们做的不是汉堡生意,而是房地产生意。"麦当劳的利润只有很小一部分来自于经营餐厅,绝大部分来自于租金和加盟费。星巴克表面上卖的是咖啡,实质上是卖的是一种"第三空间"。谷歌、百度、微信等,表面上我们是它们的"用户",实质上我们的"眼球"是它们的"产品",它们通过向第三方出卖用户的注意力来盈利。

企业提供的产品形态可以是有形的产品、无形的服务,可以是产品和服务的结合,也可以向客户提供一站式的解决方案。企业的产品组合可以是大单品模式,也可以是多种不同产品的组合。茅台、老干妈、苹果等公司是大单品模式,享有很大的竞争优势。大单品模式有非常多的好处:首先,集中人力、物力、研发资金在一个产品上面,可以将产品做得更好。其次,单一产品具有规模经济,大规模采购、生产、销售、渠道等均可以降低成本。当然,大单品模式也有缺陷,业务依赖一款产品,如果出问题,企业则面临很大风险。

5. 产品质感美感、企业家感性素质和美育

经过40年的改革开放,尤其是加入WTO后国际贸易的巨大发展,我国已经成为名副其实的世界工厂,成为全世界唯一拥有联合国产业分类中39个工业大类、191个中类、525个小类全部工业门类的国家。然而,我们的产品大而不强,多而不精,实用而不美观,甚至很多产品给人浓浓的"山寨"感,难以获得品质溢价,严重制约了企业的发展。**我国产品普遍缺乏质感、美感,反映了当前我国的生产者和企业家的感性素质普遍不高,审美能力差。背后更深层的原因,是我们长期极其不重视审美教育,以及急功近利的社会氛围。**

在改革开放之初,长期的计划经济造成产品极度短缺。企业家只要能组织资源生产出最基本的产品,哪怕功能不是那么可靠,都能够很好地销售出去。因此改革开放后的**第一个阶段,我们对企业家素质的要求是有勇气和行动力**。"人无我有",就可以迅猛发展。到了20世纪90年代和21世纪初,我们逐步进入了第二个阶段,产品极大丰富,人们越来越需要质量合格、可靠的产品。这个阶段,企业家需要能够组织优秀的管理人员和技术人员,生产出功能可靠、质量过硬的产品。**第二个阶段对企业家素质的要求是懂技术和科学管理**。"**人有我优**",**才能继续胜出**。现在,我们正在进入第三个阶段,普通品质产品饱和,但高品质产品稀缺的阶段。人们对产品传递的质感和美感,对产品满足人们细致入微需求的能力,提出了越来越高的需求。**第三阶段对企业家素质的要求提高到了有感性素质和审美能力**。"**人优我特**""**人优我美**",**才能脱颖而出**。

在衣、食、住、行各个方面,我们的产品缺乏质感和美感的例子随处可见。中华饮食文化源远流长,讲究"色、香、味、形、养"俱全。但是,只要走出国门就会发现,中餐在世界各地的地位和形象处于较低位置,甚至是廉价、低端的代名词,甚至不如泰国菜。我们的城市和农村,随处可见形形色色奇葩、山寨、扭曲、丑陋的建筑,大多数毫无美感。古代人们对园林、建筑、装饰、雕塑的审美能力远超现在的我们。我们的国产汽车,从外形到内饰一直在模仿国外品牌,却一直难以摆脱山寨感。我们的很多旅游景区给人的感觉是脏、乱、差。各地旅游纪念品千篇一律,毫无地方特色。一些娱乐城的设施也大多同质化严重。我们的国产电影产量很高,可是评分高的很少,充斥一些明星肤浅拙劣的演技,却没有任何思想深度,少有画面的美感。国外的动画片培育了哆啦A梦、米老鼠、蓝精灵、小猪佩奇等众多经典的形象,经久不衰。而我们的动画片却充斥着不少粗制滥造、丑陋、愚蠢、暴力的形象。

产品缺乏差异化,缺乏溢价能力,就只能在同质化产品的红色海洋中比拼价格。当然,我们也不宜太悲观。我国有悠久的美学文化传统,我们的文学、书画、歌舞、服饰、饮食、建筑、雕塑和器具等,都展现过极高的艺术成就。消费者用钱和脚投票的压力,也在倒逼国内生产者和企业家不断打磨产品的质感和美感。我国也出现了有一定品质感和美感的国内产品和品牌，例如茅台、小米、格力、微信、湊湊餐厅、农夫山泉、华为高端手机等。我国也有一批感性素质高、审美能力强的企业家。由饺子导演的动画片《哪吒之魔童降世》在编剧和制作品质方面已经超越了迪士尼很多动画的水准，成为我国电影票房史上第二的电影。第三代企业家的感性素质、审美能力也会越来越高，他们的产品也终将从无差异化的红海中脱颖而出，获得质感、美感的溢价。

四、价值链

企业在确定目标客户、价值主张、为客户提供何种产品后，需要组织内外部资源来研发、生产和投送产品，提供服务，这就是企业的价值链。价值链（Value Chain）理论最早是由美国的迈克尔·波特教授于1985年在其著作《竞争优势》中提出。波特把企业内外价值增加的活动分为基本活动和支持性活动。基本活动涉及企业生产、销售、进料后勤、发货后勤、售后服务。支持性活动涉及人事、财务、计划、研究与开发、采购等，基本活动和支持性活动构成了企业的价值链。

波特给出的一般性价值链构成其实只是适用于制造业的，不同行业的价值链有极大的差别。但是，价值链是分析企业的重要工具，我们可以根据如下步骤运用这个工具。

1. 描述和刻画企业的价值链

如何得到企业价值链的详细信息呢？企业的招股说明书一般均会介绍生产流程、采购流程、销售流程、销售渠道等，可以据此理解企业内外部是如何运作的。我们可以假设自己是一家企业刚上任的CEO，把企业从头到尾是如何运营的弄清楚，把企业主要产品和服务"从生到死"的流程全部搞清楚。

2. 找出价值链的"战略环节",即企业经营活动的关键环节和关键资源是什么

不同行业价值链的关键环节是不同的,即使同一行业的不同企业,其关键环节也可能不同。以医药行业为例,对研发型化学和生物医药企业而言,研发和销售是最关键的两个环节。"研发一哥"恒瑞医药的研发费用占营收比例约为10%,销售费用约为40%。而中药保健品企业研发并不是重心。伊利股份的关键资源是奶源和渠道。大多数消费品企业价值链的关键环节是品牌和销售渠道。零售企业价值链的关键环节是供应链和物流等。通过分析企业经营活动的关键环节和关键资源,我们可以发现企业是否可以掌控这些关键环节和关键资源,或者在这些环节和资源上具有对供应商的议价能力。

3. 企业的价值链和行业普遍做法有何不同

企业价值链的不同可能体现在生产环节,可能体现在销售环节,也可能体现在其他环节,需要根据企业具体业务的不同做具体分析。以快递业为例,顺丰和"三通一达"的不同主要体现在,顺丰的网点是直营的,通达系是加盟的。以电商为例,阿里巴巴和京东的不同之处在于,阿里巴巴是平台式的,京东是自营式的。面包行业,桃李面包的"中央工厂+批发"模式和克莉丝汀等公司的连锁店模式也有很大不同。

4. 分析价值链的不同对企业经营发展有何意义

企业的价值链不同,盈利模式、生意特征、财务特征都有可能大不相同,企业经营发展的结果也可能很不相同。例如,同样在养猪行业,牧原股份的"自营大规模一体化"模式和温氏股份的"公司+农户"模式就有很大不同。牧原股份资产更重,负债率和财务成本更高。但是,牧原股份的扩张速度快于温氏股份。牧原股份可以在全国范围内拿地,招聘员工。而随着农村劳动力的减少,"公司+农户"模式发展速度放缓。在成本控制、环保、瘟疫和疾病控制方面,牧原股份的重资产模式相对于"公司+农户"模式也表现更好。

第二章 洞察商业的秘密

案例： 茅台和五粮液的生产工艺比较

以茅台为代表的酱香型白酒酿造工艺较为复杂，仅基酒的酿酒生产周期就得一年：端午踩曲，重阳下沙，同一批原料，要历经九次蒸煮、八次摊凉，以及拌曲堆积发酵、七次取酒的复杂生产过程。茅台基酒必须放在酒库中存放几年时间，最后将几十甚至上百种不同酒龄、不同轮次、不同典型体、不同浓度的茅台基酒进行勾调而成。一瓶刚出厂的飞天茅台酒，在厂内至少已经存放了五年。所以，茅台的产能非常稀缺，受到空间的限制，发展了这么多年到 2019 年也只有 3 万多吨，但这些产能基本上都是高端产能。

以五粮液为代表的浓香型白酒几乎一年四季都可以投料生产，生产周期较短，只需经过一两次，至多三四次发酵蒸馏取酒，便完成了一个生产周期。浓香型白酒生产和存储能力强，相对酱香酒具有规模优势，占据了白酒市场七成左右的份额。但和茅台一样，高端浓香型白酒其实也是非常稀缺的，甚至比茅台更稀缺。浓香型白酒的优质酒基本只能优选基酒的 10% 左右。正因为浓香型白酒的低端产能占比非常大，所以我们可以看到五粮液、泸州老窖均发展了大量的贴牌产品，对主品牌有一定稀释和冲击。茅台的产品线则更加聚焦，这有企业经营策略的问题，也与其不同的酿造工艺有关。

案例： 互联网房产中介爱屋吉屋何以失败

2014 年成立的爱屋吉屋是以"干掉中介"为口号的互联网房产中介公司，一度拿下较大市场份额。因为没有门店，爱屋吉屋采用补贴、烧钱、大规模广告的打法。持续的高成本让爱屋吉屋连续亏损，最终不得不降低经纪人提佣比例，提高租客和房屋交易佣金，不断裁员，导致市场份额快速萎缩。最终，爱屋吉屋用了不到五年的时间迅速倒下。

爱屋吉屋失败的主要原因是对房产交易的商业模式没有正确理解，价值链方面过度相信互联网的力量。链家等传统线下模式看起来非常笨重，但实际上这些店能很好地抓住周边的房源，而依靠互联网的方式不容易获得房源。房地产交易是非常低频的，通过大规模的广告获得的用户数年也许只有一笔交易，而这笔交易又是免佣金的，这对爱屋吉屋毫无意义。而且，由于房产交易的非标性、复杂性，需要线下门店作为谈判、交易的场所。爱屋吉屋的互联网O2O价值链模式设计，并没有提高房产交易的效率，而且难以找到盈利模式，失败也就难以避免了。

价值链不仅仅是企业内部的业务系统，也是与整个"产业链"联系在一起的。企业的业务系统可能是只专注于整个产业链中的某一个环节。例如，苹果专注于研发、设计、销售等关键环节，生产则是外包给富士康等企业。产业链的不同环节利润率是不同的，"微笑曲线"就是很好的描述。所以，我们研究一家企业时，应该把上下游的产业链做系统的分析。

近年来在贸易保护主义抬头的环境下，我们需要分析所投资的企业是否存在经营的某些关键环节严重依赖他人的情形。以中兴通讯为例，2018年，中兴通讯在美国制裁后立即休克，说明其在产业链上完全受制于人。如果对中兴通讯上下游产业链没有研究，就可能遇到投资的重大风险。

如果价值链设计有重大失误，会对企业的竞争力产生严重不利影响。IBM当初在大型计算机领域独占鳌头，大型机由上千个不同元件组成，没有哪一个能决定机器的性能，组装能力是最重要的。在大型机领域，IBM的利润占了95%，而元器件供应商却经营惨淡。IBM在发展个人计算机业务时，把操作系统外包给微软，微处理器外包给英特尔，自己则专注于设计和组装，没想到微软和英特尔后来获得产业链的最大利润。计算机生产商沦为"Wintel"联盟的加工组装厂。当前的汽车行业也有类似的发展趋势，随着汽车智能化、人工智能、无人驾驶等技术的进步，将来汽车可能会被芯片和软件厂商所定义，汽车生产厂商沦为谷歌、苹果、英伟达等高科技公司的加工组装厂。因此，企业对于自身在整个产业链、价值链中位置的演进，必须有一定的警觉。

价值链的不合理设计，可能会严重影响品牌和客户体验，导致企业的失败。以"连锁经营"为例,连锁经营是企业不断复制获得业务扩张的很好模式。但是同样是连锁,有的成功,有的失败,就是因为连锁的结构和设计是不同的。麦当劳、肯德基的加盟是成功的,我们无论走到哪个国家的哪家门店,都感觉不出来它们是直营还是加盟。他们在加盟时往往只将已经成熟的门店转让给加盟者,对加盟者设立较高的门槛,审核较严格,一般还要求加盟者参加12个月培训。这就保证了加盟者不会改变门店的品质。零售商名创优品目前也做得比较成功,它采用投资加盟的形式,加盟商提供开店资金和店铺,并负责工商、税务、员工工资等,日常管理则由名创优品负责。金螳螂公司推出家装业务"金螳螂·家",加盟商被称作"城市合伙人",大多是内部员工利用地方资源创业,也能一定程度上控制质量。在餐饮行业我们可以看到大量的加盟连锁失败案例。很多品牌野蛮加盟,有数万家店,每家店都不同,所以日渐衰落,只能沦为街边的夫妻店。

企业是否开放加盟连锁并不是问题的关键,关键是能不能锁住质量。加盟连锁的企业也有管理很好的,坚持直营的企业也有管不好的。有些品类比另一些品类更合适加盟,例如绝味和周黑鸭,由于出售的是相对标准化的零售产品,放开加盟相对容易。呷哺呷哺也可以适度放开加盟。但海底捞模式较重,对服务、体验的要求非常高,不太适合放开加盟。

企业内部的价值链必须要相互协调。当年腾讯做QQ时在已经发现了移动互联网的趋势后行动缓慢,马化腾曾说这对腾讯是个很大的教训。原因就是腾讯的内部组织架构,QQ、手机端QQ以及QQ空间分属于三个不同的事业部,把几个部门整合起来做一件事情非常困难。为此,腾讯内部进行了大规模的组织架构调整,以此来应对移动互联网时代的到来,最终成功推出了微信。如果没有内部架构的调整,腾讯可能会在移动互联网时代掉队。我们经常会看到,很多公司在适应新环境、执行新战略的时候对公司整个架构进行重组,目的就是实现内部价值链的协调。

心智的送达与产品的送达

企业的价值链中,产品的生产很重要,送达也非常重要。送达包括心智、产品的"双送达"。"心智送达"的目标是"让消费者知道",而且是以比较好的印象知道企业的产品。巴菲特提出过"**心智份额**"的概念。所谓心智份额,是指产品在消费者大脑中占的份额,而非销量或销售额中的份额,两者有时是不同步的。"心智份额"比"市场份额"更加重要。如果一个产品的心智份额很高,市场份额哪怕一时落后迟早也会赶上。如果心智份额很低,哪怕一时通过大幅降价和疯狂营销的确能拉动销量,但这个销量一定是不能持久的。打造心智份额,前提条件是有优秀的、消费者有口皆碑的产品,再配合广告、营销等传播手段,将自己的产品差异化传播出去,打造占据消费者心智的品牌。

对产品送达重要的是渠道,让消费者能方便地买到产品。为了完成产品的送达,企业需要打造高效率、广覆盖的渠道。例如,可口可乐不仅在全世界消费者中占据较高的心智份额,而且能做到消费者随时随地能够在超市、便利店、自动售货机买到。

新零售不新,零售仍需回归其本质:从价值链角度分析

2016年,马云提出了"新零售"的概念,大意是指零售不应区分线上和线下。线上服务、线下体验以及现代物流应进行深度融合,产生零售新模式。

零售的本质是作为最后一个"生产"环节,调和"规模化集中生产"和"个性化分散消费"之间的矛盾,为产品与最终消费者建立起最大化价值的"匹配"和最小化交易成本的"送达"。通俗地讲,**零售就是为消费者"办货的",要承担两个功能——"选货"功能和"送货"功能**。

所谓"选货"功能,包含在两个层面——"我非常清楚我想要什么,**我想要的你这里有**"和"我不太清楚我需要什么,但是**你有的是我想要的**"。零售商的"选货"功能就是将商品与消费者"想象"出来的需求进行"匹配"的过程。要提高匹配成功率有三条路径:一是增加匹配对比的频率。各种形式的媒体广告、户外广告,方便的在线商城,临街铺面都是为了增加对目标客户的触及率,增加匹配对比的频率。二是相同阶层或相似群体有近似的"想象",在"分散"中概括出"集中",通过严选商品去匹配相似群体的"想象"。三是把重点放在引导或改变消费者的"想象"上。例如,让消费者相信小孩必须要上兴趣班才能不输在起跑线上,肠道里缺少益生菌需要每天补充才能消化好等。

所谓"送货"功能,不一定是"送",是**泛指商品在物理上到达消费者的过程**。假设商品与消费者的物理距离是 X 千米。这 X 千米有可能是商品走完全程到达消费者,这就是"电商模式"。也可能是消费者走完 X 千米去取回商品,这就是"采摘模式",或体验式消费。更多的情况是商品走 x 千米,消费者走 X – x 千米,在中间某个位置相遇,这就是"超市模式"或者"便利店模式"。当然,还有一些虚拟商品是可以通过"想象"或者互联网来实现送达,其"送货"速度极快,送达成本也是很低的。

最初,商品匮乏,人们对"选货"功能中的第一个层面(我想要的你得有)需求迫切,所以出现了杂货铺、超市、大卖场,有了沃尔玛、家乐福。随后,随着基本商品需求稳定,但人们的时间成本越来越高,"送货"功能开始被迫切需求,所以有了电商兴起,我们有了亚马逊、京东、天猫。

现在,商品极大丰富,消费者面对的生产商太多了。金钱有时已经不再成为人们购买商品的第一约束,物流也不是问题,最大的约束可能是信息或者时间。不只是富人,中产阶级面对天量的 SKU 也不知道该怎么花钱。人们对"选货"功能中的第二个层面的需求(你有的是我想要的)越来越强。所以严选模式开始崛起,我们就有了Costco、Aldi、网易严选等。

线上零售和线下零售,并非你死我活的关系。对于需求明确且高度标准化的商品,电商很方便。但对于需求模糊,或非标准化商品,亲自到现场挑选仍然是很必要而且充满乐趣的事情。人们对购物的关注点已经不再仅仅局限于价格低廉,而是愈发注重对消费过程的体验和感受。相对于线下零售的可视性、可听性、可触性、可感性、可用性等直观属性和即时可获得性,**纯线上电商始终没有找到能够提供真实感受和良好购物体验的现实路径**。也许未来 5G 普及后在这方面会有一些改善。线下零售仍然展示了强大的生命力,并且出现了线下与线上融合的趋势。

新零售不新,零售仍需回归"办货"本质。未来胜出的零售企业,一定是充分利用互联网和科技的优势,高质量精准地为消费者"选货",高效率低成本地为消费者"送货",适合线下的就线下,适合线上的就线上,不断节约交易成本,不断解决集中与分散的矛盾,充分实现零售本质的企业。

五、盈利模式

企业毕竟不是慈善组织,实现盈利是企业的最主要的目的,也是企业生存的必要条件。盈利模式包括企业的收入来源、成本结构和费用结构。

1. 企业常见的盈利来源

(1) 生产并销售产品或提供服务。这是最为常见的盈利模式,例如格力卖空调盈利,万科卖房子盈利,海底捞提供餐饮服务盈利;

(2) 赚取产品差价。沃尔玛、苏宁、京东等零售业主要依靠产品差价盈利;

(3) 中介费。如券商收取的交易佣金,链家作为房屋买卖和租赁中介收取的佣金;

(4) 订阅或会员费。如电子杂志订阅费,腾讯视频收取的会员费;

(5) 租赁费。如万达广场向商户收取的佣金;

(6) 专利授权费。高通的盈利主要是专利授权;

(7) 广告费。如 Facebook、谷歌、新浪微博的盈利绝大部分是广告。

2. 典型的盈利模式

企业如何设计自己的盈利模式呢?在这里介绍几种典型的盈利

模式。

一种常见的盈利模式是**"免费+收费模式"**。人人都喜欢免费的东西，所以免费是一种很聪明的盈利模式。

（1）**第三方付费的模式，也即"羊毛出在猪身上"**。例如使用谷歌的搜索、Gmail 邮箱、地图、文档、翻译等服务都是免费的，但谷歌通过商户的关键词广告来盈利；使用 Facebook 也是免费的，Facebook 获得了用户画像，为商户提供精准的广告来盈利。乘坐地铁时，有些发给我们的报纸也是免费的，但上面可以看到很多广告。对于"羊毛出在猪身上"的盈利模式来说，用户并不是客户，而是产品。

（2）**"剃须刀+刀片"模式**。这种模式是吉列发明的，吉列以成本价甚至亏损价格提供刀架，依靠用户后面不断购买刀片来盈利。类似的例子还有惠普，打印机不赚钱，但可以通过墨盒、硒鼓赚钱。电信运营商免费提供手机，后续通过用户的手机充值盈利，而且会在合约中规定最低消费。汽车 4S 店卖车赚钱不多，但可以通过车内配件、卖保险、车贷、保养、维修等盈利。银行向信用卡客户提供的"免费"服务，例如接送机、贵宾室、酒店等，其实成本都来自于客户的刷卡手续费、违约金和部分客户的分期手续费等。这种盈利模式利用人们占便宜的心理，而且对价格昂贵的部分敏感，对低价的部分不敏感。

（3）**免费增值模式，基础服务免费提供，增值服务收费**。例如，PDF 软件的阅读是免费的，但编辑是收费的；印象笔记、网易有道云笔记的基础功能是免费的，但如果需要更大的存储空间、免广告、数据恢复等功能，则是要交会员费的。大多数手机游戏也是免费的，但是游戏内的道具、升级、皮肤等是收费的。这种盈利模式最关键的是付费用户的转化率。

还有一种有趣的盈利模式是迪士尼的**"利润乘数模式"**。迪士尼的 IP、电影、动画、乐园、书籍、衍生品、电视频道等，一环扣一环，相互促进。米奇刚刚迎来 90 岁"大寿"，版权将于 2023 年到期。米奇、米妮及高飞等经典角色商品是迪士尼最吸金的"金蛋"，每年至少带来 32 亿美元收入。芒格称迪士尼这种盈利模式为"自催化"，这是一种特殊的化学反应现象，两种化学物质反应后产生的物质本身就是催化剂，会加速化学反应。

我们要分析企业盈利模式不同背后的原因。例如，腾讯与Facebook同为社交企业，但盈利模式截然不同。Facebook的盈利几乎全部依靠广告。而腾讯的盈利模式更加多元，广告只占一小部分，还包括游戏、金融支付、增值服务、第三方服务、云服务等。微信、QQ都是即时通信软件，更加容易附加上其他的服务。而Facebook是信息流社交软件，不太容易附加其他服务。国内的微博、今日头条收入也是广告为主，不太容易做支付等其他业务。

企业获得利润的能力不仅取决于收入，也受到成本结构和费用结构的很大影响。例如，Netflix是流媒体服务行业的伟大公司，但Netflix盈利模式方面存在缺陷，自制内容需要持续不断地消耗大量的现金，运营现金流一直在恶化，只能通过举债来填补资金缺口。国内的很多大型互联网公司，例如美团、滴滴等，虽然估值有数千亿美元，营业收入也高速增长，但持续高额亏损，也是因为成本、费用非常高昂。

3. 盈利模式的意义

（1）**企业能否找到盈利模式，决定了企业的价值大小，甚至能否长期生存下去**。企业的运营每天都要发生实实在在的成本，水电、房租、工资，这些都是逃不开的。如果迟迟找不到盈利模式，企业的生存可能都是很大的问题。1999年底马化腾开价300万元差点卖掉QQ（当时叫OICQ），很多人用这个例子来说明企业家也无法预测未来。其实当时并非马化腾不看好QQ的未来，而是QQ用户增长太快，当时用户已经突破100万，需要不断增加服务器，开支越来越大，却找不到盈利模式，腾讯公司账上只剩下1万元现金了。如果不是风险投资机构IDG、盈科很快投资，有没有后来伟大的腾讯就不好说了。当然，后来的腾讯逐步找到了很好的盈利模式。

一些生意天然就不太容易找到盈利模式。例如，一些工具型的产品用户量很大、日活很高，如墨迹天气、美图秀秀、科大讯飞、搜狗输入法、猎豹清扫大师、地铁二维码乘车App等。这些产品有的有几千万甚至几亿用户。但是人们对其只有功能性的诉求,用户停留时间短,用完即走。这些产品不容易提供增值服务,提供了也没人会用。这类应用也不容易附着广告,用户注意力完全集中在功能上,广告被完全地无视。商业界有一个观点,只要产品流量大,最不济可以卖广告,实现盈利是水到渠成的事情。这句话其实未必正确。

案例:难以找到盈利模式的美图公司

美图公司最重要的三个应用是美图秀秀、美颜相机和美拍,2017年坐拥超过4亿个月活用户。从用户量看,美图应该是大型的互联网公司,但一直找不到盈利模式,进而沦为一种工具。美图公司试图通过工具、社交、电商、手机各种方式寻找盈利模式,但进展并不顺利。2017年,美图的营收主要来自手机,共售出超过150万部手机。45亿元的营收规模,智能硬件贡献超过37亿元,三大应用创造的"互联网业务收入"不足20%。美图上市后几个月市值一度近千亿港元,不过很快回归到100多亿港元。

(2) **好的盈利模式设计可以让企业事半功倍、坐地收钱,错误的盈利模式会使企业的业务萎缩**。谷歌的盈利模式主要是广告,包括关键词广告Adwords和可以在其他网站的内容网页上展示的Adsense,广告主可以后台自助发布广告,谷歌根据点击量收取广告费,坐拥"印钞机"。淘宝的商业模式也类似。谷歌的安卓系统快速成为世界最大的手机系统,就是因为采用了免费开源的模式,通过应用分发等间接方式盈利。这种开放免费的系统模式,成为硬件制造商的首选。庞大的出货量和用户量,带来了更多软件开发者,系统、软件和硬件之间结成了一个牢固的联盟。

伯克希尔·哈撒韦公司成为世界上最伟大的投资集团,同样来自于巴菲特对商业模式的精心设计。1969年巴菲特解散私募基金,转而以伯克希尔公司作为投资平台,是商业模式的重要转型,否则巴菲特不可能有如此巨大的成就。巴菲特用投资的钱收购保险公司和其他现金流丰富的实体企业,保险公司产生的大量浮存金以及旗下所投资实业公司不断产生的现金流又可以用来投资更多的公司和股票,就像一部环环相扣的"永动机"。

相反，如果设计了错误的盈利模式，不仅无法实现盈利，而且可能导致业务的萎缩，甚至招来大量的竞争对手。腾讯就有过这样的教训。2001 年，QQ 每天注册量达到 100 万人，服务器面临巨大压力，却依然没有找到盈利模式，于是采取了注册 QQ 收费 1 元钱的方式。结果遇到社会的强烈抵抗和指责，而且引来朗玛 UC、网易泡泡等很多竞争对手，腾讯不得不重新放开 QQ 免费注册。这与心理学上的"被剥夺超级反应综合征"有关，把人们已经获得的东西拿走，将遭遇剧烈反抗。

（3）**不同的盈利模式带来企业不同的现金流结构以及未来发展的可持续性**。以房地产为例，住宅地产和商业地产有不同的盈利模式，各有利弊。住宅地产资金周转快，但土地总是有限的，我们国家的房子总有盖满的一天，房地产企业越做大也就越接近天花板。商业地产收取稳定的租金回报，细水长流，可以永续经营，但是本金回收期长，需要较强的资金实力。可以说，两种模式各有利弊。所以，我们看到当下的很多房地产商都在探索住宅以外的现金流可持续的生意，例如物业服务、物流地产、商业地产、教育地产、养老地产等。一些商业地产企业旗下也有住宅地产，提供现金流。华夏幸福的产业地产也是类似的盈利模式，产业新城的运营需要大量资本，而且需要较长时间才能收回成本，但就地开发的房地产可以提供现金流。华夏幸福的资金量压力比万科等地产企业要更大。

（4）**不同的盈利模式可以创造不同的激励机制和经营结果**。百度所依赖的"竞价排名"的盈利模式，假冒产品生产商会有更大的动力参与，百度内部相应的 KPI 会带来价值观的扭曲。58 同城的盈利依赖会员和发帖数量，这也必然会带来大量的虚假信息。企业的盈利模式设计，会极大地影响激励机制，也影响企业文化和价值观。

六、生意特性

巴菲特 2001 年在佐治亚大学演讲中提到，"我有一个守旧的信念，那就是我认为自己只能从'理解'的生意上赚到钱。所谓'理解'不是说对产品的细节了解得一清二楚,而是'理解'10~20年后,这个生意的经济特征(The economic characteristics of a business)是什么样的"。可见,理解生意的经济特征(下文称之为"生意特性"),是能力圈理念的一个最基本的要求。一家企业的生意特性,由商业模式各个构成要素共同决定,包括目标客户群的特征、客户需求的特征、产品和服务的特征、价值链的特征、盈利模式的特征等。

1. 产品特性

产品和服务本身的功能性、物理性特性,在投资中也是很重要的。 产品特性在某种程度上决定着经济特性。什么是产品特性呢?不同的品类,产品特性不同;同一品类的产品也可能聚焦不同的特性。比如:餐饮的特性可以是好吃、服务好、环境好;吸油烟机的特性是大吸力;牙膏的特性是防蛀牙、止血……

投资中我们要下"格物致知"的功夫,仔细思考事物的方方面面。"格物致知"是指,到达事物那里,接触、推究、研究事物,然后产生并获得知识。投资需要我们对产品本身的重要特性进行详细的考察。

产品特性是一个产品的基本存在价值,如果产品根基不牢,仅仅依靠营销做得好将规模做大,这种生意是不牢靠的。对于功能性的产品,如果依靠"智商税"来获利,恐怕难以持久。一旦质疑被证实,企业可能会遭遇巨大危机。例如,对药品来说,最重要的特性是安全和有效,两者缺一不可。不要小看这是个常识而已。由于我国医药企业研发水平低、仿制药质量很差,很多药物不满足这两个基本特性。莎普爱思、鸿茅药酒都因为公众质疑出现危机。中药注射剂和一些辅助用药,产品的安全性、有效性不足,在医保控费等政策环境下,一些医药公司出现业绩大幅下滑。

根据产品特性,我们可以思考很多有趣的商业现象:为什么鸡肉相关的食品企业能做到全世界,如肯德基、德克士等,而鸭肉却不行?为什么对味精的使用量越来越小?为什么"三聚氰胺事件"后,国产奶粉一蹶不振,对液态奶却影响不大?

2. 经济特性

(1) **顾客类型是个人、企业还是政府**。企业的生意可以面向个人消费者（2C），也可以面向企业（2B），还可以面向政府（2G）。一般说来，企业客户比个人客户更加精明和专业，2B 的企业品牌溢价可能会更低。政府客户购买决策机制比较复杂，有时并不一定以性价比为标准。

(2) **价格高低**。企业提供的产品，依据成本和价值的大小不同，定价高低也不同。根据经济学的需求定律：价格降低，需求增加，价格上涨，需求下降。需求定律对大部分商品是成立的，但也有例外。有一种商品类型叫作"凡勃伦商品"，消费者对商品的需求数量可能随着其价格的一定范围的上升而上升，例如高端白酒、珠宝、首饰、艺术品等。消费者购买这类商品的目的并不仅仅是为了获得直接的物质性、功能性的满足，更大程度上是为了获得心理上的满足，具有"炫耀性消费"的特征。

定价是一门大学问，跟商品属性有很大关系。产品定价有高价策略，也有低价策略。有按销量的价格歧视，有按消费者人群消费弹性的价格歧视。有大宗商品的统一定价，也有像房子这样的高度个性化定价。定价策略失误，例如定价过高或过低，都可能会影响经营状况，甚至会影响到企业的竞争地位。通过观察价格行为，我们也能对一家企业的竞争优势有所了解。如果一家企业有定价权，即使提价 20% 甚至 50%，客户也不会离开，那么这家企业大概率就是有护城河的。如果价格稍微比对手高一点点，顾客立即离开，那么这家企业做的毫无疑问是大宗商品性生意。

(3) **价格占收入或支出的比重**。产品价格占消费者收入或支出比重，也会影响客户的购买决策。一般来说，占比越重，消费者的购买决策会越审慎，会进行充分的比较。占比越小，消费者的购买决策会越随意，不会进行充分的比较和权衡。例如，涪陵榨菜的定价大约在 2 元钱/包。如果提价 20%，2.4 元/包的价格占收入或支出比重几乎可以小到忽略不计。对消费者来讲依然毫无压力，不会太引起消费者的注意。但是提价20%对企业净利润的影响却是巨大的。当然，提价是一种需要慎用的手段。

（4）购买和使用频次。有些产品购买和使用频次都很高，例如生鲜食品、柴米油盐等生活用品；有些产品购买频次很低，但使用频次很高，例如空调、汽车、住宅；也有些产品购买和使用频次都很低，例如对很多人来说，书籍就是这类（尤其是难读的经典书籍），还有如婚庆服务、丧葬服务。

价格和购买频次的不同组合，决定着企业的市场空间有多大。高价高频的产品市场最大，但这种生意可遇不可求。智能手机勉强算是高价高频，差不多两三年要换一部新款手机，每部手机几千块钱，所以苹果、华为、小米等企业手机销售额都是数千亿元规模；高价低频也是不错的生意，例如房子虽然每户人家一生可能只买一套，但一套房子价格几百万元，所以房地产是个10多万亿元的市场；低价高频的生意也有不错的市场空间，比如日常消费品行业的大企业很多，如伊利股份、海天味业等。低价低频的生意市场空间比较小，如谭木匠的木梳子。

对于具体产品，我们需要结合其产品特性对其市场空间进行判断。例如，巴菲特谈到可口可乐的产品特性时，经常提到可乐没有味觉记忆，一天喝下好几罐也不会感觉到腻，也就是说可乐的使用频次可以比其他饮料要高。

（5）生产、消费决策、付费、享用是否分离。产品的具体形态包括产品和服务。对于产品品类来说，生产消费在空间上是分离的。而对于餐饮、理发、电影院、旅游，生产消费在时空上是同时进行的。生产和消费不分离的体验经济，不容易被互联网颠覆，这也是电商冲击之下很多购物中心大幅增加体验经济比重的原因。

有些生意，不仅生产和消费是分离的，消费决策、付费和享用也是分离的。典型的是处方药，由于医疗的专业性和信息不对称，病人要吃什么药是医生决定的，不是自己决定的。医药企业要卖药也是公关医院和医生而不是病人，所以医药企业的销售费用大多都很高。病人看病的费用也不完全是自己支付，而是可能由医保或者商业保险支付绝大部分甚至全部,这就容易造成道德风险和过度医疗。能治好病的很多时候是一些便宜有效的药物,但销售最好的药物未必是便宜有效的,可能是效果一般而且价格昂贵的。

(6) **产品保质期**。产品都有保质期,因此大多数存货的价值是随时间流逝而下降的。由于熵增规律,时间的流逝使产品产生物理、化学上的变化,使之绝对失去原有的使用价值,甚至变得对人类有害。如库存很久的汽车、被氧化腐蚀的钢材、过期食品、过期药品。也可能是因为技术的进步、新产品、新的设计的出现,使得原有产品相对失去使用价值。如库存很久但保存完好的电子产品,设计过时的时装。有一些产品,如果保存良好,不易发生物理、化学上的变化,也不易被新技术替代,所以保质期相对较长,例如高度白酒、天然蜂蜜、矿产。而酒店的房间、航空公司航班的座位,都是属于高度"易腐型"产品,过了当夜或者起飞当刻,价值就瞬间归零了。这类产品的需要非常复杂的价格歧视定价模型,尽量在产品"过期"之前,以高于可变成本尽可能多的价格全部卖出去。

(7) **公开消费和私密消费、群体消费与个人消费**。对于公开场合消费的产品,产品的**外在价值和品牌的彰显价值**比较重要。典型的公开场合消费的是奢侈品,如手表、提包、珠宝、豪华汽车等。而在私密场合消费的产品,产品的功能性价值更为重要。群体消费可视为程度不同的公开场合消费,但比公开场合的个人消费具有更强社交属性。比如白酒,通常是群体消费。东阿阿胶则是私密消费、个人消费。所以,东阿阿胶和贵州茅台虽然都比较贵,但其实是相当不同的生意模式,不要对二者做简单的类比。

(8) **社交和情感价值**。有一类消费品与普通消费品有很大不同。普通消费品只有功能性的用途,伊利的牛奶只是一种健康饮品,华为和小米的智能手机只是满足我们通信和上网的需求,汤臣倍健的产品也只是具有保健的作用。而另外一类消费品超越了自身功能性的使用价值的范畴,它们还拥有社交和情感的价值。

拥有社交与情感特征的消费品往往是一种好生意。首先,它们有较强的定价权,甚至定价太低了顾客还不愿意,反而会影响销量。其次，它们往往没有替代品的威胁，即使替代品的价格很低，并且功能完全类似，也难以形成有效竞争。然后，社交和情感特征往往较为稳定，甚至根源于一种社会文化和民众心理结构，所以这类生意往往比较持久。一种有定价权、护城河而且持久的生意，往往是好生意。

以脑白金为例，是一种国人尽皆知的保健品。"今年过节不收礼，收礼只收脑白金"，广告的狂轰滥炸，真的侵入了人的心智。脑白金的主要成分是褪黑素，脑白金价格是同样规格的普通褪黑素的好几倍，但销量最大的却是脑白金。谁能买30块一瓶的褪黑素送给丈母娘呢？据史玉柱统计，70%的脑白金是用来送礼的，只有30%的客户自己买着吃。史玉柱做营销的聪明之处就在于，强调的不是功能，而是过节、送礼、孝心。很多人真的信了。明知道是"智商税"，有时也不得不交。巴菲特投资的喜诗糖果，同样有这样的特征。喜诗糖果的销售主要集中在情人节和圣诞节，人们买来送礼的。男生不能在情人节对女生说："亲爱的，我给你淘到了便宜货。"

产品的社交与情感因素，是产品本身和企业营销手段结合在一起的产物。并不是所有的产品都可以打造出这种社交和情感因素。你能把枣子打造为高定价、送礼为主的产品吗？似乎很难，枣子是司空见惯的同质化产品，"好想你"枣也不可能定价太高，很难附着社交和情感因素在上面。谭木匠试图将一把木梳子卖到几百元，并主打送礼概念，毛利率接近70%。以梳子作为情感载体，似乎不太为多数人接受。此外，梳子的使用寿命很长，购买频次太低，不是个好生意。谭木匠难以成为较大的生意，但可以成为小众的滋润生意。

《人类简史》一书说出了一个观点：**我们习以为常、自以为真实的很多事物其实都是虚幻的**。很多时候，事物本身是什么样并没有那么重要，人们认为它是怎样的才重要。人们会将自己想象的情感附着在某个产品之上，而且愿意为这种虚拟因素付费。人类的心理并非用理性可以完全解释。

（9）**成瘾性**。产品成瘾性之所以存在，有的是依靠化学和生物作用给人带来一时幸福感与解脱感，例如酒精、烟草等；有的则是心理作用，例如赌博、游戏，给人现实生活中难以获得的快速正反馈，可谓是一种"精神鸦片"。现实世界往往有很多痛苦和无聊,成瘾物品能够让人获得解脱,哪怕只是一时的。

大多数成瘾性物质都是植物制造出来的用来阻止害虫和草食动物的生物碱,但恰好这些物质可以影响人类的多巴胺系统,从而给人带来快感。我们可以想到的成瘾性产品有:香烟、白酒、槟榔、糖、辣椒、盐、赌博、游戏等,当然还有一些违法产品。此外部分食品饮料也有一定的成瘾性,例如咖啡(含有提神作用的咖啡因)、茶叶(含有提神作用的茶碱)、一些甜味、辣味和咸味的食物和饮料。纪录片《食物侦探》中有一集调查了零食成瘾者的成瘾来源,其中有一些人甚至对咀嚼膨化食品时酥脆的触感和听觉成瘾。微信红包的大红色,和开红包那一刹那钱落进钱袋子的声音,也让人产生一种成瘾的快感。

一些药物也会有成瘾性,让患者产生药物依赖性。最常见的容易成瘾的药物有两类:一类是麻醉镇痛药,如吗啡、哌替啶等,这类药物除镇痛作用外,还可引起欣快或愉快感,常用剂量连续使用 1~2 周后即可成瘾;另一类是催眠和抗焦虑药,如司可巴比妥、异戊巴比妥和各种安定类药物。

拥有成瘾性产品的企业往往拥有经济特许权,可以为企业提供更高的资本回报率。首先,具备成瘾性的物品,大多刺激的作用持续时间很短,消费者会重复消费,消费频次很高。而且由于刺激作用也满足"边际效用递减规律",需要加大消费量才能带来同等刺激。那些烟瘾者每天消费好几包烟,嗜酒者每天都要喝很多酒。其次,使用成瘾性的物品,会改变人的大脑结构,一旦停止服用,会产生非常痛苦的症状,因此消费者欲罢不能,需求弹性很小,即使在经济危机之时,需求也几乎没有周期性。经济史学家阿尔弗雷德·赖夫研究了 1860—1900 年的 40 年间英国人的烟草消费,发现失业率从 2% 上升到 10% 时,烟草消耗量只减了 1% 左右。此外,成瘾性产品的消费者议价权较低,企业往往拥有很大的定价权,即使提价,也对消费量影响不大。部分成瘾性物品还具备很强的社交和情感价值,例如白酒、香烟等。人类的抵抗力和自制力是脆弱的,成瘾性产品还能对抗一些不利的社会趋势。例如，饮酒、吸烟等都不利于健康，但还是会有很多人消费。火腿肠、方便面的成瘾性就不是那么强了，对抗健康消费趋势的能力就更弱一些。

如果把股票当企业的思想深入内心，很多价值投资者不愿意投资某些具有社会危害性的成瘾品企业。电影《教父》中的唐·柯里昂愿意做赌场生意，但在面临毒品生意的诱惑时却断然拒绝。巴菲特、芒格从生意角度欣赏赌博业，但却从社会价值的角度拒绝投资这类企业。当然，白酒、香烟、游戏这些产品适度消费并无害处。绝大部分消费者并不会过于沉溺，对于游戏也不宜过度妖魔化。关于成瘾性物品的一个案例是，中国烟草总公司一年的利润超过1万亿元人民币，实在是一个天文数字。腾讯、网易、茅台、菲利普·莫里斯，这些提供成瘾性产品的企业都是长期的大牛股。

(10) **技术迭代周期**。盈利能力最强的企业，往往是那些5～10年来经营方式保持不变的企业。投资中，确定性很重要，要去寻找变化相对小的企业。有些产品在技术上变化很快，容易出现颠覆性的变化，如电子产品。电视机技术不断出现革命性的变化，黑白电视、晶体管、等离子、液晶、OLED、量子点等，技术层出不穷。有些产品技术上也会有变化，但这种变化是渐进的、缓慢的，如空调、冰箱、洗衣机等白色家电，产品的形态和实用性、工艺发生了很大变化，但基本原理变化不大。有些产品技术上几乎是永远不用变的，如白酒、餐饮、糖果。（当然，消费品要接受社会趋势、消费者偏好变化的挑战。）

科技股的变数很多，投资科技股是一件比较复杂的事情。不仅仅是柯达、诺基亚、黑莓这样的科技股，沃尔玛这样的线下零售企业也会被新的商业模式或者新的科技颠覆。所以说，当下的时代，科技、商业模式、消费者需求的变化都越来越快，这种风险越来越高。很多投资机构热衷投资听起来很前沿、很时尚、很先进的行业，直播、AI、大数据、VR、新能源、共享单车、区块链、5G等。这些新技术、新概念、新模式对社会发展来说是好事情，对投资来说却有可能是很危险、很困难的事情。因为技术路径可以有很多条，新技术会吸引来众多的竞争者。新技术也会被更新的技术快速颠覆。新技术引出的新需求也可能随之消失。整个投资过程充满了不确定性。

相反，我们更喜欢投资不变的东西，我们喜欢寻找确定性。幸运的是，有些需求、有些技术、有些商业模式不随时代而变化，或变化非常缓慢。甚至，新科技的涌现不但不会降低某些传统需求，反而会增加这些需求，同时大大降低生产成本，反而会给我们带来不错的投资机会。投资毕竟不像跳水比赛，难度系数越高分数越高。相反，去投资简单确定的公司，也许看起来没那么刺激，反而会有长期的优秀回报。

投资不变，不代表不去关注变化，因为基本上没有永恒的不变、绝对的确定性。对前沿的技术和商业模式，我们需要保持高度的敏感和关注。很难想象，假如投资了沃尔玛，却不去研究亚马逊；投资了银行，却不去了解区块链。

（11）**产品生命周期**。根据现金流折现公式，产品的生命周期越长，给企业创造的价值越大。什么决定了企业产品生命周期的长短？我们可以观察，白酒、酱油、醋、矿泉水、纯牛奶生命周期很长，几乎不需要任何改进。RIO鸡尾酒、统一推出的饮料小茗同学、海之言生命短；游戏中，端游比手游周期长，微信小游戏"跳一跳"火了一两个月就偃旗息鼓。医药产品专利到期后在仿制药冲击下销售下滑。可见，产品生命周期取决于：技术变化快慢、满足的是长期功能性需求还是时尚需求、吸引消费者投入时间长短、专利保护期等。

当然，产品生命周期短的企业也可能长久。游戏公司中腾讯始终占据第一，恒瑞医药始终在国内医药公司中领先。它们拥有一种不断生产优秀产品的体系化能力，虽然不能保证在所有产品中领先竞争对手，但系统性的能力让其总体上一直处于领先地位。

（12）**标准化程度、可复制性和边际成本**。企业的产品是否标准化以及是否具备可复制性在一定程度上决定了企业的发展空间。标准化的产品更容易占据市场份额。

以建筑装饰行业的龙头公司金螳螂和东易日盛为例，装修客户需求非常个性化，无论公装还是家装，都有成百上千道复杂的工序，每个项目都不同，管理也比较复杂。尽管金螳螂和东易日盛尽可能地标准化，在号称两个万亿市值的装修市场中，依然只有很小的市场份额，并且难以占领更多的市场份额。英国文学家塞缪尔·约翰逊有句精彩的名言："一匹能从 1 数到 10 的马是杰出的马，但不是杰出的数学家。"很多公司是某些行业的龙头公司，但由于行业的生意特性不是太好，这些公司难以成为杰出的公司。

以医疗服务为例，协和医院这样的综合性三甲医院的可复制性就不如爱尔眼科这样的专科医院。连锁的专科医院的可复制性又不如美年健康这样的体检机构，因为美年健康不需要很多的医生，也不需要多高的技术含量，甚至可以通过专家远程阅片，只需要场地和购买设备的资金就容易扩张。所以，美年健康一年可以开出两三百家体检机构，而这对任何医院来说是不可想象的。

还有一类企业拥有特殊地理位置的护城河，别的企业似乎难以抢它的生意，可是它本身也不具备可复制性。例如，旅游景点、机场、核心位置的百货商场等，都有可复制性不足的问题。

随着技术的发展和产品生产流程、商业模式的革新，一些难以标准化的产品也实现了标准化。例如，中餐是很难标准化的，但真功夫、永和大王等连锁快餐实现了标准化。

可复制性最强的生意，是边际成本几乎为零的生意。也就是说，多提供一件产品或多增加一个用户，需要新增的成本几乎为零。在**互联网、IT、金融、知识产权**等少数几个领域，边际成本接近于零。其实归根到底是因为知识复制的成本几乎为零。例如，微信、淘宝、微博等公司新增加一批用户，最多只需要加台服务器。微软的 Windows 系统和 Office 软件研发出来后，过去用光盘拷贝就可以全世界售卖，现在连光盘也不需要了，卖一串激活密码就可以了。资产管理行业，私募基金和公募基金管理 1 个亿和 100 个亿，要做的事情是一样的。巴菲特一人就可以完成伯克希尔数千亿美元的资产配置。知识产权方面，得到、樊登读书、喜马拉雅等知识商品，卖给 1 个人和卖给 100 万人，也只是增加几台服务器的事情。迪士尼的 IP 授权、高通和 ARM 的芯片专利授权，边际成本也接近于零。

边际成本几乎为零的生意,可以实现以极低的成本,在极短的时间内迅速扩张,是非常好的生意模式。

(13) **同质化与差异化**。生产同质化产品的企业,也可以称为"**商品性企业**",大多数情况下没有定价权,无法为股东带来回报。某些生意天然就难以实现差异化,也很难打造出品牌。巴菲特1982年提出过一个"**砂糖理论**":**实现产品的差异化对糖果来说有用,对砂糖来说没用**。客户买衣服时不会询问布料是不是伯克希尔纺织厂生产的,我们日常生活中也会发现,大米、面粉等同质化商品是叫不出牌子来的,最多只能说出产地名。

商品性企业容易陷入价格竞争的泥潭,产能过剩时尤其惨烈。一旦产能过剩消除,同质化产品也能过上一段好日子,只是这种好日子不会长久,因为这些企业会迅速开始新一轮的产能扩张。2017年供给侧改革就造成造纸等周期性、污染性行业的供给不足,随着小企业产能的退出,规模较大的企业利润确实大幅增长,但这种好日子大多是昙花一现,因为这些企业一旦赚了钱就会扩大产能,产品价格随之下降。对于资本密集、产品严重同质化的企业来说,好日子就是坏日子的开始。钢铁、有色金属、煤炭等行业都具有这个特征。

当然,**不是所有生产同质化产品的企业都没有投资价值**。有些企业尽管生产同质化产品,但有着显著的且长期可持续的低成本优势,属于强势的商品性事业,依然可以有不错的投资价值。差异化产品也非常依赖于消费者对产品价值的识别和判断。如果产品有差异化但消费者难以识别,买方与卖方存在信息不对称时,市场中的商品品质会一直下降,形成"柠檬"市场。尽管如此,记住"砂糖理论"还是很有益处的,大多数砂糖类的企业没有投资价值。

(14) **重资产与轻资产**。能够代表当今时代的那些伟大企业,如苹果、谷歌、微软、Facebook、腾讯、阿里巴巴等,大多是不需要太多有形资本支出的,扩张的边际成本忽略不计,所以它们可以在短短几年内打败重资产的传统企业,形成非常大的规模。优步是世界上最大的出租车公司,但是它没有一辆汽车;爱彼迎是世界上最大的酒店公司,它没有一个房间;Facebook是世界上最大的媒体公司,它不创作任何内容；阿里巴巴是我国最大的集贸市场，它没有一件库存商品。

一般来说，轻资产的公司可以获得更高的估值溢价，是投资的首选。但重资产也不是一无是处，重资产可以为潜在进入者设置较高的进入门槛。重资产公司对产品和服务的掌控力一般也会更强，可以提供更好的用户体验。

（15）**周期性**。大多数企业都有一定的周期性。什么带来了周期性？宏观经济、外部冲击、货币、心理因素、政府政策都会带来周期性。严格地说，所有的产品消费都具有数量或者价格上的周期性。所有的投资都有建设、生产和折旧上的周期性。这些都带来生产和经营业绩的周期性。房地产有周期性的原因是受到政策影响、宏观经济变化和热钱投机、买涨不买跌心理等因素的影响。"猪周期"则可以用农业的"蛛网模型"解释。甚至茅台也有周期性，受到外部政策冲击，以及囤货投机带来的金融属性，茅台的发展也不是直线。分众传媒所在的广告行业受经济周期的影响很大，过去分众的客户有一半是依赖烧钱的移动互联网创业公司。2018—2019 年，宏观经济下滑，创业公司烧钱大战熄火，分众的业绩也出现较大波动。

很多周期性很强的企业难以把握，例如造纸、钢铁等。但是，周期性并不是否定一家企业的理由。如果能充分理解这种周期性，一些周期性企业也可能有不错的投资价值。尤其是那些长期具备较大成长空间和较好盈利能力的周期性企业。

以上，我们总结了一些一般性的重要经济特性。除此之外，还有一些对投资有重要影响的其他特性，例如规模经济、网络效应、转换成本、经济特许权、政策影响程度等。在分析一家企业时，我们需要对其特性做更具体的分析。

七、自由现金流

作为投资者，企业利润中对我们有意义的只有"归属股东"的利润。即使企业实现了账面上的盈利，也不代表可以分给股东，或者可以用来扩大再生产增加未来的股东利润。一是因为有些企业利润表上报告的利润是正的,但经营活动现金流一直是负的。二是因为即使当期经营现金流为正,但未来需要大量的资本支出才能维持目前的经营规模和竞争优势,这部分利润无法分给股东,对股东也是没有意义的。检验利润是不是自由现金流的一个简单方法是去问:"**这部分利润可以分给股东吗?分配后会对公司未来维持经营造成伤害吗?**"我们会发现,大部分公司账面上的利润根本就没有对应的现金可以分配给股东。即使暂时能够拿出利润分给股东,企业的正常经营和后续发展也将受到严重的负面影响。

在1986年致股东的信中,巴菲特提出了**股东利润**(owner earnings)的概念。股东利润等于利润表中报告的净利润,加上折旧、摊销以及其他非现金性支出,然后减去企业为了维持长期竞争地位和现有的经营规模所需要的资本开支,如果需要额外的营运资本来维持长期竞争地位和现有的经营规模,这部分增量的营运资本也应该包括进来。巴菲特股东利润概念就是自由现金流的定义,其计算方式为:

自由现金流 = 净利润 + 折旧、摊销等非现金支出 – 维持性增量营运资本支出 – 维持性资本支出

假定净营运资本的增加量均是维持性的支出,则自由现金流也等于经营活动现金流量净额减去维持性资本支出。自由现金流的大小取决于净利润含金量和维持性资本支出的大小。

1. 净利润含金量

净利润含金量 = 经营活动现金流量净额/净利润
经营活动现金流量净额 = 净利润 + 折旧、摊销等不需要现金
 支出的费用 – 净营运资本的增加量
净营运资本 = 流动资产 – 流动负债 = 应收账款 + 其他应收款 + 预付款
 项 + 存货 – (应付账款 + 预收账款 + 其他应付款 + 应付职
 工薪酬 + 应交税费 + 一年内的递延收益 + 其他流动负债)

上市公司的财务报表附注部分一般均会有"现金流量表补充资料",详细说明将净利润调节为经营活动现金流量的过程。

净营运资本反映了企业运营对现金的依赖，如果企业"应付账款＋预收账款"持续大于"应收账款＋预付账款"，则净营运资本为负数，这意味着这家企业在产业链中的话语权较大。

从公司对下游客户的议价能力看，在交易环节，有三种情形。

（1）客户"**一手交钱，一手交货**"。在下游客户为个体消费者的情况下，企业的议价能力更强。伊利股份的牛奶等日常消费品均是"一手交钱，一手交货"，餐饮消费也是现场付钱。

（2）客户提前付款，形成公司的**预收款**。对于强势品牌和供不应求的抢手货，客户愿意提前付款，例如茅台的预收款就是经销商提前打款形成的。预收款也不只是由于议价权的原因，也可能是一种信用安排，例如在电商网站购物，消费者先付款，卖家后发货。所以，电商的现金流很好。

（3）公司先提供服务，客户延后付款，形成**应收账款**。应收账款一般发生在下游客户议价能力较强的行业。例如，金螳螂的传统公装业务下游客户主要是商业地产、政府公共建筑等，应收账款占比达到总资产的70%。很多园林绿化公司和环保公司，例如碧水源、东方园林等，下游客户是政府或大企业，应收账款占比较高。防水龙头公司东方雨虹的下游客户主要为房地产商、基建工程等强势客户，导致应收账款高企。当然，应收款也不一定完全是议价权的原因，也可能是一种生产交付滞后的安排。毕竟，没有谁会在软件系统还没有开发部署完毕或验收结束前支付全部尾款。

从公司对上游客户议价能力看，对上游供应商议价能力强的企业会形成大量的应付账款，对上游供应商议价能力弱的企业会形成大量的预付账款。可以占用上游企业资金的企业相当于免费使用商业信用，增加资金使用效率。

存货等因素也会占用现金流。芒格曾说过一个经典案例："我在中央谷地区的国际收割机经销商做了很多年的董事。销售收割机真的是一门很难做的生意。这项生意永远没有任何现金。就像那句谚语说的那样，每到年终的时候，你的利润就是躺在后院的旧机器。和一家永远都没有现金产生——不管在会计账面上是否赚钱的公司一起艰苦奋斗没有任何乐趣。"这句话概括了很多企业的现金流模式。例如，很多汽车经销商到年底的利润也许就是停在 4S 店中的汽车。一些企业甚至因为资金链断裂而倒闭。

所以，净利润的含金量是很重要的。经营活动现金流量净额总是为负的企业，资金总是被存货、应收账款等占用的企业，账面上的净利润含金量是很低的。分析一家企业时，我们需要对其整个业务流程的资金流情况做仔细的考察。

2. 维持性资本支出

企业的资本支出主要是指购建固定资产、无形资产和其他长期资产支付的现金，这个项目很容易从企业现金流量表中找到。但是请注意，自由现金流计算公式中需要扣除的是为了"**维持**"目前竞争地位和经营规模需要的资本支出，而不是所有的资本支出。企业财务报表中是没有"**维持性资本支出**"这个项目的，但这个项目对估值非常重要。

企业为什么需要维持性资本支出呢？**第一，是因为固定资产的重置成本大于折旧**。当企业的厂房、设备等固定资产折旧完毕后需要更新，但由于通货膨胀是纸币制度下不可避免的问题，更新固定资产的重置成本可能会大大超过折旧的金额，这要求企业保留更多的利润用于维持原有的生产能力。**第二，因为囚徒困境，企业不得不更新设备等固定资产**。对于处在完全竞争市场的企业来说，如果顾客的需求发生了变化，或者社会上出现了技术更先进、生产效率更高的生产设备，企业不得不更新，否则无法跟其他企业竞争。对于每一家企业来说，更新更先进、更贵的设备都是理性的选择，但所有企业都更新设备后，由于激烈的同质化竞争，成本降低的好处被消费者全部获取，所有企业的结果和之前还是一样的。个体的理性导致集体的非理性，从而陷入囚徒困境。最理想的结果是大家都不去更新设备，但这是不可能的。这就是资本密集型、生产同质化产品的企业往往面临的两难处境。由于上述原因，企业的一部分留存利润既不能分给股东，也不能用来扩大再生产增加股东的未来利益，这部分利润只存在利润表的账面上，这就是维持性资本支出，这部分利润是不能包含在自由现金流之中的。

针对维持性资本支出，有两种典型的错误倾向。第一是计算自由现金流时完全不考虑维持性资本支出。无论是在华尔街，还是我国的投资银行，甚至一些债券评级机构，在给企业估值或者计算企业的偿债能力时，喜欢用 EBITDA（息税折旧摊销前利润）这个财务指标，表面上是计算了公司实实在在的现金流，但维持性资本支出迟早会付出去的，否则公司的正常经营到时就会出问题。试想，折旧费用今后不必要付出吗？利息不用支付吗？税收不用缴吗？这些都是不可能的。第一种倾向容易造成对企业基本面的判断过于乐观。

第二种倾向是**为了计算简便，高估了维持性资本支出**。由于企业财报中没有维持性资本支出这个项目，投资者计算自由现金流时直接用"经营活动的现金流量净额"减去"购建固定资产、无形资产和其他长期资产支付的现金"，实际上扣除了所有发生的资本支出。有些企业的资本支出虽然很大，但并不是维持性的，而是生产性的，是用来进一步扩大生产规模的。第二种倾向由于过于保守，有可能错过一些好的投资机会。

3. 判断企业自由现金流的方法

注意自由现金流并非财务报表上公布的财务指标，是无法精确计算的。由于没有精确的数据，最好的办法是定性分析，模糊的正确胜过精确的错误。在理解了企业所从事的具体业务及其生意特征之后，我们不需要查看详细的财务数据就能大致了解企业自由现金流状况的好坏。例如，轻资产的公司自由现金流往往较好。重资产的企业要根据其业务特征判断新增的资本支出是不是扩大了再生产和未来股东利益。从资本支出及其结果来看，有以下四种生意模式。

（1）**基本不需要资本支出，就能维持企业的增长，甚至是高速增长**。互联网时代的代表企业，如苹果、谷歌、微软、Facebook、腾讯、阿里巴巴等，大多是不需要太多有形资本支出的。即便如此，它们大多依然可以维持着高速的增长。典型的案例还有茅台、五粮液等白酒企业，基本不需要资本支出。这种生意是最好的生意模式。以巴菲特最喜爱的喜诗糖果为例，1972年巴菲特收购了喜诗糖果，到2014年为止，喜诗糖果赚取了19亿美元税前利润，而它的成长仅仅需要增加4 000万美元的新增投资，喜诗糖果因此可以分派大量金钱，帮助伯克希尔去购买其他生意。

（2）**企业的增长需要相应地增加资本支出**。海底捞等餐饮企业的扩张，需要不断地开新店，每开一家新店需要设备、装修等各种资本支出。但这种支出显然是扩张性的，而不是维持性的。再以牧原股份为例，由于对生猪的市场价格没有定价权，企业的成长需要养猪出栏量的增加，这就需要不断增加资本支出来扩充养猪基地和养猪设施的数量。以牧原股份行业最好的成本控制能力，这种资本支出带来的回报还是可观的。如果资本支出能够给股东带来不错的回报，那么这也是一种良好的商业模式。甚至这是一种比喜诗糖果更好的商业模式。喜诗糖果尽管非常优秀，能够为投资者带来现金流，但这些现金却无法再投入到公司自身的再生产中去，只能投入到别的生意中。换句话说，喜诗糖果虽然是极好的生意，但对资本的容纳能力有限。而牧原股份可以不断投入资本获得企业的高速增长，而且这种增长是良性的，能够给股东带来不错的回报。

（3）**企业需要不断增加资本支出，带来的收益却非常有限**。毫无疑问，这是一种糟糕的生意模式。这种情况往往发生在生产同质化产品，没有竞争优势的资本密集型企业中。以航空公司为例，飞机的维修、更换都需要很大的资本支出，但竞争很激烈，客户转换成本极低，其结果就是航空公司的自由现金流大多数年份是负的。再例如，国内OLED面板龙头京东方的生产线动辄需要几百亿元的巨额投资，但是盈利能力有限，周期性很强，而且技术变化快，新投入的生产线可能很快因为技术进步而过时。京东方上市以来大量融资，并没有给投资者带来可观的收益。

（4）**企业进行一次性大额资本支出，后续资本支出少**。这种生意模式往往出现在铁路、公路、机场、港口、水电等公用事业领域。例如，长江电力、国投电力等水电企业，在兴建水电站时有巨大的资本支出，企业也背负大量负债，但这种资本支出也是生产性的。水电站建成后维修成本很低。大坝可以用上百年。后续的折旧不仅不需要在未来付出更高的重置成本,而且可以用来还债,也可以分配给股东。这虽然谈不上优秀,但也是一种较好的生意模式。

还有一种让人费解的特殊现金流模式,"没利润但现金流很好"。 亚马逊、京东多年没有利润,但现金流非常充裕,这种现金流主要是对上游占款多造成的。这些占款并不是利润,但只要持续经营下去,就可以长期自由使用。那么,这类现金流是自由现金流吗?应该不算的,这类似于保险公司的浮存金,虽然可以一直滚动使用、自由使用、免费使用,但毕竟是一种负债,是不能直接代入自由现金流折现公式用来计算内在价值的。亚马逊虽然利润并不多,但市值却不断提高,主要原因在于人们预期其"未来自由现金流"较大。也就是说,人们预期亚马逊将来想大额盈利并不难。当然,这种预期是否正确另当别论。

总之,在投资一家企业时,我们需要对其现金流状况有一定的了解。公司的经营环节是否能够产生现金,而不仅仅是"账面利润"?企业是不是需要不断增加资本支出用来维持经营?对经营过程资金流动特征以及资本支出模式的分析,有助于我们判断一家企业自由现金流的大小。我们应选择投资那些能够源源不断产生丰富的自由现金流的企业。

商业模式分析案例

案例1: 海底捞的商业模式

海底捞有优秀的商业模式,用商业模式七要素分析模型展开如下分析。

(1)什么样的客户?——普通大众消费者。潜在消费群体巨大。覆盖区间以中等收入人群和部分高收入人群为主。

(2)满足客户什么样的需求?——火锅餐饮的综合体验需求。火锅餐饮作为餐饮的一种,具有餐饮产品的共性。满足人们基本的进食需求，频次较高，占家庭收入和支出比例较低，有成瘾性。除此外，火锅餐饮还能满足客户独特的餐饮需求，包括口味个性化、食材新鲜、亲自参与烹饪。海底捞的火锅餐饮还满足了一般火锅餐饮没有很好满足的需求，包括口味标准、食品安全、价格适中、店址可达性高、服务用心、环境整洁等。海底捞的服务被客户广为称道，使得客户以相对低廉的价格获得了备受关注和尊重的服务。火锅餐饮的统合体验需求的背后，是满足了客户进食的基本生理需求、对口味的需求、健康饮食的安全需求、社交的需求。

（3）什么样的产品和服务？——火锅餐饮及配套服务。严格地说，任何企业都同时向客户提供产品和服务，只是比重有差别。客户向任何一家餐饮企业购买的都是一个"产品"+"服务"的体验包。火锅是中餐中的一个特殊品类，有利于生产环境标准化和消费环节个性化。由于消费升级，海底捞目标客户对服务体验的需求也变得比较强烈。虽然海底捞提供的服务在高档餐厅并不鲜见，但海底捞以一种很低的成本实现了高档餐厅才可能提供的服务质量，甚至某些环节超越了高档餐厅。

（4）什么样的方式？——海底捞位于产业链的终端位置，以全直营店面生产和销售，直接面对最终消费者。海底捞产业链的上游的部分位置，由海底捞的创始人建立的若干独立专业化公司组成，包括颐海（供应海底捞火锅底料和定制产品）、蜀海（提供仓库仓储服务及物流、食材供应）、蜀韵（提供装修材料、装修项目管理业务）、微海（人力资源管理及咨询服务）等。再上游是其他原材料、店址、服务供应商。海底捞在产业链中的布局非常好，直接面向最终消费者可以很方便地感知终端客户的需求，可以很好地掌控质量。关联公司掌控了上游的关键环节，避免了扩张瓶颈。产业链其他环节供应商多而分散，且不掌控关键位置，使得海底捞能保持议价能力和独立性。

2015—2017年，海底捞的食材成本占营收的比重分别为45.2%、40.7%、40.5%。2015—2017年，海底捞的员工成本占营收的比重分别为27.3%、26.2%、29.3%。

（5）如何实现盈利？——简单的生产销售型，利用产品差异化、服务差异化带来的定价权，以及规模经济带来的低于行业平均水平的成本来实现盈利。即海底捞同时具备格力和伊利两种类型企业的盈利模式。

（6）生意特性？——产品好吃，服务用心，综合体验稳定可预期。可以高频次消费，属于快速消费品。决策者、支付者、享用者合一。群体性消费为主，具备一定的网络效应和口碑传播效应。半公开消费。具备一定的成瘾性。技术稳定性高，产品生命周期超长。对海底捞自身来说，标准化高，可复制性强，异地复制甚至跨国复制难度不大。对竞争对手来说，复制其产品和服务难度很高，难点不在于产品和服务表面，而在于其内部机制。资产属性较轻，几乎没有周期性。

（7）自由现金流结构？——对下游，消费者以现金支付，还可探索预付费机制。对上游，海底捞可以占据供应商应付款。海底捞的资本支出与企业增长相适应。

案例2：伊利和茅台的生意模式有何不同㊀

伊利近年来销售费用达净利润的 3 倍，销售费用率一直超过 20%，一年的销售费用高达 200 亿元。蒙牛的销售费用和伊利相当。这暴露出牛奶企业的生意模式。伊利或蒙牛某一家的销售费用率提高，并没有带来利润率的提高。伊利和蒙牛为什么不顾消费者利益甚至自身的利润，还在开展销售费用的"军备竞赛"呢？

伊利的高销售费用，首先跟当前的竞争格局有关。我国当前的乳制品市场是双寡头竞争，双寡头市场可能形成稳定格局共享利润，如格力和美的。也可能格局依然不稳定，双方在价格、营销、产品等方面继续展开激烈的竞争。虽然伊利已经是乳制品企业的龙头，但和蒙牛尚未拉开绝对的差距。如果双寡头有一方总想挑战老大的位置，另一方又拼命想保住地位甚至打败老二，那么竞争一定是血流成河。

㊀ 原文 2018 年 9 月 4 日发于"静逸投资"公众号：《伊利和茅台的生意模式有何不同？解读伊利2018年中报》。

伊利有着较高的销售费用率，深层次原因是乳制品是一种几乎同质化的消费品。无论是伊利还是蒙牛、光明的产品，对消费者来说几乎没有差别。而白酒是差异化很大的商品。不要说茅台和二锅头有天壤之别，就算五粮液和茅台也很不相同。白酒的口感和品质有所不同，而品牌蕴含的社交和情感价值更加重要。而乳制品只是一种满足蛋白质和口味需求的功能性的产品，不具备社交和情感价值附加值。所以，茅台的利润率（近50%）要比伊利（近10%）高得多，而销售费用率则低得多（茅台的销售费用率只有5%）。

茅台、五粮液都是品牌拉动的公司，由于与其他白酒的品牌和品质的差异而获得了不同程度的定价权，而伊利、蒙牛则需要广告、渠道等外力的推动。茅台的品牌拉力又高于五粮液，所以销售费用率低于五粮液（10%左右）。

巴菲特提出过"经济特许权"的概念："一项经济特许权的形成，来自于具有以下特征的产品或服务：（1）被顾客需要或者渴求；（2）被顾客认为找不到类似的替代品；（3）不受价格上的管制。"如果说茅台是强势经济特许企业，则伊利则为较弱势特许企业。消费者对伊利的牛奶并没有那么渴求，也没有茅台那样的成瘾性。消费者选择牛奶产品时，也会考虑品牌的因素，他们更愿意选择伊利、蒙牛、光明这样的大品牌，但是当这些大品牌放在一起时，一般来说，消费者就无所谓选择哪个了；品牌的忠诚度不高，几乎是同档次产品哪个便宜、哪个生产日期靠后拿那个，甚至哪个摆在顺手的位置买哪个。

案例3： 鸭脖能学爱马仕吗？周黑鸭的问题出在对商业模式的定位上㊀

周黑鸭曾经是一家明星企业，但近年来业绩下滑。而绝味食品等竞争对手业绩依然表现良好。对商业模式的错误定位，是周黑鸭衰退的主要原因。周黑鸭一直不甘心做无差异化的鸭脖，而是想做鸭脖中的奢侈品，对标星巴克、爱马仕、苹果，这必然会对经营行为产生一

㊀ 原文2018年9月10日发布于"静逸投资"公众号。

系列影响。

首先是周黑鸭的产品比竞争对手贵很多。定位奢侈品,就会过于追求毛利率,财务上短期是好看,但容易遭到竞争对手的狙击。周黑鸭的产品口味非常单一,基本上就是甜辣一种味道。周黑鸭的产品对很多人来说太辣了。绝味的产品就有不辣、微辣、麻辣、重辣、甜辣各种口味。口味的单一毫无疑问会影响周黑鸭的客户群。在门店布局上,周黑鸭将很多自营门店设于交通枢纽,例如机场、火车站及地铁站,这样能体现周黑鸭的格调。

为什么周黑鸭不能模仿星巴克、爱马仕、苹果呢?鸭脖本质上就是一种差异化不是很大的普通休闲食品而已,能满足人们一时的口腹之欲。不是所有食品都能成为社交食品和精神产品。消费者从鸭脖中看不到娱乐因素。他们更不会拿着一盒鸭脖中的"爱马仕",走在街上,接收羡慕的目光。消费者对鸭脖只有以下几个实实在在的要求:好吃、便宜、方便买到、安全卫生、新鲜。消费者对鸭脖是买完就走,而且经常是一时冲动的偶尔消费。周黑鸭的产品口味和质量是不错的,但是太贵了,口味太单一了,也并没有竞争者不可模仿的口味壁垒。周黑鸭门店太少不容易买到,原因是目前周黑鸭只在河北及湖北设有两座加工工厂,绝味设置了十几座工厂,物流速度就有了很大差异。

要消费者为精神需求、体验、奢侈买单,那是对鸭脖的理解出了问题。只有少数品类可以成为社交和情感类产品,茅台酒、中华烟、喜诗糖果、星巴克咖啡等。其他的很多产品试图走这条路,往往会失败。

周黑鸭要做的,就是回归休闲卤味产品的本质,回归消费者的真正需求,不过度追求差异化和高毛利率,不断降低产品价格,提高周转率;不断扩大门店数量,交通枢纽、购物中心之外,也要增加社区店,增加消费者购买的便利度。在增加质量管控的前提下也可以放开加盟,毕竟售卖鸭脖与开餐厅不同,本质上是一种零售业,售卖鸭脖重在产品标准化和形象标准化,服务所占的比重很小,对标准化程度的要求不高;丰富口味,给消费者更多选择。

第三节 企业成长空间分析

根据"投资第一性原理",成长因子是决定自由现金流大小的重要因素。成长的重要性毋庸置疑,但是谈到成长,首先要明白我们需要的是什么样的成长,不是所有的成长对股东都是有意义的,有些成长是毁灭价值的。我们追求的有质量的良性成长。

一、"好成长"与"坏成长"

如果在上市公司所有财务指标中,选出一个最容易受大部分投资者关注的,那就是业绩的增长率了。很多投资者不仅希望公司的业绩每年都能增长20%,每个季度也要增长20%,如果一个季度没实现,股价就跌给你看。那么,成长真的总是好事情吗?

我们可以把企业的成长分为"好成长"与"坏成长",好的成长不断给股东带来更多的价值,坏的成长则毁灭价值,对企业的长期发展是负面作用。什么是"坏成长"?我们不妨根据经验列举一些坏成长的类型。

加杠杆背负债务风险来迅速扩张。近两年,A股市场出现一大批债务爆雷的公司。有些公司看起来过去一直是业绩高速增长的好公司。为了业务快速扩张,背负了过多的债务。一旦遇到形势发生变化,当信贷政策收紧,无法借新还旧或展期,现金流无法覆盖到期债务时,企业就可能突然倒下。

通过眼花缭乱的并购来促进成长。2019年以来的A股出现的商誉爆雷潮,就是对过去盲目收购的还债。并购本身不一定就是坏事情,高质量的并购反而会促进企业的长期发展。但是为了成长或者为了讲故事、赚快钱而去并购,产生的所谓商誉可能本身并不存在,大多是毁灭价值。要知道,并购成功的概率本身就是很低的。

通过不断加大资本支出甚至不惜牺牲回报率来促进成长。A股市场上很多企业上市以来的确维持了比较好的增长,但是增长的背后是不断的融资。向股东要钱并没有错,但融资带来的只是营收的增长,投资回报率和净资产回报率则是非常低。这种成长价值不大。就像利息率不断走低的银行存款,为了保持利息的增长,不断增加本金就可以,这种增长毫无意义。

通过恶性多元化来促进成长。一些企业什么能赚快钱就去做什么,什么是风口就去做什么。业务可以横跨房地产、P2P、电竞、幼儿园、人工智能、大健康和虚拟现实。主业不行还可以炒股票、炒楼盘。这些企业也许短期内可以维持不错的增长,但不可能持久。

通过铺天盖地的营销而非产品的口碑来促进成长。脱离实际使用价值,甚至进行虚假宣传的药酒、茶叶、保健品、奢华手机等层出不穷。这种收"智商税"的生意模式有太多。营销确实能在一定时期收割一群不明真相的群众,但难以长久地收割。

不在乎盈利只追求规模迅速扩大,吸引更多资本。一些O2O项目、共享单车、互联网咖啡、互联网租房等一大批创业企业,它们宁愿每单业务大幅亏损,只要把规模做大、声势做大,就会有更多的资本来接盘。实际上,在很多规模经济效应弱的行业,"吹"大的规模并没有显著降低单笔生意的不变成本。每做一单生意,都是价值的毁灭。一旦把价格恢复到正常商业模式的水平,就会发现依靠补贴吸引来的消费者如同昙花一现,真实需求带来的规模和市场份额其实非常小。

为了迎合股市,放松风险控制,饮鸩止渴的增长。例如,20世纪70年代,美国的GEICO公司为了迎合华尔街预测的盈利和增长,没有留足准备金,导致遭遇巨大风险,不得不大规模裁员。当然,巴菲特救下了GEICO,纠正了问题,公司也东山再起。

不惜通过财务腾挪造假来制造的增长。通过隐蔽甚至赤裸裸的财务造假行为来维持看起来不错的增长,一旦盖子被揭开,就会立即现出原形。

所以,不是所有的成长都是"好成长",很多看起来漂亮的成长是毁灭价值的"坏成长"。理性的投资者应该远离这些"坏成长"的公司。为了成长而成长,大多时候是损害公司长期价值的。2005年伯克希尔股东大会上，芒格表示："我对现代企业最不喜欢的一点，就是总部下达收益应该稳定增长的指令，这就像邪恶的化身。"如果公司命令当年必须增长20%，这种压迫式的变态激励机制毫无疑问会导致他们做出很多目光短浅甚至不可思议的事情。

知道了什么是"坏成长"，我们就知道了什么是"好成长"。"好成长"是良性的、可持续的，不断增强企业未来竞争优势，在保持甚至提高资本回报率的同时，给股东不断带来更多长期价值的成长。"好成长"的公司不仅给股东带来价值，也给客户等利益相关者、给社会发展带来更多价值。

拥有"好成长"的公司，业绩反而是不需要每年、每季度都增长的。 企业的发展绝不是线性的，而是在波折中前进的，这才是正常的。有些有巨大成长空间的好公司，他们为了进一步促进长期的发展，反而愿意牺牲短期的成长。他们也许增加了更多的研发支出，也许招聘了更多的人才，也许开辟了新的市场，也许新建了工厂。他们不在意利润和股价一时如何反应，而在意公司的长期发展和股东的长期利益。他们不会为了取悦股市放弃价值观，而是为了客户体验克制自己。

可惜的是，坚持正确的"成长观"、坚守本分的公司太少。太多的公司为了股价、市值做出很多无意义的事情。有正确"成长观"的投资者也太少。大部分企业家和投资者陷入短视中无法自拔。

二、商业模式决定企业的市场规模

一家企业所在的市场有多大的规模和空间，在很大程度上由商业模式所决定。以下几个重要的产品和生意特性影响着企业的市场空间。

1. 目标客户范围的大小

企业的目标客户群范围越大，市场空间越大。客户群越小，则市场规模就比较有限。例如，东阿阿胶的产品宣称的是"补血补气"甚至"保胎"的功能，所以只有小部分女性会使用，加上高昂的价格，必然客户群比较小众。

2. 使用场景的广泛度

使用场景越广泛，企业的市场空间就越大。为什么投资者这么多年低估了格力的潜力？原因就是没有看到空调的使用场景非常广泛，几乎所有人的活动空间都需要空调。家庭、写字楼、商场、医院、学校、酒店、博物馆、沿街商铺、工厂、机场、高铁站、地铁站、社区的保安室、建筑工地上工人的集装箱式住房等等都需要空调。一个家庭也需要不止一台空调，客厅、卧室、书房、卫生间和厨房都需要空调。其他家电就不同，一个家庭只需要一台洗衣机、一台油烟机、一台热水器，它们的市场空间要小得多。

微信为什么商业价值如此巨大？因为它被成功地应用到最丰富的使用场景。我们可以用微信即时聊天，可以讨论工作、布置任务、考勤、开会，也可以发朋友圈，可以看新闻、看公众号，可以搜索、购物、线上线下收款付款、理财、买保险、订酒店、订机票、打车、买电影票等。微信最大限度地渗透到用户生活的方方面面，已经成为"准操作系统"。这种广泛的场景是微博、抖音、陌陌，甚至是Facebook也做不到的。

3. 产品购买频次

产品购买频次越高，则市场规模越大。注意，对市场空间重要的是购买频次而不是使用频次。例如，A.O.史密斯从2003年开始做了一个深入人心的广告："我家的A.O.史密斯热水器，是父亲在50多年前买的。"塑造出了A.O.史密斯热水器高质量的形象。但是，仅仅从市场空间考虑，能用50年不换的热水器一定会遇到天花板。大多数人家里只有一个卫生间，50年不用换的热水器，几乎意味着"做成一个客户少一个客户"，永远都需要去寻找新的客户。

对医药来说，商业价值最大的药是用来治那些治不好的慢性病的，用药有好处但却无法根治。如果吃几天药就能药到病除，这种药频次就比较低。所以，治疗心血管疾病、糖尿病、癌症这些疾病的药品往往市场规模较大。慢性病对患者是极其痛苦的，但对于医药公司却是好事情。

做生意的人最明白频次的重要性。很多企业在这上面做手脚。"计划性报废"是工业上的一种策略，有意为产品设计有限的使用寿命，令产品在一定时间后报废。比如一些手机厂商故意不经用户同意，或者诱导用户同意，自动下载更新系统，让硬件性能不足以运行最新系统的手机慢下来，甚至在新系统中故意限定旧手机的运行速度，以至于用户必须购买最新款手机。一些企业把产品的性能和外观做得不错，但耐用度做得很差。还有的汽车企业每年推出换代产品，诱导消费者缩短产品使用年限，其实产品只是小修小改，甚至只是变换局部外壳和颜色。

4. 价格的高低

毫无疑问，价格越高的产品，市场规模越大。尽管购买频次不高，但房子、汽车、大家电这些行业的龙头企业均是千亿元甚至万亿元级别的大公司。

5. 可标准化与可复制性

可标准化与可复制性，很大程度上决定了一家企业的扩张空间。"连锁模式"是企业最典型的复制模式。餐饮业最大的公司是火锅公司，因为火锅品类容易标准化。海底捞不断向全国、全球扩张是一种典型的连锁模式。可口可乐在我国建立起越来越多的瓶装厂本质上也是一种连锁，尽管和麦当劳、肯德基、星巴克形式上有所不同。格力、伊利、五粮液在全国各地铺经销商，本质上也是一种连锁。安琪酵母到俄罗斯建厂、福耀玻璃到美国建厂，实质上也是一种连锁。连锁的目的是将业务向更多客户复制。

具体分析一家企业的商业空间时，应结合以上所有因素，综合地评价其结果，不宜只考虑某一种特性。例如，很多耐用消费品和工业品在产品购买频次上是极低的，例如空调能用十年。但是，如果使用场景广泛，也可能空间很大。房子也是能用 70 年的，但一套房子几百万元，所以房地产是大生意。

商业模式是解决从 0 到 1 的问题，这个从 0 到 1 也决定了三个从 1 到 N 的程度。第一个从 1 到 N，单个消费者的复购，由购买频次决定；第二个从 1 到 N，向更多的客户复制，取决于客户群大小，以及产品的标准化和可复制性；第三个从 1 到 N，满足消费者更多不同的需求，取决于使用场景的广泛性，取决于产品和相近产品的范围经济程度。

需要注意，**某一家企业的发展空间有多大，未必是其所在的行业整体空间那么大**。例如，金螳螂的公装、家装业务所在的市场有万亿元规模，索菲亚所在的家具市场也是万亿元规模。那么，金螳螂、索菲亚的天花板是不是上万亿元呢？显然不是的。以索菲亚为例，愿意购买定制家具的其实只有一小部分特定的人群。碧水源所在的国内水务行业有几万亿元的市场，但碧水源自身有这么大的市场空间吗？碧水源污水处理的膜技术由于投资成本与运营费用上具有相对偏高的弱点，只有对出水水质要求高的客户才会选择。对出水水质要求不那么高但对出水量要求巨大的客户有更加经济的选择。所以膜过滤技术所占的市场份额并不高。

案例：飞科电器的成长空间不同于吉列

飞科电器是国内个护电器的领导品牌，主要产品是电动剃须刀、电吹风。有人经常拿吉列来类比飞科。事实上，飞科和吉列的商业模式有非常大的差别。亚洲人的胡须没有欧美人浓密，而且生长速度较慢，因此，亚洲人以用电动剃须刀为主。飞科更适合我国国情，但不适合欧美。电动剃须刀是耐用消费品，一般几年换一个，消费频次很低。一般人也不会同时使用两个以上电动剃须刀。欧美男性胡须浓密，生长速度快，吉列更适合欧美，而且需要频繁换刀片以及用剃须膏等耗材，吉列的购买频次很高。所以吉列剃须刀是更好的生意。把飞科认为是和吉列一样的大生意，并不现实。

三、 企业的发展阶段决定着成长空间

什么是企业的成长空间?"成长空间"不等同于"市场规模"。我们不能简单地认为,企业所在行业的市场规模的绝对值大,企业的发展空间就一定很大。我们可以将企业的发展空间分为"绝对空间"和"相对空间"。绝对空间是指企业所在的总体市场规模有多大。一家企业所在的业务总体的市场规模可能有5 000亿元,也可能只有50亿元。相对空间是指,企业距离自己市场规模的天花板还有多大距离。例如一家企业目前收入只有1亿元,预计10年后企业规模达到50亿元,那就有近50倍的巨大空间。**对投资而言,企业发展的相对空间比绝对空间更有意义。**试想,如果一家企业五年后所在市场规模有10 000亿元,但企业当前营业收入已经达到8 000亿元。另一家企业五年后市场规模只有50亿元,而企业当期收入只有1亿元。不考虑估值等其他因素,我们应该选择投资哪家企业呢?毫无疑问,我们应该选择投资第二家企业。可见,在投资中相对空间比绝对空间更重要。

那么,我们分析绝对的市场规模就没有意义吗?并非如此。"海阔凭鱼跃,天高任鸟飞。"往往市场规模巨大的行业才能产生一些发展空间大的公司。非常狭小的市场,很难养几家发展空间大的公司,而且企业很快会遇到天花板。所以,"绝对空间"很大程度上决定着"相对空间"的大小。

除此之外,企业的成长空间主要由企业所在的发展阶段决定。在其他条件不变的情况下,越是市场早期的企业发展速度越是快。所以,市场一般会给发展早期阶段的公司更高的估值,给成熟阶段的公司更低的估值。

任何一个行业都是有发展周期的,一般要经历市场导入期、成长期、成熟期、衰落期等几个阶段。例如汽车行业在我国经历了多年的高速增长,存量需求已经基本得到满足,需求的增量变少,增速自然会放缓。汽车本身的特性是耐用消费品,一辆汽车能开15年左右,

而且随着汽车保有量的增加,道路拥堵、停车难、牌照昂贵、共享汽车在各城市普及等问题,也会降低买车的需求。汽车厂商要争抢不断缩减的增量需求,竞争就会白热化。当然,新能源车目前还处于早期发展阶段,所以增速很快。智能手机行业也类似,在过去十年需求爆发、产能扩张之后,产品质量越来越耐用,技术变化越来越小,更替速度变慢,增量需求越来越少。手机厂商只能在手机屏幕大小、解锁方式、外壳颜色、相机效果、电池容量等细节上进行同质化的微创新,竞争越来越激烈。只有下一轮的技术革新,例如5G技术、柔性屏幕的普及,才可能迎来新一波换机潮。

四、企业的成长动力分解

企业的自由现金流很大程度上由利润决定,在利润的基础上再考虑资本支出等因素进行调整。净利润=营业收入-营业成本-各项费用,也等价于,净利润=营业收入×(毛利率-费用率)。所以提高净利润的方法就是"**增加收入、提高毛利率、降低费用率**"其中的某一种途径或几种途径的结合(见图2-1)。

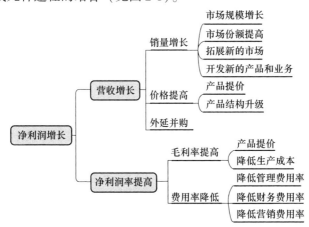

图 2-1 提高净利润的方法

提高营业收入的方法包括：

（1）产品销量的增长。产品销量＝市场总规模×市场份额，所以销量增长的动力可以是行业总体市场的增长，可以是占据更大的市场份额，也可以二者兼而有之。

（2）开拓新的市场。例如，国内产品饱和后可以开拓国际市场。或者，现有目标客户群市场饱和后，开发新的客户群体。

（3）开发新产品和业务。企业推出新产品，拓展新的业务。新产品和业务可能与原有产品线存在强相关性，也可能完全无关。

（4）价格的提高。可以是原有产品的提价，也可以通过产品结构升级提高价格。

（5）外延并购。通过并购其他的公司实现营业收入的增长。

提高净利润率的方法：提高毛利率、降低费用率。提高毛利率的方法是产品提价或者降低生产成本。降低费用率的方法是削减财务费用、管理费用、营销费用。

以上利润增长的因素，空间大小、容易程度、可持续性都是不同的。促进利润增长，应该主要依靠营业收入的增长，这才是可持续的。大多数企业产品的提价空间是有限的，即使有提价能力，也应该慎用，否则会引来大量的竞争对手。苹果公司的 iPhone XS Max 手机，就是误判了提价能力，将价格提高至以往价格翻倍的水平，遭遇了销量大幅度下滑。削减费用，短期也许可以增加利润，但毫无疑问会降低企业的长期竞争力。削减的只能是少量不必要的费用，这个空间也是有限的。

经过以上分解之后，我们就可以对一家公司的未来成长空间做一些分析。例如，海底捞的未来增长，同店销售增长空间有限，翻台率、外卖、产品提价等都空间有限，预计会保持正常增长。店面数量增长是海底捞营收增长的核心动力，关键在于异地复制的速度。复制的前提是内部治理的标准化程度和支撑体系的覆盖程度。鄂武商2014年后的利润增长主要依靠费用的压缩，而非营收增长，所以可持续性不强。

案例： 贵州茅台的成长空间分析[一]

2018年10月28日，贵州茅台发布2018年三季报：前三季度实现营业收入549.69亿元，同比增长27.28%；实现归母净利润247.34亿元，同比增长23.77%。其中第三季度实现营业收入197.18亿元，同比增长3.81%；实现归母净利润89.69亿元，同比增长2.71%。茅台股价第二天封死跌停并带动五粮液、洋河等众多白酒股跌停，质疑声四起。很多自媒体文章题目直接是"茅台，一个时代的结束"。茅台真的不行了吗？如果我们对茅台的成长动力做一些分析，就会发现茅台第三季度增幅大幅下滑，其实是很正常的事情，最主要的原因是茅台不够卖了，却又不能提高出厂价。

茅台的产量是由5年前的基酒产能决定的，难以迅速调节。茅台的产品一瓶难求，但产能却受到地理因素的制约。当产量相对固定，成本相对固定时，要想获得利润持续增长，就只能依靠提价。

茅台的出厂价最近一次调节，是距2012年五年后的2017年年底，调至969元/瓶，但这次提价是不到位的。因为2018年真实的零售价大概在1800~2000元/瓶。其实茅台有充分的价格空间再次提高出厂价格。但茅台有两件事情是需要考虑的，一是如果再次提高出厂价和零售指导价这两个具有官方性质的价格，在当前环境下是很不适宜的。二是如果再次大幅提高出厂价，会形成强烈的涨价预期，可能诱发更多的投资需求或投机需求，囤积茅台酒。茅台并不一定能像一般消费品那样通过涨价来减少需求。由于人为地压制出厂价，其实茅台相当的一部分利润，被转移给了渠道。

所以，茅台的产能短期内难以提高，提价也要考虑社会影响。未来几年茅台利润的增长需要采取一些非常规的措施。第一，可以从经销环节要利润。茅台可以通过打击一些不守规矩的经销商，没收其经

[一] 参见2018年10月30日"静逸投资"公众号文章：《茅台三季度个位数增长，是爆雷还是甜蜜的烦恼？》

营权,不断提高直营的比例。这些措施相当于把部分零售权收到茅台自己手上,这会大大提高茅台的利润率。但这个空间是有限的,如果过度提高直营比例,将颠覆当前的经销体系。第二,可以调整产品结构。例如,开发生肖酒,年份酒等,变相地提价。这些措施也许能继续维持茅台两位数的增长。但是,以十年计,茅台的长期利润增长还是要依靠产能的增加和价格的提高。

案例: 福耀玻璃的未来增长动力分析

福耀玻璃是汽车玻璃的龙头企业,为汽车厂商提供全球 OEM 配套服务。在我国,福耀玻璃的市场份额近 70%,产品占全球市场 20% 以上。福耀玻璃是一家护城河很宽的企业,关键是分析其成长动力。

目前,国内外的汽车产量在可见的未来呈现低速的个位数增长。福耀的玻璃跟汽车生产量高度相关,仅仅依靠汽车销量的增长恐怕不能带来太高的增长率。福耀玻璃未来可能继续成长的动力如下。

(1) 提高市场份额。福耀玻璃国内的市场份额已经高达近 70%,已经难以继续占领更多的份额了。汽车厂商也不希望福耀玻璃一家垄断。福耀玻璃 2018 年全球市场份额只有 23%,还有较大的提高空间。福耀目前在大力拓展美国、欧洲的市场。福耀玻璃比对手更具成本优势,有能力不断蚕食其市场份额。

(2) 汽车玻璃的消费升级使得玻璃使用量更大。如天窗及前挡风玻璃倾斜度增加可扩大视野,优化驾驶体验,同时增加玻璃使用量。据统计,每车玻璃用量在过去 10 年间以年化 1.4% 的增速增长。当然,这个提升的空间不是很大。

(3) 汽车玻璃的技术升级带来更高的价格。未来的汽车玻璃会集成更多的附加功能,例如提供抬头显示、憎水、防紫外光、隔音隔热甚至镶嵌智能传感芯片等。汽车的技术升级会大幅提高汽车玻璃的价格。目前这个趋势只是刚刚开始,应用占比不高。

(4) 新能源汽车、智能驾驶时代的到来,可能增加汽车玻璃的需求。新技术可能引发新一轮换车潮流,增加玻璃的需求,而且智能驾驶汽车玻璃需求量也可能大幅增加。不过,自动驾驶的汽车玻璃也许不再用传统玻璃,而是类似手机面板的玻璃。

(5)围绕汽车玻璃进行相关产业链多元化。2018 年,福耀玻璃收购了三锋饰件、福州模具,成立通辽精铝,全力打造福耀全产业链。2019 年 1 月,福耀玻璃收购德国 SAM,拓展汽车配件领域,开启产品多元化征程。福耀未来有可能进行更多的相关产业收购。

总体而言,汽车市场增长速度已经不快了。福耀玻璃国内的销量增长已经缓慢,目前国际化业务贡献部分增长动力。预计未来 5~10 年,福耀玻璃还可以维持一定的增长,但不宜预期太高。

五、洞察经济社会发展趋势

为了理解一个行业、一家企业的发展前景,我们需要对经济、科技、商业、社会、政治、人口结构、人们的行为习惯等大的社会趋势有仔细的观察。社会的大趋势不是我们投资决策的主要依据,但会影响到企业的长期前景。从价格层面考虑,投资要逆向。但从企业发展前景来讲,好的投资机会大部分是处在顺应经济社会发展趋势的行业中。逆风的行业,大部分企业的日子比较难过。

例如,我国的金融支付已经进入"无现金时代",人们习惯了用支付宝、微信支付,已经很少去 ATM 取现金,所以银行对 ATM 机的需求是下降的。ATM 机供应商广电运通、恒银金融等企业业绩出现下滑。在无现金支付的趋势下,人们对银行卡的需求量也在减小,这对银行卡制造商的业绩也会产生影响。

案例: 银行卡制造龙头金邦达宝嘉

金邦达宝嘉是银行卡制造领域的龙头企业,连续五年占据我国支付卡市场份额的第一名。公司利润率和现金流情况良好,管理层优秀,而且估值很低,市值多年接近于账上的银行存款。而且近年来公司分红慷慨，分红率近80%。金邦达宝嘉是很多价值投资者青睐的公司。但是，公司的主要问题在于，银行卡目前是逆风的行业。支付宝的花呗、京东白条等互联网公司提供的类信用卡服务已经不再需要银行卡，我们日常生活中也几乎不再使用银行卡。当然，银行卡短期内不会消失，但很可能缓慢下滑。金邦达宝嘉的银行卡业务也呈现出缓慢下滑的态势。处在缓慢下滑的行业，尽管估值很低，金邦达宝嘉近年来并没有给投资者带来很满意的回报。

我们不妨列举一些典型的经济社会趋势，这些趋势对投资方向的选择有一定参考意义。

1. 供给侧改革、消费升级和城镇化

经过40年的改革开放，我们的物质生产从极度短缺到极大丰富，大家基本都吃饱穿暖，很多人有车有房，似乎我们已经不再是短缺经济了。但我们进入了一个新的短缺时代——我们缺少高品质的工业产品，我们缺少高品质的服务。我们的产品和服务已经远远不能跟上人们对品质生活的追求。供给侧改革，不仅仅是为落后产能做减法，更重要的是做加法。从生产领域加强优质供给，减少无效供给，扩大有效供给。

消费升级是多层次的，螺旋上升的。从无品牌消费到品牌消费；从低端品牌消费到高端品牌消费；从偶尔的品牌消费到天天习以为常的品牌消费；从衣食到住行，再从住行回到更高阶的衣食；从吃喝到玩乐，再从玩乐回到更高阶、更健康的吃喝；从物质追求到精神追求。不同收入水平、不同地域的人群的消费升级状态也不同。

所以，那些提供品牌美誉度较高的、高品质的产品和服务的消费品企业、高端制造业，满足更高层次需求的文化、旅游、健康服务、金融服务企业都会有较好的发展前景。相反，不符合消费升级趋势的品类可能会衰退。

例如，人们越来越追求健康长寿。在这一趋势下，一些品类正在衰退，包括碳酸饮料、火腿肠、方便面、油炸食品、味精等。如果公司在衰退的品类中占据较大的市场份额，那么品类的发展趋势就决定了公司的发展趋势。可口可乐、双汇发展、康师傅等过去强势的消费品企业都受到健康消费趋势的影响。例如，双汇的高温肉制品火腿肠，曾经是人们喜爱的食品，也是方便面最佳的搭档。如今人们很少吃方便面了，也很少吃火腿肠，原因都是认为它们不健康。双汇2012年高温肉制品的营业收入是137亿元，2018年是147亿元，已经多年几乎没有增长。双汇在高温肉制品市场占有率高达60%以上，难以占领更多的份额，而且冷鲜肉业务利润率较低，暂时还难以占据主导地位。所以，对双汇的成长空间不宜抱太高预期。

城镇化是过去20年我国房地产及相关产业蓬勃发展的最大动力。截至2018年年底，我国常住人口城镇化率为59.8%。根据发达国家的经验，城镇化率最终会稳定在75%~80%的范围。未来20年，我国的城镇化率还会进一步提高，部分城市群还有结构性的机会。全面城镇化已经接近尾声。

2. 技术变化的速度不断加快

当今世界，技术的影响无处不在，而且技术变化的速度越来越快，因为人类的知识是指数增长的，和复利的原理一样，越到后面速度越快。作为投资者，我们如何对待新技术呢？首先，对新技术公司的投资应该高度谨慎。因为新技术刚出现时，企业的竞争格局尚不明朗，大量资本涌入，竞争激烈。我们可以确定大部分公司会死掉，但我们很难判断谁是最后的胜者。新技术出现时，人们预期过高，容易产生泡沫。所以，尽管新技术可能对社会产生巨大改变，但大多数时候是确定性很低的投资。

其次，作为投资者，即使不投资科技股，我们也一定要对新的科技趋势保持高度敏感的关注。技术的变化，很可能对传统行业产生颠覆性的影响，要么让某些企业变得更强，要么导致一些企业衰落甚至无法生存。未来十年，人工智能、大数据、云计算、自动驾驶、5G、区块链、虚拟现实、智能眼镜、生物医药等各个新技术的出现，很可能重新定义和颠覆很多行业。可以预见，因为这些新技术的应用，部分企业会消亡，部分企业会衰落，部分企业会变得更强，又会产生很多前所未有的新商业模式。

例如，在未来的 10~20 年，汽车行业可能会发生巨大的技术变化。新能源汽车、自动驾驶等新的技术趋势已经到来，大规模取代传统汽车只是时间问题。传统汽车制造商如不转型将会消失。汽车产业链上的很多公司也会受到革命性的影响。新能源汽车可能会冲击发动机、起动机、变速箱、传动轴、传统蓄电池、油箱及其配套企业。自动驾驶可能会消灭汽车钢材、被动安全装置、方向盘等配套企业。因为 L5 级别的无人驾驶技术成熟运用后，汽车完全不再需要方向盘、油门、刹车踏板等部件。汽车保险公司也可能全部倒闭，因为无人驾驶汽车不会再有安全事故了。由于卡车运输不再需要人，成本大幅下降，对卡车和公路运输的需求可能会提高。

3. 年轻人成为消费主力军

年轻人已经成为消费的主力军，研究他们的特征对商业成败至关重要。马化腾说："我最大的担忧，就是越来越看不懂年轻人的喜好。可能你什么错都没有，最后就是错在自己太老了"。

每个时代出生的人身上都会有属于这个时代的印记，他们会受到一些重要的社会事件以及经济社会特征的影响。例如，我国老一辈人经历过贫穷饥饿，不敢消费，储蓄率非常高。那么，80 后、90 后、00 后究竟有什么不同呢？（1）消费理念超前。和上一辈人不同，他们没有吃过苦，没有经历过贫穷，有更高的消费倾向，甚至借钱消费。（2）互联网的原住民。80 后、90 后小时候就开始接触互联网，也非常依赖互联网、信任互联网。他们愿意在滴滴上搭陌生人的顺风车，也愿意在爱彼迎、小猪短租这样的互联网平台找房子。对于品牌广告他们的信任度没那么高，他们更相信大众点评、淘宝、知乎等互联网上的用户评价。（3）喜欢偷懒。他们不愿意自己做饭，习惯于叫外卖，所以外卖市场的增长很快。很多时间用来打游戏、追电视剧等。微信支付为什么能够那么快赶上支付宝？因为微信常驻内存开启迅速，而打开支付宝需要多耗几秒钟时间。几秒钟的时间就是体验上的巨大差别。（4）爱分享、爱表达。他们更喜欢"晒"，乐于分享，喜欢把自己的生活展现给别人看。例如，90 后、00 后看网络电视剧喜欢发弹幕。(5) 追求个性化。90 后、00 后喜欢的二次元，70 后甚至 80 后都很难理解。很多年轻人为了不与父母在同一个社交平台，用 QQ 而不是用微信。(6) 喜欢尝试新事物。例如，快手、抖音短视频社交，用户主要是年轻人，也是从年轻人开始流行。

案例： QQ 如何赢得年轻人

几年前，当移动互联网浪潮来临时，QQ 移动端做得并不好，而且面临微信的竞争。QQ 经过转型，重新找到了方向，目前依然活得很好，很多人同时使用微信和 QQ。QQ 能够转型成功的原因，就是抓住了年轻人。QQ 现在主要的核心用户就是 90 后甚至 00 后的年轻用户。微信的特征是十分简洁，偏正式偏商务，用户是所有的主流人群。QQ 的产品设计则非常丰富，既有聊天气泡、更换皮肤、头像挂件等有趣的装饰，还有 QQ 空间、兴趣部落、群组、看点、直播、音乐、阅读等符合年轻人口味的众多功能。如果 QQ 缺乏对年轻人需求的深刻理解，在定位上没有及时地转换角色，恐怕目前会处于非常不利的境地。

4. 人口结构和老龄化

据全国老龄办数据，截至 2017 年年底我国 60 岁以上老年人口已达 2.41 亿人，占总人口的 17.3%。预计到 2050 年前后，我国老年人口将达到峰值 4.87 亿人，占总人口的 34.9%。西方国家在经济发达以后进入人口老龄化社会，而我国则是"未富先老"。目前有限的医疗卫生和养老服务资源还远远无法满足老年人的需要。我国劳动年龄人口总量自 2011 年达到峰值后便开始逐年缩减，劳动力年龄结构也开始老化，人口老龄化会对劳动密集型产业形成冲击。当然也会带来新的机遇，医药产业和医疗服务产业是人口老龄化的受益者，因为人的一生大部分疾病花销出现在老年时期。保险公司也会迎来很大的发展空间，现有的社会保障制度远远不够满足人民养老的需求。相关的养老服务产业也会迎来大的发展。

一个合格的投资者应该对经济社会和技术的发展趋势保持密切的关注。当然，并不是说只有快速发展的朝阳产业才会有好的投资机会。在一些行业整体不再增长的地方，某些龙头公司反而是更好的投资机会。

六、缓慢增长行业也可能有很好的投资机会

在增长方面，投资者总是看中行业总体的增长，喜欢选择那些快速增长的行业。快速增长的行业，往往有激烈的竞争，企业未必能获得较高的利润率。其实，根据业绩因素的分解，即使行业不增长，如果能提高市场份额或提高利润率，依然能实现增长。而且这种增长是高质量的增长。好的投资机会不一定出在快速增长的行业，相反却很可能出在缓慢增长甚至负增长的行业。"沧海横流，方显英雄本色。"做到别人不容易做到的，才是真正的英雄。如果在缓慢增长的行业获得高速增长，一般说明公司有非常大的竞争优势。

案例：小天鹅，缓慢增长行业中快速增长的洗衣机龙头

小天鹅主要从事家用洗衣机的研发、生产和销售，是我国最早经营洗衣机业务的公司。2012 年以来，洗衣机行业增速缓慢，而小天鹅的营业收入从 2013 年到 2017 年，每年增长都超过 20%，净利润的复合增速超过 30%。股价在此期间上涨近 10 倍。小天鹅的增长不依赖行业的总体增长，而是依靠寡头垄断的实力，不断占据更大的市场份额。2012 年海尔、小天鹅洗衣机双寡头的市场份额为 51%，2014 年为 54.6%，2016 年达到 61.1%。随着双寡头竞争力不断提高、国产替代及其他品牌加速洗牌，市场集中度仍将继续提高。

2012 年以来，洗衣机产销量复合增长率维持低个位数增长。从每百户保有量的角度，2012 年城镇和农村每百户分别拥有洗衣机 98 台和 67 台，说明城镇洗衣机保有量基本饱和，农村保有量仍有上升空

间。近年来，洗衣机行业消费升级趋势明显，以滚筒、变频、大容量为代表的高端产品比重持续上升。以滚筒为例，2012—2016年滚筒洗衣机的零售量占比从26%升至43%，波轮洗衣机的市占率则有所下降。高端产品的涌现带来产品均价的提升，2012—2016年国内品牌零售均价由1 678元涨至1 998元，上升幅度为19%。一方面，产品结构高端化带来价格提升；另一方面，市场份额不断增加。行业慢速发展对小天鹅、海尔反而是好事情。相反，在行业高速增长的阶段，小天鹅的日子其实反而更难过。2001—2002年期间，洗衣机行业大幅增长，但由于竞争激烈价格大幅下滑、原材料价格上涨，导致业内大部分公司亏损，小天鹅也出现亏损。

第四节 企业的护城河分析

一、市场经济动力学

在任何一个实行市场经济的国家，竞争都是商业的主题。"市场经济动力学"的本质就是资本对利润的追逐导致的残酷竞争，最终会导致所有企业只能获得社会平均利润水平。一旦你的利润率比别人高，就会有更多的竞争对手出现，将这个利润率拉回到平均水平。一旦你发现了一个好点子，他们就会尽可能模仿你的一切，并且还会在某些地方加以改进。但是，我们也会发现，有少数生意，似乎能够对"市场经济动力学"免疫，能在非常长的时间内享受远高于平均水平的利润率，而竞争对手却无可奈何。这才是我们要寻找的"有宽阔的护城河"的生意。

护城河就是一家企业所具有的竞争壁垒。通俗地说，就是我能做的生意你做不了，我能赚的钱你赚不到，我能进的市场你进不去，我们都能做的你也没有我做得更快、更好或者更便宜。即使你知道我是如何做的，你在相当长时间内也无能为力。

从现金流折现公式的因子来看，"护城河"决定着一家企业的如下方面：

（1）未来现金流的确定性。因为如果没有护城河，企业可能很快衰落甚至倒闭，也就不存在现金流了。

（2）企业的长寿性。没有护城河的企业必然不是长寿的企业。

（3）企业的盈利性。没有护城河，企业的盈利能力必然会被侵蚀，甚至会亏损。

（4）企业的成长性。如果没有宽阔的护城河，企业的成长性也变得毫无意义。

空白市场虽然有，但很可能不是你的，这种成长一定是无法持续的。所以，对一家企业护城河做出定性的判断，是评估内在价值的重要基础。

我们在投资时，会遇到一些企业，它们维持了好几年快速的增长。但这种增长完全是由于行业处于景气的发展期，而并非企业本身有什么护城河。这个行业几乎所有企业都维持了快速的增长，也就是行业中的头部企业还并没有到"兵刃相见"的时候。那么这种"风口上"的企业可以投资吗？投资这些企业是有风险的，因为你不知道风口什么时候戛然而止，也不知道头部企业什么时候会"近身搏杀"。

例如，定制家居是比较有发展前景的赛道，因为人们越来越在意个性化。但是由于门槛并不高，这个赛道目前比较拥挤，上市公司就有很多家，欧派家居、索菲亚、好莱客、尚品宅配、志邦股份、我乐家居、金牌厨柜等。所以，定制家居竞争比较激烈，难以分出胜负。医药行业也是很有前景的朝阳企业，但是且不谈很多"安全无效"的药，很多所谓"研发型"的龙头药企也主要以仿制药为主，一款药品往往有多家国内外医药公司相互竞争。所以，我们会遇到整个行业前景很好，但单个企业护城河不宽的情况。如果特别看好其前景，可以投资行业指数或建立多只龙头公司的组合，来规避护城河不足的问题。重仓去投资单个护城河不宽的企业是风险较大的。

二、 分析护城河的三个工具

分析企业护城河大小和来源主要有两个定性的工具，一个定量的工具。定性工具是"波特五力模型"和"护城河来源因素模型",定量工具是"杜邦分析法"。

1. 波特五力模型

"波特五力模型"是分析企业竞争优势的最常见的框架。波特五力分别是:供应商的议价能力、购买者的议价能力、潜在竞争者进入的能力、替代品的替代能力、行业内竞争对手的竞争能力。其实,五力模型也并非波特原创的理论。我们在分析企业竞争优势时,必然会从这几个方面考虑。在我国,由于特殊的国情,我们不妨在五力的基础上再加入一个力——政府政策影响能力。不少企业的护城河是因为政府政策赋予了垄断优势,但这种垄断也可能随时间变化。政府的一纸文件也可以直接让一个行业、企业消失,或者业绩大幅下滑。

在运用五力模型时,我们需要更具体地分析到底何种因素决定了这五力。例如,购买者的议价能力可能由以下几种因素决定:市场供求情况、是否有多家企业提供相似的产品、对某项产品的购买成本占其总成本的比例、购买者的转换成本、价格敏感度、识别产品的专业能力和信息等。供应商的议价能力则取决于:企业面临的供应商的集中度、这些供应商自身的买家的集中度、供应商产品有无替代品、买方转换成本等。潜在进入者威胁取决于进入壁垒的高低,包括:规模经济性、资本投入大小、现有企业买方忠诚度、技术含量要求、独占原材料和地理位置、政府政策等。行业现有企业的竞争烈度取决于:竞争者数量、市场供求、行业增长速度、产品同质化程度、退出成本等。替代品的威胁则取决于替代品是否以更低的价格、更好的性能、更好的方式满足了客户的需求,而且客户转换成本较低。

从决定波特五力模型的因素可以看出,波特五力模型只是一种结果,这种结果则很大程度上由行业的经济技术特征,也就是商业模式来决定。当然,五力也取决于产业结构,但产业结构本身也可能是特定商业模式的结果。此外,有好的商业模式、产业结构,企业内部管理也极其重要。所以,五力模型的一个缺陷是它只是在分析一种已经出现的结果,而没有分析这些结果的源头是什么。

此外，五力模型关注的只是企业外部因素，无论是购买者、供应商、替代品、其他竞争对手、潜在进入者，这些都是外部力量。内因决定外因，我们需要把外部竞争现状与企业内部因素结合起来判断企业的核心竞争力，这才是正确的方法。

2. 护城河来源因素模型

波特五力模型主要分析"外部因素"对企业竞争优势的影响。"护城河来源因素模型"则回答，从企业内部看，哪些因素和生意特征形成了企业的护城河。一般说来，企业护城河来源于以下一种或多种因素的组合。

（1）独占性的特许经营权

独占性的特许经营权意味着"我能做的生意，你做不了"。至于为什么别人做不了，有很多种可能的原因。

1）**品牌**：品牌决定了其产品在消费者心目中的地位以及"心智份额"，可以提高产品的议价能力。品牌意味着消费者可以建立稳定的预期，避免尝试其他品牌的不确定性风险，避免选择和比较带来的额外的能量和精力消耗。品牌降低了消费者选择的压力，代表的是一种认同和信任，或一种炫耀和精神价值。品牌是护城河的来源，但其实也是一种企业不断打造护城河的结果。形成优秀的品牌是非常难的，品牌绝对不是靠砸钱营销做广告就能做到的。打造品牌需要好的产品、定位、研发、设计、质量、价格、口碑、营销、渠道、管理、服务等各种因素的结合。品牌表面上是无形的东西，其实是无处不在的有形的价值。品牌从无到有的过程一旦形成并且保持下去，就可以成为企业后续发展的护城河。

芒格举过一个生动的例子："如果你喜欢箭牌口香糖，你会因为它售价是25美分，而葛罗兹口香糖只有20美分，就把你不了解的东西放进嘴里吗？"

2）**专利权和领先的技术**：专利权通过法律手段保护自己不受竞争对手的攻击，能够多年享受垄断收益。但缺点是一旦专利到期，就四处受敌。在缺乏知识产权保护的市场，山寨产品也降低了专利的价值。投资依靠专利权的企业要关注其专利储备和多样化情况，以及是否具备不断创新的传统。某种领先科技也未必是很宽的护城河，因为科技不断在进步，很容易被颠覆。

很多投资者迷信高科技，认为科技含量不高的企业一定没有护城河。其实不然，**高科技只意味着其生产难度更大，并不一定代表其产品更被人们所需要或者更难以替代。**一家公司投资价值的大小不在于这家公司或者其所在的产业对社会能有多大的影响，主要取决于这家公司有多大的竞争优势，以及这种竞争优势能维持多久。很多高科技企业对产业发展甚至国家的崛起都有很大的影响，但这种企业不一定有宽阔的护城河，更没有持久的护城河，所以没有太大的投资价值。大国崛起绝对不能靠茅台，但是投资就是另外一回事了，二者不是一个逻辑。电子、材料、信息、人工智能这些行业确实有国家未来需要的高科技，但往往不具备投资需要的确定性。

高科技行业反而经常有助于传统行业，一方面可能大幅度降低传统行业的生产、仓储、物流、营销成本和费用，一方面可能大幅度提高传统行业的销量。每次我国的技术企业被美国制裁时，就有很多人骂茅台，其实二者没有什么逻辑关系。国家的强大需要"高精尖"，投资者不一定需要。

3）**秘密配方**：拥有某种家传秘方也是一种护城河，但这种护城河并不牢固。比如可口可乐秘密配方的口味大家都喜欢，但百事可乐也可以学过去，所以秘密配方并非可口可乐的核心竞争优势，其核心优势是其打造的全球品牌或一种西方文化的象征。

4）**特许经营权**：有些行业只有政府特许的少数企业才能经营，这是一种巨大的垄断优势，比如电信、铁路、电力和其他一些公用事业等。但这种垄断的弊端也很明显，就是没有定价权，价格往往由政府决定。例如，近年来随着实体经济的艰难，政府不断降低电价、网络流量费用。

5）**独占的地理位置或者特殊的资源禀赋**。独占的地理位置也可能形成一种护城河。例如景区、高人流量的街区、交通枢纽、网站域名、移动互联网入口等。比如茅台所在的水土和环境，别的地方无法复制。还有黄山、丽江等好山好水，世界只此一家。此外，一些企业有独特的客户关系和股权结构，这也是一种护城河。但是要注意的是，独占的地理位置也可能反而成为复制扩张的障碍。

(2) 网络效应带来的客户边际价值上升

网络效应意味着"用的人越多价值越大，除非大家同时离开，否则谁都舍不得走，所以大家用我的不用你的"。

网络效应是一种非常强大的护城河。一旦在一个拥有网络效应的行业占据了优势，别人几乎无法撼动，因为存在网络效应的行业往往只能存活一两家。网络效应是一种自强化、正反馈的特征，用户越多，网络的价值就越大。**后来的跟随者哪怕做得更好，也只能改进个体体验价值，无法提供网络效应价值。**比如淘宝，买家越多，卖家就越愿意去开店，卖家越多，买家可选择的产品就越丰富。这种正向循环的力量非常可怕，易趣和拍拍就失去了机会。微信用的人越多，微信对每个人的价值就越大，易信、来往、子弹短信就无法后来居上。在拥有网络效应的市场占据优势的企业是最幸运的。比如微软、谷歌、Facebook、Paypal、领英等，这种行业一般只存活一两家企业，而且龙头老大占据绝对优势。人们往往认为苹果是一家硬件公司，其实苹果是一家网络效应很强的公司。iOS系统就有明显的网络效应，大量的应用开发者为其定制开发，对新款iPhone手机及时适配。

(3) 高转换成本带来护城河

高转换成本意味着"离开代价太大，一旦用了我的就离不开我"。离开的代价高到大于使用新产品带来的额外效用，就使得用户不会考虑新产品。

客户转换成本高的企业拥有护城河，这取决于产品和生意特性。比如手机号的转换成本比较高，手机号绑定了银行卡、各种网站和应用，换手机号还需要重新通知所有联系人。但是，如果未来可以携号转网，在不同运营商间转换成本接近于零，竞争就会更加激烈。网络视频转换成本也为零，哪家内容多就在哪家看，最终只能活下来几家BAT系公司，它们还是持续大幅亏损的。

微软的Office软件需要用户投入大量的时间学习才能熟练使用。

用户一旦熟练掌握后,就不愿意再去学习一种新的办公软件。苹果公司推出的 Pages、Numbers、Keynote 办公软件,尽管简洁易用,还是难以撼动 Office 办公套件的地位。很多 Mac 电脑用户还是习惯于在电脑上安装 Mac 版的 Office 软件。

谷歌、苹果等公司通过在网页或 App 上为用户记住上百个登录密码,甚至用户注册新网站时自动为用户创立并保存"强密码",都是为了提高用户的转换成本。浏览器中的收藏夹,大众点评中的个人收藏的诸多美食餐厅,高德地图中个人标注的诸多兴趣点,都使得消费者面临很高的转换成本。苹果、小米等公司围绕手机、iPad、智能手表、智能手环、无线耳机、智能家居等打造的生态链闭环,也大大提高了用户的转换成本。

后来的竞争者如果想降低用户的高转换成本,只有一条路——全面兼容对手的产品。金山公司推出的 WPS 办公软件,采取了全面兼容 Office 软件的功能、界面和文件格式,才取得一席之地。小米电视和电视盒子,全面兼容了 Apple TV 的投屏模式。华为如果推出自有的鸿蒙手机操作系统,大概率得全面兼容已有的安卓应用软件,才可能逐步发展壮大。

一些公司的业务和产品需要跟客户共同开发,满足客户的个性化需求,或嵌入到客户某种业务和系统当中,客户转换成本也非常高。比如福耀玻璃给汽车厂商提供配套。财务系统、信息管理系统研发企业对客户业务的深入嵌套等。巴菲特投资的 Precision Castparts 公司是飞机零部件供应商。飞机制造商特别注重供应商是否可靠,质量必须信得过,交货必须及时。Precision Castparts 和飞机制造商一签合同就是许多年的合同。有很多合同,飞机还没开始制造,就签下合同,前置时间很长,有些合同一签就是五年。Precision Castparts 和飞机制造商业务的深度绑定,提高了客户的转换成本。

(4)低成本优势

低成本优势护城河意味着"我能做的你也能做,但是我能赚钱你不赚钱"。

1)规模经济:规模经济常常显著存在于固定成本大大高于可变

成本的产品行业中。在需要大量固定资产投资的行业，固定成本较大，如果生产的产品越多，则分摊的成本就越低，企业就越有效率。比如家电企业为何从前几年的很多家杀到只剩格力、美的、海尔等少数几家？因为规模越大的企业，其生产成本也越来越低，也更有实力去建渠道、做营销，小厂商根本无法生存，市场份额会不断集中。分散的房地产行业近年来市场份额也在向龙头集中，因为像万科这样的龙头公司有更大的资金量和拿地能力、更低的资金成本、更好的品牌。规模经济还有一个作用，在一个只能容纳一家企业生存的市场，一旦达到有效规模，便会形成很高的进入壁垒。

2) **区域经济性**：由于运输半径等限制，一个区域往往能容纳一两家企业，比如海螺水泥，当地很大区域是没有外来竞争的，因为运输成本太高。

3) **降低成本的商业模式和流程创新**：例如，美国西南航空采用差异化的市场定位，只开设短途的点对点的航线，另辟蹊径去占领别人不屑但却是潜力巨大的低价市场。小米通过互联网营销和对粉丝经济的运营，极大地降低了销售成本。

最宽的护城河往往是一种综合能力，不是单项冠军，而是全能冠军。一家拥有强大竞争力的企业可以既拥有高认知度的品牌，又有客户高转换成本，还可以通过规模经济降低成本，甚至其生产的产品具有网络效应等。如果能找到一个无法撼动的全能冠军，那就十分幸运了。

3. 杜邦分析法

杜邦分析法是利用几种主要财务比率之间的关系来综合地分析企业的财务状况，是从财务角度评价**"企业使用股东财产创造价值和利润的能力"**的一种经典方法。杜邦公式：

净资产收益率 = 销售净利率 × 资产周转率 × 权益乘数

杜邦分析法从净资产收益率开始，根据财务报表会计数据逐步分解计算各指标，逐步进行前后期对比分析，也可以进一步进行企业间的横向对比分析。具体计算方法很多书籍和财经网站都可查询，不再展开。

杜邦分析也可以作为定量分析企业护城河的工具。净资产收益率（ROE）是杜邦分析系统的起点和核心。**如果有一个定量指标最能证明企业有宽阔的护城河，那就是企业能维持较长时间、比较高的ROE**。如果一家企业能维持 10 年以上很高的 ROE，一般可以说明企业**很可能（不是必然）**具有很强的竞争优势。此外，我们应运用杜邦分析，分解一下企业高 ROE 的原因是什么，是通过提高资产周转率、毛利率、净利润率这些良性的方式，还是不断提高杠杆这种高风险的方式，或者不断压缩必要费用来维持。

另外，我们要明白杜邦分析的局限。这来自于财务报表的局限性。首先，财务报表是公司战略、管理和运营结果的一个数字化的体现，代表的是过去已经出现的结果。我们看到的财务报表，看到的只是过去，它可能对未来有很好的预示意义，也可能未来和过去完全不同。即使企业维持了长时间的 ROE，也并不能 100% 说明有护城河。一家有优秀历史数据的企业可能突然间崩塌。其次，财务报表只能体现公司可以货币化的资产和负债，无法体现非货币化的资产和负债。一家公司有很好的企业文化，有很优秀的管理层和员工，良好的客户关系，这些都不直接体现资产负债表中的任何科目上。所以，对护城河的判断离不开定性分析，定性重于定量。

运用杜邦财务分析法，我们不能机械地理解财务指标。比如，毛利率、利润率一定越高越好吗？其实不一定。过高的毛利率，常常吸引来大量的竞争者，可能会断送企业的护城河。Costco 追求把毛利率降得越低越好，结果就是护城河越来越宽。费用率也不是越低越好，有些生意需要通过投入研发等费用来创造更多价值。所以，考察定量的财务指标一定要结合商业模式、企业发展战略等定性因素，不能教条。

三、关于护城河的注意事项

1. 护城河宽阔的企业未必有投资价值

我们不能有"锤子倾向"。护城河是抵御竞争的堡垒，是投资需要考虑的重要因素,但不是唯一因素。有些企业护城河宽阔,但业务无法复制扩张,永远不大可能成长为大公司。所以护城河重要,但定价权和业务的可扩展性同样重要。如果一座城堡固若金汤,但是城堡内部空空如也,那也没有投资价值。

2. 护城河是需要付出锲而不舍的努力不断挖宽的,这并不容易做到

护城河是动态变化的,不是静止不动的。企业每天做什么都会或多或少地影响到护城河的深浅。巴菲特说:"万事万物都无时无刻不在发生微小的改变,不是朝一个方向,就是另一个方向。十年后,我们就能看到明显的区别。"面临短期的利益诱惑或者面临短期的艰难时刻,很多企业会放弃挖宽护城河的努力。

任正非对都江堰"深淘滩,低作堰"建设经验的理解值得借鉴。任正非借鉴李冰父子的思想思考企业经营。"深淘滩",就是企业要确保增强核心竞争力的投入,确保对未来的投入,即使在企业暂时经营状况不好时,也不动摇。2008年金融危机时,一些企业为了压缩开支节约成本,不惜大幅削减研发、市场营销费用,而华为做到了即使在金融危机时期也不动摇对企业核心竞争力的长期投入。"低作堰",就是不要因短期目标而牺牲长期目标,要节制对利润的贪欲。即使自己对上下游有了议价权,留存的利润也应该低一些,多让利给客户,并善待上游供应商。不要为了获得更高的利润率而放弃对市场的培育和对客户的回报,这样表面上企业短期内赚得少了,长期看赢得了更多客户的信任和好感,利润实际上增加了。"深淘滩,低作堰"是关于企业如何挖掘护城河很好的衡量标准。对于那些为了确保短期利润的好看不惜牺牲企业长期竞争力的企业,对于那些千方百计榨干供应商和客户的企业而言,实际上护城河越变越窄,我们应该保持警惕。

3. 企业应紧盯客户,而不是竞争对手,客户才是企业存在的目的

很多企业把如何打败竞争对手作为经营重心,这是舍本逐末。企

业存在的意义就是为顾客创造价值,付钱给企业的是顾客。如果无法提供令顾客满意的产品和服务,即使打败了竞争对手,企业也无法生存下去。那些打败竞争对手的企业,反而是不太关注竞争的企业,他们每天眼睛盯着客户,通过一点一滴的努力,让客户非常满意,这样竞争对手反而无法与之竞争。2019年4月的绿公司年会上,马云感谢了竞争对手腾讯:"有对手是很快乐的事情。没有腾讯,阿里巴巴就不会不断调整自己、不断完善自己。"巴奴毛肚火锅的创始人杜中兵也曾感谢海底捞,他发现有海底捞的地方,巴奴的员工战斗力特别强。将竞争对手全部排除的垄断企业,产品、服务和体验都可能很差。所以,优秀的企业依靠为客户创造更多的价值来不断挖宽护城河,而不是靠打败对手来赢得客户的信赖。

案例: 分众传媒的护城河

分众传媒是国内最大的城市生活圈媒体,主要产品为楼宇媒体(包含电梯电视和电梯海报)、影院银幕广告媒体。分众传媒在楼宇电梯广告媒体领域具有垄断地位,多年来一直没有像样的竞争对手。但是,分众传媒的护城河一直有较大争议。电梯放个海报、电视似乎没有什么技术含量,而且竞争对手如果出更多的钱,完全有能力让一些物业倒戈。

分众传媒具备特殊地理位置带来的排他性壁垒,对一二线城市的写字楼和高端小区的高价值点位资源基本形成垄断。分众和物业都签订了合约,合约的到期时间也不同。更重要的,分众具备规模优势形成的网络效应。即使新潮传媒等竞争对手通过高价可以挖走一部分电梯资源,但对手从电梯资源、资金实力、客户资源等各方面优势巨大的分众传媒手中大面积地、同时地抢夺资源,其实难如登天。分析护城河不能迷信技术,排他性壁垒、网络效应、规模效应的结合,同样能形成较宽的护城河。

相对于电视、报纸、互联网等其他媒体,电梯媒体具有"高覆盖、高匹配度、必经、高频次、低干扰"的稀缺特性。移动互联网并没有颠覆分众传媒,京东、淘宝甚至是分众的大客户。坐电梯时,一般在电梯口也就2~3分钟,电梯随时可能到,进电梯后很快又要出电梯，在相对不稳定的状态，人们一般不会掏出手机。而且，电梯中一般信号也不是很好，人比较密集，刷手机可能泄露隐私。分众传媒的护城河短期内不会变化。

分众传媒2018—2019年面临业绩下滑主要是因为宏观经济导致的需求方面的变化，而不是护城河出现问题。

案例：中国国旅，旅行社和免税业务护城河的比较

同一家公司两种不同的业务护城河完全不同，这种比较将给我们很大的启发。中国国旅2019年前主要从事旅行社业务和免税业务。旅行社业务门槛较低，产品同质化，易于模仿，行业竞争不断加剧。根据中国国旅2017年年报，旅行社业务的营收122.8亿元，同比下降2.98%，毛利率只有9.6%；净利润只有4 300万元，净利率不到1%。免税业务呈现出不同的风景。中国国旅免税业务享受国家特许经营权，所以有垄断性的护城河。不同于石油、天然气、电力等国家特许垄断企业往往伴随着价格管制，中国国旅的免税店针对国内外游客推出香水化妆品、烟草、酒水等产品，这些产品是没有政府指导定价的。免税业务的毛利率和净利率远高于旅行社业务。2017年，中国国旅免税业务营收156.20亿元，同比增长66.55%，毛利率为44.57%，净利润高达29亿元。

中国国旅免税业务的护城河也并非万无一失。对于国家特许经营的护城河，需要跟踪国家政策的变化。如果国家在未来调整免税政策，取消中免的专营权，那么中国国旅的护城河就会变窄。当然，国旅采购的规模经济护城河已经形成。此外，免税店还要考虑到代购、跨境电商等替代渠道的竞争。

运用波特五力模型，中国国旅的免税店业务相对于机场缺乏议价能力。根据2018年9月日上上海与上海机场的合同，2019—2025年日上上海给上海机场的保底销售提成高达410亿元，综合销售提成比例高达42.5%。日上上海2017年度营业收入为87.48亿元，净利润为6.32亿元，利润率只有7.2%，而国旅自建场地的三亚海棠湾免税

店的利润率在 20% 以上。可见，中国国旅在机场面前还是弱势的。

四、识别非护城河因素

某些因素看似给企业带来护城河，其实在竞争对手面前可能不堪一击，或者竞争对手很容易模仿，其实属于非护城河因素。优秀产品、先发优势、市场份额、高效运营和资金优势等均属于非护城河因素。

1. 优秀产品

企业研发出优秀产品，一定程度上表明企业有一定的创新能力，但如果背后没有"系统化作战能力"，那么优秀产品无法为企业带来竞争优势。例如，光明乳业率先推出常温酸奶莫斯利安，是一款广受消费者欢迎的爆款产品，但后来被伊利的安慕希超越。因为伊利拥有深入全国各地的渠道、巨额的销售费用等综合性优势，而光明的综合实力远远不如伊利。

优秀的产品也可能成为企业继续向颠覆性产品投入的障碍。由于当时现有产品的成功，赚钱太容易了，可能使得企业不愿意进军下一代技术，企图用现有的市场地位延缓下一代技术产品的兴起。比如 SONY 的"特丽珑"的成功成了其进军 LCD 的绊脚石。磁带机、CD 机、唱片公司的成功成了其进军数字版权音乐时代的绊脚石。由于在胶片市场上的巨大成功，柯达总是担心数码相机会侵蚀自己的胶片市场。可是，你不愿意进军下一代技术产品，别人愿意。一旦取得技术性突破，当初很弱小的企业也可能以惊人的速度变得强大。

2. 先发优势

具备先发优势的企业可能有一定优势，例如可能具备网络效应，可能给人更正宗的感觉。但先驱变成先烈的商业故事也很多。雷军率先推出米聊，但被微信超越，因为腾讯在社交方面的技术能力更强、经验更丰富。当当在我国率先模仿亚马逊进军电子商务，但后来被京东超越。开路先锋很难做，企业开发新产品本身就需要大量资源，产品出来后还需要教育消费者、培育市场,每一步失败概率都很大。段永平的步步高、丁磊的网易、马化腾的腾讯,很多成功的企业都采用"敢为天下后"的策略,等到竞争对手验证了市场的存在或教育完市场后,这些企业调集资源打败对手,将产品做得更好,从而获得更大的市场份额。

3. 高市场份额

护城河较宽的企业一般表现为市场份额较高,甚至居于垄断地位。但是,市场份额较高不代表护城河宽。一是因为新技术或商业模式的冲击,在过时的领域占据再高的市场份额也没有意义。诺基亚、柯达在其领域有很高的市场份额,但无法阻挡新技术冲击。二是进入壁垒太低,竞争对手容易抢占现有企业的市场份额。

滴滴在共享打车领域已经近乎获得垄断地位。然而,2018年年初在上海几天内就被美团抢去30%的市场份额。滴滴的司机和乘客转到另外一个打车软件成本为零,只不过手机上切换个App这么简单。滴滴虽然市场份额很高,但如果大幅提价,曹操专车、首汽约车等打车平台的份额将大幅提高。

4. 高效运营

企业如果采用新的流程、新的管理方法,一旦取得了好的效果,其他企业就会复制。最终大家还是会站在同一个起跑线上。20世纪80年代,日本企业对美国企业产生了巨大的竞争压力,以至于很多美国人感觉到恐慌,事后证明日本不是美国的对手。日本企业的核心竞争优势是在运营效益上远远领先,它们提供的产品不仅价格更低而且品质更高。运营效率的提高,含义是做相同的事情时有更低的成本,当时出现了大量的管理工具和技巧,比如全面质量管理、标杆法、时基竞争、外包、结盟、企业再造以及变革管理等。这些管理方法提高了运营效率。但是,这些管理方法和工具别人也能模仿。最终,日本企业在竞争中还是败下阵来,最终还是更具创新、差异化等因素的美国企业取得了领先。

5. 资金优势

某些产业需要较多的资金投入，这的确是一种门槛。但是，只靠钱就能解决的问题，都不是问题。只要回报率足够高，总会有人比你更有钱。所以，靠烧钱打造的竞争优势很难持续，除非能够在烧钱的基础上建立某种结构性的竞争优势。

以上因素，很难单一地构成企业的护城河。如果一家企业只有以上几种优势，而没有一些结构性、长期性的优势，那么它的护城河是可疑的。

五、慎言颠覆

护城河无疑是投资中极其重要的因素，但也不要谈虎色变，把不太重要的因素理解得太过度。在快速变化的时代，"颠覆"一词已经非常流行，但很多时候"颠覆"被言过其实了。

例如，高铁发展起来时，很多人认为航空业不行了。实际上，高铁对飞机的冲击是结构性的。在 1 000 千米以内的中短途运输中，高铁较航空具有总体价格相对较低，节省往返机场、候机时间，运送能力强，受气候条件影响较小，正点率较高等诸多优势，高铁在短途运输中对航空形成了一定程度的分流。但 1 000 千米以上的长途运输，飞机依然具备不可替代性。跨境的运输，高铁更是无法发挥作用。我国高铁大发展过程中，航空业依然保持着年化 10% 左右的增速。在高铁站和机场的联动下，二者甚至有相互促进的作用。

再例如，支付宝推出余额宝后，规模迅速做大。很多人认为余额宝将对银行的存款产生颠覆性的影响，实际上余额宝更多冲击了银行的中低端客户的活期存款。人们只会把小额的资金放进余额宝，不大可能几十万元、几百万元放在余额宝里面。高端客户的存款受到的冲击并不大。

抖音能够颠覆腾讯吗？这在 2018 年引起了很多人的担心。的确要看到，腾讯的核心产品 QQ 和微信都是建立在熟人社交基础上的封闭体系，对于开放性的用户生产内容（UGC）的社区型商业模式，腾讯大部分都没有取得成功。腾讯微博败于新浪微博，短视频平台微视败于抖音，天天快报也不是今日头条的对手。这是腾讯的基因决定的，但这个弱点对腾讯不是致命的。腾讯的体量极其巨大，即使新浪微博成功了也不过百亿美元量级的市值，对腾讯的根基不会产生大的冲击。抖音虽然在短短两年之内迅速上升为现象级 App，对"腾讯系"产生了影响，但这种影响并没有很多人想象的那么大。

所以，很多时候，人们过高地估计了某些因素的负面影响，事后证明大部分时候不过是"鬼故事"。如果有一定的商业洞察力，并且能保持独立思考，那么我们就可能抓住很好的投资机会。

第五节　管理质量与企业文化

管理的重要性不言而喻。无论是什么生意，都是要人来做的。在企业分析中，商业模式、成长空间、竞争壁垒、管理质量与企业文化四个方面，最重要的两个就是商业模式和管理质量与企业文化。从 0 到 1 的商业模式选择，也是人来选的。护城河是企业家和团队共同打造出来的。企业能成长到多大，未来的自由现金流有多大，管理层也有着极大的影响。下面，我们从治理结构、企业家、企业文化三个方面对企业的管理质量展开分析。

一、治理结构

1. 所有权结构

2014 年 9 月，《福布斯》中文版发布《中国现代家族企业调查报告》。福布斯所认定的家族企业是企业所有权或控制权归家族所有，以及至少有两名或以上的家族成员在实际参与经营管理的企业。截至 2014 年 7 月 31 日，2 528 家 A 股上市公司中，1 043 家为国有公司，1 485 家为民营公司，后者占比达 58.7%。将民营企业划分为家族企业和非家族企业,在统计中共有 747 家民营上市的家族企业,占比为 50.3%。

2. 国有企业与民营企业

国有企业和民营企业最大的不同,就是企业家面临的激励约束机制不同。仅仅就经营层面,民营企业是企业家自己的,奋斗的成果是自己的,风险也是自己承担。激励机制的扭曲较小,企业家的经营行为也没有人干预。民营企业家只面临市场的约束。

国有企业面临所有者缺位和委托—代理问题。在社会主义全民所有制下,每个公民都是国有企业的所有者,但在实际中无法履行归其所有的那一部分财产的所有权。每位公民都不可能直接成为所有者主体,于是国家代表全体公民行使财产的所有权。然而,国家不同于自然人和企业法人,是一个抽象的概念,本身不具有具体的契约执行能力,这就造成国有企业委托人虚化。国企的委托代理关系比较复杂,层级很多,权限不清。每一个代理人可能不会为了企业发展承担有风险的决策,但却有可能考虑如何给个人谋取好处。国企的腐败屡见不鲜。有些国企领导直接从公共管理的岗位上调过去,对企业经营可能一窍不通,容易瞎指挥,伤害企业的发展。很多国企领导人是上级任命的,他们进一步的升迁由上级决定,未必和企业经营业绩,尤其是长期经营业绩有关。国企领导人的身份也非常特殊,既是有级别的官员,又是企业家,工资也远低于民营企业。此外,国有企业也不一定以利润为最重要的目标,还需要承担更多的社会责任。例如,国有银行在金融危机时要考虑为刺激经济提供大量贷款,要为高风险的小微企业的发展提供贷款,尽管这些贷款未必能收得回来。对国有企业的领导来说,社会责任的重要性显然高于经营利润。

一些国企领导人有掏空企业、损公肥私的行为。例如,中国华融原董事长赖小民、茅台原董事长袁仁国等。

在竞争激烈、市场变化快的行业,国有企业一般难以快速反应。为了防止下级代理人出现道德风险,国有企业监管部门可能设置重重制度,甚至直接干预企业经营。国企内部也没有承担风险的文化,从而降低经营决策的效率。我们想象一下,腾讯能是一家国企吗?绝对不可能。事实上,大的互联网企业里面,不可能有国企存在。因为互联网行业的变化太快了,错过几个月的窗口期可能就不会出现微信了。

我们听说过一个真实的案例,某国有大型银行和京东合作一个项目需要系统对接,京东花了一个星期就完成了相关的工作,然后等了银行那边一整年。大的国企调整一个小的项目就需要层层审批,还会有部门之间的踢皮球。观察家电行业也有类似的结论,世纪之初的家电行业也是群雄逐鹿,经过惨烈厮杀后剩下的格力、美的、海尔等寡头企业都是民营企业(格力本质上也是民营企业,至少是大半个民营企业),而春兰空调、新飞冰箱等国企都失败了。据统计,全国国有家电企业倒闭的数以千计。牛奶行业的光明乳业曾经是业界老大,如今也被伊利、蒙牛拉开了巨大差距,最主要的原因也是管理问题。激励机制的灵活性差、个别管理层贪污腐败或者不作为,都是国企面临的问题。

国有企业就一定没有投资价值吗? 由于国有企业存在的众多弊端,很多人得出一个结论,国企就没有投资价值。这个结论有些绝对化了。从整体而言或者说从平均数而言,国企投资价值不如民企,最伟大的企业一般是民营企业。但不是所有的国企都没有投资价值,有些国企甚至有非常大的投资价值。

(1) **很多国有企业有特殊的垄断性资源**。国有经济控制着国民经济的命脉和一些关键资源。例如上海机场、长江电力、中国神华、中国国旅、中国烟草等公用事业、能源企业或其他垄断性企业都是国有企业,它们中的不少给投资者带来了不错的回报。竞争性行业的国企一般说来没有太大投资价值,有特殊资源或政府特许经营的企业需要另眼相看。国有企业如果完全依赖在市场准入、经营牌照、税收、信贷、土地政策等方面享有特权才能有良好的业绩,完全没有自己的内在经营能力,这种业绩不一定是牢靠的。

(2) **部分生意对管理层依赖小**。茅台、五粮液、泸州老窖等高端白酒企业也都是国有企业,白酒的生意属性相对稳定。管理层的能力会影响企业的发展,但不起决定性的作用。国企身份甚至对这些企业是有利的，茅台如果不是国企，"国酒"的品牌也许要打折扣。而且，茅台、五粮液、泸州老窖这样的好生意，几乎没有股权融资的必要，如果不是国企可能根本不会上市。这样的国企上市给我们提供了买入优质资产的机会。

（3）**国企比民企应对危机能力更强**。在资金面紧张、舆论危机、核心管理层出现丑闻或意外等危机时刻，民企可能从此一蹶不振，甚至快速倒闭。而国企大概率会安然无恙。从2018年、2019年大量的案例，可以看到这一点。国企的"反脆弱性"远高于民企。

（4）**国企也能出优秀企业家**。尽管国企的激励机制有一些问题，不太容易出优秀企业家，但也不是绝对的。根据马斯洛的需求层次理论，人有自我实现的需求。一些国有企业的领导人也有不计较个人得失，做大实业的抱负。例如，格力的创始人朱江洪、茅台的董事长季克良、中化集团董事长宁高宁等都是国企的优秀企业家，他们比大部分民营企业家还要优秀。

识别表面上是国企实质上是民企的企业。这类企业可以称之为"国有民营"，其股权的形成与历史有关，一般是企业创始人对企业的创立和发展起到非常关键的作用，但创立之初也可能部分利用了国有企业的资源，或脱胎自国有企业。"国有民营"的企业中，企业家对企业的经营有非常大的决定权，企业文化基本上和民营企业类似，国企的弊端没有出现在这类企业身上。格力电器、海康威视、伊利股份、万科等都是这类企业，国有股份占比最大，甚至处于绝对控股地位，国企对这些企业不能说没有影响，但企业家和企业文化实质上是民企风格。

格力电器的大股东珠海格力集团有限公司股权占比近20%，但格力是朱江洪等企业家创立的，无论是朱江洪还是董明珠虽然股权不多，但在心理上都把格力当作自家的。虽然格力电器在一些重要事务上仍然不时受到集团公司的干预，但格力总体上是一家民营企业，否则在竞争激烈的家电市场上是不太可能生存下去的，更不用说成为空调业的霸主。当然，格力受到的干预还是有点多，否则有可能做得比现在更好。海康威视，大股东中电海康集团有限公司股权占比近

40%，也是国有股。2001年，陈宗年和胡扬忠从中国电子科技集团杭州52研究所出来创办了海康威视，他们和投资人龚虹嘉都是华中科技大学的校友关系。虽然国有股一家独大，海康威视其实也是民营企业。万科，以前的大股东是华润，目前是深圳市地铁集团有限公司，股权占比约为30%，但万科显然不是国企，万科本质上是一家民营企业，王石、郁亮是民营企业家，而不是国企领导。伊利股份的大股东是呼和浩特投资有限责任公司，股权占比约10%，但显然企业是潘刚等企业家控制的。

虽然最优秀的企业一般是民企，但是民企在总体上而言也有很多弱点。

（1）很多民企的路子很野。业务造假、财务造假、跑路等，这些恶劣行为一般发生在民企。甚至一些"浓眉大眼"的大白马动辄几百亿元现金都是假的。

（2）大多数民企是"一言堂"的治理结构。民企绝大部分都是创始人绝对控制，一些创始人甚至有强烈的"帝王思想"。优秀的企业家，"力排众议"往往是优点。如果是能力或道德糟糕的企业家，这种治理结构就很危险。一旦创始人发生意外或丑闻，企业脆弱性就爆发出来了。

（3）民企管理层和股东利益未必一致。尤其是上市公司，很多民企的创始人或管理者只占据一定比例的股权，大部分股权为社会公众所有。当企业经营带来的收益远远低于侵害股东带来的收益，民企管理层很可能去侵害股东利益。

在分析管理质量时，我们要对国企、民企的一般性特点有所了解，这有助于我们对企业做初步的判断。但分析还是要以具体的单个企业为落脚点。有管理良好的国企，也有管理很烂的民企。消费者只认产品，不会区分国企还是民企。无论是国企还是民企，优秀的企业都是极少数。投资有一定艺术性，需要具体问题具体分析，不要将问题绝对化。

民营企业中的一半都是家族企业。我国的很多知名企业，福耀玻璃、娃哈哈、新希望、天士力、海澜之家等，老一辈都安排自己的子女接班。世界知名的大企业,例如三星,也是家族企业。家族企业容易出现很多问题,我们经常听说子女争夺财产,以及继承者无能导致企业衰落的故事。家族企业本身不是问题所在,问题是家族中能不能找到合适的继承人。对于民营企业,当老一辈企业家已经高龄时,我们需要观察其接班计划是如何安排的。如果提前做出了眼光长远的安排,则可以让投资人很放心;如果安排了子女接班,则需要考察其能力能否胜任,对事业有无热情。巴菲特对伯克希尔的传承、何享健对美的集团的传承,安排得都很高明。

3. 企业的内部治理结构

治理结构是处理企业各种契约关系的一种制度,规定了董事会、经理层、股东和其他利益相关者的责任和权力分布以及激励约束机制。现代企业制度下,所有权和经营权是分离的。由于股权的分散和信息不对称,大多数股东无法做到对经营管理层的监督,管理层可能会侵犯股东利益,因此需要设置合理的公司治理结构,来保护股东利益。

股东大会、董事会、监事会、独立董事这些公司机构和岗位都是用来监督制约管理层、维护股东利益的。但实际上,在美国比较完善的公司制度下,这些监督机构仍然都是"橡皮图章"。连巴菲特本人也坦诚很难在董事会上提出不同意见,即使提出了也没用。独立董事这些职位,更是难以做到完全独立,因为独立董事的工资都是管理层发的。在我国,公司治理结构更是形同虚设。所以,指望通过一系列公司机构的设立来解决委托代理问题是很不现实的。经营管理层是否用心经营好企业,是否善待股东和其他利益相关者的利益,更关键的取决于公司选择了什么样的企业家,而不是治理机制和激励约束机制多么复杂。选择什么样的人最重要,作为投资者我们要关注企业的"关键少数"以及企业长久形成的企业文化。

观察治理结构时,我们要看企业是不是"一人控制"。这里的"一人控制"不是指股权比例的大小,而是公司的经营决策完全一人决定。企业家虽然对企业发展有决定性意义,但企业命运完全掌控在一人手中也是有很大隐患的。优秀的治理结构下,关键企业家可以发挥很大的引领作用，但也不应控制欲太强，应该培养接班团队和人才梯队、机制和企业文化，确保企业离开自己也能基业长青。这方面有一些正面典型，也有负面案例。

阿里巴巴是企业传承做得较好的企业。2019年9月10日，马云正式卸任阿里巴巴集团董事局主席，现任阿里巴巴集团CEO张勇接任。这是马云深思熟虑、认真准备了10年的计划。马云希望阿里巴巴成为102年企业，只有建立一套制度、形成一套独特的文化、培养和锻炼出一大批年轻人才的接班人体系，才能解开企业传承发展的难题。"我们创建的合伙人机制创造性地解决了规模公司的创新力问题、领导人传承问题、未来担当力问题和文化传承问题。这几年来，我们不断研究和完善我们的制度和人才文化体系，单纯靠人或制度都不能解决问题，只有制度和人、文化完美结合在一起，才能让公司健康持久发展。"马云的眼光是非常长远的，阿里巴巴没有成为马云的家族企业，而是基业长青的企业。

段永平也是眼光长远的企业家。段永平将步步高做大后，从2002年定居美国开始，就退居幕后。但段永平的门徒们将步步高、OPPO、VIVO等企业做得风生水起。段永平的事业做到基业长青，也得益于选人、制度和文化。例如，1999年年初，段永平对步步高进行了改制，将教育电子、视听电子、通信三大业务按照人随事走、股权独立、互无从属的原则，成立为三家独立的公司。段永平自己只保留了10%左右的股份，大部分股份分给骨干和员工。段永平灌输的本分、平常心等企业文化也深入人心。这些因素共同作用，使得段永平即使退出后，事业依然后继有人。

相反，有些企业，如果离开了创始人，就会很快分崩离析，或者事业衰落。这样的案例有太多。一些优秀公司，例如京东、复星国际等企业也都有一把手权力太过于集中的问题。出现一些事情后，这些企业才重视起团队的构建。企业家做劳模，事无巨细，未必是一件好事。

管理层和公司骨干人员有没有股权，将很大程度上影响其积极性。 20世纪90年代末以及21世纪初，很多知名大企业的倒下就是因为产权模糊、股权不清晰、管理层改制失败。主要管理层有股权，才能分享到自己努力的成果，才会和公司绑在同一辆战车上。以白酒为例，洋河在产品品质和品牌并无优势的条件下，超越过去的行业老三泸州老窖，甚至有追赶行业老二五粮液的势头。主要原因在于洋河虽为国企，但机制更为灵活。根据洋河股份2017年年报，公司高管和核心骨干的持股平台江苏蓝色同盟股份有限公司持股比例高达21.44%。董事长王耀和总经理钟雨的当年工资收入在120万元以上，其他高管的工资也在100万元左右。而五粮液核心高管只有少数人有少量持股，董事长薪酬只有15万元左右，其他高管10万元。洋河的管理和营销均是强于五粮液的。如果五粮液不是在品牌和品质方面占据绝对优势，老二的地位也是受到洋河威胁的。华为战斗力那么强，就是因为它是一家员工广泛持股的公司。可见，机制的力量是巨大的。

二、企业家

1. 马和骑师

商业世界中，马和骑师哪个更重要？划的船和舵手哪个重要？赛车和赛手，哪个重要？这些问题说法不同，其实是同一个问题：生意本身和企业家，哪个更重要？

商业问题没有简单的答案。如果鱼与熊掌可以兼得，我们当然要去寻找好生意加上好的企业家。**如果无法兼得，那么好生意第一、好企业家第二**。芒格曾说："**我有个理论，一点儿都经受不了烂管理层的生意，算不上好生意。**"巴菲特在1989年致股东信中提出了"划船理论"："一项优异的记录背后，从投资报酬率的角度来衡量，划的是一条怎样的船更胜于怎样去划这条船。当你遇到一条总是会漏水的破船，与其不断白费力气地去修补漏洞，还不如把精力放在如何换条好船上面。""当一个赫赫有名的企业家遇到一个逐渐没落的夕阳产业时，往往是后者占了上风。"巴菲特当年收购伯克希尔纺织厂时，配置的管理层也很优秀，但面对大势已去的环境，企业家无能为力。雅虎等很多企业面临衰败时不断更换管理层，也无济于事，其实根源不在管理层身上。所以，投资中我们首要考虑的是企业所从事的生意是不是好生意，是不是有前景的生意，在此基础上考虑企业家的作用。在一个烂生意或大势已去的生意面前，卓越的企业家也无能为力。

不同的企业，企业家的重要性并不相同。企业家的重要程度与企业的竞争地位、商业模式、发展阶段、所有制结构均有关系。在如下情况下，企业的发展可以降低对企业家的依赖。

（1）拥有垄断性竞争地位和特许经营权的企业。例如茅台、五粮液等。竞争激烈的行业对企业家依赖较大，例如小米没有雷军根本无法成功。

（2）成熟阶段企业。例如潘刚对伊利发展起了很重要的作用，但目前伊利哪怕没有潘刚，也不至于衰败。初创企业或处于发展的早期阶段的企业则对企业家依赖更强。

（3）商业模式对企业家依赖小。例如长江电力、国投电力的领导人是谁，根本没有人关心。无论是谁在任，水电站的发电量可能都是一样的。某些名医开的诊所或医院，即使顾客盈门，企业经营也是不太安全的。瞬息万变的行业，对企业家依赖也更强。

（4）国有企业对企业家的依赖更小。大型国企制度比较健全，每个人都是螺丝钉，企业家只不过是大一些的螺丝钉。国企做到了对每个人的依赖很小，但也导致国企缺乏活力。

2. 企业家的重要性

尽管企业家并非决定企业命运的唯一因素，在某些企业中也不是最重要的因素，但却是非常重要的因素。绝大多数企业的命运都与某位或某几位企业家联系在一起。

企业家的能力和性格决定着一家企业的命运。在技术变化迅速、竞争激烈的通信设备行业，当年的"巨大中华"（巨龙通信、大唐电信、中兴通讯、华为技术），如今有的消失，有的苟延残喘。华为的起点最低，如今却一家独大，离开任正非根本不可能。

企业家的格局影响着一家企业的天花板。所谓格局，是指一个人认识事物的宽度、高度和深度。大的企业家思维开阔，对商业和人性的本质认识深刻，他们的企业永远追求向上。贝索斯是格局非常大的企业家，亚马逊从最初的网上书店，发展到网上综合电商，再到 Kindle、Prime Service、流媒体、智能硬件、云计算 AWS 以及无人机送货等。巴菲特盛赞贝索斯："我从没见过贝索斯这样能在两个业务上同时取得成功的人，要知道他旗下的两大业务在用户和运营上有巨大差别。"相反，格局小的企业家容易小盈即满、失去动力，企业也很快遇到天花板。

企业家的风格决定一家企业的企业文化。大多数企业的文化都带有鲜明的企业家个人烙印，而且这种烙印即使企业家离开后依然可以持续。苹果公司有鲜明的乔布斯风格，腾讯则有马化腾的风格，海底捞则处处体现着张勇的风格。

随着社会的发展，企业家在未来会越来越重要。资本、劳动、知识等资本都不再稀缺，而企业家则成为越来越稀缺的资源。在英国的工业革命时代，建立一家纺织厂是不太需要企业家精神的，只要有资本，管理好劳动力就可以了。在如今的时代，建立一家成功的企业绝对不是有钱就可以的，更加需要企业家的复杂的判断力和心力资源。优秀的企业家是社会最重要的脊梁。

3. 好（坏）的企业家有什么共性

优秀的企业家往往有如下几种特征。

（1）**对事业本身充满热爱**。巴菲特说他每天上班就像文艺复兴时期艺术大师米开朗琪罗去西斯庭教堂画天顶画一样，每天跳着踢踏舞去上班。他对工作所持的态度就是"我有一块空白的画布和许多颜料，我想怎么画就怎么画。"巴菲特旗下的很多企业家也与巴菲特类似，例如内布拉斯加家具城的 B 夫人一直工作到 100 多岁。我们参加过一家公司的股东会，董事长说自己和管理团队每天工作到很晚，不是有什么外在的要求，而是每天琢磨很多业务问题很有乐趣。

（2）**眼光长远，追求企业基业长青**。企业经营中需要做很多决策，有的决策对短期业绩有利，但会伤害长远发展。有些决策对短期业绩不利，但却加深企业长远发展的护城河。优秀企业家不会去赚快钱,不去做短期对业绩有利,对股价有利,但伤害企业长期发展的事情。他们永远走正道,不会为了赚钱侵害客户、股东、供应商、社会等利益相关者的利益。

(3) **专注**。优秀企业家不会去追逐热点和风口,什么赚钱去做什么,而是专注于将擅长的业务做到业内最好。注意,专注不是说企业只能做一种业务,只能做当前的业务,只要企业做自己理解较深,在能力圈内的业务就是专注。不同的生意,也有相通之处,只要企业能够驾驭,就是专注。例如,伯克希尔、亚马逊、腾讯、阿里巴巴、网易、美的,它们的业务线都很多,而且可能看似并不相关,但它们依然是专注的。如果为了赚钱,盲目进入自己不了解的领域,就不满足专注的定义。

失败的企业家往往有如下几种特征:

(1) **没有动力发展企业**。很多国有企业家因为任期有限,加上企业长远发展不容易考核,并不追求企业的发展,而是追求如何让上级满意。一些民营企业家只为赚钱而创立企业,一旦企业上市就套现退出。

(2) **能力不足,做出错误决策**。有些企业家价值观端正,但能力不足,对业务不精通,也不懂企业内部管理,经常做出错误决策,或没有做出必须要做的决策,导致企业失败。

(3) **过于急切冒进导致企业面临很大风险**。顺驰创始人孙宏斌、德隆董事长唐万新、乐视创始人贾跃亭等,他们都犯了过于激进的错误,导致企业的失败。

(4) **价值观不端正**。很多企业家为了赚钱采取欺骗客户、财务造假、关联交易、内幕交易、抬升股价等方法,价值观扭曲的企业必然失败。

当然,企业家不能像电视剧里那样简单分为好人和坏人、优秀与失败。看问题不能非黑即白,看人不能脸谱化。一些优秀的企业家可能也有一点瑕疵,失败的企业家也可能有优点,还需要具体问题具体分析。不过,对企业家的评价绝对不是没有原则的,对财务造假、坑害客户等价值观扭曲的企业家,应当一票否决。

4. 看人的艺术

看人识人，对投资至关重要。人心难测，识人是很难的事情，因为人非常善于隐藏自己，甚至长时间隐藏。但人仍然是可识的，人真正的价值观和想法，一定会通过诸多言论和行为暴露出来。

我国古代就有一些很好的识人的理论和方法，依然可以让我们受益。如《论语·为政第二》中，孔子说："视其所以，观其所由，察其所安，人焉廋哉？"意思是看他所做的事情，考察他这么做的原因和本意，探查他内心真正喜欢的事。庄子在《庄子·杂篇·列御寇》提出的"九征"识人方法对后世影响较大。鬼谷子提出一种知人心理的"揣情术"，观察人们在欲望、爱好的事情和厌恶、恐惧的事情出现之时的表现，可以了解人的真性情。三国时期魏国的刘劭在《人物志》中提出"八观五视"等识人方法。

对于企业家的辨识，我们应该"听其言、观其行、查其绩、读其心"。

（1）**听其言**。网络时代，我们可以在网上看到企业家在不同场合的讲话以及文字访谈和视频访谈内容。我们也可以参加股东大会和管理层直接交流。例如，海底捞董事长张勇接受网易财经采访的一段视频中，可以看到张勇的坦诚，以及对海底捞服务、对食品质量的不满意，正是这种永不满意让海底捞不断做得更好。《财新时间》和吴晓波所做的《十年二十人》中，也对很多知名企业家做了深入采访。通过微信公开课，也能看到张小龙的所思所想。

（2）**观其行**。首先，我们要观察企业家是否知行合一。有些企业家总是豪言壮语，但实际中却没有去做或根本做不到。优秀的公司却喜欢做了不说或做了再说。言行一致的企业家更值得信赖。其次，我们观察企业在顺境和逆境中是如何做的，在发展非常好的情况下会不会盲目自大，逆境中会坚韧不拔还是病急乱投医。一些企业家在发展顺境中自信心膨胀，将摊子铺得太大，盲目进入自己不懂的领域，造成投资项目的失败和资金链的紧张。逆境之中，有的企业修炼内功，有的企业则自暴自弃，盲目寻找救命稻草。此外，我们要观察企业面临短期利益诱惑时如何决策。如果别人添加瘦肉精我也添加,这种企业家是没有操守的。顺境、困难、诱惑,这些特殊情况的表现最能检验一个人。

刘元生投资万科就是来自于对王石行为的观察。用他自己的话说:"我看人还是比较准的。当时是投资在王石这个人身上的。"他从一些细节就能判断出王石的抱负和能力,以及爱学习、能吃苦的精神。例如,王石对商业很感兴趣,到香港不观光却到处找书看,不怕吃苦,自己在炎热的夏天扛包。

(3)**查其绩**。企业家是否优秀,最终会体现在长期业绩上。良性发展的企业,长期业绩一定不会差,在资本市场的长期表现也不会差。如果一家企业长期亏损,或者资本回报率长期偏低,甚至远低于竞争对手,那么企业家一定是不合格的。我们这里也要注意不要拿一个季度或半年、一两年的短期业绩衡量企业家,但3~5年的长期业绩是有意义的。

(4)**读其心**。巴菲特在收购一家企业的时候,最重要的一步是首先判断企业家是"爱钱还是爱自己的事业"。**所谓"读其心",就是了解企业家内心深处究竟追求的是什么,他们的激情和动力在什么地方。**王阳明提出"心外无物,心外无理""知行合一"的心学思想,他认为,任何外在的事物和行动,都是受人的内心思想和意识支配的。知行合一,知是行的主意,行是知的功夫,有知就有行,有行必有知。

一家企业发展的情况如何,对待其员工、顾客如何,企业文化如何,同样是企业家心力的外显。作为消费者,我们通过一家企业的产品和服务与企业家的心力产生关联。即使不知道企业家是谁,没有见到企业家本人,我们也能够感受到企业家是个什么样的人。使用苹果手机,我们能够感受到乔布斯对简洁和完美的追求,他虽然已于2011年去世,但他的心力依然在苹果传承;在海底捞吃火锅、去星巴克喝咖啡,我们能够通过食物、服务和员工的精神面貌感受到其老板是很珍视顾客和员工的人;使用微信,我们能够感受到马化腾和张小龙是个什么样的人;使用网易的邮箱、网易严选、网易云音乐、玩阴阳师,我们也能感受到丁磊的性格、喜好和对生活的态度。

做经营,就是用企业家的心去感知消费者的心。做投资,就是用投资者的心去感知企业家的心。一个企业家的"心力资本"对企业的长远发展非常重要。作为投资者,我们需要通过一些外在的表象考察企业家内心深处追求的是什么。无可否认,大多数企业家创业时追求的是赚钱和生存,并非报效国家那么伟大,也不一定有什么宏伟蓝图和高瞻远瞩的战略。但即使是赚钱,优秀的企业家也有共同点,他们一定是赚有良知的钱,例如产品优质和价格厚道,对顾客和员工较好。一直做正确的事情,不知不觉企业就做得很大。而很多投机型企业家,追求的就是快速赚钱,甚至用不道德的方式赚钱,这样的企业显然走不远。A股市场上就有很多初心不正的企业家。

企业家追求赚钱本身当然没有错,而且是理所当然的事情。但是,**赚钱和热爱事业,把哪个排在第一位,差别是巨大的**。如果追求的只是赚钱,那么赚到足够的钱之后,企业家的动力是什么呢?有的企业家一旦赚到足够的钱后就再也没有动力发展企业,去从事一些低级趣味的活动。有些企业家则享受帝王般的权力,把大大小小的权力抓在手上,不愿意向下授权,也不去发展人才。有的企业家继续有做大企业的动力,只不过动力是更大的欲望、需要更多的钱,或者需要更大的数字来证明自己,或者争强好胜超越其他企业家。有的企业家为了赚钱舍弃价值观。优秀的企业家则并不以金钱数字为最高追求,而是热爱事业本身,追求基业长青,让企业、员工、顾客、整个产业和社会都能良性发展,赚更多的钱只是副产品。他们的动力来自于对事业本身的热爱。优秀企业家的最大的产品就是企业本身。

乔布斯曾说过:"我的激情在于打造一家可以传世的公司,这家公司里的人动力十足地创造伟大的产品。其他一切都是第二位的。当然,能赚钱很棒,因为那样你才能够制造伟大的产品。但是动力来自产品,而不是利润。斯卡利本末倒置,把赚钱当成了目标。**这只是个微妙的差别,但其结果却会影响每一件事:你聘用谁,提拔谁,会议上讨论什么事情。**"

三、企业文化

1. 企业文化是一家企业的基因和灵魂，对一家企业的长期发展非常重要

企业在市场中生存和竞争很类似于生物在自然中生存和竞争。基因决定了生物的适应能力、复制能力和纠错能力。企业文化就是企业的基因。企业文化是一个组织由其价值观、信念、仪式、符号、处事方式等组成的其特有的文化形象，企业在日常运行中所表现出的各方各面。企业文化就是企业中所有人互相影响、共同作用，所形成的具有共同性的世界观、价值观、人生观和方法论。段永平对企业文化的定义更为直白，**"企业文化是能够管到制度管不到的东西的东西"**。企业文化决定了企业会吸引和使用什么样的人，决定了这些人会以什么样的标准和方式行事和相处。良好的企业文化也是企业的护城河之一，产品、业务流程都容易模仿，一家企业的精气神却无法模仿。

微软现任 CEO 萨提亚·纳德拉是一个印度人，他写了一本半自传性质的书《刷新》。不同于大部分的管理学著作，作者写了很多个人成长和家庭的故事，并与微软的事业联系起来。微软只是 PC 时代的霸主，几乎完全错过了移动互联网，在我们印象中是一家不断衰落的公司。2014 年纳德拉上任时，微软外部评论负面，内部也士气低落。纳德拉把重塑企业文化作为优先级最高的头等大事。他让微软的同事放下彼此的戒备、内斗、吐露心声，拥有同理心、求知欲和成长型思维，重新找到微软的初心。公司的企业文化发生积极变化后，也体现在外在的业绩上，微软的云业务、Office 365、硬件、游戏等业务等都取得了比较大的进展。微软的市值也增长了好几倍，依然保持在世界前五大市值公司的行列。

2. 我们要识别真正的企业文化

企业文化很可能不是企业写在墙上或者官网上的标语。只有真正成为企业中从上到下大多数人共识,并在工作和生产中自然地去施行的东西,才能是企业真正的企业文化。企业文化是在集体内部融合的过程中产生。**企业文化甚至可以说是一家企业内部的"潜规则"**。当我们要了解一家企业的时候,只有把这些潜规则搞清楚了,才能够知道哪些是口号,哪些才是真正的企业文化。这些企业文化恰恰无意识地指导着组织内每位员工的每一个言论和行为。它体现在很多的细节中,包含在企业交付的每一件产品中,包含在企业员工书写的每一段文字中,包含在企业的每一场会议中,包含在企业的每一笔资金流向中。

3. 企业文化是怎么来的

美国的特雷斯·迪尔和阿伦·肯尼迪在《企业文化——现代企业的精神支柱》一书中指出,企业文化是由企业外部环境、价值观、英雄人物、习俗和仪式、文化网络五个因素所组成的。我们认为,企业文化很大程度上由创始人(创始团队)的三观决定,部分由商业模式和企业外部环境决定,并受企业后来的实际控制人和重要人物影响,严格地说还与企业的每一位新成员有关系。

企业创始人在创办企业时,一定会把个人的世界观、价值观、人生观和方法论映射到企业的愿景、使命、价值观、商业模式和管理细节中。创始人在聚集合作伙伴、招募员工团队、寻找供应商时,都会倾向于寻找相近价值观的人。**在关键岗位上,价值观不同的人"不可共负一轭"**。作为 Costco 的联合创始人,布罗特曼自 1994 年 12 月以来一直担任该公司董事会主席。布罗特曼年轻时就表现出了犹太人慈善、正义的优秀品质,帮助弱势群体,鼓励多样性,促进社区和善待他人,"当我看到一些不太幸运的人遭遇不公平的时候,我就不得不采取行动,强迫自己去做一些我能做的事情"。Costco 的成功跟布罗特曼开明的管理风格不无关系。Costco 的员工享受着极好的待遇和福利——在零售行业中是最好的。创始人的个性、性格、风格也会很大程度上决定企业文化。很多企业的文化有明显的创始人烙印。

商业模式、外部环境也和企业文化相互影响。企业处在什么样的行业、提供什么样的产品、定位什么样的客户、有什么样的盈利模式、采用了什么样的业务系统,都会对企业文化有影响。例如,华为处在变化非常迅速的通信行业,会看到身边很多企业甚至是百年的大企业不断倒下,所以任正非给华为注入的是很有危机感的企业文化。沃尔玛所在的零售业,一定要追求比竞争对手便宜,为了"天天低价",就会形成省钱的文化。西南航空由于采用了低成本的盈利模式,公司也会形成低成本的企业文化。国内的春秋航空也是采用低成本航空的模式,董事长王永华在这个年代依然穿打补丁的西装,虽然他已经很富有了。当企业文化已经深入内心,也会改变个人的生活习惯。海底捞处在服务业,这个行业客户体验非常重要,所以海底捞打造了非常重视客户体验的企业文化,并成为其最核心的竞争力。星巴克为顾客提供的产品是"第三空间",所以提倡的文化是将心注入,努力为顾客体验着想。

虽然,每家企业的企业文化都有自己不同的特色,但有一些共同的具备普世价值的企业文化是一家优秀企业应该具备的。例如,高度关注用户体验、眼光长远、保持组织活力。做到每一点都很不容易,观察一下就会发现,绝大部分企业的文化都是"利润最大化",也可以说是短期利润最大化。

4. 价值观已经成为一种重要的生产要素

2019年1月9日的微信公开课上,张小龙说:"惊讶的是,其实微信只是守住了做一个好产品的底线,居然就与众不同了。那是因为很多产品不把自己当产品看待,不把用户当用户看待。而微信,做到了这两点。"守住底线是非常难的事情。微信和很多产品的不同在很多地方体现出来。例如,打开应用时不在启动页放广告,除了微信几乎看不到其他产品这样做。App内频繁给用户发信息,甚至给用户发短信,这些干扰用户的行为,只有微信不去做。行为的背后是价值观的不同,价值观的不同会体现在考核机制的不同。如张小龙的评论:"大家的KPI就是如何产生流量如何变现。一旦围绕这个目标,大家的工作目的已经不是做最好的产品,而是用一切手段去获取流量而已。"

价值观已经成为稀缺之物,对利益的追逐很多时候压过对价值观的坚守。如果我们在日常生活中观察,就会发现,到处充斥着价值观的扭曲:狂轰滥炸的诈骗、营销电话和短信,背后是个人信息的泄露;毫无疗效甚至危险的保健品的营销,销售额远高于辛苦做研发的医药龙头;如果你去买辆二手车,有无数的陷阱等着你;如果去医院看病,要小心医生开一堆昂贵的安全无效的药;如果你去买高收益理财,小心人家想要的是你的本金……

不要说一些小公司,那些大公司也很少有对价值观的坚守。如果你搜索一些网络信息,要翻很多页广告,好不容易搜索到想要的信息,结果还是内容植入式广告。如果你买机票,一不小心就被"送"了自己也不知道的酒店券、打车券。如果你叫了网约车,可能会发现有时来回同样路程价格相差近一倍。在网上购物,买了销量最大的一款,事后才知道,原来大平台也是玩刷单的。而且,某些大的电商平台,一天之内同一件商品可能有好几种价格。

这种短视,将利润建立在对客户的压榨和利用之上,对企业来说,是难以长久的。一旦客户看明白,或者一旦有更好的选择,对不守价值观的企业就是严重的打击。值得乐观的是,还是有不少优秀的企业、企业家守住了价值观的底线,他们也获得了商业的成功,得到了社会的尊重。我们在投资时,也应该选择那些有端正价值观的企业,而不是短期内赚钱多但放弃了价值观的企业。

当然,凡事都有个度,投资者需要平衡。没有绝对完美的人,也没有绝对完美、永不犯错的企业。**我们不应该有道德洁癖,因为没有一家公司是绝对的完美无瑕**。2016 年 9 月,富国银行被美国联邦法院开出 1.85 亿美元的罚单,原因是未征得客户同意,私开信用卡账户。2017 年 4 月,美联航发生暴力"赶客"事件,社会各界指责声不断。但巴菲特并未卖出一股,"伯克希尔有 377 000 名员工,不可能指望每位员工都是本·富兰克林那样的完人。"对所罗门事件的处理就不同了,巴菲特 1991 年 9 月 4 日在所罗门丑闻国会听证会上说,"给公司亏了钱,我可以理解;给公司丢了名声,我会非常无情。"对于企业的丑闻和瑕疵，我们判断的标准就是这些事件是否对企业的长期经营前景产生了影响。如果不会影响企业长期经营，企业偶尔犯错反而是好事情，会让企业做得更好。例如，泸州老窖在发生丢失存款事件后，进行了深刻的反思，管理层和企业文化发生了较大的变化，内控等制度也全面加强，经营业绩获得大幅度增长。海底捞爆发老鼠门事件后，涉事门店整改后重新开张，卫生条件会更好，全国门店的卫生要求也会更加严格。

任何一家企业都不是绝对完美的，都有瑕疵。例如，五粮液是拥有印钞机属性的企业，但可能会有一些损害股东利益的关联交易，各种跑冒滴漏，或者有过非常平庸的管理层。分众传媒也是一家印钞机型企业，但总是按捺不住投资冲动，过去有严重的失败案例。格力电器是拥有金饭碗的企业，却总是有多元化冲动，例如涉足手机、新能源汽车等失败率较高的领域。保险也是朝阳产业，但产品结构有很大问题，营销体制非常粗放，有很多销售乱象。仔细观察我们投资的企业，它们都不完美。不完美的企业，一样可以有投资价值，就像不完美的人可以有交往价值。关键是判断企业的缺点和瑕疵有没有动摇到其根基，只要对企业大的格局没有产生严重的负面影响，我们也没必要吹毛求疵，应学会分清主要矛盾和次要矛盾。

案例：伯克希尔的企业文化

伯克希尔的企业文化主要体现在两个方面：强烈的股东利益导向，对下属企业高度的放权和信任。巴菲特、芒格把股东视为合伙人，他们将大部分的个人净资产投资于伯克希尔股票，致股东的信写得通俗易懂，每年股东大会花上六七个小时回答股东的提问。伯克希尔有着非常低的股票换手率。巴菲特对于所投资的企业，几乎是完全的信任。伯克希尔总部没有各种委员会，也从不要求子公司提交预算。伯克希尔拥有员工近40万人，总部员工却只有20余人。因此，伯克希尔避免了官僚主义等大企业病。对下属企业的信任也换来了对方更加努力的工作。

重视股东利益的企业文化，伯克希尔是一个很稀有的标杆。反观国内的很多企业，**我们可以将其对股东的态度分为四类**：第一类，不仅不重视股东利益，而且有一些企业想着如何**侵害股东利益**，例如低价增发稀释现有股东的股权、通过关联交易转移利润、管理层掏空上市公司、只融资从不分红等。对于侵害股东利益的企业，投资者应该尽量避开。第二类企业，他们把股东看作是一群目光短浅的投机分子，不会考虑把股东利益放在第一位，尤其**不重视二级市场的股东**。对于这类企业，我们认为只要没有侵害股东利益的行为，只要企业在良性地发展，也是完全可以投资的。我们要承认，股票市场确实投资者很少，与企业共患难的投资者更少，大部分确实是短线投机者。实事求是地讲，企业家对股票投资者不感冒，有一定道理。另外，如果企业真正地做到了"客户第一、员工第二"，那么长远地讲，不也是做到了"股东第一"吗？还有第三类企业，他们**太重视股东短期利益**了，反而伤害了股东长期利益。一些公司的管理层把股价看得非常重，因为他们自己也有股权或期权，股价的表现也就成了他们的奋斗目标。证券分析师说公司应该多元化，他们就搞多元化；股民抱怨业绩不好，他们就努力提升短期业绩；股民想要股价上涨，他们就高送转、制造概念。这种过于重视股价和股民意见的短视，最终会对企业的长期价值产生毁灭性的影响，也最终伤害股东利益。美国的很多公司，甚至大公司，顶着"股东利益最大化"的教条，被华尔街牵着鼻子走。投资这类公司，还不如投资第二类"不重视股东利益"的公司。第四类公司，正如伯克希尔，是我们真正梦寐以求的，它们不仅在企业的经营上有非常长远的眼光，而且**非常重视回报股东**。

案例：华为的企业文化

华为坚持技术创新。比技术更重要的是华为的管理和企业文化。任正非说，"我们留给公司的财富只有两样：一是管理架构、流程与IT支撑的管理体系，二是对人的管理和激励机制。人会走的，不走也会死的，而机制是没有生命的，这种无生命的管理体系，是未来百年千年的巨大财富"。华为的企业文化可以概括为，"以客户为中心，以奋斗者为本，长期艰苦奋斗""**开放、妥协、灰度**"。

企业存在的目的是什么？华为的观点认为：为客户服务是华为存在的唯一理由。正是华为 24 小时随叫随到、任凭客户骂来骂去的服务态度赢得了客户的理解和支持,让华为在强大的对手的缝隙获得了生存。企业变得强大后,以客户为中心,在华为仍然是一种信仰,并且体现在考核和激励制度上。

以奋斗者为本,是讲如何对待员工的。在企业内部公平分配,激励奋斗者。目前华为拥有约 18 万名员工,持有华为股份的超过 8 万人,他们每年可以获得较高的分红回报。任正非只有 1.4% 的股份。华为尊重知识、尊重个性、集体奋斗、不迁就有功的员工。对于个性十足的员工,华为非常宽容,只要有能力就敢于委以重任。对于过去有功的员工不迁就,职位能上能下。

开放、妥协、灰度是华为文化的精髓。华为是开放的,利用古今中外一切有利于企业发展的好的东西。例如,学习西方现代的管理制度、流程,引进 IBM 的管理咨询,建立规范的现代企业制度。华为内部对有个性、有缺点的员工,对错误和失败,对不同意见都有很高的包容度。华为的心声社区,员工的吐槽,对公司和领导的批评,全是公开透明的。任正非认为,灰度体现一个领导者的水平。在一些不是大是大非的问题上,不要疾恶如仇、黑白分明。企业做大后,很容易出现大企业病,自我批评是对抗大企业病的法宝。华为通过自我批判,来规避出现的问题。

华为所在的 ICT 行业充满变数,倒下的企业众多。而华为不仅生存了下来,并且不断超越世界领先巨头。正是华为的管理思想和企业文化使华为成为一家伟大的企业。

第六节　企业经营失败的原因分析

芒格说:"反过来想,总是反过来想。"研究失败,我们可以更好地避开失败。什么是失败?这里将失败定义为企业的长期竞争力大幅衰落,长期亏损并损耗股东价值,更严重的结局是资不抵债或现金流枯竭导致破产。企业短期一两年的业绩下滑或亏损并不代表企业失败。运用归纳法,对众多企业失败的原因进行汇总分析,企业失败的原因一般不会超出如下几种。

一、企业未能适应外部环境的重大变化

1. 技术变化或颠覆式创新的出现，导致企业主营产品所在品类整体不再被人们所需要

当汽车出现后，马车行业自然会消亡。很多公司的衰落是因为遭遇了"马车时刻"。如日中天的索尼的随身听被 iPod 颠覆，诺基亚被智能手机颠覆，柯达被数码相机颠覆，佳能家用数码相机被高清拍照手机颠覆，黑莓手机被苹果手机颠覆。电子商务出现后，沃尔玛、家乐福等线下零售业的业绩下滑。移动互联网时代，人们在手机端就可以查看信息，电视台、报纸、杂志衰落。

对于雅虎的失败，很多人总结是管理层的短视，错过了对谷歌、Facebook 的收购，管理层频繁更迭。这些其实都是表象。最根本的原因还是搜索引擎对门户网站的颠覆式替代。国内的搜狐、新浪等门户网站也同样衰落，例如搜狐已经失去了存在感，新浪扣除微博后市值为负。百度当下市值也快跌出"BAT"了。这其中有价值观出现问题的原因，但主要原因是技术和商业模式的变化。移动互联网的入口发生了极大改变，从搜索引擎单一入口变化到了 App 多入口。人们搜索商品会去淘宝、京东，搜索信息会去微信公众号、今日头条，搜索服务会去美团、大众点评、携程。

以上这些失败的共同特征都是，**企业忽视了主营产品价值主张背后用户的底层需求**。当技术变化或颠覆式创新出现，用户的底层需求被创新产品更好地满足时，企业主营产品所在的品类整体不再被人们需要。这时，无论企业将产品做得多么精益求精，服务做得多么尽善尽美，都难以再挽回用户。以马车为例，人们从来就不需要马车，甚至也从来不需要汽车。人们需要的是"长距离、安全、快速、舒适、低成本地移动"。如果有新的交通工具可以更好地满足这个需求，汽车也可以在很短的时间内被人们像抛弃马车一样抛弃掉。如果未来 VR、AR、自动化物流、通信产业可以发展到相当的高度，环境、物

体可以快速"来到"人的身边,人与人可以接近真实地随时面对面交流,也许人们对汽车的需求也会被替代。**打败汽车的可能不是另外一种"车",而可能是眼镜什么的**。这就像现在越来越多被谈到的"跨界竞争"和"降维打击"。

所以,每家企业似乎都有自己的宿命,在遭遇创新者的窘境时,企业很难改变自己的基因,从而落入失败。为了让投资变得简单,我们尽量避开转型期的企业,毕竟作为投资者我们掉头比企业简单得多。同时,我们尽量不去投资那些技术和商业模式可能变化较大的企业,去投资那些生意属性变化较小的企业,会更加简单有效。

2. 重大事故和危机

重大事故和危机,足以让一些企业直接破产。2008年美国金融危机,有着158年历史的雷曼兄弟公司破产,美林公司和贝尔斯登公司被收购。美国国际集团(AIG)险些破产,被政府注资1 800亿美元。这些企业破产或被收购的原因,就是过度参与了金融衍生品。

在2008年的"三聚氰胺事件"中,三鹿集团虽然本身并未主动添加三聚氰胺,三聚氰胺主要由奶站添加。但三鹿的产品带来的社会危害最大,最终企业破产,创始人身陷囹圄。

史学大家吕思勉先生提出过"风化"与"山崩"的著名史学观。他这样描述这两者的关系:"所以现在研究历史,方法和前人不同。现在的研究,是要重常人、重常事的。因为社会,正是在这里头变迁的。常人所做的常事是风化,特殊人所做的特殊事是山崩。不知道风化,当然不会知道山崩。**若明白了风化,则山崩只是当然的结果**。"一些重要事故导致企业破产,只是最后一根稻草,企业往往内部已经出现了问题,这是"风化"。"风化"久了,一次特殊事件就可能导致"山崩"。

3. 企业的命运过度依赖他人

当一家企业的命运掌握在他人手中,就有失败的风险。苹果供应链上的一些供应商企业就因为苹果选择新的供应商而破产。例如台湾厂商胜华科技（Wintek）曾经是苹果 iPhone 和 iPad 的第二大触摸屏供应商，并问鼎全球触摸屏前三强。2012 年苹果推出 iPhone 5 时选择了另一种不同的技术，In-cell 显示技术。2013 年，苹果为 iPad 选择了薄膜触摸屏面板，而不是胜华科技生产的玻璃触摸屏面板。胜华科技出现连续三年巨额亏损，不得不关闭工厂并大幅裁员，2014 年 10 月在台湾提交了破产保护申请。2016 年年底，胜华科技被蓝思科技以 12.2 亿元的价格收购。

2014 年 10 月，苹果没有在 iPhone 6 和 iPhone 6 Plus 中使用蓝宝石屏幕，让 GTAT 遭受了致命打击。苹果此前投资 GTAT 并下了天价订单，最终却没有使用，让 GTAT 陷入破产。2017 年，苹果宣布将自主研发图形处理器，在未来 15～24 个月之后，会逐步降低对 GPU 供应商 Imagination Technologies 的依赖。Imagination Technologies 的股价断崖式下跌 70%。

2018 年 4 月 16 日，美国商务部宣布七年内禁止美国企业向中国的电信设备制造商中兴通讯公司销售零件。中兴大量芯片供应依赖于美国芯片企业，断绝供应后，导致中兴公司陷入休克的境地。2018 年 7 月 13 日，在中兴通讯缴纳 14 亿美元罚款及保证金后，美国商务部才正式解除出口禁令。如果没有通过谈判解决问题，迎接中兴的恐怕是倒闭的命运。

在选择投资对象时，我们应仔细分析那些过度依赖重要客户或重要供应商的企业是否存在风险。**命运系于他人的企业往往过于脆弱，哪怕一时获得很多订单，也不是好的投资对象。**

二、企业的重大战略、经营决策、内部治理出现问题

1. 经营决策失误

商业世界的竞争非常残酷，对于一家非垄断的企业，一次大的经营决策失误，就足以让其走向衰败。竞争对手可不会给失误的企业太多改正错误的时间。

长虹曾经是令国人骄傲的民族品牌。如今，长虹已经在彩电行业沦为几无存在感的企业。长虹的衰落，与两次关键经营决策失误有关。从囤积显像管，到押宝等离子，长虹在几次关键性豪赌中都以重伤收场。当当网，作为"中国的亚马逊"，起步较早，但过于短视地追求账面盈利，对图书之外的品类扩张太晚，导致被京东大幅超越。凡客曾经是一家成功的企业，凡客体风靡一时。但陈年 2011 年制定了不切实际的目标，造成库存堆积，产品质量下降，品类扩张混乱。"e 国 1 小时"是 2000 年电子商务的明星企业，当年就试图实现一小时配送到家。其失败在于战略过于超前。当时我国的网购人群、物流、支付都极不成熟。一小时配送导致订单越多亏损越大。

2. 盲目多元化

多元化本身未必一定会导致企业失败，有时反而使企业更加成功。腾讯、美的、网易，众多的企业涉足的领域很多，但依然很成功。试想，如果网易固守门户网站，反而会失败。但两种情况下的多元化，会导致企业失败：一是企业成功后盲目自大，进入自己能力圈之外的领域；二是企业面临短期困境时病急乱投医，盲目进入新业务，以至于主业失败。

春兰空调在 20 世纪 90 年代初期，是我国空调绝对的老大，一度占据市场份额近 1/3。春兰在空调业务取得成功后，先后进入冰箱、洗衣机、摩托车、房地产、机械制造、电子、商业贸易等各个领域，这些行业都没有做好，反而拖了空调的后腿，失败也就成为必然了。

两面针，1986—2001 年连续 15 年实现本土产销量第一，成为与高露洁、佳洁士等洋品牌三足鼎立的"本土牙膏第一品牌"。在业务巅峰时期，两面针大举多元化扩张，涉足尿布、卫生巾、洗涤用品、医药、蔗糖、纸浆等产品的生产和销售，以及房地产开发经营、物业管理、室内装修、进出口贸易、酒店一次性用品等繁杂的业务，还投资中信证券等股票。公司最终陷入多线亏损的境地，而作为主营业务的牙膏也沦落到无人问津的地步。

3. 经营激进导致资金链断裂

企业家往往具备一些冒险精神，也具有野心。当这种野心不受约束，超过了现实条件的允许时，就可能导致企业的失败。

乐视网曾是很被看好的公司，但2017年乐视帝国终于分崩离析。乐视失败的主要原因还是经营过于激进导致资金链断裂。乐视业务涵盖互联网视频、影视制作与发行、电视和手机智能终端、应用市场、电子商务、互联网智能电动汽车等，每个业务都需要大量烧钱。乐视的资金是有限的，但贾跃亭的梦想是无限的。贾跃亭的股权质押超过90%，资金窟窿巨大。过于激进的乐视在2017年尝到了苦果，资金链断裂并且大量供应商讨债。

类似的例子还有暴风影音、安邦保险、南京雨润集团、孙宏斌的顺驰、史玉柱的巨人集团、德隆等。这些公司因过于激进尝到苦果。

4. 过度追求短期利润，管理失控、产品质量下降

良好的产品和服务是企业的立身之本。如果过度追求短期利润，不重视产品和服务质量以及消费者体验，企业将不可避免走向衰败。

小肥羊曾是火锅餐饮第一股。2004年，小肥羊实现了43.3亿元的营业额。但过快发展加盟，加之小肥羊管控力薄弱，加盟店在菜品、形象、环境、财务等各个方面失控，消费者体验变差。和小肥羊类似的还有很多，例如沙县小吃、黄焖鸡米饭等都曾开遍全国，**但"只连不锁"的加盟连锁迟早会造成品牌的衰落。**

5. 竞争失败

商业世界充满了竞争，很多企业的失败是被更强大的竞争对手打败。快的、优步被滴滴打败，易趣中国被淘宝打败，米聊被微信打败。一种新的商业模式兴起时，往往有多个甚至成百上千个竞争对手，最终活下来的可能只有两三个。航空公司由于产品的过度同质化，在历史上是竞争非常激烈的行业。巴菲特曾经建议在谷歌上搜索关键词"airlines bankrupcy"。按此方法，我们可以看到仅仅美国破产

的航空公司就多达近100家。我们同样可以查询到倒闭的上百家汽车公司。我们如果在百度上搜索中国互联网公司阵亡名单，可以得到近千家，可见竞争之惨烈。由于竞争激烈，餐饮行业几乎每天都有倒闭关门的企业。

6. 管理层矛盾

管理层的矛盾，将导致企业无法聚精会神发展业务，导致企业失败。

国美曾是国内家电连锁业老大。2008年11月，国美公司董事长黄光裕涉嫌违法被羁押。原国美公司总裁陈晓接任董事长后开始"去黄化"，侵犯大股东黄光裕的利益。国美两年的内斗导致其无法集中精力做好业务，被竞争对手苏宁公司赶超，失掉了国内家电连锁业老大的地位。真功夫曾经是中式快餐的第一品牌，但因股东蔡达标、潘宇海的内斗，导致创始人身陷囹圄，企业无心发展，大量高管和员工离职，上市折戟。曾经对QQ产生过较大威胁的51.com因为团队的内讧而失败。贝因美和恒天然近年来的中外股东内耗，也是贝因美业绩连续下滑并大幅亏损的重要原因之一。

7. 大股东挪用公司资金

很多公司的治理结构存在严重问题，大股东一家独大，董事会、监事会、独立董事形同虚设。大股东如果不守规矩，可能大量占用公司资金，导致公司的失败。

2019年，包商银行成为首家被接管的银行。主要原因是大股东被明天系占用资金。明天系掌舵人肖建华被调查后，相关公司暴露出风险。A股上市公司大股东占用资金的情况相当普遍。2002年，证监会曾普查1 175家上市公司，发现676家公司存在大股东占款现象，占款总额高达967亿元。但监管部门对这种占用上市公司资金的行为处理太轻，以往多是行政处罚，处罚依据是信披违规，罚款上限60万元，责任人被资本市场禁入。

三、 企业的价值观偏离了正道

1. 财务造假

企业财务造假的原因要么是谋求业绩和股价增长，要么是从资本市场获得融资，根本的原因是**企业的核心价值观偏离了正道**。财务造假会给企业带来巨大的信用危机，从而导致企业破产。

安然公司曾经是世界上最大的能源、商品和服务公司之一。2001 年，安然公司突然向纽约破产法院申请破产。安然破产原因是为了业绩增长和股价，从而换取高报酬、高奖金、高期权，不惜铤而走险，通过财务造假隐瞒债务、虚报利润。由于安然事件牵连，安达信会计师事务所于 2002 年倒闭。

辉山乳业是一家覆盖全产业链的乳制品公司，2013 年在香港上市。2016 年 12 月，美国做空机构浑水发布两份做空报告，称辉山乳业大量虚报收入，价值接近于零，是一家骗子公司。2017 年 3 月 24 日，辉山乳业股价暴跌 85%，造假事件导致辉山乳业资金链断裂和债务危机。

很多曾经被追捧的公司，被曝出财务造假不断刷新人们的底线，可见投资的险恶之处。我们投资者需要练就一双慧眼，从财务、业务、动机等各个方面分析，避开财务造假的公司。

2. 业务造假

一些公司为了赚钱不择手段，直接杜撰虚假业务，严重损害了用户利益，自己也难逃倒闭的命运。

美国一名记者写了一本书叫作《坏血》，揭露了 Theranos 公司的骗局。Theranos 创始人伊丽莎白声称，他们掌握了一项名为"微流体"的技术，只需要一滴血就能完成数百项检测。为了解决采血量小的问题，Theranos 采用生理盐水稀释，经常导致检测结果不准确，为了按时给用户检验结果，不惜伪造结果。最终 Theranos 公司的骗局大白于天下，使公司陷入倒闭境地。

我国也有很多以虚假业务骗取钱财、侵犯客户利益的公司。例如权健、华林等传销公司，莆田系的一些假医院，卖假药、假酒的公司。这些公司可谓谋财害命，很多公司因为被揭发而倒下。

3. 违背政府政策或社会公序良俗，触碰到监管底线

有些公司因为违反政府政策，或者传播的内容造成不良社会影响，触碰到监管底线，甚至严重践踏社会道德，导致企业破产或危机。

2004年江苏常州的民营企业家戴国芳的铁本公司发展得如日中天，本有希望并肩宝钢，却成为政府树立宏观调控权威的典型，最终企业破产，企业家入狱。

美团网CEO王兴曾经创立的饭否是我国第一家提供微博服务的网站。2009年的某次社会事件由于网友言论超出了监管的底线，导致自2009年7月7日起，饭否网被关闭，直到2010年11月25日再度开放。一年多的关闭导致饭否用户流失、团队解散，期间新浪微博强势崛起，饭否再也没有机会。曾经的"快播"，是全国市场占有量第一的播放器，但因为大量传播不良信息，导致企业倒闭，创始人王欣被判有期徒刑。

还有一些企业直接采取非法集资、庞氏骗局等手段，以诈骗钱财为目的，例如e租宝、泛亚、钱宝网等。还有众多跑路的P2P平台，近些年又兴起的、虚拟货币、ICO等。价值观扭曲，这些企业最终的结局必然是失败。

我们列举了企业失败常见的一些共性的原因，但**一家企业的失败往往并不是一个因素，而是多个因素共同作用的结果**。在投资中，掌握了企业失败的一般性原因，我们可以提前警惕到企业的失败。

第七节 投资中如何搜集和处理信息

投资中最重要的是对商业的判断，尤其是对未来的预见。如果从

商业模式、成长空间、竞争壁垒、管理和企业文化等各个角度理解了一个生意,那么估值就容易一些了。理解生意并不容易,其中信息的搜集和解读是非常重要的工作。

不少投资者有这样的疑惑,现在信息这么发达,都是公开的,每个人能获得的信息都是一样的,那我们如何能战胜市场呢？还有疑惑认为巴菲特式价值投资是我们无法学习的,因为巴菲特认识的企业家太多了,可以一个电话就打听到很多有价值的非公开信息,我们却很难。段永平成功投资网易也许是因为他可以随时找丁磊聊天。

有以上疑惑的人在潜意识中隐含有这样一个假设：**占有信息的多少决定了我们的投资绩效。其实并非如此**。掌握信息量的大小固然重要,但只是原材料而已,**加工信息的能力才是最重要的**。不同的人对同样的信息的处理结果真是千差万别。一个苹果掉到地上,我们普通人熟视无睹,一个果农听声音也许就可以判断苹果的大小,而牛顿可以看到万有引力,这就是不同人处理信息能力的差别。

投资中一个很有意思的现象是,对同样的公开信息,市场上却会有完全相反的两种观点,否则也不会有那么大量的交易了。然而,残酷的现实是正确的观点最多只有一个。同样的一份年报,如果业绩发生了下降,有人解读为形势严峻赶紧跑路,有人认为短期正常变化不必在意,正确的解读可能只有一个。即使事情未来的发展路径有很多条,人们对每条路径出现概率的判断也千差万别。

更有意思的是,大部分人根本就不看年报,更不会去搜集其他有价值的信息。所以,搜集信息是第一步,它包含两部分,一是判断哪些信息是重要的,二是如何去尽可能多地搜集到这些信息。

之所以有这样的分解,是因为大多数人还没到比拼信息处理能力的程度。据观察,多数投资者热衷搜集的信息多是股价走势、企业短期的消息、概念、主题、主力动向、资金流向、宏观经济、下季度业绩之类；还有更严重的,有人根本不知道在哪里下载年报和招股书,更不用说其他重要信息了。所以,提高信息解读能力的第一步,是提升获取信息的能力。

1. 搜集信息

搜集信息的第一步是确定搜集哪些信息，即判断哪些是重要的。在当今信息爆炸的时代，**缺的不是信息，而是真正有价值的信息**。

我们的投资体系决定了我们会去搜集什么样的信息。一个只相信短线操作的人是不会去读招股书和商业传记的。选择什么样的投资体系是更高层面的信息处理问题，现实是只有极个别的体系可以获得长期成功。失败的体系人们总是趋之若鹜，而长期成功的体系无人问津。这需要搜集大量的中外不同体系的成功失败案例信息库，还要做很多理论的思考和验证。我们在此假设如果选择了把股票看作企业一部分的价值投资派，应该搜集哪些信息。

我们应该尽可能多地搜集关于企业长期内在价值的一切重要信息，而不是千方百计去计算下个季度、下一年的利润是多少，或者像很多券商机构去打听是不是有并购、定增、借壳之类的计划。信息搜集当然是多多益善，但也不是没有止境，抓主要矛盾就可以了，不重要的细枝末节可以略去。当然有些信息重要却是不可知的，也不需要过于关注，比如宏观经济，对其长期趋势有基本判断即可。

我们应打造广泛的信息搜集系统，常见的信息渠道有如下很多种：公司的招股书、年报、公告等公开信息；公司官网、微博、公众号、行业协会等权威网站关于公司的信息；媒体新闻报道、百度搜索、微信搜索、微信公众号、今日头条、虎嗅网等媒体渠道关于公司的信息；电视节目、访谈、视频等渠道的可视化信息；雪球等论坛上投资者对公司的分析或信息搜集文章；知乎、微博、微信等社交平台上业内人士或用户的信息或观点；京东、天猫、美团、大众点评等电商或团购网站上显示的产品销售和客户评价情况；与业内人士交谈得到的信息，包括供应商、竞争对手、客户、员工、企业中高层领导等；从其他投资高手的研究那里获得的信息；通过亲自体验公司产品和服务得到的一手信息；参加公司股东大会、公司调研、跟上市公司通电话等途径得到的信息；券商研报、大学或其他研究机构的研究报告；读报纸、杂志、商业传记、商业书籍等得到的信息；阅读与公司业务、产品和技术相关的学术论文；其他渠道的信息等。

可见，**信息的渠道还是很多的，但每种渠道都有自己的优缺点**。比如招股书和年报是最权威的信息，但大多过于简略和格式化，很难得到有血有肉的信息，语言上也大多经过了反复包装，仅仅看年报大多时候是不够的。有时了解公司到底发生了什么，还不如看新闻、报纸，但媒体往往喜欢歪曲事实或用标题来吸引眼球。商业传记很有价值，比如与其看格力纷纷扰扰的新闻，不如读一下朱江洪和董明珠的自传；想了解福耀玻璃，可以读曹德旺的《心若菩提》；想了解新东方，不如去读俞敏洪的《我曾走在崩溃的边缘》；但不得不说很多商业传记并不那么靠谱，歌功颂德的居多，讲实话得罪人的少。看淘宝、京东评论会有刷单。个体亲身体验未免样本太小，受个人经历局限，不能代表全局。参加股东大会未必能得到重要的信息，公司高管可能善于伪装；公司内部人士的观点也可能很有局限性，身在其中的人有时反而看不到大局。有些深度券商研报有参考价值，但大多都是流水账，结论全是增持买入，看研报重点是了解自己不知道的事实、数据和资料（有时也不可靠，需要甄别），如果轻易相信券商研究员的结论就有问题了。虽然以上信息各有优劣，但如果通过不同的信息渠道相互验证、去伪存真、去粗取精，还是有可能得出正确的结论。

关于公司信息搜集，可以借鉴菲利普·费雪"闲聊"或"四处打听"的做法，即与一切和公司存在利害关系的人交谈，包括竞争对手、客户、供应商、前员工、公司内部人士等。巴菲特在早期与GEICO保险CEO的聊天中奠定了巴菲特保险业的知识基础。但这些并不是所谓的"内幕消息"，而是可以合法获得的公开信息。

在如今的年代，通过网络途径和社交媒体就能认识到很多与所研究公司存在利益关系的内部人士或对某家企业、行业有深刻洞见的人。信息的获取比费雪、巴菲特的那个时代容易多了，这是我们这代人的幸运，然而比获取信息更重要的是解读信息的能力。

2. 处理信息的洞察力

培养洞察力的第一个方法是**保持对万事万物的孩童般的好奇心**。查理·芒格曾经说道,"你必须有浓厚的兴趣去弄明白正在发生事情背后的原因。如果你能够长期保持这种心态,你关注现实的能力就会逐步提高。如果你没有这种能力,即使你有很高的智商,也注定要失败"。在孩童时期,我们每个人都有好奇心。然而随着年龄的增长,身边的所有的事物在我们看来总是平淡无奇、理所当然。好奇心的泯灭几乎是无可挽回的宿命。尤其是我们目前的教育体制更是会扼杀好奇心、创造性,逻辑思维能力也比较弱化。难怪比尔·盖茨的母亲曾经开玩笑说,"如果能把孩子的好奇心维持到 30 岁,你就准备做成功人士的父母吧"。

培养洞察力的第二个方法是培养**勤于观察和深入思考的习惯**。牛顿曾经说过,"如果说我曾发现什么有价值的原理,那应该归功于我的耐心观察,而非其他才能"。处处留心皆学问,任何事物的背后几乎都有一套学问,等待我们去挖掘。就投资来说,每种生意的微妙差别都决定了背后的经济特性以及长期投资价值的优劣,只有细心观察才能发现这些差别极其深刻的含义。王阳明为了解竹子特性,在竹林面前苦想七天以致生病。我们如果秉承这种"格物致知"的态度,对着一台空调苦想它的技术原理、价格、购买频次、使用年限、使用场景、市场空间、渗透率等,那么我们一定能增加对空调的理解。

即使观察到同样的现实,每个人深入思考的能力也不同。爱因斯坦几乎不做实验,仅仅用光速不变这样的基本常识做深入的思想实验,就发现了相对论,这是极强的思维能力的体现。贵州茅台在面临限制"三公"消费等负面影响之下,销售确实有所放缓。不少人只能看到表面的现象,认为高端白酒将长期衰退,而洞察力强的人可以看到高端白酒背后承载的我国传统文化、社交文化和人的精神需求不会改变,从而判断这一影响只是短期的。

第三个方法是我们要**从强调寻求"因果关系"到理解"因果机

制"的转变。我们研究企业,最终目的是要根据已有信息,对企业未来长期的经营业绩做出大概率的预测。影响企业未来长期的经营业绩的因素有很多。其中的因果关系很复杂。包括一因一果,一因多果,多因一果,多因多果(相同原因不同结果,或者相同结果不同原因),虚假因果(一个因素同时在影响看起来有因果关系的两个变量)等。投资要建立在对企业未来长期的经营业绩大概率正确的预测基础之上。因此我们要理解影响企业未来长期的经营业绩的关键因素、关键变量,找到因果之间的作用机制。降低分析层次寻找作用机制的微观基础,常常可以帮助我们更好地理解这种作用机制。我们还要分析未来那些关键因素、关键变量是否会发生重大变化,因果作用机制是否会发生重大变化,还要假设其他次级因素发生不利变化时,会不会对这种因果作用机制发生重大影响。

掌握最基本的跨学科思维模型会大幅提高我们信息解读能力。这是查理·芒格提供的最重要的思维方法。如果能掌握近 100 个不同学科的基本原理和思维模型,将大大提高我们对于各种事物的洞察力和认识深度。比如复利、机会成本、边际成本、边际效用递减、协同效应、概率、不对称信息、博弈论、人类认知偏误心理学、进化论等跨学科的基本道理和概念,对理解投资的规律以及商业的本质都有很大帮助。我们看到一些有洞察力的人写的文章比新闻记者有深度得多,就是因为前者脑子中积累了大量的思维模型。我们并不需要去学习每个学科繁杂的细节,只需要理解其最基本、最重要的道理,重要的是经常将其运用到现实之中。

第八节 企业分析综合案例

Costco 开市客: 我其实不是超市, 我是你无法拒绝的管家㊀
"它表面上是个吹风机,其实是个剃须刀"。

——周星驰《国产凌凌漆》

㊀ 原文于 2017 年 1 月 4 日发表于微信公众号"静逸投资",有修改补充。

关于 Costco，巴菲特曾说过一个笑话："有一次，两个恐怖分子劫持了我和芒格坐的飞机，声称在处决我们之前可以满足我们的最后一个愿望。芒格提出，他要再讲一次 Costco 的优点。"Costco 据说是芒格想带进坟墓里的公司，也是雷军极力称赞的一家公司。

Costco 有多好？Costco 是美国一家收费会员制连锁仓储超市，只有付费会员或其携带的亲友才能进入消费，所售商品以低价高质著称。

Costco 已成为全美最大的有机菜市场。

Costco 已经是全美红酒的最大零售渠道。

Costco 居然还卖车，而且悄悄超越了 Auto Nation，一跃成为美国最大的汽车零售商。

Costco 的客单价是沃尔玛的 2 倍以上，坪效比是沃尔玛的 2 倍，库存周转率是沃尔玛的 1.5 倍，运营费用率是沃尔玛的一半。

2018 年 Costco 的全球会员总数已经超过了 9 430 万。老会员的续费率在美国和加拿大达到了 91%！

很多人都是将它作为零售企业来研究的。超市、电商纷纷将其作为标杆企业。但学其形易，得其神难。Costco 可能想说："**我表面上是个超市，其实我根本不是超市，我是你无法拒绝的生活管家。**"

Costco 为什么不是超市，而是管家呢？它的商业模式到底是什么？

一般的超市，其利润来源于所售商品的零售价与进货价之差，就是"一买一卖，赚差价"。典型的超市就是沃尔玛，通过大宗采购，将商品的进货价压到很低，然后平价销售，薄利多销，快速周转，赚取利润。而管家，是领取工资的，有职业道德的管家绝不会在替主人采购时赚取差价甚至拿回扣。管家一般不直接提供客户需要的商品和服务，但是他能够替客户寻找并安排这些商品和服务，供客户选择。管家对于客户的价值在于，解决信息不对称，降低交易成本，节省客户的时间。

Costco 做了两件事情，让自己不是赚差价的超市，而变成了领死工资的管家。

第一件事是通过一系列措施，**主动将销售商品的纯利润压缩至几**

乎为零。

查理·芒格在《穷查理宝典》一书中说："在商业世界里，我们往往会发现，取胜的系统在最大化或者最小化一个或几个变量上走到近乎荒谬的极端——比如说 Costco 仓储超市。"

所有的超市和便利店，从国际巨头沃尔玛、家乐福，到遍布东亚的 7-11，到把红旗插满四川的红旗连锁，都在追求毛利润率不断增长。只有 Costco 整天在想，如何可以**少赚一点**？今年毛利 10%，明年能不能 9.5%，后年能不能进一步降低到 9%？在能够支付运营费用、税费的条件下，毛利润率越低越好。在全球的 Costco 里，都藏着一个关于 14 的神秘数字，意思是任何商品定价后的毛利率最高不得超过 14%。Costco 接近个位数的毛利率，除去费用、税款等之后，纯利润就几乎为零了。可见，Costco "**完全不靠卖东西赚钱**"。而且，关键的是，这不是被动行为，不是因为竞争激烈导致毛利率下降，而是主动行为，Costco 主动把毛利率降到根本不赚钱的水平。也就是说，Costco "完全没打算靠卖东西赚钱"。

第二件事是 Costco **向顾客按人头每年收取刚性的会员费，成为其几乎全部利润的来源。**

Costco 的会员分为非执行会员和执行会员，在美国和加拿大非执行会员的年费为 60 美元/年，执行会员的年费为 120 美元/年。相比非执行会员，执行会员还可以享受一年内消费金额 2% 返利以及其他优惠。超市的利润，一般来说直接与商品进货价、销售价和销量相关。而 Costco 是真正纯粹的管家。它的利润额，不与商品进货价、销售价和销售量相关，而是只与会员人数——即服务的客户人数直接相关。**会员费就是 Costco 向每位客户每年收取的定额管家服务费，就是 Costco 作为管家领取的死工资**。Costco 2018 财年净利润 31.34 亿美元，会员费收入 31.42 亿美元。Costco 每年收取的会员费，几乎就等于它全年的纯利润额。

这两件事做下来，**企业的性质就完全变了**。还能说 Costco 是超市吗？Costco 完全就是一位管家，它就是为会员"办货"的、不拿回扣、没有任何私心杂念的管家。

Costco 又为什么让我们无法拒绝呢？

Costco 让人无法拒绝的秘密在于，它尽一切努力最大化会员的消费者剩余，使得会员费相对于巨大的消费者剩余显得微不足道。

消费者剩余又称为消费者的净收益，它的定义是消费者在购买一定数量的某种商品时愿意支付的最高总价格和实际支付的总价格之间的差额。消费者剩余衡量了买者自己感觉到所获得的额外利益。即"最高我愿意付多少钱"与"实际我付了多少钱"之差。消费者完成了这样的交易后，感觉就是"我赚到了"。

公平自愿的市场交易，总是会在不降低任一方福利的情况下，使得双方总体的福利得到增加，即实现帕累托改进。但是增加的价值在交易双方如何分配，依赖于双方的市场地位、弹性和博弈。生产商和销售商，总希望在具备足够的市场能力的条件下尽可能多地占取消费者剩余，提高生产者剩余。所以垄断性企业倾向于以更高的售价向市场提供更低的产量。竞争性行业的企业，也试图用各种方法尽可能多地得到消费者剩余。例如，肯德基所处的餐饮行业高度分散、高度竞争，但肯德基大量采用三级价格歧视策略，一面维持产品较高毛利率，一面发行各种电子优惠券低价销售同样的产品，让消费者用时间成本自我选择站队，这样可以最大限度占有消费者剩余。

而 Costco 却反其道而行之，想方设法最大限度地增加会员的消费者剩余。同样品质的商品，Costco 的价格总是更低——消费者实际支付的价格更低；同价的商品，Costco 的品质总是更高——消费者愿意支付的价格更高；花费同样的购物时间，在 Costco 买得更多、更快、更全、更无后顾之忧——相同的交易时间、交易成本，客户获得的总消费者剩余更大。

Costco 如何做到最大化客户的消费者剩余呢？

Costco 除了主动将销售商品的纯利润率压缩至几乎为零外，还采取了最小化运营费用、超低 SKU、向特定人群提供全品类商品、无忧退货服务、发展自有品牌商品、预收低廉的固定会员费、允许会员携带亲友购物并提供分单结账服务等措施。**所有措施互相配合，都围绕着一个目标——最大化会员的总消费者剩余。**

（1）**超市的运营费用类似于生产商和消费者之间交易的税收，它是一种交易成本，是打入交易中的一个楔子**。Costco 一般购买或者租用郊区高速路附近非常廉价的土地；采用非常简单的卖场布局，实用简洁的设计装饰，仓储式陈列；精减人员，取消卖场内导购员；用高于行业水平的薪酬来激励员工高效率工作，降低流失率；几乎不做营销广告，仅靠人带人和口碑相传；依靠高周转摊薄仓储费用，30% 的货物由厂商直送门店，70% 的货物由厂商送至中心库，商品尽量不再拆包。这些措施使得 Costco 运营费用率居然仅为沃尔玛的一半！

（2）**Costco 采用超低 SKU 策略**。典型的超市，如沃尔玛、家乐福，对每一个品类向消费者提供非常多样的选择，例如沃尔玛的 SKU 大约在 10 万。沃尔玛销售的筷子就有几十种型号款式。沃尔玛同时向这么多品牌的筷子供应商进货，每家每款的订单量必然偏小，议价能力就要相对降低。仅筷子品类就有如此多的 SKU，单位商品的物流、库存、销售、陈列、价格管理等方面的成本就要急剧上升。消费者要从如此多品牌、材质、颜色、规格和价格的筷子中挑选出性价比最高或者最适合自己的，无疑要耗费很多选择的时间，而且还未必能够得到满意的结果。当我们刚刚从短缺经济走过来时，更多的选择是一件好事，但当我们已经物质极大丰富的时候，太多的选择反而意味着巨大的交易成本。**现在的消费者都有了"选择恐惧症"，选择太多也是一种负担**。

而 Costco 仅提供约 4 000 个活跃 SKU，其中包括约 3 000 个生活必需品和约 1 000 个冲动型消费品。**超低 SKU 策略妙在既可以增加消费者剩余，又可以降低交易成本**。超低 SKU，也就是每一个品类已经经过 Costco 精挑细选，只为消费者提供最佳的两三种"爆款"。消费者的购买就会非常集中。这样 Costco 单 SKU 的进货量就将大大提高，从而获得巨大的议价能力。Costco 有单 SKU 销量达 2 900 万的记录，是 Sam's Club 的 4 倍。而且已经经过严格佳选的商品，将大大节省消费者的宝贵时间，**大幅度节约交易成本**，降低卖场内逗留犹豫的时间，**提高坪效比，提高库存周转率**。所以 Costco 的坪效比是沃尔玛的 2 倍，库存周转率是沃尔玛的 1.5 倍。在 Costco，会员根本不用记忆和知道什么商品是哪个牌子哪个型号最好,不用"扫码比价",不用去折算食品单位重量的价格,不用挑选,不用犹豫,只需要知道自己需要买什么东西,或者看到什么东西想买,然后到货架上直接拿走就行了。

(3)**最好的生意不是与所有人做同一个生意,而是与一群偏好和约束差不多的人做相近的生意。**Costco 不想像沃尔玛那样做太多人的生意,因为他们的偏好和约束差异太大了。如果要去满足所有人的偏好和约束,成本就会急剧上升,难以发挥规模效应。Costco **的目标客户从来不是单身未婚青年,而是有一定人口的中产阶级家庭和中小企业**。对 Costco 这种模式来说,家庭人数太少或者消费能力较低的人,是难以形成这种规模经济的。Costco 的目标客户是特定商业模式下的聚焦选择、自然选择。Costco 的目标客户的共同特点是时间成本较高,希望一站式购齐,追求较高品质,追求性价比。Costco 为他们提供全品类的商品。典型的美国中产阶级家庭,可以在 Costco 完成所有家庭生活的相关采购。从食品到家电,从衣物到汽油,从电脑到汽车,现在 Costco 还提供了药品、验光配镜、健康检查、旅游服务等。**Costco 向拥有相似偏好和约束的同类人群,提供购买重合度最高的品质区间和价格区间的全品类商品和服务**。所以一家超市居然卖汽车卖汽油就很好理解了。只要是被这一群中产阶级所需要的,只要是大规模采购可以显著压低进货价和周转费用的商品和服务,都可能进入 Costco。

(4)**Costco 还提供无忧退货服务**。客户买到不满意的商品,或者觉得价钱不合理,可以无须说明任何理由、无须任何费用退换货。作为 Costco 会员,甚至可以在任何时候申请无条件退会员卡并得到全额退款。进了 Costco,无论是你事先想要的还是临时起意的,只需要闭上眼睛拿,这是一种"信仰"。**客户不再对具体商品有品牌忠诚度,而是对 Costco 建立起信任和忠诚度**。

(5)**引入自有品牌,进一步加大高品质产品的低价优势**。品牌代表了稳定的预期,稳定的预期必然包含着相应的溢价。Costco 连这部分溢价都不愿意让客户多付。Costco 的自有品牌 Kirkland Signature 是全美销量第一的健康品牌。多年来 Kirkland Signature 的产品以其可靠的产品质量和良好的信誉,在北美众多的保健品品牌中备受关注,拥有极佳的口碑。自有品牌是 Costco 进一步剔除品牌溢价,进一步为会员争取利益的有力措施。

(6) Costco 的会员,在消费之前已经缴纳一整年的会员费,最低仅为 60 美元/人。在之后一年的消费过程中,**会员费对于会员来说,就是沉没成本**。Costco 的商品,一般比市面上同质同量商品价格低很多。反正会员费已经交了,而 Costco 又更便宜,会员一年之中在 Costco 消费得越多,获得的消费者剩余总额越大。"买到就是赚到,买得越多,赚得越多。"会员就倾向于在 Costco 多消费,倾向于在 Costco 完成所有可能的消费。

(7) **Costco 还允许会员携带亲友一同购物,并提供分单结账服务**。按理说,既然 Costco 的全部利润来自于会员费,而不是来自于售卖的商品,那么就应该严格禁止非会员进入,为何 Costco 要允许会员携带亲友呢?**因为在会员费标准固定的情况下,Costco 的利润增长,完全来自于其服务的会员人数的扩张**。Costco 必须允许和鼓励人带人,依靠口碑来扩大会员数量。凡是被会员带进 Costco 购物的人,都会惊叹于这里商品的性价比之高,购物之便捷,都会愿意在这里长期购物。但是每次都麻烦会员亲友同行是不现实的,所以很快他们都会直接交费成为会员。Costco 把营销费用也省了,**Costco 的会员们就是最好的免费推销员**。

沃尔玛和 Costco 看起来一样?其实有本质的不同。

沃尔玛也尽量降低运营费用,也尽量压低进货价,表面上和 Costco 是一样的。但实际上,**由于二者的商业模式完全不同,二者的逻辑起点完全不同,沃尔玛和 Costco 是本质完全不同的企业**。Costco 的利润直接来自于会员是否满意,沃尔玛的利润直接来自于批零差价。所以,**Costco 是主观(直接)为顾客,客观(间接)为自己,沃尔玛是主观(直接)为自己,客观(间接)为顾客,这个差别会带来深远的影响**。

沃尔玛等一般的超市,也会使用某些商品或者某类商品短暂大力度让利促销来导流,比如采用生鲜导流,日用家电盈利。这是常用的营销策略。但是 Costco **商品的低价高质不是个别的、临时的,而是全面的、长期的**。而且,顾客如果要在一般超市中刻意追踪、比价和挑选个别更高性价比商品,会消耗大量的时间和精力,其实是配合商家完成了价格歧视,而且可能羊毛出在羊身上。

如果 Costco 也模仿沃尔玛的超市式商业模式,哪怕再怎么努力,也是很难做到坪效比是沃尔玛的 2 倍,库存周转率是沃尔玛的 1.5 倍,运营费用率是沃尔玛一半的。Costco 依靠会员满意来获得利润并扩大利润,但是一旦会员不满意,那么利润随时就会离去,甚至完全崩盘。所以 Costco 的每一位员工都清楚,"会员是否满意"是 Costco 的生命线,也是自己高于行业水平的饭碗的生命线。"上下同欲者胜",在这样的一个逻辑下,整个公司就全力以赴为顾客争取最大价值。也就是 Costco **与顾客再也不像传统买卖双方处于对立面,不再是双方尔虞我诈、勾心斗角的关系,而是站在同一个战壕内**。虽然很多企业都能认识到,"顾客满意"是"获得利润"特别是"长期获得利润"的原因,但是这种因果关系通常没有像 Costco 那么直接和牢固。海底捞曾经为了将内部管理导向"顾客满意",对单店业绩不再考核店毛利润率和利润额,而是用多种方法考核"顾客满意度",就是意识到了毛利润率和利润额导向容易导致公司内部注重短期利益而忽视长期利益。

相似的行为,可能源自完全不同的逻辑,最终将走向不同的结果。借鉴土耳其总理艾哈迈德·达武特奥卢的经典语录,Costco 和沃尔玛不是 360 度的不同,而是 180 度的不同!

通过以上分析,我们理解了 Costco 的商业模式。这种商业模式非常之特殊。未来人们的时间成本越来越高,商品市场极大丰富却良莠不齐。人们越来越需要忠心耿耿的管家,帮助严选商品,还不拿一分回扣。这种商业模式非常具有生命力。**会员获得的总消费者剩余与会员费的巨大落差形成了强大客户黏性**。

Costco 的成长空间有多大?

基于 Costco 特殊的商业模式,Costco 的成长空间只来自于两个方面，一是其服务的会员人数增长，二是其会员费上涨。会员人数增长的成长空间的主要原因，在于其门店覆盖的中产阶级人口数量以及转化率。由于会员费相对于消费者剩余比例很小，理论上有较大的提价空间。但为了保持强大的护城河，会员费的提价权应该谨慎使用。所以，可见的未来，会员费的上涨幅度和空间都有限，会员费占会员年度购物支出的比例应尽量控制在一个比较小的范围，才能对客户形成巨大的黏性。除非会员平均年度消费总额大幅上升，否则会员费不会大幅上升。因此会员费不是成长空间的主要方面。

Costco 的 2018 年年报显示，在全球有 768 家门店，会员人数有 9 430 万人。其中，在美国有 533 家门店、加拿大 100 家、墨西哥 39 家、英国 28 家、日本 26 家、韩国 15 家、中国台湾 13 家、澳大利亚 10 家、其他国家和地区 4 家。全球分布还很不均衡。其中，值得注意的是中国台湾地区有 2 360 万人口，如今在台湾地区发行 220 万张卡，几乎相当于每 10 人当中就有 1 人是会员。2019 年 8 月 27 日 Costco 在中国上海开启第一家大陆门店。鉴于亚洲和欧洲的中产阶级人口数量，Costco 还有可观的会员人数成长空间。

但是 Costco 需要不断开设新门店去覆盖这些中产阶级人群。我们对其门店增长的速度不应抱有不切实际的希望。相对于美国的经济增长率，Costco 还是一家成长前景良好的企业。

Costco 的竞争壁垒如何？

Costco 的护城河，在于其强大的会员黏性，巨大的用户转换成本，一旦用了就离不开，而这种黏性由其独特的商业模式、企业文化、运营策略和巨大的规模所保证。Costco 的付费会员续费率在美国和加拿大达到了 91%，全球平均水平也有 87%。**每一位会员的加入，会员及其亲友的每一笔购买，都在拓宽 Costco 的护城河。**Costco 的商品极好，价格极低，服务超预期，鼓励多带人，鼓励买买买。客户买得越多，Costco 就能够把商品价格降得越低。会员获得的总消费者剩余越大。会员费（60 美元/年）相对于会员获得的总消费者剩余（可能高达数千上万美元/年）来说就是九牛一毛。会员的续费黏性就极强。**我们认为在其他参数固定的情况下，有一个数据可以部分地衡量**

Costco 的护城河，那就是会员费收入与销售收入之比。2015 年，Costco 的会员费收入约为 24 亿美元，销售收入约 1 090 亿美元，这个比值是 0.022。2018 年依然维持这一比例。**这个比值越小，Costco 的客户黏性越强，护城河越宽、越深。**

Costco 的企业治理和企业文化？

Costco 的一位工作人员说过一句话：**"公司所采取的一切行动都是为了给会员提供更好的服务，为了增加会员数量。"** 这句简单的话道出了 Costco 的所有路线图。Costco 和所有企业一样，也是追求利润的。但是 Costco 选择了一种独特的商业模式。在这种商业模式下，Costco 建立起了独特的价值观、企业文化、运营措施、管理制度和薪酬激励机制。为了扩大利润，也就是扩大会员人数，Costco 必须守住老会员，并依靠人带人和口碑相传来吸引新会员。要守住老会员，Costco 必须尽一切努力为会员争取最大化消费者剩余，以最低的运营成本，给会员提供最优质的商品、最低的价格和最好的服务。Costco 的企业文化有很清晰的逻辑。

芒格在 2018 年 Daily Journal 年会上说："Costco 的企业文化有一种积极而广泛的力量，并且将持续很长很长的时间。只有极少数像 Costco 这样的企业拥有非常极端的企业文化，每个人都被这种文化所影响而且公司一直以来都坚守一个基础业务。我喜爱像 Costco 这样的企业，因为它们拥有强烈的企业文化，并且这种文化能够给企业带来不可估量的回报。"

国内有其他类似于 Costco 模式的企业吗？

到目前，我们还没有在中国大陆发现其他类似于 Costco 模式的企业。但对几家企业我们可以进行一些观察和思考。

（1）京东。京东也基本不盈利，是不是可以看作一家会员费为零的 Costco 呢？京东提出了"多、快、好、省"四字战略。这四字战略的顺序其实是"好、省、快、多"。"好"（正品）和"省"（低价）是京东打败中关村的关键所在。但是现在，京东过于强调"快"和"多"，而"好"和"省"开始出现问题。特别是京东引入了第三方商家之后，客户需要耗费大量的时间挑选、比价。超大的 SKU，在京东"快"速配送的要求下，就必然要求在各个主要城市附近都建立超大的仓储物流中心，相应的运营成本就要急剧上升。京东 Plus 会员的定价机制，与 Costco 也不同。京东 Plus 会员商品仍然有做高毛利率赚取差价的冲动。本质上，京东是网上沃尔玛，不是网上 Costco。

（2）**网易严选**。"网易严选"有几个特征和 Costco 很像。它也采用超低 SKU，替客户精挑细选。甚至主动去除了所有品牌的溢价。所有商品直接委托工厂生产，一律以"网易严选"自有品牌出品。不自建物流，统一使用中心仓库再委托顺丰发货，在保证较快物流速度的用户体验下尽可能降低成本。"网易严选"符合了现在国内中产阶级更加务实，更加注重产品本身品质而不愿意支付过多的品牌溢价的实用主义消费观念。但"网易严选"的价格并没有特别的吸引力。所以"网易严选"具有一定的管家性质，只是它的利润仍然是来自于商品差价，还是超市模式。

（3）**招商银行信用卡中心**。银行的信用卡中心是很适合走 Costco 模式的。银行天然掌握大量的用户资产、信用和消费数据，可以方便地将客户分类，并拥有最直接的消费入口。现在，越来越多的银行敢于向客户收取刚性的信用卡年费，从数百元（小白金卡）、数千元（大白金卡）到数万元（VISA 无限卡、百夫长黑金卡）不等。**刚性的信用卡年费，其实就是典型的会员费**。但是遗憾的是，还没有哪家银行的信用卡中心走 Costco 商业模式的路子。很多银行信用卡中心都为付费持卡人提供一些免费的贵宾服务。这些免费服务其实是一部分持卡人在补贴另外一部分人，由全体持卡人的会员费共同买单。而银行信用卡中心的利润主要来自于刷卡佣金、违约金、利息、商品服务差价和商家平台费用。如果招行希望一站式连接客户的金融和消费，建议进一步借鉴 Costco 的商业模式，砍掉不必要的成本，砍掉所谓的"免费"服务，提供"**完全不赚钱**"的高品质商品和服务，覆盖高端信用卡持卡人尽可能多的消费，为客户争取最大的价值。

（4）**万科**。早在 2013 年，当房地产开发投资速度放缓，万科预判房地产发展未来 10 年的住宅需求保持稳定甚至有萎缩可能之时，就公开提出做"城市配套服务商"。万科提出"5S 服务"的概念，围绕居住、购物、度假、办公、文化五大方面，从"房屋建造销售商"转型为"城市配套服务商"。产品是有终点的，服务则永无止境。一个小区、一个社区的业主群体消费偏好和约束通常是接近的，万科有天然的优势采用 Costco 模式为小区业主集中提供采购、家政、养老、医疗、教育、旅游等全品类服务。现在传统的物业公司仍然局限于收取旱涝保收的物业费，提供有限的额外服务，试图在每一单服务中单独赚取利润。业主自然也心里没底对这样的服务到底好不好、值不值。而 Costco 的会员已经像是入驻了一个以 Costco 为物业、为管家的虚拟社区。Costco 的模式，值得想转型为"城市配套服务商"的万科借鉴。

Costco **进入中国大陆会不会遇到严重的黄牛问题和顾客诚信问题？**

黄牛问题有两类，一类是出租会员卡，一类是倒卖商品。Costco 的会员卡本身就是实名制的，卡片背面还印有照片。只需要结账时核对顾客、会员卡和支付卡为同一人即可，所以不必担心出租会员卡的问题。个别会员倒卖商品，可以很容易通过系统监测出其异常大量的采购。而且以 Costco 的模式，倒卖商品并不会损伤 Costco 的护城河，反而更加有利，未必需要对其进行严格限制。顾客的诚信问题也有两类，一类是不诚信退货，一类是不诚信退卡。其实诚信问题依赖于大环境、小制度和个人道德，三者互相配合，缺一不可。美国社会都是事先假设人是诚信的，但是不诚信的人被发现后将付出很大的代价。我国确实有不少"耍小聪明"的人，但是大的诚信环境还是越来越好，发现、约束和惩罚不诚信的小制度也不难设计，大多数人的诚信观念也开始强化。现在很多电商已经允许顾客无理由退货，甚至为高级别顾客提供预退费的闪电退货服务。我们曾经的乡土社会是高度诚信的，而市场经济是陌生人经济，缺乏乡土社会的重复博弈制约，但是**现在信息技术高度发达后，我们反而可以返回到一个虚拟的乡土社会，使得乡土社会的重复博弈信用机制得以重建。**

2016 年的诺贝尔经济学奖授给了美国哈佛大学经济学教授奥利弗·哈特和麻省理工学院经济学教授本特·霍姆斯特罗姆，以表彰两人在契约理论方面的贡献。两名经济学家创建了能够运用到实践中分析多种问题的理论工具，对于理解现实生活中的契约与制度，以及契约设计中的潜在缺陷具有非常大的价值。**我们的社会就是由无数的契约搭建而成的。而人类相互合作的最大障碍，就是彼此利益不同。**我们中国人总结为"无商不奸""买的没有卖的精"。Costco 的商业模式，可以理解为 Costco 与会员建立了一个契约。Costco 的义务是用一种独特的、不变的商业模式和企业文化，以及配套的运营策略、内部激励机制，来保证最大化会员的利益，最大化会员的消费者剩余。而会员的义务是预先支付定额的会员费。会员有充分的理由、逻辑和证据相信 Costco 将遵守这一契约，并且有充分的自由监督 Costco 执行这一契约。会员在任何时候感觉 Costco 违约的话，可以单方面终止契约，拿回会员费。Costco **与会员之间，签订了一个利益完全一致的契约。**Costco **全心全意为会员利益服务的价值观和商业模式，在当今的商业社会是极其稀缺的。所有的会员们，进入了一个以** Costco **为管家的虚拟社区。**Costco 与会员之间的契约，比"顾客就是上帝"的口号来得可靠实在得多。

希望我国出现更多 Costco 模式的<u>企业</u>！

第二章 投资实战分析

第一节　投资的检查清单思维

阿图·葛文德是一位印裔美籍外科医生,曾是白宫最年轻的健康政策顾问,影响奥巴马医改政策的关键人物。葛文德著有《清单革命:如何持续、正确、安全地把事情做好》,对我们的投资也会有很大的启发。

《清单革命》一书提到,人人都会犯错。人类常犯的两种错误:第一种是"无知之错"。我们犯错是因为没有掌握相关的知识。第二种是"无能之错"。我们犯错不是因为没有掌握相关的知识,而是没有正确地运用这些知识。"无知之错"可以原谅,"无能之错"是不能被原谅的。解决"无知之错"的方法是不断地学习和研究,解决"无能之错"的最好方法是建立检查清单。投资需要检查清单,来尽可能地避免"无能之错"。

一、 入市之前的自我检查清单

入市之前的自我检查清单最为重要,属于战略层面,但却最容易被忽视。人们总是急匆匆地开户进入市场。绝大部分人,其实并不具备进入股市的主观和客观条件。要具备进入股市的能力和条件,需要悟性、学习和思考,并进行充分的准备。

入市之前的检查清单的任务是**自我排除**,避免自己在不具备条件的情况下进入股市,这样90%的人已可避免亏损。

1. 是否具备了完善的投资体系

是否理解了投资的第一性原理?是否理解了各类资产的特性?是否理解了优质企业的股权为何是最好的资产?资产配置是投资的战略性问题,应该将大比例的资产配置在股权上。是否想明白了进入股票市场的目的?是否理解了股票的本质、安全边际、能力圈、股票市场的本质和基本规律、风险、杠杆、复利、股价决定机制等基本概念和意义？是否想好了市场出现极端情况时的应对策略？

2. 是否具备必要的知识结构

投资需要具备股票市场、会计和财务报表、商业经营、企业管理、经济学、数学、心理学、传播学和其他相关学科的基本知识和思维模型。并不是说我们一定需要成为这些领域的专家，但是我们需要理解其基本的知识结构和思维方式。并且，我们需要具备各方面的常识。

3. 是否具备合适的世界观、价值观、人生观和性格

股市是一面照射投资人内心的镜子。股市会将人性的弱点，如贪婪、恐惧和非理性暴露无遗。投资对投资人的心性、品格和价值观有额外的要求。合格的投资人需要具备理性、耐心、眼光长远、独立思考、机会来临时的勇敢等多种品质。合适的三观和性格是投资成功的基础。

4. 是否做好了财务准备

是否有房产、保障性保险、足够的现金流以及突发事件准备金？有了足够多的、五年内不需要动用的、完全闲置的本金，才可以投入股市。没有足够的本金，复利作用不大。如果资金不是完全闲置，投资期限难以保证，无法取得股价跟随公司内在价值的确定性，复利随时被打断。现金资产是对股权资产的一种保护。保障性保险是对现金资产的一种保护。

二、公司研究阶段的检查清单

公司研究阶段，暂不考虑任何与股价相关的因素。公司研究阶段的检查清单任务是**排除公司**，包括：①挑选出真实的公司——排除各种造假的。②挑选出优秀的公司——排除不优秀的。③理解优秀的公司为何优秀——排除自己不理解的。④预测公司 5～10 年的未来——排除未来难以继续优秀的和自己难预测的。

1. 公司过去多年的财务数据如何，有无重大疑问，财务表现是否优秀

这是定量分析。分析公司时，可以一开始就看其历年的财务数据，最好是 10 年以上的财务数据。当然，我们也可以一开始不看财务数据，进行定性分析之后再用财务数据验证自己的判断，这样更可以培养出商业洞察力。执行检查清单的顺序可以根据个人习惯调整。应该重点关注的财务指标包括：

（1）盈利能力指标：历年的 ROE 情况、毛利率、费用率和净利润率。

（2）成长能力指标：历年的营收和扣非净利润的增长率。

（3）现金流状况指标：经营活动现金流量净额与净利润的比值、应收账款占营业收入的比重、预收账款占营业收入的比重、自由现金流等。

（4）运营能力指标：总资产周转率、应收账款周转天数、存货周转天数。

（5）财务安全性指标：资产负债率、流动比率、速动比率、股票质押比例等。

（6）财务数据的稳定性：企业经营是大起大落还是平稳增长。

（7）回报股东的能力和意愿：历年融资和分红情况。

（8）各种财务数据的同行业比较。

ROE 是财务指标中最重要的指标。可以利用杜邦分析工具将企业财务数据统一起来，理解 ROE 的来源和变化的原因。

定量的财务数据能够让我们对公司有一个初步的判断。一般来说，绝大多数公司无法通过定量的检验，只需要花几分钟看一下历年的财务数据就能排除掉大部分公司。历年财务数据非常优秀并且数据真实可靠的公司，可以初步判断为一家优秀公司，但还需要定性的分析我们才可以下结论。财务数据是过去的结果，很多定量方面很优秀的公司，难以经得起定性的检验。所以，不宜过度信任归纳法。

2. 公司的商业模式是什么样的

利用本书提供的"商业模式七要素分析模型"，从以下方面分析一

家公司的商业模式：①公司的客户是谁？②公司提供什么样的产品和服务？③公司的价值主张是什么？解决了客户什么样的需求和痛点？④公司内外部价值链是怎样的？⑤公司的盈利模式是怎样的？⑥公司所从事业务的生意特性是怎样的？⑦公司的自由现金流状况如何？

3. 公司未来的成长空间大小，成长动力是什么

公司的产品和服务市场空间有多大？行业未来前景如何？

分析企业未来成长动力来自何处：随着行业增长销量的增加、占领更多的市场份额、扩展更多的地域、产品提价、产品结构升级、开发新产品、进入新的业务领域、收购兼并等。

4. 公司有没有宽阔的护城河，体现在哪些方面

"波特五力模型"分析：公司对上游客户的议价能力、对下游客户的议价能力、相对于竞争对手的竞争优势、替代品的威胁、潜在进入者的威胁。

分析公司的护城河体现在哪些方面：品牌、规模经济、网络效应、技术专利、政府特许、特殊资源、低成本优势等。

经过综合分析，判断企业是否具备宽阔的护城河，以及护城河强弱的级别。

5. 公司的管理层是否德才兼备

通过媒体报道、访谈、视频、股东大会等各种渠道收集信息对管理层的道德和能力进行判断。观察实际控制人和管理层格局、价值观、敏锐度、行动力。

6. 公司的治理结构如何

公司的主要股东是谁？实际控制人是谁？公司是国企还是民企？管理层和主要骨干有没有持股？股权质押情况？公司制度化运作还是高度依赖企业家个人？

7. 公司的企业文化如何

公司的管理质量、核心价值观和企业文化是什么样的？是短期利益导向，还是非常重视创造长期价值？公司如何对待员工、股东、供应商、客户、合作伙伴、竞争对手和社会公众等利益相关者？

8. 公司存在哪些劣势，未来可能存在哪些风险，有哪些负面因素

思考公司存在的负面因素：公司有哪些劣势或软肋？关于公司有哪些负面观点、负面消息，是否影响公司的投资价值？公司发展可能存在哪些风险？未来有什么原因可能会导致公司衰落甚至倒闭？如果出现最差的情况，公司能否维持生存和发展？

9. 对公司的定性分析能否解释公司过往的经营业绩

对于财务数据优秀的公司，**重点在于理解其过往为何而优秀**，才有助于判断未来能否继续优秀或者更加优秀。

三、 买入阶段的检查清单

交易阶段的检查清单的任务是**拒绝买入**，拒绝不够安全的买入机会。①尽可能以较低的成本获得更多的股权份额。②为复杂多变的未来预留准备。

1. 当前市场估值情况如何

市场平均市盈率、市场历史平均市盈率、市场中位数市盈率、市场历史中位数市盈率，市场平均市净率、市场历史平均市净率，市场中位数市净率、市场历史中位数市净率，市场新开户股东数比较，两融余额比较。注意，市场估值整体只有一定的参考价值，一般来说市场萧条时机会更多，大多数公司无论好坏估值均会下降，但不代表具体公司有投资价值。

2. 当前公司估值情况如何

当前市盈率、历史市盈率，当前市净率、历史市净率，当前股息率、历史股息率，其他可供参考的估值比率。注意，公司历史估值和当前估值也只有参考价值。估值高低也不能简单看市盈率、市净率、市销率等指标，要回归到现金流折现这一原点。

3. 当前公司基本面再分析

当前公司基本面与研究阶段相比是否已发生重大变化？正面因素是否仍然存在但被忽视？负面信息是否已被股价体现甚至过度体现？

4. 当前价位下买入多少仓位

对一只标的买入仓位的大小，取决于我们对这家公司的"确定性"有多大把握，也取决于当前估值下，预期收益率的"弹性"有多大。在能力圈范围内，考虑个人机会成本，给确定性高、弹性大的标的建立更大的仓位。同时，仓位管理应有容错机制，保证**即使完全看错，也能做到损失可控，不至于伤筋动骨**。

5. 当前价位买入后的加仓/持有预案

是否有短期内下跌/上涨10%、20%、30%、50%等情况的应对方案？

6. 买入前再次检查

对公司的研究是否已经足够彻底，有没有可能忽视的重大信息？可以持仓的期限，是否愿意持有这家公司十年？仓位是否合理，如果该笔买入的本金完全损失，是否可以承受？

7. 检查买入动作是否受到心理偏误的影响

是否仅仅因为股价"正在"上涨或"已经"下跌而买入？是否仅仅因为股价"已经"上涨或"正在"下跌而拒绝买入？买入动作是否受到了价格/PE/PB锚定效应的心理影响？

四、 持有阶段的检查清单

持有阶段的检查清单,任务是**拒绝卖出**。解决卖出的标准问题。不触发卖出即为持有。**牢记股权是目的,现金是手段。卖出是被动行为——不得不卖出(股权思维),而非主动行为——"落袋为安"或者"截断亏损"(现金思维)。**

1. 持续关注公司的经营状况,是按照预期进展,还是变得更好或变得更坏

对于持仓的公司,我们应该定期体检。平日要关注公司新闻等信息,季报、半年报、年报出来后持续跟踪其经营状况,还可以关注行业信息、竞争对手信息以及其他投资者的思考。当然不要在意短期业绩,要关注对公司具有长期影响的因素。

此外,对公司的商业模式、成长空间、护城河、管理等定性因素的判断,也并非在买入时一劳永逸了。我们对一家公司的认知会随着信息的增加以及个人商业判断力的提升逐步加深,一家过去看好的公司经过长期思考后可能不再看好。在持有阶段,对持仓的公司还需要做更深入的思考。

2. 是否触发了卖出标准

仅仅基于现价与买入成本价差距做出的卖出决策都是逻辑错误的。卖出的标准**有且仅有四个**。

(1)**看错了**。如果我们发现当时的买入逻辑不成立,无论此时是浮亏还是浮盈,都应该果断卖出。

(2)**股价被极度高估**。高估并不是卖出标准,股价被极度高估甚至疯狂才值得卖出。对于非常优秀的公司,也可以作为"永恒的持股",只要潜力不发挥出来就永不卖出。

(3)**公司基本面恶化**。因为某些不可逆转的经营失误或外部环境的变化导致公司原有的商业模式不再成立,或者成长空间、护城河受

损,此时应该卖出。当然这里要区分短期业绩回落与长期业绩下滑。

(4) **发现了更有确定性、更好的标的。** 当然,除非遇到明显更好的标的,这个卖出标准一般不用。

3. 卖出动作是否受到心理偏误的影响

是否只是因为股价涨太多而卖出?是否只是因为无法承受股价下跌而卖出?卖出决定是否受到了买入成本价的影响?这些都是错误的卖出标准。**买入价、浮盈、浮亏程度与是否应该卖出没有任何关联。**

4. 是否触发了新的买入标准

我们持仓的公司可能在持有过程中又达到新的买入标准。可能公司发展大超预期,公司业务增加了新的发展潜力,少数优秀公司股价大幅上涨后反而具备了更大的投资价值,"**好公司的股价可能越涨越便宜**"。也可能公司基本面没有变化,但公司遇到熊市或暂时性的"黑天鹅"事件导致估值大幅下滑。在这些情况下,我们重新执行研究阶段和交易阶段的检查清单。如果触发了新的买入标准,不应该受到最初买入价格锚定效应的影响。

从以上的检查清单,我们可以看出,**检查清单的主要任务是各种排除和拒绝。拒绝买,除非不得不买,拒绝卖,直到不得不卖。检查清单从来都不是大而全的操作手册,而是理性选择后的思维方式,帮助我们程序化地识别并避免各种严重风险。**

第二节 牧原股份:应用检查清单抓住公司研究的关键问题[一]

史学泰斗吕思勉先生提出史学研究有四大任务:搜寻过往的事

[一] 2017年10月28日,我们分享了一份简化的公司研究检查清单,并以牧原股份为例,应用检查清单抓住公司研究的关键问题。本文根据录音整理,有删减,于2018年3月10日发布在"静逸投资"公众号。

实;加以解释;用以理解当下;因以推测未来。

研究企业的任务,与之类似。一是搜寻以往的经营行为和经营绩效;二是对过去的经营绩效加以解释;三是理解企业当下的环境、优势和问题;四是预测企业未来的经营绩效,会不变、更差还是更佳,或者企业未来采取哪些经营行为将使得经营绩效更差或是更佳。这四个环节中,重点和难点在于解释公司过去为何优秀,和预测未来三五年或更长时间公司的情况。理解过去是预测未来的前提。

在公司研究阶段,我们的主要任务是"排除"。①排除不真实和不优秀的公司,挑选出优秀的公司。②排除自己难以理解其从本质上为何优秀的公司。③排除预计未来难以继续优秀的公司或者自己难以预测的公司。在这个阶段,我们不考虑任何股价、市值等与市场有关的因素,仅仅观察和分析公司本身。交易判断由交易环节的检查清单执行。整个投资过程我们需要用到四份检查清单:入市前的自我检查清单、公司研究阶段的检查清单、交易阶段的检查清单和持有阶段的检查清单。

研究中我们需要借助很多资料和工具,例如公司(本公司、同行业公司、上下游公司、国外公司)的招股书和定期报告、公告、股东大会、新闻报道;政府部门的统计报告、奖励、处罚、公示、文件和法规;第三方的行业报告、测评和审计;个人、终端消费者、供应商、下游客户、合作方、内部员工、管理层和竞争对手等相关人群的体验、访谈、观察等。

我们按照以上框架对牧原股份加以分析。

一、搜寻事实:公司过去是否优秀

1. 公司的基本情况

牧原股份(简称牧原)是集饲料加工、养猪生产、屠宰加工为一体的大型现代化农牧企业,自繁自育自养集约化养猪规模居亚洲第一。公司主营业务为生猪的养殖与销售,主要产品为商品猪、仔猪和种猪。

公司始建于1992年,总部位于河南省南阳市内乡县。历经25年的发展,公司拥有四个饲料加工厂,年可加工饲料98万吨;37个大型现代化养猪场,2016年出栏生猪320万头。截至2017年6月底,牧原全资子公司数量已经达到66个,分布在12个省区(豫、鄂、苏、皖、冀、鲁、晋、陕、黑、吉、辽、蒙)。

2. 行业的基本情况

2016年全年,我国猪肉产量5 299万吨,生猪出栏68 502万头,年末生猪存栏43 504万头。我国内地总人口138 271万人,可以计算出平均每人每年消费约半头猪。按平均15元/千克的生猪价格计算,我国生猪生意的市场规模约1.1万亿元/年。因此,生猪养殖是一个巨大的市场。

截至2016年年底,我国最大的三家上市养猪企业分别是温氏股份、牧原股份、雏鹰农牧。其中温氏最大,温氏2016年的生猪出栏量为1 712万头;第二是牧原,2016年出栏量约311万头;第三名的雏鹰,2016年出栏的生猪大约250万头。三家头部养猪企业年出栏量总和不到2 300万头,占中国2016年生猪出栏量总量6.85亿头的3.3%。

根据《2014年度中国畜牧业统计年鉴》,2014年全国养猪场(包括大型养猪场和零散养猪农户)的数量约为5 000万家,其中年出栏50头以下的占96%,约为4 800万家。而年出栏规模在500头以上的,仅有26万家,占整个产业的0.5%。**养猪行业呈现出"大行业,小公司",高度分散的格局。**

3. 主要财务指标的表现(见表3-1)

主要有盈利性、成长性、周转率、杠杆率、现金流等。

表 3-1 牧原股份 2009—2017 年的主要财务指标

(单位:亿元)

年　　度	2017	2016	2015	2014	2013	2012	2011	2010	2009
营业收入	100.42	56.06	30.03	26.05	20.44	14.91	11.34	4.45	4.29
净利润	23.70	23.03	5.70	0.49	2.75	3.11	3.49	0.71	0.86
经营活动产生的现金流量净额	17.87	12.82	9.15	4.55	1.21	4.06	1.78	0.90	0.62
加权 ROE	28.12%	50.74%	26.63%	4.27%	27.04%	37.95%	61.86%	27.27%	43.50%
毛利率	29.81%	45.69%	24.62%	7.73%	19.82%	28.07%	38.54%	21.91%	27.69%
净利率	23.56%	41.42%	19.84%	3.08%	14.86%	22.15%	31.44%	19.26%	22.01%
销售费用率	0.39%	0.24%	0.21%	0.20%	0.32%	0.38%	0.47%	0.43%	0.33%
管理费用率	4.52%	2.67%	3.39%	2.84%	3.08%	4.15%	3.97%	4.85%	4.57%
财务费用率	3.11%	3.07%	4.25%	3.96%	3.72%	3.42%	3.64%	3.41%	3.16%
有息负债率	28.69%	41.54%	40.01%	44.67%	55.45%	47.74%	46.47%	50.73%	47.99%

企业长期 ROE 表现体现出为股东长期创造价值能力,牧原股份长期(2009—2017 年)的 ROE 平均值为 34.10%,甚至高于同期茅台的平均值,表现非常优秀。但我们要注意其 ROE 波动非常剧烈,2014 年仅为 4.27%。

牧原营业收入从 2009 年的 4.29 亿元增长到 2017 年 100.42 亿元,增长了 22.41 倍,年复合增长率达到 48.3%。净利润从 2009 年的 0.86 亿元增长到 2017 年的 23.70 亿元,年复合增长率达到 51.4%。过去近 10 年时间,牧原保持了高速增长。当然,我们也可以看出牧原净利润是有周期性的,例如 2014 年净利润大幅下滑,而 2016 年高速增长。

牧原有很好的现金流状况,生猪交易是"一手交钱,一手交货",所以牧原连续多年的应收账款为零,经营活动现金流量一直为正,净利润的含金量较高。牧原的"经营活动现金流量净额-购建固定资产、无形资产和其他长期资产的现金支出"连续多年为负数,这并不代表牧原的自由现金流状况不好。牧原的资本支出是扩大经营规模,而非维持现有规模。

牧原的有息负债率一直维持在比较高的水平，杠杆率较高，其速动比率和流动比率也不太理想。后面需要与同行业公司做比较，并分析其原因。

4. 360 度评价和历史筹资分红情况

我们需要通过各种渠道关注一家公司的内部评价、客户评价、同行评价、供应商评价、政府评价、消费者评价和其他评价。牧原的总体评价较好。拥有 422 项专利，有 16 个养殖场被批准为向日本出口的养殖场，公司还有多个国家生猪核心育种场，历史筹资分红情况可以看出公司现金回报股东的愿望和能力。

5. 股价复权长期表现

市场在长期是有效的，有一些参考价值。牧原股份 2014 年 1 月上市以来到 2017 年 10 月，复权涨幅大约 7 倍，体现了市场对牧原价值的认可。

综上所述，简单计算平均 ROE 在 34% 左右；平均净利润率为 22%；在 2014 年几乎全行业亏损的时候可以保持盈利；成本全行业最低；现金流很好；成长迅速（2017 年上半年完成了 2016 年全年的销售量）；但资产负债率偏高。长期股价复权反映了公司内在价值的增长。我们可以初步判断，虽然有瑕疵，但牧原是一家优秀的公司。

二、解释过往：公司过去为何优秀

在第一部分初步判断公司是否优秀之后，我们要加以解释，注意定性分析，需要分析主营产品的特点、差异化、价格和成本，分析行业生意特性、公司独有的商业模式、核心竞争力、护城河。

1. 主营产品特性分析

（1）一家公司的主营产品是什么？不要只看公司在卖什么，要看背后的产品。牧原的主营产品是生猪（收入占比 99.96%），背后的产品是"高性价比的动物蛋白质和脂肪"。

肉类食物是人体蛋白质和脂肪的主要来源。而我国人多地少,资源紧张,以汉族人口为主的基本国情,不适合大规模饲养牛羊,使得出栏快、高产仔率、养殖占地面积小的生猪长期成为人们肉类食物的最大来源。这对我们后面理解其与其他养猪企业和其他畜禽养殖企业的区别有很大帮助。

牧原的产品主要是生猪。生猪产品有如下特性:生猪属于中间产品,并不直接面对终端消费者。消费频次高,几乎每天都要消费,属于刚性需求、高频率重复快速消费品,也是一种巴菲特喜欢的"嘴巴股"。最终的决策者、支付者和享用者都是终端消费者。消费额度在家庭消费支出中占比很小。生产周期由猪的生长周期决定,几乎无法人为改变。各家规模企业的生猪产品差异化较小,几乎可以视为同质化产品。

在整个猪肉产业链中,牧原处在相对上游的位置,中游是屠宰企业,下游是肉制品企业。双汇发展业务主要是中游和下游,其母公司万洲国际覆盖从养猪(在美国养)、屠宰到肉制品的上中下游全产业链。我们认为,不考虑市场估值,专注于在中国养猪的龙头企业更具投资价值。中游屠宰业门槛低,毛利率和利润率非常低,下游的肉制品火腿肠、培根等不太符合人们更重视健康消费的大趋势,成长性不足。而牧原股份所属的上游不仅平均利润率高(尽管有周期性),而且龙头企业在可见的未来可以实现高速的增长。

(2)主营产品满足了人类的哪些需求?对应马斯洛五层次需求中的哪些?这些需求是否稳定长期存在?是否有成瘾性或被动性?

在马斯洛五层次需求中,猪肉满足了人类的最底层需求——高性价比的动物蛋白质和脂肪,满足人的生理需求(和一部分精神需求)。这种需求稳定长期存在,有成瘾性。

(3)主营产品与其他公司产品是否有明显的差异化?双盲测试能否区分出该公司的主营产品?

牧原的生猪与其他公司的产品没有特别明显的差异化。牧原也几乎没有定价权。当然,养猪行业也是可以做出差异化的。例如,北大陈生的"壹号土猪",丁磊的"网易未央黑猪",采用我国土黑猪品种。网易使用太湖猪，壹号土猪使用太湖猪与陆川猪杂交，其生产周期更长（育肥10个多月），肥肉更多一些，肉色呈暗红色，肉的香味更浓，价格也更高，主要定位高端消费人群。

2. 主营产品的固定成本与可变成本构成（是否存在显著的规模经济）

如果一家企业的固定成本占比高，可变成本占比低，则会具有一定的规模效应。从养猪成本来看，原材料占比近60%，药品成本占比11%，可见牧原的营业成本主要是与养猪规模相关的可变成本，规模经济效应不显著。这也是整个行业共有的特征。

3. 主营产品的价格——猪周期

我国商品猪价格的周期性波动特征明显，一般3~5年为一个波动周期。2000年以来，全国生猪养殖业大致经历了如下波动周期：2000—2002年、2002—2006年、2006—2010年、2011—2014年各为一个完整周期，大周期中也存在若干个小周期。2014年是几乎全行业亏损期，所以那一年牧原的ROE仅为4.27%。2015年及2016年为第五个周期的上涨期，行情从2016年下半年以来整体进入下行期。

对于猪周期，我们需要思考以下五个问题：**为何有猪周期？猪周期的波动中枢由什么决定？波长由什么决定？振幅由什么决定？预测猪价和猪周期重要吗？**

"猪周期"循环轨迹一般是：猪价上涨——母猪存栏量大增——生猪供应增加（过剩）——猪价下跌——大量淘汰母猪——生猪供应减少（短缺）——猪价上涨。猪肉价格上涨刺激养殖户（主要是散户）的积极性造成供给增加，供给增加造成猪价下跌，下跌打击了养殖户的积极性造成供给短缺，供给短缺又使得肉价上涨，周而复始，这就形成了所谓的"猪周期"。可见，**我国的"猪周期"是由散户为主的格局决定的**。"猪周期"一般持续3~5年，这是生猪固有生长周期决定的。

因此，**猪周期的价格波动中枢由广大养殖散户的平均成本决定。波长由猪的生长周期决定。振幅由广大散户的平均成本与平均最低可**

变成本的差值决定。

我们可以得出结论，猪周期的存在有其必然性，是由供给方散户为主的结构造成的。一个猪周期中的具体猪价又包含很多偶然性。猪价不是哪一家头部养殖企业可以左右的，而是由广大养猪户共同决定的。在考虑投资养猪企业时，**预测猪周期和猪价没那么重要**。

4. 牧原独特的商业模式

规模化养殖有"公司自养"和"公司+农户"两种模式。两种模式各有优劣势："公司+农户"模式通常采用协议收购或委托代养两种方法与农户合作。通常采用"统一供种、统一供料、统一防疫、统一收购"方式，但需要公司对合作户有较强的管理、约束能力。公司自养模式，在生猪品质控制、食品安全保障、疾病防控及生产效率等方面具有较大优势，但对资金的需求量较大。

牧原股份是自繁自育完全闭环的模式，完全由公司自繁自育自养。网易未央猪也是这种模式。

其他规模化养殖企业绝大多数采用"公司+农户"的模式。例如，温氏股份的模式是"公司+农户"，公司负责鸡与猪的品种繁育、种苗生产、饲料生产、疫病防治、产品销售等环节的管理及配套体系的建立，并向农户提供商品肉鸡和商品肉猪在饲养管理过程中的饲养技术指导；合作农户负责商品肉鸡和商品肉猪的饲养管理环节。壹号土猪也采取这种模式。

5. 牧原种养结合，循环经济，环保生产模式

牧原公司改进饮水工具，减少养殖喂水过程中的浪费；采用全漏粪地板，免去水冲环节；夏季采用电脑控制的喷雾降温；用冲洗漏下的水冲洗刮粪板下方。通过对细节的精确控制，从源头减少水量的使用，使每头猪生长全程产出的污水量在全国同行业最少。将粪尿进行干湿分离，干物质制成有机肥，液体进行沼气发酵，用沼液浇施农田。为确保科学浇施沼液，公司通过测量土地肥力，结合当地气候和农作物营养需求，制定浇施方案，免费将浇施管道铺设到田间地头，

方便农民浇施，真正做到了种养结合，粪水合理还田利用。

但规模化养殖场需要有规模与之匹配的农场才能完全吸纳这些肥料。如果超出了农田吸纳能力，会对土质水质产生负面作用。

6. 牧原开创的5+精准扶贫合作模式

牧原开创"政府+银行+龙头企业+合作社+贫困户"模式：政府组织贫困户入股成立合作社，政府和牧原担保增信，贫困户向国家开发银行或农信社申请扶贫贷款，交由合作社按牧原标准建设猪舍，牧原租赁猪舍养猪，贫困户每年获得稳定的资产分红3 000多元，可连续收益10年。该模式符合各方利益，实施仅一年时间就呈现出巨大的生命力。截至2017年10月已复制到全国7个省12个县，带动48 284户贫困户稳定脱贫。这种扶贫模式并没有改变牧原一体化的养殖模式，全过程还是在牧原的主导之下。

7. 专业化还是多元化，多元化是否具备高度协同性，企业的边界

牧原业务高度聚焦，**专注于生猪养殖这一件事，生猪销售收入占总营收的99%以上**。温氏股份养猪占比63%，养鸡占比31%，还有少量肉制品加工、奶牛、鸽子、兽药等，还准备开设零售肉店。雏鹰农牧的业务包括养猪、粮食贸易、互联网、金融、电竞等。正邦科技业务包括养猪、饲料、兽药、农药等。罗牛山业务有养猪、房地产。新希望的业务涵盖饲料、肉食品、养殖、屠宰、商贸。

8. 销售模式

目前生猪市场多采用猪贩子上门收购，"钱货两清"的销售模式。牧原大约80%的销售收入来自于猪贩子。猪贩子每日活跃在各养猪场和城市周边的屠宰场之间，承担着生猪购销、运输和价格发现的作用。这种模式有两大特点：购买者高度分散，几乎无议价能力。当然，生猪市场的供给方目前也是高度分散，无议价能力。**买卖双方都是市场价格的接受者**。现金流非常好，公司几乎无应收账款。

9. 公司毛、净利润率优秀的原因（ROE 来源分析，杜邦分析之一——盈利能力分析）

牧原 ROE 比较高，第一是净利润率比较高，第二是杠杆率较高。利润率较高的原因是，牧原集团结合我国农业发展的特点和生猪养殖行业的规模化需求，探索并坚持走出了有牧原特色的规模化、工业化养殖模式。杠杆率较高是因为采用了一体化的自养模式，而非"公司+农户"模式，资产较重。

10. 牧原的成本控制措施

1）优生优育：PSY（每头母猪每年所能提供的断奶仔猪头数，是衡量猪场效益和母猪繁殖成绩的重要指标，牧原约 24，比行业平均水平 15 高出很多，但比欧美效率最高的养猪企业略低）。

2）配方控制：料肉比（2.6）处于行业领先水平。32 种饲料配方。饲料全部自产。

3）原料控制：牧原股份子公司已经布局我国 12 个玉米、小麦主产省区，目前主要产能分布在以河南为中心的中原产粮区。除湖北、江苏、安徽外，主要布局省份均位于重点发展区、潜力发展区及适度发展区，可充分利用当地土地、粮食成本优势。

4）人工费控制：公司通过先进的猪舍设计（已发展至第 12 代猪舍）和全自动喂料技术，降低了人工投入。牧原育肥阶段人均饲养量约 3 600 头/批，高于温氏和雏鹰的 300～600 头/批。

通过以上措施，牧原把成本做到全行业最低，成本位于猪周期价格底部的下方，约为 10.5 元/千克。2014 年全行业亏损，牧原依然有利润。

11. 行业内竞争格局、行业集中度、当前竞争者实力（波特五力分析之一）

养猪行业是大行业、小公司，高度分散的市场格局。当前竞争者（散户）实力弱，牧原的重资产、高度工业化打法成本竞争能力很强。

因为市场高度分散,各头部企业并没有形成直接的竞争关系,大家都是市场价格的接受者。

12. 购买者集中度、议价能力、转换成本、预收应收款情况(波特五力分析之二)

从前五大购买者份额和牧原对下游资金的占用(预收款-应收款)来看,牧原有预收款,无应收款,对下游有一定的资金占用能力。

13. 供应商集中度、议价能力、转换成本、预付应付款情况(波特五力分析之三)

从对上游资金占用(应付款-预付款)来看,牧原有相当的应付款,无预付款,对上游资金有占用能力。前五大供应商合计采购金额占比只有13%。

14. 公司三费控制情况

注意重大变化、行业重大差距及其原因。

2016年,销售费用只有1 356万元,相对于利润规模几乎可忽略不计。随着经营规模扩大,财务费用1.7亿元,利息费用增加。

15. 公司税收情况

根据税法规定,牧原同时享受免缴增值税、免征企业所得税优惠政策。牧原税收为零,这一情况非常特殊,也是牧原利润率高的原因之一。

农林牧渔企业,由于现金交易为主、资产难以审计且税收为零,往往是财务造假的高发地。很多投资者凡是农林牧渔企业都绝对不考虑投资。投资中,不应该有刻板印象,把农林牧渔企业统统一棍子打死。牧原现金流很好,银行融资渠道畅通,没有任何造假动机。牧原股份在其他养猪企业采用瘦肉精的行业潜规则中坚守原则、从未"作恶"。对牧原股份的历史和企业家了解多一些,就会发现它财务作假的可能性几乎为零。当然，我们也可以保持合理怀疑，分析牧原股份近些年的扩张和员工数量、工资总数是否匹配等，结果也都是匹配的。对农林牧渔企业多留心是对的，但不宜简单化地完全远离所有公司。

16. 公司资产周转率情况（杜邦分析之二——营运能力分析：存货、应收、总资产周转，注意不同行业的特性和行业内横比）

2016年，牧原资产周转率56%，而伊利高达154%。生意模式是不同的。

17. 公司资产负债情况（杜邦分析之三——杠杆经营分析：负债的主要构成、原因、代价及变化的可能性）

牧原的杠杆率高于温氏。这是由全程自繁自养模式决定的。温氏的"公司+农户"模式相对轻资产，杠杆率较低。

18. 公司股权分布情况，高管持股及近期变动情况

秦英林先生和钱瑛女士为公司实际控制人。秦英林先生和钱瑛女士合计持有牧原集团100%股权，直接和间接合计持有公司65.59%的股权。

19. 员工持股情况及近期变动情况，高管薪酬情况

牧原总共执行了三期员工持股计划，合计持股1.158亿股，占总股本的10%。

20. 实际控制人的格局、价值观

实际控制人的格局、价值观和企业文化，对于理解企业和预测企业非常重要。我们要持续"听其言、观其行、查其绩、读其心"。从很多资料来看，牧原公司创始人、实际控制人秦英林是一位有格局、有社会责任感的企业家。

根据2017年福布斯排行榜，牧原集团秦英林以208.5亿元的财

富，稳居河南首富，他也是唯一一位入围全国 100 强的河南企业家，居榜单第 89 位。他曾提出关于养猪的"七个站位"。1985 年，秦英林放弃保送河南大学，却要上农业大学。理想就是养猪，养全中国的猪。1989 年 9 月，他从河南农业大学毕业后，在南阳地区食品公司的办公室按部就班地工作。1992 年，秦英林带着妻子钱瑛（兽医专业）辞职回到老家。1993 年 6 月 22 日，他买回 22 头猪，开始了他的养猪生涯。到现在 25 年过去了，**他只做养猪这一件事。**

21. 企业文化，企业核心发展理念

愿景：让中国人吃上放心猪肉，享受丰盛人生。
核心价值观：创造价值，服务社会；内方外正，推动社会进步。
行为准则：不投机，不巧取，不豪夺，绝不拿金钱做交易。
处世准则：利而不害，为而不争。
"三不争"：不与政府争条件、不与农民争利益、不与员工争薪酬。
"三个有利于"：有利于地方经济发展、有利于农民社区生活、有利于牧原事业可持续发展。
"三个依靠"：依靠县乡村党委政府支持合力发展、依靠社会各界仁人志士参与发展、依靠一套谁贡献谁受益的奖励机制加快发展。

22. 公司经济护城河分析

我们需要分析企业独特的竞争优势以及定价权来源。**竞争对手即使明明知道，在一定时期内也无能为力的才可能是护城河。**

1) 第一类护城河分析

是否具备知识产权、无形资产产生的护城河（品牌、专利、政府特许经营权、特殊地理位置、特殊资源垄断，例如茅台酒）？

规模化养猪场对选址的要求较高。地方政府一般也不太支持。牧原抢先占位粮食主产区、贫困县。牧原有一定的专利技术、配方、政府特许经营权、特殊地理位置形成的护城河，但不是很强。

2) 第二类护城河分析

是否具备高客户转换成本产生的护城河（客户黏性、习惯、安全性、学习成本，例如老干妈）？

牧原不具备此类护城河，但行业整体具备此类护城河。

3）第三类护城河分析

是否具备规模经济等超低成本优势产生的护城河（规模经济、优越的地理位置、不易模仿的低成本生产流程，例如格力空调）？

牧原的全程自繁自育自养的商业模式，生猪工业化养殖的生产方式，使得牧原具备超低成本优势产生的护城河。无论"猪周期"如何，牧原从未亏损。**即使全行业亏损，牧原也是最后亏的那一家。**而且"猪周期"越漫长对牧原越有利，"猪周期"可以将成本较高的养猪企业清除出去，最后获利最大的依然是成本最低的企业。

4）第四类护城河分析

是否具备网络经济产生的护城河（群体性消费，单品价值随用户增加而增加，例如传真机、微信、茅台）？

牧原不具备此类护城河，行业也不具备。

5）识别非护城河因素

大的市场份额、优质产品、高效管理、产品创新、销售渠道（例如诺基亚手机、柯达胶卷、莫斯利安酸奶、百丽鞋等）

牧原所拥有的护城河不是非护城河因素。

总结一下：牧原的高度专注、独特的工业化生产模式、自繁自育自养全闭环商业模式、5+扶贫合作模式、成本控制措施、优秀的企业文化共同造就了牧原的超低成本优势护城河和部分的特许经营护城河。

三、理解当下：公司当前的优劣势

1. 当前宏观经济与行业总体趋势情况

宏观经济趋稳向好。猪肉消费需求端属于弱周期性（周期性仅在于供给端）。生猪养殖行业供给端趋势是从高度分散走向适度集中，未来行业周期性会逐步减弱。

2. 行业容量前景（是否存在明显的行业天花板）

生猪市场万亿元市值，行业有一定的天花板，但企业远远还没有达到天花板。目前行业大约7亿头猪。作为行业龙头，牧原的市场份额只有不到1%。**牧原在可见的未来依然会高速增长，但这种增长不是依靠行业的总体增长，而是靠挤占养殖散户退出的市场份额。**

3. 新进入者威胁大小（波特五力分析之四）

新进入者面临门槛。首先，进口生猪威胁小。我国约7亿头猪产量，占全球产量约一半，而美国全国产量1亿头。2016年我国进口了2 000万头生猪，规模很小。因为海运时间长，不可能海运活猪，只能是进口冷冻猪肉。而我国人的饮食习惯是购买热鲜肉或者冷鲜肉。进口冷冻猪肉有相当比例只能用于制作火腿罐头等肉制品。

其次，国内新进入者面临资金、规模、环保、经验、技术、政府准入的高门槛。养猪的经验积累也受制于猪的生长周期，无法像互联网产品一样快速迭代。

4. 上下游的情况

饲料的原料玉米、小麦、豆粕为大宗商品，供给依然充足且来源分散。

下游仍然是以猪贩子为主，需求充足且分散。

5. 同业竞争对手的情况

专注与多元化的区别：自繁自育自养重资产模式与"公司+农户"轻资产模式的区别，将逐步显现。牧原的一体化重资产模式的扩张速度明显快于温氏等轻资产企业。温氏模式在初期扩张会很快，但后期会受制于农户端。

6. 主营产品的替代产品威胁（波特五力分析之五）

1）识别主营产品背后的核心需求（如汽车对应快速出行，煤炭对应能量）

2）可能出现的替代品和转换成本（如手机替代寻呼机，高铁替代短途航班）

由于人体对优质蛋白质和脂肪的需求，肉类食品不可被替代。对于我国人来说，猪肉食品难以被禽牛羊鱼类肉食品替代。2015年，我国的猪肉产量是牛肉（700万吨）的7.8倍，是羊肉（441万吨）的12.4倍。不过我国消费的牛肉有一半是从国外进口的。牛羊的生长周期长，单胎繁育量少，占地面积大，不适合我们这样的农耕国家、人口大国。猪肉占我国居民肉类食品的60%以上，这一消费习惯在长期内会保持稳定。

7. 公司的经营风险

1）疫情风险，牧原采取"完全闭环、分仓隔离、全出全进、养防治结合"，能较好地控制风险。养猪的疫情发生率比养鸡低很多。

2）猪价波动，本身不是真正的风险。

3）原料价格波动，本身不是真正的风险。

4）资金链风险，需要特别注意，特别是如果同时出现上述三种风险时。

小结一下，大行业，小公司的格局使得公司发展远远还没有触及天花板。行业内竞争者弱，新进入者门槛高，上游弱，下游弱，替代品威胁小。公司的优势在于超低成本，质量高度可控，风险可控。劣势在于资产属性重，资产负债率高，需要注意债务安全性。

四、预测未来：未来五到十年的情况

1. 人口数量、结构、消费习惯的变化可能给需求端带来什么影响

我国人口数量约在2030年才会达到峰值14.5亿人左右，虽然老

龄化趋势会有所加深，对猪肉消费有一定负面作用，但以猪肉为肉食主体的消费习惯不会显著改变。从"家"字的结构和大量的经典菜品也可看出我国人对猪肉的消费习惯源远流长。"民以食为天""猪粮安天下"。因此，万亿元市值的猪肉需求市场将在未来十年保持稳定或者轻微下降。

2. 行业供给端可能的变化（结合行业分析和商业模式分析）

美国也曾经经历了散户养猪到行业集中规模化养猪的过程。目前，美国的前五大养猪企业占到约30%市场份额，最大的企业史密斯菲尔德（Smithfield）占到市场总额的17%。散户以前是退出成本低、进入成本低，以后是退出成本低、进入成本高。头部企业都将继续快速扩大产能，但制约产能的因素各不相同。**行业走向集中化在未来十年不可逆转。**

3. 科技进步可能带来什么影响

科技进步会带来更高的PSY，料肉比；更好的动物防疫；更高水平的自动化和智能化，更少的人工；更低的物流成本；更环保的废物处理，种养结合的循环经济。但**科技进步不会改变人们吃猪肉的方式和习惯。**

4. 国家政策可能带来什么影响

为保护环境，政府颁发了一系列文件，《全国生猪生产发展规划（2016—2020年）》、《关于促进南方水网地区生猪养殖布局调整优化的指导意见》、《畜禽规模养殖污染防治条例》、《水污染防治行动计划》（"水十条"）、《土壤污染防治行动计划》（"土十条"）等。在空前严厉的环保督查压力下，2016年和2017年，我国生猪存栏减少了7 200万头，占全部存栏的18%，这其中大部分为散户养殖。

行业集中化本身已经不可逆转，国家环保政策又带来三个重要影响：①提高散户进入成本，退出后就难以再回来；②拉长本轮猪周期，猪价短期未必下跌；③利于规模企业扩张，加速行业集中化过程。

5. 主营产品可能的价格、成本、费用变化（结合波特五力分析和财务分析）

猪周期仍然会显著影响营收和利润，但猪周期本身并不是问题的关键。猪价也无须预测。随着行业集中度的提高，猪周期的振幅将可能缩小。

6. 净利润可能的成长来源

提升净利润的办法有：扩大产量（同时成本也会加大，要注意边际成本）、提高售价（需要定价权）、减少成本（有限度，不可能无限减低）、减少费用（有限度）、减少税收（有限度）。牧原的主要方式是进一步扩大产量，提高养猪规模。

7. 公司可能的市场份额

未来若干年后，我国一定会出现市场占比10%以上的规模化养猪企业。结合之前的分析，牧原有非常大的概率，至少成为其中之一，那意味着7 000万头的养殖规模。

8. 公司ROE可能的提高的空间和来源（结合杜邦分析）

牧原的高ROE主要来源于净利润率，已经比较高，提升空间不大。而且未来相当长一段时期内，猪周期仍然会存在，所以净利润率和ROE仍然会周期性波动。周转率的变化不大。牧原应注意权益乘数的安全性。

9. 公司可能的新产品新业务情况

牧原暂时不需要向上下游扩展，仅仅做好生猪养殖这一件事就够了。

10. 如果我是董事长将可能怎么做

我们认为，牧原应该坚持"**两个不理会，两个注意，一个坚定**

不移"。

不理会猪周期价格波动，不理会饲料成本价格波动。注意保持并扩大最低成本优势，注意猪周期底部的资金链和债务安全性。在两个注意的前提下，坚定不移地持续快速复制现有模式并扩大产能。

当然，**我们对任何公司的检视从来都不能是一劳永逸的**。任何公司，哪怕曾经很优秀，都可能在未来决策失误、经营失败，甚至出现财务造假、业绩爆雷等各种情况。我们后续要对牧原股份的经营行为和经营绩效做持续的观察和判断。

第三节　呷哺呷哺：从分析、买入到持有的投资案例㊀

我们做股票投资，面临三个问题，第一是发现与分析企业，即"**买什么**"；第二是择时与建仓，即"**怎么买**"；第三是动态检视企业，即"**如何持**"，也等同于"怎么卖"的问题。

一、发现与分析：买什么

对于如何发现投资目标，**我们采取"自上而下"和"自下而上"相结合的方法，但重点落在"下"上面**。选择投资时机需要逆向而动，而考虑企业基本面时，则最好顺势而为，选择符合社会未来发展趋势的企业。当然夕阳行业中也可能有好企业，所以重点还是要落在具体的公司上。

当前的我国，面临如下的一些商业趋势：消费升级，人们更注重品牌消费，从无品牌消费过渡到有品牌消费，从偶尔品牌消费过渡到经常性品牌消费，从低端品牌过渡到高端品牌消费；体验式消费行业兴起，虽然宏观经济疲软，餐饮、娱乐、旅游、医疗服务等行业依然保持不错的增长；有品质的制造业产品依然稀缺，且我国制造业有着结构性优势；互联网颠覆很多行业，但有些行业却被移动互联网和物

㊀ 原文于 2017 年 5 月 14 日发表于微信公众号"静逸投资"。

流效率的进步所补贴。呷哺呷哺作为快速休闲火锅的第一品牌，符合未来的社会趋势。此外，在经济下行，房租、人工上涨的形势下，很多人不看好餐饮股，很多人也不看好港股，有可能为我们提供不错的安全边际。因此，2014 年年底在香港上市的呷哺呷哺进入我们的研究视野（作为身边的公司，我们很多年前就开始观察呷哺呷哺了）。

分析公司可以分为以下四个步骤。

一是搜寻过往，我们看任何一家公司，看到的都是公司的历史，从公司的历史去判断过去是不是一家好公司。

二是解释过去，过去为什么是一家好公司？为什么能取得这样的成绩？

三是理解当下，当前环境下公司有哪些优势和劣势？有哪些机遇或困难？

四是预测未来，保持当前看得到的基本因素不变，企业未来 3～5 年的经营状况大致会如何？

主动站在董事长视角，假设如果是我来经营，我还可以采取哪些战略战术，进一步改善企业的经营状况？

1. 搜寻过往：呷哺呷哺过去是不是一家好公司

为了清晰地了解呷哺呷哺的过去，我们需要从各种渠道搜集很多信息。信息渠道包括招股说明书、年报、公司公告、公司官网、微信服务号、新闻报道、高管访谈等。此外，餐饮企业可以从大众点评、美团上查看门店排队情况以及顾客评价等信息。我们还可以亲自体验不同的呷哺呷哺店面和外卖业务，也可以访谈呷哺呷哺的顾客和员工，可以调查其供应商。总之，餐饮企业的信息搜集和调研工作是相对比较容易做的。

1998 年，台湾珠宝商人贺光启在北京创立了呷哺呷哺，这是一家吧台式小火锅连锁餐饮企业。经过一年的准备，1999 年 3 月，呷哺呷哺第一家餐厅——北京西单明珠餐厅开业。2008 年，呷哺呷哺发展迅速，于当年获得英联投资的资金支持。2010 年，呷哺呷哺进入上海市场。2014 年 12 月 17 日，呷哺呷哺在香港联合交易所上市，发行约

2.27亿股，发行价4.7港币/股，募集资金约10.67亿港元。募集资金计划用于新开立500家餐厅（每家新餐厅成本约130万元）及相关工厂。总股本10.64亿股，贺光启持有4.5亿股，占比42.29%，美国泛大西洋资本集团持有3.41亿股，占比32.05%，其他约2.73亿股，占比25.66%。2015年年底，总共在8个省市拥有550家门店，完全直营，不接受加盟。拥有员工1.115万人，其中86.3%为餐厅服务员工。

呷哺呷哺主要经营模式主要是"农餐对接规模化采购＋中央厨房工厂化加工＋高人流量区域标准化直营门店＋高翻台率平价销售"。主要服务模式是"顾客自助服务为主＋服务员轻量服务为辅"。呷哺呷哺主要产品是"锅底小料＋牛羊肉＋蔬菜套餐＋饮料"。呷哺呷哺定位在正餐和快餐之间，比正餐快捷，比快餐正式。人均消费40元左右，大幅度低于正餐，略高于一般快餐。就餐人数一般1~4人，以1~2人居多，社交功能弱。主要对象是中低收入的白领、学生、打工者和年轻家庭。就餐时间一般为25~40分钟。多种锅底小料适应各省人群口味。一餐10余种肉蛋蔬菜菌类烫煮加主食的搭配，以及一人一锅的分餐制，符合未来健康饮食趋势。呷哺的**核心理念是"品质源自坚持"**。

我们来看呷哺呷哺的财务数据，定量地看公司的历史：资产负债情况（2015年6月，人民币），非流动资产4.19亿元（物业厂房设备3.30亿元），流动资产13.12亿元（现金9.45亿元，应收预付0.44亿元），流动负债3.34亿元（均为经营性负债），非流动负债0.17亿元。总资产17.3亿元，其中权益13.8亿元，负债3.5亿元。公司没有金融性杠杆，只有经营性杠杆。没有应收账款，只有应付账款。上市前，非流动资产4亿元，流动资产5亿元，应付账款4亿元，招股书显示历年ROE基本稳定在24%~30%之间。上市后，募集资金实质上尚未参与经营，导致ROE下降。呷哺呷哺成本结构中40%为原料，24%为人工，13%为租金，对成本控制力较强。

过去五年，呷哺呷哺的店铺数量和营收、净利润均保持高速增长态势。翻台率虽然有所下滑，但依然远高于其他餐饮企业，处于优秀的水平（见表3-2）。①

表3-2 呷哺呷哺经营情况

指标/时间	2015年（预计值）	2014年	2013年	2012年	2011年
开店数（家）	550	452	394	330	243
翻台率	3.3	3.8	4.2	4.4	4.7
营业收入（亿元）	24	22	19	15	10
净利润（亿元）	2.10	1.41	1.41	1.08	0.76
ROE	16%	11.08%	26.18%	29.43%	24.55%

对危机的应对往往能反映出企业的管理能力。2015年央视3.15晚会曝光呷哺呷哺的鸭血样品检出猪源性成分。呷哺呷哺3月15日当晚停售，并配合食药监局封存全部门店鸭血，连发三条公告。3月26日，北京市大兴区食药监局解封全部鸭血。3月30日，北京市食品药品监督管理局抽检鸭血的书面检测报告，正式宣告未检出猪源性成分。4月8—14日，全国门店开展"安心鸭血免费试吃活动"，借力营销，赢得了顾客更大的信任。这说明呷哺呷哺质量确实可靠，同时管理层应对有方。

呷哺呷哺有着良好的、安全的财务数据，经营业绩快速增长，并且有着过硬的产品质量和优秀管理能力。**从过去的历史看，呷哺呷哺是一家优秀的公司。**

2. 解释过去：呷哺呷哺过去为什么是一家好公司

（1）**呷哺呷哺有着非常好的商业模式和生意特性**。连锁餐饮的核心在于是否能"锁住"并快速"扩张"，"锁住"和"扩张"的核心在于标准化程度。在所有中餐中，**火锅这个品类天然具有容易标准化的特征，可以实现工业化生产**。所以我们可以看到全聚德、南京大排档等餐饮企业经营多年，依然只有少数城市拥有少数店铺，而海底

---

① 呷哺呷哺2015年年报当时尚未发布。

捞、呷哺呷哺在全国已有上百家分店。**相比海底捞，呷哺呷哺的可复制性更强**，因为其店铺更小、要求更少（面积小，不动明火，不需要停车位）、资本开支少、服务人员需求更小、对服务的要求也不如海底捞高、用餐时间更短，所以其开店规模是海底捞的近3倍。

（2）**所有快餐中，火锅这个品类天然与非火锅类区隔**。传统的休闲快餐可以分为三类，一类是肯德基、麦当劳、汉堡王等以汉堡、炸鸡、薯条为主的西式快餐。第二类是真功夫、东方既白、吉野家、和合谷等米饭类快餐。第三类是味千拉面、康师傅牛肉面、阿香米线等面线类快餐。消费者在做选择时，脑子中首先想到的是品类，其次是品牌。**呷哺呷哺在以上三个品类之外，开创了休闲火锅快餐品类，并且在这个领域几乎垄断性地占据了消费者心智**。

（3）**呷哺呷哺不同于火锅，也不同于快餐，形成差异化竞争**。特殊的定位使得呷哺呷哺在这一细分领域没有直接对手，可以错开与正餐、火锅和一般快餐的竞争，极少数模仿者完全不能形成品牌和规模。呷哺呷哺还解决了一个人想吃火锅的问题。

（4）**呷哺呷哺独特的店面设计**。呷哺呷哺是标准化无明火几字形吧台式小火锅。这种形式提供了更高的客位数、更少的装修成本、更少的员工数、更高的餐厨比和更高的翻台率。呷哺呷哺有特殊定位和设计，单店投资额约120万元人民币，按照每平方米产值2.2万元计算，新开店3个月就能实现月收支相抵，14个月收回投资，效率非常高。

（5）**呷哺呷哺提供完全标准化的产品**。呷哺呷哺从一开始就采用"中央厨房+门店+集中采购"的模式。公司进一步扩建北京和上海的食品加工厂，到2017年北京产能将达7 000吨锅底和1万吨调料，可供应500家新餐厅；到2019年上海产能将达4 000吨锅底和6 000吨调料，可供应500家新餐厅。中央厨房保证了口味的一致性和生产效率，分地域的集中采购保证了食材物流成本。呷哺呷哺对原材料成本控制非常好。原材料及耗材成本在收入中占比逐年下降，从2011年的45.5%下降至2014年上半年的38.8%。

（6）**呷哺呷哺采用全直营、不加盟的经营策略**。加盟连锁本身不一定是坏事，**能不能锁住才是关键**。但不得不说，加盟条件下管理难度提高了很多，需要慎之又慎，因加盟导致品质大幅下滑从而失败的餐饮企业不胜枚举。比如小肥羊就因为未管控好加盟商，导致衰落。所以海底捞、呷哺呷哺的店铺均是直营，不接受加盟。

（7）**呷哺呷哺采用轴辐式扩张战略，还有很大的成长空间**。以重点城市为中心，滚轴式向外扩张。这样既有利于品牌传播，也利于最佳管理物流费用，并达到营运标准化。反面例子是南方小火锅千味涮，一共只有50多家店，却分布在很多省市，抬高了成本。

（8）**呷哺呷哺善于借力营销**。呷哺呷哺擅长借力营销，充分利用银行、信用卡、移动互联网，实现价格歧视、口碑传播、客户共享、提高内部管理效率。从呷哺呷哺的各种创新营销活动和对移动互联网的利用来看，管理层对新事物新工具保持了高度敏锐度，擅长把握目标消费者的心理。

（9）**呷哺呷哺管理层和企业文化非常优秀**。呷哺的创始人兼董事长是台湾人贺光启，总裁是杨淑玲，两人年龄均在50～60岁。两人早年的珠宝生意经验对餐饮标准化精细化管理很有帮助。对贺光启的访谈较多，杨淑玲的较少，但两人的访谈均体现出**低调务实、注重细节、有德行节操、善抓住商业本质的特征**。从公开资料来看两人是值得信赖的企业家。公司治理已经职业经理人化，核心管理层约40人，运营依靠系统自主进行。

餐饮企业提供的是体验式服务，就是无穷无尽的细节。呷哺呷哺的管理层非常重视细节，比如麻酱小料的口味就经过上万次实验调制出来；每一颗鸡蛋的大小要均匀，以免顾客之间产生心理不平衡；贺光启还主导设计工厂和门店员工的动线，并作为神秘顾客经常体验门店服务。

贺光启在一次访谈中说，"当消费者非常认同自己的产品的时候。一种莫名其妙的内心的这种感动，就自然而然地会出来，就像说所有的努力、辛苦，好像说得到了一个回馈，有了一个代价这样子"。我们在分析企业的时候，**要高度重视实际控制人的格局、情怀和价值观这些貌似很虚无缥缈的东西**。其实企业做大之后，能支撑企业继续发展壮大的东西,反而是这些"虚"的东西。

（10）**呷哺呷哺已经形成很深的护城河**。①低价格高品质,给顾客的印象是干净卫生、味道不错,很划算,对不少客户有很强的黏性。②差异化定位,开创并主导了快餐类火锅新品类。③规模化,集中化,降低了原材料、房租、物流等各项成本。④品牌优势,呷哺呷哺的品牌首先在一线城市建立,并逐步向二三四线城市扩展。⑤保密配方调料,呷哺呷哺麻酱秘方"只锁在某个人的脑子里,那个人他拥有全部,剩下的是都只知道部分"。

2004年12月24日,我们第一次在北京中关村鼎好电子商城体验呷哺呷哺。十多年过去了,呷哺呷哺的核心经营模式、服务模式和主要产品几乎没有任何变化（连蔬菜拼盘的摆法都没有变）,只是丰富了一些锅底种类和菜品种类。呷哺呷哺并不需要（但是它可以）持续创新和开发新产品获得市场竞争优势。经过多年的管理经验积累,商业模式、运营系统和供应链已经可以支撑快速复制扩张。

3. 理解当下:呷哺呷哺面临的环境,呷哺呷哺的优劣势

快速休闲餐厅市场从2008年的45亿元人民币增至2013年的127亿元人民币,复合年增长率达23.0%,预计未来五年我国快速休闲餐厅市场将继续保持高速增长。人们收入增长后,一日三餐做饭的机会成本太高。城镇化使得生活节奏加快,没有时间做饭。80后已很少做饭,90后、00后几乎不会做饭。规模化经营使得快餐的价格与自己做饭的成本几乎相当甚至更低。因此,呷哺呷哺所在的品类依然有不错的发展空间。

（1）**呷哺呷哺的劣势和忧虑**

1）服务标准化、精细化程度仍然不够。呷哺呷哺产品标准化做得不错,但服务标准化、精细化还不够,当然这也与其定位有关。

2）就餐环境有待改善。吧台式设计座位相对比较拥挤,吃完后衣服上残留火锅味等。

3）南方的口味相对挑剔。以呷哺呷哺目前的中低端定位和服务水准,在南方扩展有一定难度。从其经营数据看,南方的经营明显差

于北方，北京的翻台率为4.0，上海的翻台率只有2.4。贺光启也说过，"呷哺呷哺进入上海，和出国的难度差不多"。可见，要取悦南方人精致的消费习惯，呷哺呷哺还需要不断改进。呷哺呷哺如果以现有口味和菜品进入川渝地区，大概率会惨败。

4）扩张过程中能否锁住质量。

5）用户体验仍有待提高。人工不应简单视为成本。呷哺呷哺的员工收入不高，服务态度一般。用户体验方面依然有较大的提升空间。

4. 预测未来：呷哺呷哺未来可能的经营情况

呷哺呷哺未来盈利提升，**主要靠单店盈利能力提高的同店增长和规模扩张的复制增长两条路径。**

呷哺呷哺有同店增长空间但不大，主要依靠品牌溢价提价（转移原材料、人工、租金增量成本，增加高毛利菜品）、进一步削减成本（不降低用户体验的前提下增加顾客自助服务，微信点单自助付款，优化动线减少店员；大规模集采；长租期锁定租金）、提高翻台率（缩短用餐时间；尝试小面积店面；增加非午餐晚餐时段用餐）、拓展新菜品、火锅外送和净菜外送（与外卖企业合作）、麻辣烫外带、呷哺小站等新增业务渠道。同店利润如果能保持稳定甚至略升，就非常不错。其实，同店增长从来都不是连锁制企业增长的关键。

连锁企业的营收增长关键看门店规模扩张。门店规模扩张增长主要靠用好公开上市募集的资金和盈利再投资。呷哺呷哺需要在东北、华北、华中、华东地区尤其是二三线城市（单店销售额超过上海天津）加大开店密度，扩大品牌效应和规模效应，或者拓展新的产品和新的业务。

呷哺呷哺的四个可能的规模扩张发展阶段：

1）单中心建轴——北京。

2）多中心建轴——北京、上海（广深港）。

3）多中心辐射——北京（河北、东北三省、山西、山东、河南）、上海（湖北、江浙、安徽）、广深（广东、香港、湖南、江西）。

4）海外中心——东南亚及其他海外地区。

呷哺呷哺 2015 年中报和年底店数都显示 2015 年开店数量不够快，大部分上市募集资金仍然睡眠。进入新省份开店需要新建中央厨房和蔬菜采购基地，人员储备和培训也有瓶颈。2016 年预计会加快速度，计划新开店 130 家。山东、江苏、黑龙江、山西、河南、湖北是重点。随着募集资金用于开新店（计划 2019 年以前达到 1 000 家），呷哺呷哺 ROE 将在未来两三年逐步回升至甚至可能超过原有水平。

二、择时与建仓：怎么买

价值投资包含了完整的择时策略，择时讲究逆向，总是反过来想，最好的时机往往是别人悲观的时候。当然，这种悲观往往不是理性思考的结果，而是"鬼故事"，即那些让人害怕但其实并不存在或者没有想象的那么严重的故事。**呷哺呷哺在一段时期（2015—2016 年年初）就有很多"鬼故事"。**

1. 宏观经济下行，大家不消费了。实际上，餐饮业在宏观经济下行的 2015 年依然保持了 10% 以上的增长。

2. 红海中的红海，竞争惨烈。呷哺呷哺的价格区间内竞争的确非常激烈，但快速休闲火锅市场，呷哺呷哺几乎是唯一的品牌。

3. 北京单一城市收入占比过高。反过来看，其实是呷哺呷哺这种经营模式有效的证明，而且随着呷哺呷哺的扩张，北京占比将逐步下降。

4. 翻台率下降趋势。更多受到宏观经济影响，扩张本身也会导致翻台率下降。但呷哺呷哺翻台率依然保持在行业领先水平，很多营业多年的老门店依然在排队，殊为不易。

5. 食品安全隐患。食品安全是生命线，呷哺呷哺对这个问题的重视程度非常高，管控措施得当，从未发生过严重的危机事件。严重的安全事故不大可能发生。

6. 原材料、房租、人工上涨的压力。呷哺呷哺对成本，尤其是房租的管控能力很强。随着品牌力的扩大，呷哺呷哺还能享受更多的议价权。作为服务行业，人工不应简单视为成本，适度扩大有利于服务体验改进。

7. ROE 下降。随着 IPO 资金投入到运营，未来 ROE 会回升。

8. 对投资者心理影响最大的还是呷哺呷哺"跌跌不休"的股价。呷哺呷哺的股价不仅跌破发行价 4.7 元，而且一路下滑，到了 3 元附近（最低到了 2.6 元）。投资者难免会认为这种下跌一定意味着什么。有时候，市场确实非常有效，在先于公司基本面出现问题之前，股价就开始大幅下滑。但有时市场却很无效，市场犯错的时候就是我们的机会。逆向投资并不容易，逆向不是简单地逆大众行事，而是需要具体分析人们担心的是有道理还是纯属"鬼故事"，这某种程度上考验商业判断能力。

投资者还有很多其他担心。

1. 港股低迷，被边缘化，老千股多。——港股低迷说明剔除了部分系统性溢价。老千股和呷哺呷哺这样踏实经营的公司有什么关系呢？

2. 港股 T+0，没有涨跌幅限制，风险大。——对价值投资者来说，T+0 和 T+365 是一样的。不使用任何杠杆，哪怕巨大的涨跌幅波动不能伤害我们分毫。

3. 呷哺呷哺 IPO 时间只有一年多，害怕财务造假。——IPO 时间虽短，但呷哺呷哺这家身边的公司，我们其实很多年前就可以容易地观察。

4. 流动性差，交易量极低。——作为以长期持有优质股权为最终目的的价值投资者，本来就不需要着急卖出，所以对流动性没什么要求。流动性越差，反而说明流动性溢价也在股价中被基本剔除了。

5. 缺乏关注。——港股基本是大机构大资金覆盖 40 亿市值以上的公司，香港散户很难观察呷哺呷哺。不是沪港通标的，内地机构和散户买入呷哺呷哺比较麻烦。缺乏关注是好事，可以进一步剔除溢价。

我们在建仓前应该问自己两个问题：

1. 如果现在买入，五年之内不允许卖出，会不会害怕？

2. 如果现在买入，股价继续下跌 30%，而且手里还有很多现金，会不会更高兴地继续买入？

很多人认同"会买的是徒弟，会卖的是师傅"。这句话大错特错，其实**卖出不重要，买入几乎决定一切**。一笔投资是否成功，在买入时就已经基本决定了结局。**不要期望靠卖得好来盈利，这是股票交易者的思维，唯一的希望是买好的，买得好，这才是股权投资者的思维。**

对于呷哺呷哺，如果我们在 3 元左右及以下择机买入（对应 PB 不到 2，PE 接近 10，结合呷哺呷哺的基本面，已经具备相当的安全边际），越跌越买。在企业基本面尚无变化的短期内，无论上涨还是下跌，股价低的时候买入比股价高的时候买入安全。企业的发展也是动态的，未来在某个更高的价格位置买入，也许比当下的一个较低位置具有更高的安全边际。**优秀的企业可能可以做到股价不断上涨，估值却越来越便宜，会出现虽然股价更高但更加值得买入的位置。**

三、动态检视企业：如何持

买入之后首先忘掉买入价。买入价只有在回过头计算成绩的时候有用，其他时候无任何意义。**依据买入价做出的决策都是逻辑错误的**。不要以"我已经赚（亏）了 xx%"来决定是否卖出。赚了多少根本不是卖出的理由。**不要以股价上涨来印证自己买得正确，不要以股价下跌来怀疑自己买得错误**。市场和股价在短期内表现出高度随机性，所有的走势都可能出现，所有的价格都是可能的、合理的。股价的走势里不一定有"信号"，有可能只是"噪音"，需要我们具体判断。

1. 我们还需要动态检视企业基本面的变化

（1）呷哺呷哺护城河有没有变化？商业模式、核心竞争力是否有变化？重点关注北京、上海的老店运营情况。

（2）同店增长的措施是否在逐步实施并发挥作用？移动互联网营销、新菜品、外送、外带等业务对门店业绩有无贡献。

（3）门店扩张是否顺利？重点关注省会城市和三线城市的新店。其他业务领域是否有所突破？

（4）居安思危，见微知著。关注有无出现食品安全等问题。同时，他山之石，可以攻玉。我们也需要继续观察行业优秀企业，如外婆家、海底捞、西贝莜面村等优秀餐饮企业，思考它们成功的原因。继续观察行业内失败的企业，思考它们的过失。

2. 出现以下情况时，我们将考虑加仓

（1）呷哺呷哺经营无变化，股价因为市场情绪大幅度下跌出现较大安全边际。

（2）呷哺呷哺进入新的发展阶段或者建立了新的未来优势，市场未充分认识，股价未有充分体现。

（3）呷哺呷哺经营发生了没有伤筋动骨、容易纠正的"黑天鹅"事件，但股价过度反应。

3. 出现以下情况时，我们将考虑卖出

（1）呷哺呷哺经营无变化，股价因为市场情绪被极度高估。**注意高估不是卖出标准，极度高估才是卖出标准（判断标准是：是否有信心在卖出后的未来某个时间可以以一个更低的价格买回来。绝大部分做 T 的人都在碰运气，没有严肃认真地对待手里的优质股权）。**

（2）呷哺呷哺因为某些不可逆转的错误丧失了原来的护城河。

（3）呷哺呷哺的经营遇到天花板，股价被高估，此时我们发现了更好的企业和更有确定性的投资机会。这时应该优先使用现金建仓，其次才使用换股建仓。

在股价上下波动、股价模糊不清、股价合理或一般高估等时候，**只要企业经营正常，我们就长期持有，不动如山就可以了。**

动态检视：呷哺呷哺 2016 年以来基本面新变化解读㊀

2016 年 3 月 19 日—2017 年 5 月 12 日期间，呷哺呷哺先后公布了 2015 年年报和 2016 年年报，经营情况发生了较大的变化。传统业务方面，呷哺呷哺的经营按照原定计划有条不紊地展开，经营业绩不断向好。

2016 年以来，除了继续向更多地区外延式扩张外，呷哺呷哺从四个方面寻找额外发展动力，**建立了新的发展优势。**

（1）呷哺呷哺对餐厅实行的 2.0 升级改造，符合消费升级的趋势，有利于提高呷哺呷哺品牌形象和顾客体验，提高客单价和利润率，从而促进同店增长。有利于呷哺呷哺满足南方较为精致的饮食需求，为南方的门店扩张打下基础。

（2）推出的中高端品牌凑凑独特而富有魅力，以良好的社交氛围、精致的设计、特色的中高端菜品取胜，有很大的发展潜力。**未来有可能再造一个呷哺呷哺**，而且和现有的呷哺呷哺业务有很大协同效应。需要持续高度关注。

呷哺呷哺在南方的业务没有太大起色，但 2.0 版餐厅的升级和凑凑的推出有利于在南方的扩张。原呷哺呷哺品牌应进一步巩固北方市场。

（3）呷哺呷哺外卖业务运作良好，已经占到外卖门店业务 10% 以上，但由于火锅外卖的天然不方便的特性，最终不会占门店业务特别大的比例。连锁企业增长的关键所在并不是同店增长，而是店面的扩张。

（4）呷哺呷哺新推出的火锅底料和调料零售业务，有一定优势，但特色不明显，面临激烈的竞争，还需进一步观察。

总体而言，一年多来，呷哺呷哺业务大幅度向好，并建立了多个新的发展优势。股价虽然翻了一倍有余，已不如 2016 年年初显著低

㊀ 本篇是对 2016 年 3 月 19 日首次分析呷哺呷哺一年多后基本面新变化的分析。详细原文 2017 年 5 月 14 日发布于微信公众号"静逸投资"。

估和有吸引力，但实际上和内在价值差距没那么大，依然合理。呷哺呷哺是一家非常优秀的餐饮企业，股价也没有被极度高估，我们会继续长期持有，并且按既定策略持续关注和研究。

第四节　伊利股份："三聚氰胺事件"后的困境反转[一]

"三聚氰胺事件"于2008年9月爆发后，我们于2008年11—12月建仓伊利股份，长期持有，直到2014年年初换到更好的标的五粮液，2015年股灾后又部分买回伊利股份持有至今。本节对投资伊利的过程进行复盘总结。

一、"三聚氰胺事件"始末

"三聚氰胺事件"是2008年爆发的一起严重的食品安全事故。2008年9月8日，甘肃岷县发现14名婴儿同时患有肾结石病，在这些婴儿食用的奶粉中被发现化工原料三聚氰胺。随后，包括伊利、蒙牛、光明、圣元及雅士利在内的22个厂家69个批次产品中都检出三聚氰胺，事件迅速恶化。处于"三聚氰胺事件"风暴中心的是三鹿集团，最终企业破产，董事长被判无期徒刑。此次事件改变了国内乳制品行业格局。

二、为什么此时投资伊利

2008年年底投资伊利的原因在于：伊利股份在2008年年底遇到了"四重悲观"，包括熊市整体的悲观、对行业的悲观、对公司的悲观、对股价的悲观，但奶制品行业发展的大趋势并没有变化。严格监管反而会净化市场环境，大幅度提高龙头企业的市场份额。该事件中伊利股份本身并没有什么责任和过错，其优秀公司的本质并没有

[一] 原文为静逸投资团队内部回顾性研究报告，写于2018年7月。

改变。

1. 熊市整体的悲观

2008年11—12月,A股正处于2007年大牛市崩盘阶段,A股2007年创下6124点历史最高点后泡沫破灭,到2008年10月跌到1660点附近。2008年11—12月,指数在2000点以下徘徊。当时,轰轰烈烈的大牛市在一年之内快速崩盘的惨烈程度,让绝大部分投资者心有余悸,甚至陷入绝望。

2. 对行业的悲观

"三聚氰胺事件"后,人们对国内乳企整个行业的信任度降至冰点。

3. 对公司的悲观

伊利、蒙牛产品均被查出三聚氰胺。2008年,伊利、蒙牛由于大量存货报废,不可避免陷入亏损。伊利2007年由于实施期权计划形成费用4.6亿元,造成净利润亏损2 000万元。2008年未预期到的"三聚氰胺事件"使伊利继续亏损。连续两年亏损使得2009年伊利股份将注定被ST,公司面临退市风险。

4. 对股价的悲观

"三聚氰胺事件"发生后,大量机构资金疯狂出逃,伊利2008年9月23日跌停,后面一个多月连续暴跌。在香港上市的蒙牛乳业遭十余家投行集体下调估价,其第二大机构股东摩根大通将目标价狂降至3.8港元,不足蒙牛乳业停牌前价格的两成。蒙牛乳业9月23日跌幅近60%收于7.95元。中金公司不但将蒙牛乳业、光明乳业、伊利股份的评级下调至"回避",并且表示蒙牛乳业和伊利股份的1倍净资产价格可能是目前阶段可寻求的股价安全底线。伊利市值从2017年年底的近200亿元被快速打压至不到60亿元。2008年11—12月,伊利市值一直在70亿元附近徘徊。

牛奶是最古老的天然饮料之一，被誉为"白色血液"，对人体非常重要。国民对于牛奶制品的需求长期存在且必定增长，并且难以替代。国人的牛奶消费量和欧美、日韩等发达国家相比还有较大差距。

进口牛奶是否会完全替代国产牛奶呢？进口牛奶难以完全替代国产牛奶。政策层面，国家绝对不会允许关系国计民生的食品品类被外企垄断。牛奶行业一直被视为民族产业，截至2007年我国有735家规模以上乳企，1 200万头奶牛，近百万的奶农，政府不可能让这个关系重大的产业垮掉。

只要我国的牛奶行业不会从根本上垮掉，现存的企业，尤其是伊利、蒙牛等龙头企业就不会出问题。伊利和蒙牛在这次事件中，只有个别批次个别产品被检验出轻微的三聚氰胺，属于比较轻微的问题。在2008年9月国家质检总局公布的对全国婴幼儿配方奶粉三聚氰胺含量检测结果中，三鹿被抽查的11个批次全部不合格，三聚氰胺最高含量高达2 563毫克/千克。伊利儿童配方乳粉被抽查的35个批次中只有1个批次不合格，三聚氰胺最高含量只有12毫克/千克。蒙牛婴幼儿配方乳粉被抽查的28个批次中只有3个批次不合格，三聚氰胺最高含量只有68.2毫克/千克。此次三聚氰胺事件的始作俑者主要是不法奶站，伊利、蒙牛甚至三鹿，其实都是受害者。

短期内，伊利、蒙牛以及全行业的奶制品企业都会受到三聚氰胺的影响，但此次事件中幸存的龙头企业也会迎来很多利好。当时可以判断三鹿必定破产，因为此次事件激起巨大的社会反响和公众愤怒，作为舆论风暴中心的企业，三鹿一定要为自己的过失付出代价。三鹿破产后，其市场份额将被伊利、蒙牛等企业瓜分。此外，**牛奶行业将迎来空前力度的监管，必然会淘汰大量中小乳企，市场份额向伊利、蒙牛等头部企业集中**。

伊利遭遇的"三聚氰胺事件"，是一种无法预见的黑天鹅事件，这种情况对消费者和投资者心理层面影响非常大，但对企业业绩的影响一般是短期的，股价往往在短期内暴跌，留给投资者的窗口期非常短。所以，事件发生一个多月后，股价已经被打压到相当低的位置，我们就开始了建仓。

三、为什么投资伊利，而非其他乳企

我们当时认为，全国性品牌更有投资价值。全国性品牌市场空间更为广阔，规模效应显著，品牌知名度更高，相对于地方乳企有更强势的竞争优势。真正的全国性品牌只有伊利、蒙牛，光明和三元都是半地域性品牌。

至于伊利和蒙牛的差别，我们当时认为二者都可以投资，只是蒙牛在香港上市，投资起来不太便利，所以选择了伊利。其实，当时蒙牛的发展势头比伊利更好。1999 年，牛根生是伊利的副总裁，与当时的董事长郑俊怀在战略上有分歧，于是和另外九名同事辞职创业，于 1999 年 8 月成立蒙牛。蒙牛营销手段高超（借助神舟五号、超级女声等），对市场非常敏锐，发展速度堪称奇迹，仅仅用八年时间，到 2007 年时，蒙牛的销售额超过了伊利。2007 年伊利销售额是 194 亿元，蒙牛是 213 亿元。

但"三聚氰胺事件"后伊利与蒙牛的做法不同。牛奶行业属于快消品，经销商对其极为重要，谁掌握了经销商，谁就掌握了市场。"三聚氰胺事件"后，包括伊利、蒙牛在内的国内乳品行业都受到巨大影响，在事件发生前生产的乳品全部都要下架，拉回经销商仓库等待销毁处理。在经销商损失承担比例上，蒙牛向自己的经销商提出要共同承担责任，损失资金五五开，导致很多经销商损失巨大。伊利却选择全额承担损失，赢得了很多经销商的口碑。

四、行业发展的后续跟踪

2008 年度，伊利大幅亏损近 17 亿元，其中受"三聚氰胺事件"影响造成存货报废 88 466.60 万元，同时计提跌价准备 23 848.07 万元。蒙牛由于经销商承担一半损失，2008 年亏损了 9.5 亿元。2009 年伊利如预期被 ST。但从经营情况看，三聚氰胺事件只有短期影响，2009 年一季度，伊利就实现了营收增长和扭亏为盈。2009 年度，除了三元因为接盘三鹿部分破产资产处在整合阶段而有小幅亏损外，蒙牛、伊利、光明都已转亏为盈。在2009年，我国乳业已基本走出2008年三聚氰胺的阴影，市场的乳品消费意愿也全面回升。

后面几年，伊利和蒙牛的相对位置又发生了变化。到2009年国内乳品行业开始复苏，由于伊利树立了在经销商之间的良好形象，蒙牛的很多经销商倒戈到伊利。从2009年起，蒙牛的增速开始落后于伊利。2011年伊利的营收超过蒙牛，重回乳业第一。蒙牛又接连陷入食品安全事件。2009年2月2日，国家质检总局发出公函责令蒙牛特仑苏停加OMP。2011年12月24日，国家质检总局公布了对200种液体乳产品质量的抽查结果，发现蒙牛乳业（眉山）有限公司生产的一批次产品被检出致癌物质黄曲霉毒素M1超标140%。蒙牛2012年全年营业收入360.80亿元，同比下降3.5%；全年归属上市公司的净利润12.57亿元，较上一年的15.89亿元下滑了20.9%。2012年伊利营收420亿元，净利润17.36亿元，双方在营收上的差距拉大。

蒙牛的内部管理也发生了巨大变化。经历了三聚氰胺、特仑苏OMP事件的接连打击后，蒙牛财务状况吃紧并且面临被恶意收购的风险。2009年蒙牛引入国企中粮成为第一大股东。牛根生等蒙牛创始团队相继淡出，CEO多次变更。2013年后，蒙牛相继控股上游原奶企业现代牧业和奶粉企业雅士利，两者的亏损给蒙牛带来大额的商誉减值。2016年度，蒙牛亏损7.5亿元。2017年，蒙牛利润20亿元，伊利60亿元。蒙牛的利润和伊利的差距越来越大。蒙牛在资本市场的估值也只有伊利的一半。不过，蒙牛在液态奶市场依然实力很强，还没有被伊利拉开绝对差距。

比较之下，伊利一直在潘刚的领导之下，管理非常稳定，并且一直专注于内生增长，没有外延并购。得奶源者得天下。"三聚氰胺事件"之后，伊利加大对奶源的控制力度，独家拥有呼伦贝尔、锡林郭勒和新疆天山的三大黄金奶源基地，牢牢掌握了我国最优质的奶源，成为唯一一家掌控西北、内蒙古和东北等三大黄金奶源基地的乳品企业。2016年，伊利在全国拥有自建、在建及合作牧场2 400多座，规模化集约化的养殖在奶源供应比例达到100%，居行业首位。伊利建立全过程追溯系统,消费者可以根据伊利产品上的条形码详细追溯该产品的生产信息,比如产自哪个厂区、哪个车间,甚至是哪一批奶牛以及供应奶牛的饲料等相关数据。伊利为了让消费者全面了解企业生产的过程和细节而专门设立了透明化的监督平台。2008年伊利开通了国内食品行业的首个"数字化参观平台",第一次"全面开放、全景直播、全程透明"地展示乳品生产。伊利推出"开放工厂"活动,让消费者参与进来,享受知情权和监督权。2008年以来,伊利从未发生食品安全事件。

贝因美、三元等少数在"三聚氰胺事件"中独善其身的企业,后来的发展情况也很一般。贝因美连续多年业绩大幅下滑并亏损。三元多年利润原地踏步,2013年大幅亏损。可见,"三聚氰胺事件"对企业长期前景并没有决定性影响。

"三聚氰胺事件"对伊利、蒙牛液态奶等业务的影响是短期的,但对奶粉形成了长期的负面影响。事件发生前,三鹿等国产奶粉占据主流。事件发生后,国产奶粉从此一蹶不振,国内奶粉市场被外国品牌占据大部分份额。实际上,三聚氰胺之后,国内奶粉在品质上和国外已经没有很大差距,甚至标准高于国外。但历次毒奶粉事件造成的严重后果已经让国人对国产奶粉失去信心。和液态奶不同,婴幼儿配方奶粉绝对容不得一丝风险。所以,国产奶粉重新占据主流需要很长的时间,这也是国产奶粉的悲哀。

对伊利未来的展望。在牛奶行业,伊利拥有最宽的护城河,包括巨大的规模优势、深入到全国各地的渠道以及规模巨大的营销费用。牛奶行业的创新产品不是护城河,即使光明率先推出莫斯利安这样受欢迎的产品,伊利也很快实现超越。目前乳品行业还是伊利、蒙牛的双寡头格局,但乳品行业产品还是相对同质化,选择伊利还是蒙牛、光明的产品没有太大差别,伊利在可见的未来还需要庞大的营销费用。伊利和茅台这样的白酒龙头相比,生意属性差别较大。作为龙头企业,伊利并没有茅台那种强势的定价权,更多地依赖产品结构升级来提价。好处是,伊利的牛奶还是一个健康的品类,不会像方便面、火腿肠等不健康的品类逐渐衰退。但我国牛奶行业总体上渗透率和人均消费量已经比较高,伊利未来的成长不会有很高速度了。伊利近年来试图进行一些外延收购,同时推出一些跨界的新产品,如植物蛋白饮料、功能饮料,这些体量还比较小,能否成功还需要观察。伊利仍然是一家非常优秀的企业,但对其未来增长不宜预期过高。

五、长期持有一家公司的股票是怎样一种体验

其实 A 股里很多的白马股、长牛股,多少年前就众人皆知。很多人也多多少少买过,但是真正从这些白马股、长牛股上赚取了大量绝对回报的人是很少的。原因无非还是那几条:怕继续跌不敢下手买,看见已经涨了怕回调不敢买,涨了心慌天天都想卖,涨了跌下来要卖,跌了涨回去也要卖,嫌涨得慢等不了还是要卖,躲回调做波段给做飞了,遇到鬼故事又给吓出来……

这几条原因,其实可以归结为两条——一是对公司价值没有建立足够的信心。二是对市场波动没有形成正确的认识。

那么,长期持有一家公司的股票是一种怎样的体验呢?

1. 买入的时候,要有充分的安全边际

我们的买入,是建立在风险已经完全释放甚至过度释放的位置。即使估值短期进一步下滑,我们也很难遭受毁灭性的打击。如果我们判断正确,那么我们未来的盈利就很可观了。

2. 忘掉买入价

在买完以后,买入价就没有什么意义了。股价已经相对于买入价涨了多少从来都不应该是卖出的理由。也许股价已经相对于我们的买入价翻了一倍,但是这个时候相比我们当初的买入点可能反而是更好的一个买入点。

3. 不要有预期收益

不要有预期收益就是说对股票能在未来哪个时间能涨到多少是完

全不知道的。买入的逻辑是随着企业经营的画卷逐步展开而得到印证。只要买入逻辑在经营和财报上都取得了印证，那么我们就可以安坐下来，继续观察事情下一步的发展。

4. 动态检视

对企业价值的评估不是一劳永逸的事情。随着时间的推移，企业面临的市场环境、内部的经营管理也在发生持续的变化。我们要不断衡量企业的内在价值，不断衡量当前股价与企业当前内在价值的关系，而不是与我们买入价的关系。"三聚氰胺事件"发生后的几年，牛奶行业的格局和各家企业的发展态势甚至命运都发生了很大的变化。

5. 没有确定性的东西，不必提前忧虑和事后后悔

新的黑天鹅事件、事后也找不出任何理由的市场大幅波动，都有可能会在持股期间发生。遇到这种情况的时候，一些人都会后悔，"早知道我就先卖了"。可是另外一个问题是："我有可能预测到吗？"答案通常是没有可能。既然没有可能，就坦然接受它好了，把它当成投资的一部分。我们需要做的是分清这是市场波动还是公司出了问题。公司出的问题会不会对公司带来实质性的影响。

2011年6月12日，伊利原董事长助理张三林在网上贴出一封名为《内幕惨不忍睹：伊利被这样掏空掏尽》的实名举报信，称潘刚及其亲属从伊利集团骗取资金达2 000多万元，牟取暴利1 000多万元，等等。举报信造成伊利股价跌停。最终，张三林实名举报无果。2017年，又有媒体造谣潘刚失联。这些事件对伊利经营的影响都可以忽略。

6. 正确面对长期盘整甚至回撤

长期盘整和回撤，特别是大幅度回撤，都不会是一件让人愉快的事情。但是仅仅因为不愿意参加盘整只想抓"主升浪"，因为预测市值要回撤或者因为已经回撤而卖出股票，都不是明智的选择。在很多

情况下，盘整和回撤仅仅是上涨的一个不可或缺的组成部分。很多优秀公司股票的走势已经证明，大部分时候股价都是在盘整甚至下跌。股价向内在价值回归的主要升幅都是在比较短的时间内完成的。但是为了百分之百抓住这些主要升幅，我们最靠谱的办法是全程在场等待，虽然笨但足够有效。我们持有伊利的过程中遇到过两次股价近腰斩的回撤，但这并不能影响什么。

长期持有一家公司的股票其实一点儿都不波澜壮阔，一点儿也不心惊肉跳。它只是持续地做正确的决策之后的一个慢慢呈现的、自然的结果。

第五节　2014 年的五粮液：四重悲观叠加下的大机会㊀

2014 年 1—2 月，我们投资了五粮液。五粮液是我们 2008 年继投资三聚氰胺危机后的伊利股份之后另一笔重要的投资。这笔投资目前依然没有结束，无论是 2015 年上半年的创业板牛市，还是下半年的股灾，以及 2017 年的价值股回归，都没有卖出过一股，目前也完全没有卖出的打算。本文对 2014 年投资五粮液以来的全过程进行回顾和总结。

一、投资五粮液的背景

1. 白酒的黄金 10 年

行业的发展历史对投资很重要。2003—2012 年，由于经济增长、投资加快、货币的投放，是白酒黄金 10 年。白酒产量增长近 3 倍，收入增长近 6 倍。这一阶段白酒市场呈现出以下特点。

（1）**量价齐升**。以茅台为例，2006—2012 年的每一年，出厂价和零售价都在提高。茅台一瓶难求之下，其他酒厂的日子也非常

㊀ 原文为静逸投资团队内部回顾性研究报告，写于 2018 年 5 月。

好过。

（2）**政务、商务消费占比较大**。据有关消息，茅台公务消费占到销量的 30% 以上。政商人群是高端白酒最优质的客户：政商人群消费高端白酒没有价格敏感性；应酬多、消费量大，购买集中，客单价高；政商人群地位高，影响力大，是引领白酒最好的意见领袖。高端白酒企业重视政商大客户，大众客户则被忽略了。

白酒黄金 10 年也不可避免带来一些负面效应。

（1）长达多年的量价齐升带来行业整体产能过剩。白酒行业进入壁垒较低，整个行业在产能规模、产品数量、品牌种类、生产厂家等方面，出现严重过剩、过多、过杂、过乱的现象。

（2）多年的量价齐升加强了高端白酒的金融投机属性。当人们预期高端白酒价格将继续上升，而且流动性很强时，就会为了高价卖出或未来消费而提前买入囤积。因此，经销商囤积、消费者囤积、资本炒作，导致茅台等高端酒价格出现泡沫。一旦囤积的库存在衰退时集中释放出来，可能会对市场造成冲击。茅台元老季克良在 2012 年一次访谈中就非常忧虑茅台酒的泡沫问题。

（3）高端白酒过于集中政商消费，脱离了老百姓的消费范围，一直在社会上有巨大争议。

在以上内外因共同作用下，2012 年成为白酒行业的转折点。

2. "八项规定"与限制"三公消费"

2012 年党的十八大后，反腐败被提上重要日程。2012 年 12 月 4 日，中共中央通过了"八项规定"。中央厉行节约反对浪费，"三公消费"明显全面收紧。军队、中央和地方政府相继出台"禁酒令"。随着限制"三公消费"的不断升级，高端白酒、高端餐饮、旅游、会所、礼品等各个行业都出现大幅下滑。

3. 塑化剂风波

屋漏偏逢连夜雨。2012 年 11 月 19 日，据 21 世纪网报道，其送样检测的酒鬼酒产品塑化剂超标达 260%。12 月 9 日，网友"水晶皇"将自己从香港买来的53度飞天茅台送检,并在微博上公布了检测报告,结果显示塑化剂DEHP超标1.4倍。该报告一经公布,茅台一度成为众矢之的。

4. 茅台、五粮液、泸州老窖对市场的反应

限制"三公消费"、塑化剂风波导致白酒行业下滑,时任茅台董事长袁仁国在2013年5月股东大会上称,茅台一夜之间需求下跌40%。茅台的应对策略是出厂价不变,零售价大幅降低。飞天茅台2012年1月1日出厂价提高至819元/瓶之后,后面五年一直没有变,直到2018年1月1日才从819元/瓶涨至969元/瓶。2013—2014年,茅台出厂价不变,但市场价格从2 000多元降低到1 000元以下。

2012年五粮液经销商大会期间,提出五粮液(普五)拟在2013年2月1日起上调10%出厂价,并在2013年下半年视时再提价10%。2013年2月,普五出厂价格由659元/瓶上调到729元/瓶。其后,五粮液在2013年3月春季糖酒会期间公布从第二季度起返还经销商10%~15%打款额,作为市场费用支持的举措,变相降低了出厂价。五粮液实际上也没有提价。普五的终端市场价格从2012年的高点1 100元左右降低到2013年6月的600元左右。

泸州老窖的举措则相反。国窖1573是唯一一家在白酒行业寒冬之际提价的企业。自2012年下半年来一直"挺价"的国窖1573在2013年还逆势提价110元,在终端市场的售价高达1 500元左右。当时泸州老窖的战略是利用茅台、五粮液降价的时机,逆市挺价,实现品牌价值"弯道超车"。管理层提出要"稳定价盘、保住形象、保证客户利润、稳定营销体系",终端价格一直高于五粮液,甚至高于茅台。

5. 五粮液经销商的情况

在白酒价格和销量齐跌的局面下,白酒经销商的日子最不好过。五粮液第一大经销商银基集团在2012年后,公司的业绩出现了明显的拐点。三年的时间里银基集团共亏损19亿港元。银基集团对白酒

市场判断出现严重失误,在白酒泡沫期认为白酒价格会继续上涨,大量囤积白酒库存,之后又不得不降价销售,导致严重亏损。

6. 五粮液的经营业绩

2014年1月,可以看到五粮液2013年三季报(2013年10月28日公布),五粮液2013第三季度营业收入下滑40%,净利润下滑52%。前三季度营收和净利润均下滑9%,预收款项下降70%,前三季度经营活动产生的现金流量净额下降95%。可见,当时的形势非常严峻。贵州茅台形势要好得多,2013年前三季度营业收入增长10%,净利润增长8%,经营活动产生的现金流量净额增长22%。泸州老窖营业收入增长1.8%,净利润下降9%。当时仅仅看最新季报,并不容易得出结论。五粮液看似是最差的,实际上泸州老窖后来业绩最惨。茅台后面能不能维持正的增长,根据季报的简单外推并不能给出结论。

二、 为什么此时投资五粮液

简单地说,**当时的五粮液属于好生意中的好公司遇到四重悲观叠加,但无论是塑化剂事件还是反腐、限制"三公消费"都对五粮液的好生意和好公司的本质没有长期的影响,因此带来极佳的买入机会。**

高端白酒为什么是好生意?

(1) **高端白酒具有"酒"的共性**。酒,是人类各民族在长期的历史发展过程中,创造的一大饮料。酒这一产品存在了几千年,古今中外的人都离不开酒。甲骨文中就出现了酒字和与酒有关的醴、尊、酉等字。世界上最古老的实物酒是伊朗撒玛利出土的葡萄酒,距今也有3000多年。酒可以助兴、解忧、放松身心、拉近人与人之间的距离。人类的生理和心理进化极其缓慢,以数万甚至十多万年计。在可以预计的未来,即使人类移民火星,人们也将需要开瓶酒来庆祝。

(2) **高端白酒具有"白酒"的共性**。我国白酒有如下优良的生意特性:白酒中含有丰富的酯化物和乙醇,具有一定的生理成瘾性,可以高频次重复消费；白酒无保质期，不怕存货，而且存货时间越长越值钱；几乎无须研发新品；几乎不需要资本支出，也没有负债，白酒企业账上都有大量的现金；白酒上游是粮食产业，下游是众多分散的经销商，产业链位置好，对上下游议价能力强，可获得大部分利润；白酒是我国特有的产品，不会受到国外洋酒的冲击；作为拥有五千年文化传承的国家，我国早已形成了"无酒不成席"的风俗，白酒已经不仅是一种饮品，还包含了文化和传统。李白有"举杯邀明月"的雅兴。苏轼有"把酒问青天"的胸怀。欧阳修有"酒逢知己千杯少"的豪迈。曹操有"对酒当歌，人生几何"的苍凉。杜甫有"白日放歌须纵酒，青春作伴好还乡"的潇洒。

（3）**高端白酒与普通白酒有很大区别，具有比普通白酒更好的生意属性**。高端白酒是一种精神文化消费品，满足的是人类社交和尊重的需求，主人通过高端白酒来体现对客人的一种尊重，同时也体现自我价值；作为群体性消费品，高端白酒一般是一群人一起享用，其口碑效应和群体认同感很强；茅台、五粮液、泸州老窖等名优白酒有特殊地理位置、强势的品牌，护城河难以撼动；高端白酒有很强的定价权，享受更高的毛利润率和资本回报率。高端白酒企业满足巴菲特所说的"特许经营权企业"的三个特征：被强烈渴求和需要、被人认为找不到替代品、享有自由定价权。特许经营权企业可以包容无能的管理层。投资界有句话，"傻子也能经营好茅台"。这句话尽管太夸张了，但也有一定道理。高端白酒企业基本上是国企，有时也会出现平庸管理层，但地位还是难以动摇。

五粮液是名副其实的好公司。五粮液有比茅台更广泛的群众基础（浓香酒消费者比例远高于酱香酒），品牌力仅次于茅台，上下游议价能力强，产品品质好。五粮液产能潜力行业内最大，王国春时代建设了"十里酒城"。五粮液的运营能力、资产负债等财务数据都非常好。当然，五粮液也有缺点。例如，过去发展了太多OEM贴牌产品，对主品牌造成稀释作用。营销非常薄弱，远远不如洋河。主要管理层是政府官员出身，经营能力一般。但这些缺点都不是致命的，完全没有动摇五粮液白酒行业老二的牢固地位。

五粮液这样好生意的好公司在 2014 年年初遇到了"四重悲观",包括熊市整体的悲观、对行业的悲观、对公司的悲观、对股价的悲观。

(1) **熊市整体的悲观。**2014 年 1—2 月时,股市在 2000 点熊市已经持续了好几年,人们已经被磨得没脾气了,对股市提不起任何兴趣。可以说,股市已经到了极度悲观点。实际上,当时如果不是投资五粮液,随便选几家好公司,例如格力电器、福耀玻璃、伊利股份等,未来的收益都非常好。这时,股票市场的系统性溢价已经被基本剔除。

(2) **对白酒行业的悲观。**负面消息满天飞,国家反腐力度越来越大,禁酒令层出不穷,又冒出塑化剂事件。白酒公司的业绩大多也是大幅下滑。当时市场上大多数人看空白酒。多位著名的投资人等都看空并且卖出了茅台。看空的逻辑也看似非常有道理:过去 10 年茅台等白酒有很大的泡沫;白酒行业产能严重过剩;公款消费占了很高的比例,茅台、五粮液等失去公款消费市场,业绩会长期崩塌;普通大众喝不起茅台、五粮液,买的不喝,喝的不买;大部分年轻人不喝白酒了;红酒、洋酒对白酒的替代。这些观点都有一定道理,再叠加各大酒企财报业绩下滑的证实,市场普遍对白酒行业非常悲观。

(3) **对公司的悲观。**五粮液自身的负面消息满天飞。五粮液 2013 年第三季度业绩腰斩,报表非常难看。终端市场价格持续下滑,价格倒挂,经销商大幅亏损,"叛变"的消息很多,而且这些消息都是真实的。

(4) **对股价的悲观。**2012 年四季度开始,很多公募基金大幅清仓白酒股。五粮液前复权股价从 2012 年 7 月高点近 36 元,到 2014 年 1 月最低点 11 元,股价跌幅近 70%,表现出很强的反身性。PE 已经是个位数。无论多么强大的心理素质,似乎都要被这种跌幅打垮。股价有反身性,越是下跌,踩踏就越严重。

四重悲观叠加充分剔除了股价对优质资产的溢价,并对其大幅折价。人们此时只看到眼前的悲观信息,而看不到长远的乐观信息。

(1) 限制"三公消费"若放到十年以上时间跨度不会有根本影

响,只有中短期影响。如贵州茅台在年报中所说的,"无论外部形势如何变化,白酒作为中国人情感交流的载体没有变,作为中华民族文化符号之一没有变,作为中国人的日常消费偏爱没有变,消费白酒的传统风俗习惯和文化习惯也没有变"。贵州茅台、五粮液、国窖1573等高端白酒依然是人们最有效率、最能显示尊重的社交润滑剂。

(2)**塑化剂事件影响也是短期的**。茅台等名优白酒企业不可能主动添加塑化剂,检验结果表明塑化剂确实有一点儿,这是生产过程中有部分塑料导管导致的,这个问题很容易纠正。对白酒消费者来说,那一点塑化剂对身体的伤害远远不如过量饮酒的伤害。塑化剂风波的影响不宜被高估。

(3)**年轻人不再喝白酒了**?这种担忧已经说了很多年。随着年纪的增长,年轻人到了30岁、40岁以后,新陈代谢会逐步变慢,那时就难以再大量饮用啤酒,慢慢才会品出白酒的味儿来。

(4)**红酒会替代白酒**?红酒的问题是中外品牌众多,普通消费者难以品鉴。酒精含量低,活跃气氛的效果不佳。真正好的红酒非常贵,而且个性化。大部分红酒的价格模糊,表达尊重的功能弱化。另外,中餐的最佳搭配仍然是白酒,搭配红酒其实是不适宜的。

(5)**白酒产能过剩**?白酒行业实则是低端产能过剩,高端产能严重不足。根据生产工序的不同,白酒大致可分为液态法白酒、固态法白酒以及固液法白酒。液态法是食用酒精勾兑的。固液法是用不高于30%的固态纯粮基酒和食用酒精、香精勾兑出来的。这样的酒厂就是化工厂。而固态法是采用粮食为原料,用曲经固态发酵生产的酒。五粮液的固态法产量中,又只有大约10%才可以成为达到普五等级的高端白酒。2012年茅台生产量2.5万吨,整个白酒行业1 200万吨左右,茅台占比只有2‰,加上五粮液、国窖1573等,高端白酒产量也不到0.5%。就算整个白酒产业不增长甚至萎缩,消费升级也会导致高端白酒继续增长。

高端白酒降价后普通民众消费替代公务消费,不仅仅是一种逻辑推演,而且是已经可以观察到的事实。茅台、五粮液降价后,我们身边的多位亲朋好友有大量购进茅台、五粮液的行为。我们当时还观察到，2014年春节前后很多不同档次的饭局，人们开始只喝茅台、五粮液等高端酒。过去茅台2 300元一瓶，大多数消费者觉得不太划算。当茅台最低跌到800元左右，五粮液跌到600元以下，不贵又有面子，民间消费得起。京东、酒仙网、1919网上茅台、五粮液的专卖店里，相关点评也很火爆。在我国几乎任何一个喝酒的人，都知道茅台、五粮液，当他不用考虑价格的时候，他也一定会想喝茅台、五粮液。

资本市场上，也有一些乐观消息。有些酒企已经开始回购、增持自家股票。2012年12月，五粮液董事长、总经理等高管自掏腰包增持股票。2013年4月，洋河股份推出10亿元回购计划。2013年9月2日茅台跌停后，公司大股东也出手增持以提振信心。这些关于产业资本的积极信息值得我们重视。

事后看，我们在2014年1—2月买入五粮液的时机基本上是最低点。这其实有很大运气成分。我们能够看到当时市场的极度悲观，以及经营上的一些乐观因素，也不难判断那个时机处于非常悲观的区间，但买入后股价还会不会继续大幅下行，我们是完全不知道的，不过我们做好了心理和资金上的准备。买入价格是否在最低区域其实完全不重要，只要在悲观的区间，无论买早一点还是晚一点，时间拉长看差别不会很大，关键看是否买到了足够仓位。

三、为什么投资五粮液，而不是茅台或者其他白酒

投资白酒，茅台显然是第一选择。那么当时我们为什么没有投资茅台呢？当时我们担心茅台受政策影响时间会更长，同时五粮液的绝对估值也更低。

从后来的经营结果看这个看法是不太准确的。五粮液的政务需求虽然少于茅台，受政策直接的负面影响更小，但事情发展不是那么线性的。茅台价格大幅下降到1 000元以下（最低到800元左右），五粮液市场份额不可避免被挤占。毕竟，无论对于政商消费还是民间消费，茅台都是最理想的。在茅台价格和五粮液相差很小的情况下（只

有两三百块钱），大多数消费者会选择茅台。此外，茅台渠道利润在2012年超过了100%，五粮液渠道利润较低，零售价格下滑后，价格倒挂，五粮液众多经销商亏损，转投到茅台那边去。整个行业下滑中，茅台受到的冲击反而最小，这是很多人没有预料到的。

泸州老窖逆市提价试图弯道超车，这是明显的战略误判。价格高过茅台，后果可想而知，泸州老窖为这一错误决策付出了巨大的代价。当然，2014年下半年，泸州老窖还是大幅降低了价格，做出了对的决策。当时，我们并不能判断泸州老窖何时会改变错误的决策，所以不会考虑泸州老窖。

洋河营销能力比五粮液强很多。根据五粮液2012年报，五粮液在岗员工28 437人，销售人员只有356人。洋河2012年员工一共9 930人，其中营销人员2 423人。洋河的产品定位也非常清晰，海、天、梦三大单品覆盖了低中高三个价格区间。但洋河的缺点是品牌力、品质和底蕴不强，营销难以成为长久的核心竞争力。对于白酒行业来说，品牌和品质却需要花几十年上百年才能建立，品牌才是白酒行业最宽的护城河。

中低档白酒的生意属性不如高端白酒，高端白酒降价会对中低档白酒有挤压式效果。地方性的品牌大多是中低档酒，可能受到全国性品牌的挤压。真正的全国性品牌只有茅五泸，我们更愿意买全国性的品牌。

总体而言，五粮液公款占比低一些。浓香品牌第一，品质第一，受众最广，被称为"酒王"。王国春打下的基础使得五粮液固态纯粮发酵产能第一。16口明代窖池高端酒出酒效率第一。五粮液存在不足的营销短板容易补齐。当时五粮液估值也更低，市值被打压到了约500亿元，而账上现金就有200多亿元，在2012年高峰期净利润达到了99亿元，五粮液的土地、酒窖、厂房、设备、品牌都是打折甚至免费赠送。这样的估值如果放到一个长期投资的跨度，发生本金永久性损失和回报不足的风险已经几乎不存在。所以，我们当时选择了五粮液。事后看，无论选择五粮液，还是茅台、泸州老窖、洋河，只要是相对强势的品牌，收益差别没那么大。当然，如果选择了酒鬼酒等白酒企业，收益差别会很大。在逆境之中，买入最优质的行业龙头股，更为稳妥。从事后的经营业绩看，其实当时买入茅台也许更好。或者，如果把握不准，可以茅台和五粮液各买一部分，也是可行方案。

四、投资后的跟踪

持仓需要持续体检。建仓五粮液前后，我们对白酒行业，尤其是几家高端白酒企业进行了密切的跟踪。

2013年：根据2013年年报，茅台营收310.71亿元，同比增长17.45%，净利润159.65亿元，同比增长13.97%。五粮液营收247.19亿元，同比下降9.13%，净利润83.22亿元，同比下降19.48%。泸州老窖营收104.31亿元，同比下降9.74%，净利润35.38亿元，同比下降22.12%。可见，茅台几乎不受影响，五粮液和泸州老窖势均力敌。

2014年：5月17日，五粮液普五出厂价从729元下调至609元，零售指导价从1109元降至729元。7月，泸州老窖宣布国窖1573大幅降价为560元/瓶，市场零售价从1589元/瓶调整为779元/瓶，降幅超过50%。茅台未调整出厂价，零售价降到1000元左右。2014年度，茅台营收322.17亿元，同比增长3.69%，净利润162.69亿元，同比增长1.91%。五粮液营收210.11亿元，同比下降15.00%，净利润60.58亿元，同比下降27.20%。泸州老窖营收53.53亿元，同比下降48.68%，净利润9.76亿元，同比下降72.41%。茅台依然表现出强大韧性（但预收款下滑50%）。五粮液业绩下滑，但依然可控。泸州老窖因为决策失误，断崖式下滑。

2015年：白酒行业已经回暖，主题词变成挺价。贵州茅台宣布坚持53度飞天茅台819元/瓶的出厂价和999元/瓶的市场价格不变。自8月3日起，普五出厂价由每瓶609元/瓶恢复到659元/瓶。2015年度，茅台营收334.47亿元，同比增长3.82%，净利润155.03亿元，同比增长1%。五粮液营收216.59亿元，同比增长

3.08%，净利润 61.76 亿元，同比增长 5.85%。泸州老窖营收 69.00 亿元，同比增长 28.89%，净利润 14.73 亿元，同比增长 67.42%。茅台、五粮液 2015 年营收、利润似乎增长不快，但茅台 2015 年预收款增长 459.64%，五粮液增长 132.36%。可见，茅台、五粮液、泸州老窖已经回暖。

2016 年：白酒行业已经全面回暖。五粮液决定从 9 月 15 日起，将"普五"价格调整为 739 元/瓶。2016 年度，茅台营收 401.55 亿元，同比增长 20.06%，净利润 167.18 亿元，同比增长 7.84%。五粮液营收 245.44 亿元，同比增长 13.32%，净利润 67.85 亿元，同比增长 9.85%。泸州老窖营收 83.04 亿元，同比增长 20.35%，净利润 19.28 亿元，同比增长 30.87%。茅台、五粮液预收款继续翻倍增长。

2017 年：2017 年度，茅台营收 610.63 亿元，同比增长 52.07%，净利润 270.79 亿元，同比增长 61.97%。五粮液营收 301.87 亿元，同比增长 22.99%，净利润 96.74 亿元，同比增长 42.58%。泸州老窖营收 103.95 亿元，同比增长 25.18%，净利润 25.58 亿元，同比增长 32.69%。高端白酒重回高速增长。茅台终端价格重新回到 1 500 元以上、一瓶难求的状态。此时，茅台酒已经重新开始展现其一部分投资品属性。有一些投资者开始囤积茅台酒。五粮液和国窖 1573 价格回到 1 000 元左右，和茅台保持一定差距，日子过得很舒服。

展望未来，白酒行业虽然经历了 2017 年的爆发式增长，但依然是良性的增长，没有出现大的泡沫。除了茅台酒又展现了一小部分投资品属性，大部分高端白酒的消费者主要是民间消费，公款消费占比已经非常小，也没有什么囤积现象。在人均收入提高之后，当前的价格完全是合理的。未来多年高端白酒预计还可以维持较快的增长速度，高端白酒企业更重要的是产能能够释放多少。

未来三年，茅台的产能在 3 万吨左右，受到一定限制，但茅台依然可以通过结构性提价来部分缓解产能压力。五粮液受益于王国春多年以前打下的基础，具备 20 万吨固态纯粮发酵白酒的产能规模，预计普五的产能可以接近 3 万吨。浓香型白酒生产工艺的弱点是高端白酒的生产必然伴随大量的中低端白酒。五粮液和泸州老窖都曾为消化中低端白酒，推出大量贴牌的系列酒，损害了主品牌的价值。现在的消费者都"记忆过载"，只能记住一个品类中的两三个、最多三五个产品。数十种"五粮"或者"老窖"冠名的系列酒，价格五花八门，会让消费者无所适从。可喜的是两家的新任管理层都认识到了问题的严重性，开始坚决执行大单品战略，砍掉效益不佳的系列酒。五粮液明确提出将实施五粮液与五粮系产品双驱战略，大系列酒包括五粮特头曲、五粮春、五粮醇、绵柔尖庄等。**五粮液和泸州老窖，都走在正确的道路上。**

五、 投资五粮液的几点启发

1. 好机会不常有，机会来了一定要好好把握住

大的机会往往在公司业绩短暂下滑以及巨大的争议中。好公司落入负面消息和低估值的大机会是很多年一遇的，一旦遇到，需要好好珍惜。格雷厄姆在《聪明的投资者》最后一章中写道，"在证券领域，一旦获得了足够的知识并得出了经过验证的判断之后，勇气就成了最重要的品质"。一旦有足够的把握，仓位一定要重。有些朋友也看对了白酒的大机会，但可能只买了5%或10%的仓位。这要么是勇气不够，要么是对自己判断没有太大的信心。像2013—2014年茅台、五粮液这样的大机会，一生中会出现数次，我们只需要在大机会出现之前保持足够的耐心，并在抓住机会后继续保持足够的耐心，让其结果随着时间的流逝自然地呈现出来就可以了。当然，茅台、五粮液这样的公司价格合理也可以投资，也不需要等到极度悲观之时，只是这样的机会出现时，不应该无动于衷。最成功的投资一定也是最简洁的。

2. 抓住大机会的前提是看得准

一些投资者满仓自己认为的大机会，结果看错了满盘皆输。不是

所有的"黑天鹅"都有投资价值，一定要规避看错的风险。我们能够依据常识做出大概率正确的判断，例如泸州老窖逆市提价是错误决策。事先100%看准一件事很难，可能出错，比如我们认为茅台短期经营会比五粮液困难。但买五粮液没买茅台并非大错。事后看，白酒行业的投资似乎很简单。但身在局中，众多的争论不休，而且每个争论都有一定的事实依据。只有依靠强大的常识、逻辑以及对事物的仔细观察，才能抓住核心的逻辑。白酒的核心逻辑，就是公务消费消失后，大众会不会喝白酒？将这个问题思考清楚需要我们有动态的观点。事物发展是动态演变、非线性的，白酒"三公"消费消失后，高端白酒集体腰斩式降价，这是民间需求激发出来的关键。大众不是不喜欢茅台，而是对茅台极度渴求但太贵了，或者不容易买到。茅台的品牌最强、社交价值最高，所以降价后民间消费也最旺盛，而且可以挤压五粮液的消费。"三公"消费占比最高的茅台，反而受伤最小。这种动态的演化逻辑100%提前看清楚不容易，需要我们不断打磨常识和判断力，也要为自己的投资组合设置容错机制。

3. 看对了企业，在低估的价格投资了足够的仓位，不能长期持有也没有任何意义

有些投资者涨了50%、100%就赶紧"落袋为安"了，错过了后面好几倍的涨幅。涨得太多绝对不是卖出的理由。任何基于买入成本价的交易决策，如止损、止盈等，都是逻辑错误的。有时一只股票价格相对于历史低点翻了几倍，反而可能出现一个更具吸引力的买入点。2015年上半年创业板疯狂时，茅台、五粮液涨幅很小，很多人嫌涨得太慢就卖掉了。也不要害怕下跌，某些基金经理因为害怕股灾重演就卖出茅台。买入优质股权后，无论市场怎么波动，一定要长期持有，要经受得起巨大涨幅、大幅回撤和长期横盘，不轻易丢失宝贵的优质股权。可惜，无论上涨、下跌还是不涨不跌，大部分人都是守不住。

4. 一定不要加杠杠

再好的公司、再低的股价，加杠杠也可能死掉，市场短期价格是不可预知的。茅台股价可能跌到 80 元，还可能跌到 60 元。如果不用杠杆，股价下跌对我们毫无影响，用了杠杆，就可能彻底死掉。即使侥幸没有受伤或者最终成功了，那也是用错误的方式获得了危险的成功。我们要保持对市场的容忍度，相信短期内市场呈现任何极端价格都是可能的，都是合理的，承认我们完全无法预测市场的短期走势。但是我们也应该有一个信念，市场在长期一定是有效的。实际上市场比我们想象的还更加有效，在恢复增长的初期且业绩尚未在年报中体现出来的时候，白酒行业的股价已经开启了上涨之旅。只要我们看对并且买入了优质公司，时间就是我们的朋友，我们可以坐享时间给予我们的馈赠。

第六节　我们是如何错过颐海国际的

一、定性分析

颐海国际是海底捞的子公司，为海底捞生产火锅底料，其产品也对外经营。2016 年 7 月 13 日，颐海国际在香港主板上市，发行股票 2.60 亿股，每股发行价 3.30 港元，共募集资金金额 8.58 亿港元。上市后不到三年的时间，股价涨幅超过 10 倍。我们一直对海底捞及其旗下企业进行了多年的观察，颐海国际上市之前，我们就开始做了分析，但我们还是错过了这家公司。在能力圈之内的公司被错过，是比较可惜的事情。错过机会总是投资中难以避免的错误，对其复盘一番，相信很有意义。

2016 年 05 月 24 日，根据颐海国际在港交所网站发布的招股说明书，我们写了一篇分析，题目是《看公司：海底捞的火锅底料生产商——颐海国际》，发布在静逸投资公众号上。这篇分析的内容如下[一]。

前不久，海底捞的子公司颐海国际向港交所递交了 IPO 文件，因为海底捞的名气以及马云的云峰基金的潜伏，引起了媒体的关注。这是一家怎样的公司呢？

颐海国际是从海底捞集团分拆出来的子公司，海底捞创始人张勇夫妇是绝对控股股东，商业模式简单易懂，产品是火锅底料、火锅蘸料、以及中式复合调味品（酸菜鱼、麻辣香锅调料等），其中火锅底料占比 82.5%，蘸料占比 4.9%，复合调味品 11.2%，其他占比 0.4%。2015 年，颐海的产品 54.5% 供应给海底捞集团及附属公司，其他供应给第三方客户，可见对海底捞依赖性确实较大。

我国的火锅调味料市场竞争较为激烈，2015 年，前五大公司的市场份额为 29.6%，颐海国际市场份额为 6.8%，仅次于红九九，位于全国第二。颐海国际的火锅底料市场份额为 7.9%，也是全国第二。但中高端火锅底料市场份额很集中，前三大生产商市场份额 51.1%，颐海国际份额为 34.7%，远高于第二名的 10.7%。在中高端火锅底料这个细分市场，颐海国际有绝对竞争优势，且中高端市场增长是快于低端市场的（中高端价格也就 15～20 元钱，随着消费升级，更多人会倾向于选择贵点的）。

根据颐海国际近三年的财务数据可知，其财务状况十分优秀。2013—2015 年，颐海国际显示出极高的成长性，收入年复合增长率为 63.8%，净利润复合增长率为 137.6%。ROE 达到惊人的 132.7%，从杜邦分析的角度，ROE 较高还不是因为净利率（14.7%）非常高，而是极高的负债率（将近 80%），以及极高的资产周转率（将近 6）。负债率较高，并非有息负债，而是应付款项较多。当然，随着发行上市股本的增厚，这些指标将恢复正常，但预计依然会保持较高的水平。颐海国际的现金流情况也不错。

颐海国际作为海底捞旗下的调料公司，为何能在中高端市场遥遥

[一] 原文为"静逸投资"公众号 2016 年 5 月 24 日文章。

领先，并展现出如此高的成长性呢？其核心竞争优势主要体现在如下几个方面：

（1）最重要的是海底捞的关系和品牌，颐海国际的产品对外是统一使用海底捞品牌，且母公司授权免费使用。海底捞的品牌全国闻名，代表了品质和服务，这是极大的无形资产。如果颐海国际用其他牌子，很难有现在的成就。颐海国际的业务一大半也是依赖海底捞。可以说，海底捞的关系和牌子是颐海国际最核心的优势。

（2）颐海国际建立了覆盖全国一二三线城市的经销网络，海底捞调料大小超市均容易买到。此外，还建立了电商和海外销售渠道。

（3）颐海国际的产品品质很好，价格实惠（虽然定位中高端，每份一般15元钱）。

我们在京东上，可以看到海底捞的产品评论数和好评度远高于竞争对手，海底捞调料的口碑效应和海底捞火锅一样强势。当然，公司还有来自海底捞的管理层团队和企业文化，也是其竞争优势。

我们再来谈一下，媒体对颐海国际的一个主要质疑：对海底捞的依赖太大。确实，一般来说一家公司的业务对某家公司依赖太大，往往十分危险。一般情况下，要尽量回避这种业务特征的公司。但任何财务指标都不是死的，关键是分析这种依赖在实质上是不是真的有风险。颐海国际对海底捞业务的依赖是否有风险，要看如下两点：

（1）海底捞会不会更换火锅调料生产商，不用颐海国际了？

（2）海底捞自身的经营是否会出问题。

第一个问题发生的概率为零，颐海国际是海底捞唯一的火锅调料指定供应商，且有排他性协议。

更重要的是，海底捞会不用自己子公司的产品，而选用别人家的？显然不可能。第二个问题，海底捞目前依然是全国最领先的火锅品牌，竞争优势并没有变化，业务依然在扩张，且目前全国140多家店，未来发展空间很大，市场远未饱和。海底捞的扩张也带动颐海国际业务的高速发展。我们也高兴地看到，颐海国际对海底捞的业务依赖在不断降低，2013年占比57.2%，2015年下降到54.9%，预计未来还会继续降低。

有一个问题,确实是我们需要关心的,就是颐海国际与海底捞之间会不会进行明显利益输送。2013年,颐海国际的火锅底料产品向海底捞的供应价是每千克17元,对第三方是29元,确实差别很大;到2015年,供应海底捞每千克上涨到27元,对第三方是30元,基本接近了(对关联方价格稍低一点也完全正常)。随着颐海国际的上市,预计公司会更加规范,这种情况存在的可能性更小。海底捞既然能够对客户好,对员工好,也很可能对股东好。

最后,我们来谈一下颐海国际的未来发展空间,这也是对公司价值最重要的影响因素。首先,可以合理地预计,占半壁江山的供应母公司海底捞的业务会继续稳定,且占比呈逐年下降趋势,但这部分营收会随着海底捞的发展而成长。这是颐海国际的大后方,后方稳固,也不需要颐海国际操心。

颐海国际的雄心,恐怕并非安于做海底捞的御用供应商,还有更大的空间可以发掘,在后方稳固的条件下,还可以对外攻城略地。主要有两个方向:一是B2C,也就是对全国家庭的零售。随着中产阶级规模的扩大,这一人群的时间越来越值钱,越来越多消费者偏好用现成的调料烹饪家常美食。颐海国际已经建立了覆盖全国的渠道和电商渠道,这部分占比未来会逐步提高。二是B2B,颐海国际可以为第三方餐饮服务商(火锅店、麻辣香锅店、烧烤餐厅等)生产定制调味品,根据每家餐厅需求定制,颐海国际认为这部分业务有巨大潜力,因为第三方餐饮服务商对标准化定制产品需求与日俱增,这将成为颐海国际未来业务的主要重点。且这种B2B定制服务有很好的业务特性,其嵌入性和转换成本会提供极大的客户黏性。截至2015年年底,颐海国际电商业务占比只有0.7%,服务供应商占比0.2%,国际业务只有不到600万元,这些弱小的业务分支,今后有可能成长为大树。

作为一个面对全国家庭客户、餐饮企业的调味品生产商,且有着极其强大海底捞品牌的颐海国际,目前年利润只有1亿多元,可谓是"大行业、大品牌、小公司"的极佳案例,期待其未来的高速成长。

综上，颐海国际背靠海底捞这棵大树，有巨大的竞争优势和成长性，进可攻退可守，除了稳固的后方，还有巨大的市场空间等待开辟，我们对颐海国际的未来发展充满期待。

二、事后的复盘

颐海国际后面三年的发展证明，我们当初的判断是正确的。2016年，颐海国际营收达到10.88亿元，同比增长28.4%，净利润达到1.87亿元，同比增长49.9%。2017年的收入为16.46亿元，同比增长51.3%，净利润为2.61亿元，增长39.9%。2018年的收入为26.81亿元，增长62.9%，净利润为5.48亿元，增长109.9%。业绩维持了高速增长，而且向第三方销售增长更快，2018年向关联方海底捞销售收入占比降到43.9%。

我们之所以错过颐海国际，根源还是对价格的锱铢必较。当时希望以便宜的价格买入优秀公司，对合理价格、合理偏高一点的价格买入优秀公司比较勉强。颐海国际在2016年7月上市之时，对应的静态市盈率20多倍，合理但谈不上便宜，而此时我们可以用非常便宜的价格买入其他平庸一些的公司。事后看，以便宜价格买入平庸公司，结果远远不如以合理甚至偏高一点的价格买入优秀公司，因为时间的力量是巨大的。在价格和质量的天平上，我们当时向价格倾斜。如果当时颐海国际有15倍以下的PE，也许就毫不犹豫买进了。就像巴菲特当初买喜诗糖果时，卖主如果多要一点钱，他就会放弃，险些错过机会。在价格和质量的权衡上，大部分人难以避免过于锱铢必较。

2017年8月25日，媒体报道海底捞北京劲松店、北京太阳宫店出现老鼠，餐具清洗、使用及下水道疏通等存在卫生隐患等问题。鉴于公众对海底捞的信任度很高，出现这种事件，可谓"黑天鹅"。但餐饮企业个别门店的卫生事件，并不会对企业发展造成永久性伤害。此时，我们密切关注颐海国际的股价，以期寻找建仓机会。但海底捞坦诚负责的公关态度反而赢得了尊重。颐海国际的股价也并未下跌。

2018年3月5日，颐海国际进入港股通。此时静态估值接近40倍，而且股价经历了较大幅度的上涨，此前半年股价翻倍。这种价格更是无从下手。此后，随着海底捞上市的带动以及公司本身业绩的加速增长，股价更是一路攀升。估值不断上升到60余倍甚至80倍。

这就是在几个节点上错过颐海国际的心路历程。在估值合理时没有买入，后续股价和估值不断创新高，更是难以买入，只好错过。这个教训是深刻的，对于能力圈内能看懂的优秀公司，不宜过于看重价格，更不能要求便宜。巴菲特反复讲，宁愿以合理价格买入优秀公司，也不要以便宜价格买入平庸公司。这句话其实完全理解并做到并不容易。

从商业模式的角度来看，颐海国际是一家甚至比海底捞更加优秀的公司。颐海国际虽然是从海底捞供应商发展而来，其实商业模式优于海底捞。颐海国际生产火锅底料、复合调味料等产品，只需要建工厂，发展经销商并不断铺货就行了，复制非常容易。海底捞则需要租赁场地、培训服务员，如此优秀的餐饮企业，净利润率只有10%。颐海国际的净利润率则达到20%。**表面上，颐海国际为海底捞服务，其实海底捞是在为颐海国际服务。**我们为了理解这句话付出了很大的机会成本代价。

我们的投资经历也表明，优秀的公司总是能带来惊喜。例如，颐海国际在2017年推出的自加热小火锅，2018年一年的时间就卖了4.5亿元，这种爆款恐怕连公司自己都没有预料到。第三方销售、电商销售也出现爆发式增长。当然，任何公司的发展也会出现个别不如预期的地方。例如，颐海国际上市之时，认为B2B业务有爆发力，就是为其他餐饮企业定制调料，后来证明这看似庞大的市场其实是伪需求。2018年，这一块业务只做了2 000万元左右，比上年下降。为了节省成本，而且调料也是消费者不可见的，餐饮企业的确不太可能用品质更高、价格更贵的调料。小的企业自己制作材料或买更加便宜的杂牌产品，大的连锁经营企业则会建立自己的调料工厂。

"看错"和"错过"是投资中一定会犯的错误，我们无法避免，但复盘过去的一些案例，能够帮助我们今后尽可能少犯或不犯同样的错误。

第七节　如何避免踩雷长生生物[一]

近年来，爆雷的公司实在太多，爆雷的原因大多是财务造假、债务危机、现金流断裂。但长生生物是一个特殊的存在，没有经营失败、没有财务造假、没有有息债务，在公司高盈利、高增长、估值合理，股价节节攀升的时刻，突然之间就走向万劫不复，而且投资者没有任何退出机会。

长生生物疫苗事件是一起震惊中外的药品安全事故。2018年7月11日，长生生物内部生产车间的老员工实名举报疫苗生产过程存在造假。随后，事件不断发酵，引起国人愤慨。最终，长生生物高管被刑拘，上市公司退市。一切发生在极短的时间内，令投资者损失惨重。然而要避免踩雷长生生物，未必那么简单。

一、长生生物看起来是一家好公司

长生生物的主要产品是疫苗。疫苗是预防和控制传染病的最经济、最有效的手段。我国是世界上最大的疫苗生产国，共有40多家疫苗生产企业，可生产60多种疫苗，预防30多种传染病。国产疫苗已经约占全国实际接种量的95%。

根据2017年年报，长生生物营收15.53亿元，净利润5.66亿元，净利润率高达36.45%。毛利率高达86.44%。2017年ROE为15.43%。应收账款近8亿元，但绝大多数在一年以内，而且客户是

[一]　原文于2018年7月31日发布于公众号"静逸投资"。

各省市疾控中心，几乎不存在坏账风险。长生生物现金流状况良好，有息负债为零，财务状况稳健。2017年销售费用为5.83亿元，销售费用率高达37.54%，但这不是一票否定投资的理由。销售费用率高企是医药企业的通病，恒瑞医药的销售费用率也是接近40%，不妨碍其成为一家被追捧的公司。国外的制药企业强生、辉瑞、礼来等医药企业的销售费用率也一般在30%左右。2017年，长生生物的研发费用为1.22亿元，占营收比例近8%，在医药企业中也实属正常。在回报股东方面，长生生物一直保持较高的分红率，2016、2017年的分红率接近70%。

公司在售产品包括一类疫苗和二类疫苗，共有六个品种，所拥有的疫苗种类和销售数量、销售额均居国内民营疫苗企业前列，分散的产品组合也使得长生生物降低了单个产品出现问题的经营风险。从批签发数量看，狂犬疫苗和水痘疫苗已经位居国内第二位。长生生物虽然不是龙头企业，但在技术、渠道等方面有一定优势。此外，疫苗行业的进入门槛较高，长生生物年报中提到"疫苗产品研发时间长、前期投入大，从研发到可产业化到获得生产批件上市至少需10年的时间"。此言不虚。例如早在2003年"非典"之后，华兰生物便开始布局进军疫苗研发业务，至今疫苗收入占比也只有10%左右。

从成长性来看，从长生生物2015年借壳上市起，近三年营收增长率分别为27.77%、27.96%、52.60%，净利润增长率分别为41.06%、44.98%、33.28%，长生生物近些年可谓高速增长。随着我国HPV等新型疫苗的获批、全面放开"二胎"政策、居民健康预防意识提高，疫苗行业有很好的发展前景。

所以，虽然不是拥有极高市场地位的企业，但长生生物总体上是利润率高、财务状况良好、政府严格监管、有较高门槛、行业发展前景很好的好生意。正因为如此，上市疫苗企业估值都很高，如智飞生物、康泰生物等公司PE高达100倍甚至200多倍。2019年医药股板块暴涨，疫苗公司的股价更是一飞冲天。

二、如何避免踩雷

1. 警惕受安全事故影响大的行业

牛奶行业出过"三聚氰胺事件",白酒行业出过"塑化剂事件",其中的涉事企业伊利、茅台等不仅没有破产,反而发展得越来越好,有些"黑天鹅"反而是投资的好机会。长生生物尽管未直接造成死亡或疾病,命运却大不相同。一个主要的原因是,疫苗主要是打在孩子体内的。伤害自己的孩子是让人无法接受的,这刺痛了中国人最敏感脆弱的神经。"三聚氰胺事件"十余年后,国产奶粉至今没有恢复主流地位,而人们对液态奶的安全事故却忘得很快,原因就是成人可以无所谓,但对待孩子的安全容不得一丝马虎。对于疫苗、奶粉这类对安全问题极度敏感的品类,投资要绝对小心。长生生物遭遇如此困境也有一定偶然性,但一笔投资只要有归零的可能性,我们要么拒绝投资,要么严格控制好仓位。

2. 小心价值观有问题的企业家

国务院调查组已经查明,长生生物的问题主要是违反批准的生产工艺组织生产,包括使用不同批次原液勾兑进行产品分装,对原液勾兑后进行二次浓缩和纯化处理,个别批次产品使用超过规定有效期的原液生产成品制剂,虚假标注制剂产品生产日期,生产结束后的小鼠攻毒试验改为在原液生产阶段进行。长生生物这样做的目的是降低成本,提高生产效率,提高狂犬病疫苗生产成功率。也就是说,尽管已经有90%的毛利率,长生生物依然不满足,还要进一步提高利润率。而且为了掩盖违规生产事实,处心积虑编造生产、检验记录以应付监管部门检查,并试图丢弃销毁硬盘数据。高俊芳家族已经是东北地区的大富豪,却为了完全不需要的一点点钱而枉顾全国孩子的生命安全铤而走险,为了掩盖事实层层造假,这绝对是价值观的超级扭曲。价值观问题不是突然出现的,而是一个人的本性,早有蛛丝马迹。从

2003 年高俊芳低价私有化国有企业，到把自己的亲戚全部安排为长生生物的股东，到儿子的豪车队、儿媳肆无忌惮的炫富，以及多份法院裁判文书显示长生销售人员及经销商卷入多个受贿案件，都可以看出管理层的价值观有很大的问题。

3. 尽最大可能搜集信息，对关键信息要提高警惕度

如果对投资长生生物这家公司很有兴趣，那么就需要搜集足够的信息来降低风险。高俊芳的人生经历，长生生物的发展历史，企业家及其家族的行为方式，对这些信息如果加以搜集，我们可能就会对企业家的价值观和企业文化打一个问号。价值观和企业文化说起来很虚，但却是决定一家企业走不走正道、能走多远的根本所在。企业家真正的价值观和企业真实的企业文化虽然难以探查，但总是会体现在蛛丝马迹的细节中。在价值观和企业文化这些关键环节有疑点的公司，不能轻易纳入投资范围，这样能降低很多风险。我们做投资不能满足于观其大略、弄清主要逻辑就行了，有时候致命的风险就隐藏在一些细节之中。

第四章 超越投资的思考

第一节　对人的理解：人的感觉、需求和基因的诅咒

投资的主体是人，市场是由人组成的。投资的客体是企业，企业是由人经营的。企业存在的价值，在于提供产品和服务满足消费者的需求。消费者也是人。人是衡量所有价值的标准。因此，投资中涉及了三类人——作为消费者的人、作为生产者的人和作为投资者的人。加深对人的理解，有助于提高我们对商业和投资的理解。

一、人类的六感

人具有复杂的感觉并最终形成复杂的意识。通常来说，人具有"眼、耳、鼻、舌、身、意"六感。其中，五官直接感受外部世界对人的刺激，所有直接的刺激经过大脑的加工合成形成感觉。结合我们的经验、记忆、教育、文化和推理等，形成复杂的意识。

视觉是我们与外部世界互动最重要的通道：日常生活里我们有超过70%的信息是通过眼睛获得的。人的视觉非常发达和敏锐。视网膜里一共约有600万个视锥细胞和1.25亿个视杆细胞。可以识别上百万种不同的颜色。人类双眼的视野范围约水平220度，垂直135度。人能看清视场区域，再加上上下左右用余光看到的比较模糊的区域，人眼分辨率可能高达6 000×4 000像素。

虽然人的差异很大，但有意思的是，不同国家、民族、地域和人群对视觉的标准都是高度一致的，那就是越接近自然的超高分辨率和超多色彩越好。

人的听觉也相对灵敏，但是相对于视觉的精度就差了很多。人耳通过感受空气的振动频率，再由大脑加工合成后听到声音。

嗅觉和味觉也是类似的原理。我们的鼻子和舌头上有无数的化学感受蛋白，能够结合和识别各种各样的化学分子，经过人脑的加工合成，我们就感知到各种气味和味道。但是人类的嗅觉和味觉的灵敏度都不算太高，每日处理的数据量不大。而且嗅觉和味觉有很强的身体

记忆，并受很多文化习俗因素的影响。不同国家、民族、地域和人群形成了丰富多样的饮食文化，对"好吃"的定义差异非常大。甚至还有相当一部分人偏爱"辣"这种特殊的味道。实际上，"辣"并不是一种味觉，辣是化学物质刺激细胞，在大脑中形成了类似于灼烧的微量刺激的感觉，不是由味蕾所感受到的味觉，而是一种痛觉。所以其实不管是舌头还是身体的其他器官，只要有神经能感觉到的地方就能感受到辣。

人的身体还有其他各种"传感器"，包括皮肤对压力的传感，对热能传播方向和速度的传感，形成了触觉。身体还有分布细密的痛觉感受器。痛觉感受器受到化学、热力或撞击等可损伤身体组织的刺激就可能会产生疼痛。身体还有对加速度的感受器，能够感知失重或者超重。但人体是无法感知到速度的。人对速度的感觉，其实是通过视觉、触觉等多种感觉合成的结果。不同人群的身体传感器的感知标准也是高度一致的，并不会受到种族、文化、习惯的影响。总的来说，身体的传感器接收到的刺激不多，处理的信息量也不是很大。

为什么以电视机为代表的黑色家电行业，技术迭代迅速竞争激烈，而以空调为代表的白色家电行业，技术迭代缓慢？可以从以上人的六感的差异部分地得到解释。因为人的视觉非常灵敏，细微的差异都很能分辨，所以人对显示技术的要求永无止境。从480p，到720p，再到1080p，4K，甚至8K显示技术。从黑白到彩色、真彩色、10亿色。从2D到3D再到AR。人最终要实现显示技术完全还原真实世界才肯罢休。而身体对速度、空气温度、湿度的感受是很不灵敏的，我们很难分辨24℃和24.1℃的区别。因此，空调厂商也没有面临强烈的技术迭代的要求，大多是在节能、静音和外形等方面做文章。所以，空调是一个技术演进和产品迭代都比较慢的行业。

人的六感中的"意"，是高层次的感觉，依靠大脑综合加工各种感觉而产生，是人持续进行的感受和觉察，是自我存在感与对外界感受的综合体现。人具有高度发达的意识。意识这个问题涉及认知科学、神经科学、心理学、计算机科学、社会学、哲学等。人的大脑对"眼耳鼻舌身"五感的加工，还会形成一种叫"联觉"的东西。联觉是一种感官刺激会自发地引起另一种感知的现象。我们可以从音乐中听出黑色压抑,从色彩中看到火辣热情,从巧克力中品尝到绸缎般丝滑的触感。

我们很多的产品表面上看是满足人的生理需求,其实是在满足人的意识需求、精神需求。例如,茅台酒通常被作为食品饮料的一种,但其实它更多的是精神产品。客人看到主人在酒桌上摆了一瓶茅台酒,并被主人"按"到主宾的椅子上坐下,于是产生了一种"被尊重"的感觉,其安全感、被认同感和自我实现的需求被满足。人的生理的需求其实是非常有限的,每日消耗的物质和能量都很有限。但是人的精神的需求、意识的需求是无限的。

关于人类感觉和体验的一条重要规律是边际效用最终递减。人的感觉具有适应性。哪怕是我们很喜欢消费的东西,随着消费量的增加,效用最终会不断降低。边际效用最终递减是必然的自然规律,是进化的结果。很显然,如果边际效用递增的话,人最终就撑死了。这个规律在餐饮行业体现得非常明显。海底捞火锅再好吃,我们也不会每个月都吃,我们外出就餐会不断地换馆子、换菜系风格,所以餐饮行业会很分散。人们为什么喜欢旅游?因为一个地方待久了就会腻,总想换个环境。北京的人可能跑到苏州看江南园林,苏州的人跑到北京看长城故宫。边际效用最终递减规律不仅体现在消费中,也体现在生活、工作、婚姻等各个方面,可以解释很多人类行为。

二、 人类的需求

任何一个能够达成交易的产品和服务,必然在达成交易的那一刻能够,或者被预期能够,满足(直接满足或者间接满足)客户的某一项需求。所以,当我们研究商业模式时,研究企业所提供的产品或者服务的价值主张,挖掘价值主张对应的人类的底层需求分析,就显得特别重要。只有洞察了人类的需求,特别是最底层的需求,才能满足客户真正的需求。

例如,汽车起动机作为汽车的一个零部件,很少有人知道,它满足了人的什么需求,为什么会被人们所需要并被生产出来呢?起动机满足了人们安全高效地起动发动机的需求。发动机满足了人们将化学能比较高效地转化为热能,再转化为动能的需求。大量动能满足了人们克服摩擦力产生加速度实现快速位移的需求。那么,人类为什么有快速位移的需求呢?原因来自于两个方面。

第一是"生存"和"繁衍"的需要,这是被动的,包括生产和生活。人类在狩猎采集时代走路和奔跑就足够了。现代社会,大量物体和人都需要产生高频次的位移,而且需要快速位移,才能满足生产、管理和生活的需要。人类才发明了轮子、马车、汽车、火车、轮船、飞机和火箭。这些位移,都使得我们"生存"和"繁衍"的能力大大提高。

第二是"刺激"的需要,这是主动的,包括玩乐、学习、科研、观光旅游和探险等。人类在这一点上与动物有很大的区别。人类的婴儿在喝饱奶之后,就开始了寻求刺激之旅。人类总是会想知道,山的另外一面是什么,海的对岸是什么。现代社会虽然有一些宅男宅女,号称可以一个月只宅在家里,不出门。但其实是他们寻求外部"刺激"的需求并没有消失,而是被互联网、电视、游戏满足了。

同时,由于人生命的有限性和人的不耐性,人类需要"快速"的位移而非"慢速"的位移。如此,催生了庞大的交通运输产业,不断推动着人类位移的速度、频率和距离。现代人24小时的位移就可能绕行地球一圈。未来,L5级别的自动驾驶汽车,将具备全球陆地道路的任意点对点送达能力。可以预见,当技术足够成熟、成本足够低时,人们也必然产生频繁快速地往返于火星的需求。

人其实并不能真正"发明"什么新产品,只能"发现"新产品。所有工业产品都很早以前就被物理规律、人的底层需求和人体工学所决定了,只是随着人类科技树的发展而逐步被人类"发现"并被制造出来。一些底层的需求,总是派生出更高阶的需求,人类不得不生产一些产品去满足这样的需求,同时又需要衍生出更多的产品去支持这些产品正常运作。人类所需要的产品品类就这样快速地膨胀起来。

我们进一步思考,人类**"衣食住行娱学医"背后"生存"、"刺**

激"以及"繁衍"的底层需求，又来自于哪里呢？来自于基因进化的需求。

道金斯在《自私的基因》指出，进化的最基本单位是基因，不是个体，也不是种群。人类不过是基因操控的生存机器，人类进化的目的就是尽可能地让自己的基因更多地、更长久地复制下去。基因唯一感兴趣的就是不断重复地复制自身，以便在进化过程中争取最大限度的生存和扩张。一切生命的繁殖演化和进化的关键都归结于基因的"自私"，自私的基因控制了生物的各种活动和行为。基因只管自己的复制，而不管个体幸福与否。人类最底层的需求，都可以解释为基因进化的结果。自私的基因，是人类需求的底层机制。

为什么人类要追求生存？因为只有自己先生存下来，基因才能生存和复制。在当今世界，生存已经不能简单地理解为活下来就可以了，而是对更好的生活的追求。我们为什么工作？尽管大部分人并不喜欢自己的工作，还是继续朝九晚五，就是为了养家糊口并维持当前的生活水准。老人为什么对保健品需求那么大？因为"怕死"，希望活得更长。医药和医疗服务是一个非常庞大的朝阳产业，医药企业动辄投入几十亿、上百亿元的资金，不断开发新药品，不断攻克癌症等疾病，也是满足人更长地生存的需求。人类对生存得更好的需求，推动企业生产出花样更多、质量更高、更具审美感的产品。很多人跑去日本买马桶盖、电饭煲，就是因为希望生活品质更高。

和动物一样，"生存"的另一个层面是繁衍，也可以理解为"未来的生存"。繁衍后代、抚养后代，也是为了基因更好地复制下去，因为每个孩子身上有父母一半的基因。为什么家长望子成龙，因为希望孩子在竞争中胜出，将来有更好的收入和社会地位。

人类生理层面的进化是非常缓慢的，以十万、上百万年计。因此我们保留了很多适应远古时期的生理和心理机能。随着时代的变化，有些基因虽然已经不能直接指导人类行为，但这些基因依然在人类体内，还会影响人类的活动。早期的人类使用"采集打猎"作为搜集食物的主要方式，这方式结合了固定的食物来源，植物和真菌及狩猎其他动物。而社会的发展太快，有些基因已经无法指导我们去打猎，但可以指导我们去踢足球。女性天生爱美，这是基因带来的生物本能，化妆品、时装甚至整容，在全球都有很大的市场。人类对异性的一些审美标准，如高大、英俊、漂亮，其实也源自于对异性繁殖、抚养后代、改良后代基因能力的经验判断。女性为什么喜欢购物？在淘宝和商场中挑挑选选，其实和原始社会女性采集果实的分工有关，即使最后什么都不买，仅仅是挑挑选选的过程就可以带来满足感和愉悦感。男性酷爱的很多运动，可以分为两类，一类是竞速追逐类，如跑步、单车、游泳、赛车、冲浪；一类是攻击目标类，足球、篮球、乒乓球、羽毛球、钓鱼、高尔夫球、射击等运动。这些都和原始社会男性的狩猎分工有关，在追上前面的人、进了球、鱼上钩的时候，和原始人抓住一只小鹿的快感应该是相同的。人类的社交与合作结构也仍然受到远古时期的影响。

那么，人为什么会追求"刺激"呢？这一点和其他动物是完全不同的。"刺激"是人与外部世界极其复杂和频繁的信息交换过程。追求"刺激"是进化带给我们的副产品。人类与动物的最大差别在于神经系统过于发达，从而导致意识很发达。基因进化出人类复杂的神经系统。人类能够感知和接收更多的信息，人类有语言，可以思考策略，可以规划未来，这有利于人类的生存和繁衍，这也是人类成为地球上最强大物种的主要原因。

但是在一切平安的状态下，尤其是当今发达的和平世界，**人类过于强大的神经系统和意识流却是苦恼的来源**。在任何事情没发生的条件下，人会无聊，大脑会胡思乱想，而且控制不住。不知不觉地，人会焦虑、忧愁、担心、嫉妒。人会白天工作时心乱如麻，不能集中注意力，也可能晚上胡思乱想导致失眠。米哈里·契克森米哈赖把这种状态叫作"精神熵"，人的精神也是由有序趋于无序的。所以，人会有克服"精神熵"的需求，例如看电视、看肥皂剧、看电影、打游戏、看书、旅行、上微博、刷朋友圈……王者荣耀火遍全国，2018 年全民刷抖音，其实都是满足打发无聊、追求刺激的需求。

关于人类的底层需求，也有其他一些表述，对我们也会有启发，但其根源都可以从自私的基因推导出来。

马斯洛的人类五层次需求模型非常有名。第一层次，生理需求。第二层次，安全需求。第三层次，社交需求。第四层次，尊重需求。第五层次，自我实现需求。其实生理需求、安全需求本质是还是生存需求，社交需求、尊重需求、自我实现需求，更多是刺激的需求，当然这些需求的实现也有助于更好地生存。"七宗罪"也是对人类需求的很好的描述。大卫·芬奇在1995年拍摄的一部犯罪电影《七宗罪》中以非常极端的方式对此进行了说明。这些需求的原点其实都是生存和刺激的需求。

与基因复制的规律相类似，道金斯还提出觅母（meme）的概念。生物基因能决定我们的行为，但还会有一种文化基因影响生物，觅母是文化的传播单位，能解释文化传播的过程。人类不仅仅追求基因的传播，还追求一种思想、一种理念或一首诗歌、一种文化或制度的复制传播。

道金斯写道："我们是作为基因机器而被建造、作为觅母机器而被培养的，但我们具备足够的力量去反对缔造者。在这个世界上，只有我们人类，能够反抗自私的复制基因的暴政。"人类能够超越自私的基因，做出一些高尚的事情，但仅仅就投资的目的而言，最大的生意往往是受到基因操控的人类本能。大部分人无法摆脱"基因生存机器"的命运，人类以为自己的所有行为都是自由意志的结果，其实不过是基因在背后指挥操控。

三、动物性、人性和神性

动物几乎完全是基因的生存机器，人类更复杂一些。人类作为基因的机器人，是会叛变的，至少部分人类的部分行为是超越自私的基因的。

1. 人兼具有动物性、人性和神性

动物性是动物一切为了生存和繁衍本能的体现。人性是进化的结果。人具有同情心、同理心、审美和推理能力，追求快乐和幸福。人

有复杂的喜怒哀乐、爱恨情仇各种情感和情绪。神性是人身上体现出的无私、忘我、奉献和创造的特性，是一种超自然的属性。人是很复杂的，动物性、人性和神性在人身上共同存在和发挥作用。在不同的文化、教育、环境、时间和事件下，人表现出的动物性、人性和神性有巨大差异。人对产品和服务的所有需求，都与人的动物性、人性和神性有紧密联系。

2. 人是自然属性、精神属性和社会属性的统一

自然属性，是人作为生物体与外界进行物质和能量交换，进行简单信息交换的过程。精神属性，是人与外界进行高度复杂信息交换的过程。社会属性，是人与人类群体进行情感和利益交换的过程。

3. 作为生产者，企业管理也是极其重要的生产力。管理的高手一定对人性有深刻的洞察力

巴菲特在2007年致股东的信中对未来接班人提出的要求是："独立思考、心智稳定，以及对人性及组织行为的敏锐洞察力，这些都是想在长期投资上成功的重要因素。"基于对人性的认识，管理学也经历了百年变迁。《科学管理原理》的作者，管理学之父泰勒把人类看作完全为了工资的机器人，他以秒表为武器，详细分解并测量工作的每一个环节和所需的时间，以此来衡量工人的工作。泰勒制风靡一时，的确在一段时间内大幅度提高了效率。直到现在，富士康等大多数制造业企业仍然完全使用泰勒制。泰勒制也造成过严重的后果。卓别林的电影《摩登时代》，对泰勒制进行了极大的讽刺。1927—1933年的"霍桑实验"，发现了工人中人际网络和社会关系的作用。20世纪60年代，道格拉斯·麦格雷戈则发现了企业的人性面，重新思考管理中的人性假设，以及权威命令式的管理体制。后来的一代管理学大师彼得·德鲁克则研究了知识经济时代的管理问题。西方的百年管理历史，也是对人性认识越来越深的过程。

一些管理优秀的公司和企业家，同样是对人性认识深刻。世人总把巴菲特当作股神或者成功的资本家，其实巴菲特更是洞察人性的管

理大师。几乎不花任何精力,不需要总部建立任何管理部门,巴菲特可以让旗下的所有企业和管理层爆发出巨大的热情。优秀的老板,不只是雇用员工的"手",还要雇用员工的"脑",更要雇用员工的"心"。华为的员工有狼一般的战斗力,一定不是来自于强迫,而是来自于任正非对人性规律的洞察和运用。海底捞服务员真诚的微笑,也是因为张勇对人性的深入理解,这也是他人学不会的。

谷歌作为互联网公司,需要一批不断产生并实现想法的"创意精英",而不是用钉钉打卡、被上司监督的上班族。谷歌通过 OKR 工作法,给员工自由的工作氛围、自由的工作时间,用头脑风暴等各种方法,不断将这些"创意精英"的潜能发挥出来。知识工作者、创意精英的价值都在自己大脑之中,绝对不能依靠强迫监督或者仅有物质激励,而是除了高额的物质和荣誉激励,更要创造合适氛围并激励他们不断发挥潜能并改变世界,顺便为公司创造利润。

四、 基因的诅咒

以人们的生活方式、生产方式为基础,人类所处时代可以划分为采集狩猎时代、农耕时代、近现代。采集狩猎时代也称为旧石器时代,是人类历史上最长的时代。随后人类进入农业时代,大约一万多年时间。站在 2019 年回头看,人类进入工业革命大概在 18 世纪 60 年代,不过 250 年左右的时间。人类进入互联网时代不过 20 年左右的时间。进入移动互联网时代不到 10 年的时间。

"物竞天择,适者生存"。基因进化在我们身上留下的生理和心理机制基本是在 200 多万年的采集狩猎时代形成的。工业时代和互联网时代时间太短,但我们的生活方式发生了巨变,而我们的基因还来不及进化。采集狩猎时代形成的很多生理和心理机制成了我们的负担。

很多生理疾病就是因为我们目前的生活习惯,已经完全违背了遗传自采集狩猎时代祖先的基因。例如,二型糖尿病是因为对糖类代谢的利用效率更高,吃同样的饭,能忍受更长时间的饥饿,这在远古时代是一个优势,但在营养过剩的今天,就成为劣势。再例如,形成血栓的基因，本来是加强凝血功能的。采集狩猎时代祖先经常受伤，凝血功能强大的基因更有生存能力。营养过剩后，强大的凝血功能就变成致病隐患。另外，人类的舌头对咸味的偏好，来源于身体对盐等电解质的需要。为了在打猎时长距离奔跑降温，人类是排汗最旺盛的灵长类动物，有500万条汗腺。但现代人已经很少进行打猎等户外运动，身体出汗流失盐分的情况大幅度减少。舌头对咸味的喜爱却没有相应减淡，使得我们基本上都摄入盐分超标，容易使血管降低弹性引起高血压。今天的大量常见疾病，背后的原因是进化类疾病，对采集狩猎时代祖先有利的基因，如今成为我们的诅咒。

进化的诅咒还体现在大脑和心理机制上，这在投资上体现得非常明显。宏观经济放缓、股价下跌、公司有负面消息，很多人会恐慌性卖出，投资者有强烈损失厌恶倾向。远古时代，看到草丛中有异动，最佳反应就是立即逃跑，理性思考的人可能会被老虎吃掉，从而被进化淘汰掉。从众、迷信权威，这些都是增强安全感、增加个体存活率的方式。短视、目光短浅也是投资者本性。远古时代，果子和猎物保存时间较短，现在不吃完以后也不知道能不能吃到。如果眼光太远，可能自己根本享受不到。情绪化，也可以大幅度缩短决策时间，在危机时刻提高生存概率。为无法控制的事情忧虑，也是出于自保的天性。恐惧心理使得人们过度关注负面信息，可以在心理上给自己以安慰。在如此复杂、现代化、信息化的时代，人类的大脑还停留在采集狩猎时代。**人们常说，价值投资是反人性的。这里的"反人性"，其实是反抗人身上的"动物性"。**

可见，无论是身体健康，还是心理决策机制，我们都需要反省祖先的基因是否依然在控制着我们。在物质财富、科技、信息如此发达的今天，只有摆脱了基因机器的控制，我们才会获得真正的自由。

第二节　知其害而用其利：归纳法与演绎法的运用

归纳与演绎是人类认识事物的两种基本方法。归纳法是通过一系列经验观察总结出一些规律，再用规律预测类似事物。演绎法则是从一些原点或公理出发，推导出一些新的结论。

一、 归纳法和演绎法的运用

归纳法和演绎法在投资中都是很重要的思考方法。归纳法和演绎法的结合，将极大地提高我们的投资能力。

归纳法的力量是巨大的。在2016年伯克希尔股东大会上，巴菲特被问到如何获得比别人更高的认知能力。他回答说："我一生都在研究生意，哪些能成功，哪些会失败，这叫作'模式识别'。正如尤吉·贝拉（美国职业棒球历史上的传奇人物）所说，'仅仅通过观察，你就能发现很多'。"巴菲特、芒格之所以成为投资的集大成者，很大程度上因为他们一生中不断的阅读、思考和观察，对企业经营的规律、人性的规律、投资的规律有深刻的积累和洞察。他们在短短几分钟内就能知道一家企业有没有投资价值，就是因为观察过的企业和企业家太多，他们已经具备强大的模式识别能力。

我们可以运用归纳法来思考很多问题。例如，投资中有很多条道路，这些道路究竟哪些是有效的，哪些是无效的？如果我们对不同投资体系的众多投资者的长期业绩做一些观察，一定会得出自己的结论。什么样的投资者会成功？失败的投资者往往栽倒在哪些地方？通过总结他人的成功经验和失败的教训，我们会少走很多弯路。很多人不会从他人身上吸取教训，总是在自己出现严重问题后才后悔，就是不懂得归纳法的作用。

哪些企业会成功？优秀企业有哪些共同的特征？本书归纳了商业模式、成长空间、竞争壁垒、企业文化四个方面的"好、大、高、正"等特征。失败的企业又有那些共性？观察成百上千家失败企业案例，就会发现，它们失败的方式基本逃不出几条共性原因。这样，我们遇到有类似特征的企业，就会多加小心。护城河宽的企业有哪些特征？优秀企业家有什么共同特点？国企和民企有什么不同点？环保行业有什么共性？教育行业又有什么特征？我们可以不断问自己这些问题，然后找来尽可能多的相关企业，不断地比较分析，很快就能得出一些一般性规律，对投资有很大的指导作用。

演绎法能够极大地加深我们对投资本质问题的理解。有人质疑演绎法不能给人带来新知识，因为它的结论本身就包含在前提之中。其实不然。演绎法能够将隐性的知识显性化，这些重要的隐性知识如果不经过很多步骤的推导，人们实际上是不知道的。

演绎思维能力特别强的人，在完全未接触投资的情况下，只要告诉他两句话（甚至只有第一句话）："买股票就是利用股票市场买企业未来自由现金流折现值""股票市场短期是投票器，长期是称重器"，他就再也不需要看任何投资书籍了。整个投资大厦和体系都可以从最简单的原点推导出来。

有些道理看似人人都知道，其实不经过反复的演绎和推导，理解是不深入的。例如，"股价短期内是随机的，难以预测"，这个道理大部分人是承认的。但大部分人做投资决策时，又不知不觉地隐含着对未来短期市场走势的判断，这就是对一些基本道理没有深刻理解和演绎推理的结果。"真知"才能"真行"，"真知"等于"真行"，演绎法是强化"真知"的重要方法。

二、归纳法和演绎法的局限和危害

归纳法和演绎法虽然是重要的思考方法，但也是有局限的。如果不能恰当运用，害处是巨大的。只有知晓归纳法和演绎法的危害并加以规避，这两种思维方法对我们才是有利的。

错误地运用归纳法，被过往经验所害，是投资者非常容易犯的错误。巴菲特说："如果从历史就能推测未来，那么最富有的人都是图书管理员了。"

很多投资者热衷于"回测"，经常有投资者通过研究历史股价走势发现一个很厉害的技术指标；或者发现如果每年重仓市值最小的股票或 ST 股票，10 年会获得远远超过 50% 的年化收益率。如果据此指导自己的未来投资，无论赚多少倍，一次亏损 100%，就毫无意义了。"回测"是一种归纳法，如果没有坚实的理论逻辑作为前提，大部分的"回测"是无意义的。

如果不明白因果关系及其背后的机制是什么,盲目根据过往经验行事,是很不靠谱的。就连一些被认为理所当然的投资策略,未来也可能不复存在。比如打新股,须知新股泡沫是我国独有的不合理现象,是发行审核制度下阶段性的产物。一旦实行注册制,完全可能出现新股破发的现象。还有过去炒壳股、重组股等带来的高收益,也是不合理发行审核制度造成"壳价值"的产物,将来会不断失效。

我们在选股时,一定不能被过往的漂亮财务数据、好看的股价走势等因素所迷惑。哪怕这些数据持续了很多年甚至数十年,也不代表未来情况依然会如此。过去很多爆雷的企业看起来财务数据很漂亮,而且持续很多年,因此迷惑了很多人。乐视网、康美药业、康得新等企业,在出现问题之前,股价和业绩都持续上涨了很多年,直到突然倒塌,让人猝不及防。所以,分析企业绝对不能迷信数据,哪怕企业维持了 10 年以上的高 ROE,维持了 10 年以上的高增长、高利润,也不代表能够持续。即使过去 10 年、20 年都是大牛股,也不代表当前有任何投资价值。我们应定性地分析,这些数据是真实的吗?企业过去为什么能取得这样好的经营业绩?目前企业的内外部环境发生变化了吗?良好业绩还能持续吗?数据的分析最多只有一些参考价值,定性分析才是重要的。

历史虽然踏着相似的韵脚,却很少重复自己。以过往的经验来推测未来是危险的。2007 年金融危机开始时,美国著名投资者比尔·米勒挑选了 AIG、贝尔斯登和房地美。当这些股票连连下跌的时候,他认为投资者反应过度了,还在继续买进。米勒认为情况同 1989—1990 年时类似。他认为,"有时市场会重现你在以前见过的模式"。而巴菲特就能看出这些公司的业务问题,去投资了高盛等更可靠的企业。可见,不是所有急速下跌的股票都会反弹,也不是任何时候都可以"别人恐惧时我贪婪",落难的不一定是王子也可能是青蛙。懂公司业务才最重要。

看一家公司的产品,我们也不应过度运用归纳法。例如,一款中药保健产品,过去人们使用了几千年,就代表未来一定还会使用吗?

也许会，也许不会。但仅仅运用归纳法，逻辑一定是不充分的。我们必须能证明这款产品确实是有效的，哪怕经过各种科学方法的论证，也是被人们认可和需求的，这样才更有说服力。我国几千年的酒文化会改变吗？我们需要对当前人们对酒的需求做仔细的观察。酒文化持续几千年本身并不能证明它一定还会持续下去。哪怕经历了几千年的经验，在变化迅速的现代社会，也可能经验不再适用。持续百年、千年却很快消失的事物有很多。

运用归纳法还需注意，不要进行错误的归纳，归纳的过程一定要是严密的。例如，如果统计回测发现，购买业绩亏损的股票反而有不错的回报，就一定要考虑到是不是很多亏损股已经退市了，根本没有被纳入统计。不要犯"幸存者偏差"的错误。雪球网曾经举办过"唯一幸存者"比赛，每天猜涨跌，每天大约淘汰一半人，经过几十天淘汰，选出来一个连续几十天猜中大盘走势的人。这个人会被邀请接受采访，传授经验。其实，大猩猩扔硬币，也一定会选出来一个大猩猩投资大师。可见，归纳和总结经验的过程，也是很容易犯错误的。很多投资者将自己的长期失败归结于止损不及时、未严格控制交易纪律、交易不果断等，其实大部分是错误的归纳。

所以，归纳法是有很大局限性的。归纳法是从小范围推知大范围、从过去推知未来的方法，难以保证其普遍适用性和必然性。即使我们见过十亿只白天鹅，也不能轻易得出"天鹅都是白色的"，一只黑天鹅就足以否定结论。这并非否定归纳法的作用，即使我们归纳的一般性规律不能适用所有情形，它也在一定范围内有很强的参考价值。牛顿定律也不是绝对真理，但在宏观、低速的范围内，是完全正确的，这个定律也改变了人类。

演绎法由于从原点假设出发进行推理，最容易犯的错误是弄错了前提假设。不管推理论证的逻辑多么严密，如果推理的前提错了，那么整个逻辑大厦就轰然倒塌。

很多投资者潜意识中有一些预定的假设，如果假设是错的，那么在股市一生的忙碌就变得毫无意义了。例如，有的投资者假设"历史交易信息中包含了未来的交易信息"，他们就会研究 K 线图，关注过往的股价、成交量、资金动向等,并发明波浪、头肩、死叉、金叉等概念。如果短期股价真的是随机的,那么这种做法就足以荒废一生了。

运用演绎法,还要注意推理过程不应出现逻辑错误。例如,一些投资者认为"短期股价是随机的",由于长期是由每个短期构成的,既然每个短期是随机的,那么股价长期也必然是随机的,完全不可预测的。这种推理看似严密,却是错的。长期的确由无数个随机的短期所组成,但一些短期的"投票器"却以某种无法提前预期的形式体现出"称重器"的作用。股价长期反而是有规律的,就是一定会回归其内在价值。可见,演绎法的推理过程做到严密无误也是有难度的,这需要我们规避很多逻辑思维误区。

《孙子兵法》说:"不尽知用兵之害者,则不能尽知用兵之利。"归纳法和演绎法都是投资中重要的思考方法,但只有了解它们的局限之后,才能发挥出它们的作用。人类认知的基本规律是:从一系列的现象和经验中总结出一般性的规律,对一般性的规律进行演绎,并用来对更大范围的事物进行推测。如果结论被证伪,我们就需要重新循环,更新自己的认知,寻找更一般、更正确的规律,这是个螺旋式上升的过程。

归纳法与演绎法的结合是人类认知的一般模式,也是我们不断提高投资认知能力的一般模式。

第三节 我们应该怎样对待投资中的错误

在我们每个人的投资人生中,错误是不可避免的问题。**对待错误的第一原则,就是假定自己百分之百会犯错误**。投资是不确定的,但唯一能确定的是我们肯定会犯错。这个道理很简单,因为巴菲特、芒格这样的奥马哈圣人都会犯很多错误。我们能假定自己的水平远远超过巴菲特、芒格吗?显然不能。但是,还是有很多投资者假定(或潜意识地假定)自己是永远不会犯错的。例如,长期只持有一只股票,还加上很高的杠杆。承认自己必然犯错误,在心理上是不容易接受的，因为需要承认自己是不完美的、有缺陷的，人都有过度自信的倾向。

有了必然犯错的假定，我们就有必要**建立投资体系的容错机制，错误就变得不再那么可怕**。假定我们必然犯错，我们就自然会采取各种方法来避免全盘皆输。投资体系的容错机制应该包含七个方面，极其重要。我们已在本书第一部分"投资的风险观"部分详细论述容错机制，此处不再重复。"容错机制"就是我们投资的诺亚方舟，哪怕大洪水到来、"黑天鹅"光顾，我们也能确保自己永远活下来。活下来是投资的第一要务。哪怕投资收益是一万倍，一次性亏损100%，结果也是零。

巴菲特尽管经常"吹嘘"自己犯下的错误多么严重，但为什么业绩还那么好呢？因为他有容错机制，错了也没什么大不了，从不会伤筋动骨，更不会致命。这样，时间就会成为他的朋友，而不是敌人。

面对已经发生的错误，我们首先要做到坦诚面对，反思经验教训。人们更愿意吹嘘自己的成绩，很少坦诚面对错误，公开场合的坦诚更让人难堪。其实，错误并不可怕，经过正确的反思后，错误反而是进步的垫脚石。人在顺风顺水的时候往往不会反思，在错误的时候能学到最多，因为有切肤之痛。尼采有句名言："杀不死我的，使我更强大。"根据塔勒布的"反脆弱"理论，许多事物会受益于一定限度的压力、混乱、波动和不确定。犯错的时候，也是一个投资者可能成长最快的时候。但"反脆弱"的前提是，这个错误不是毁灭性的。如果犯一次错误，将本金亏损殆尽，即使吸取了教训也无力回天了。

巴菲特就是勇于承认错误的典型。1998年，在与佛罗里达大学生的交流会上，有人问巴菲特犯过哪些错误时，巴菲特幽默地答道："那要看你有多长时间听我说了！"在1990年致股东的信中，巴菲特详细回顾了过去25年的错误。2015年致股东的信，巴菲特在《伯克希尔：过去、现在和未来》一文中，用很长的篇幅回顾了过去50年所犯的错误，包括贪图便宜，错误投资伯克希尔纺织厂、让伯克希尔而不是巴菲特合伙企业买下国民财产保险公司、投资新英格兰地区的纺织企业Waumbec Mills、用伯克希尔股票而不是现金购买Dexter鞋业、因为锱铢必较险些错过喜诗糖果等。巴菲特在1990年、2015年的致股东信中只是系统地总结错误,几乎在每年的致股东信中,他都会反思当年所犯的错误。在很多次公开访谈中,也承认自己曾经投资航空股、石油股以及错过很多好公司的错误。

总结错误也是有学问的。千万不要把经验教训总结错了,得出错上加错的结论。很多人投资失败,总结出的教训不在点子上。例如做短线操作失败,反思自己观察不细致没看好K线形态,或者,心态不好,执行不坚决。

什么叫错误?一定要有个正确的定义。买入股票后,跌了30%就一定是犯了错误?很多人股票涨了就开始总结成功经验,跌了就反思错误。有朋友曾买了一只股票,涨了50%没有"及时"卖出,后来又较成本价跌了20%,就反思今后凡是浮盈50%必须清仓止盈,从此又错过很多十倍股。根据股价的变动而进行的这种反思没有任何意义,但大部分的反思都是根据股价做出的。

那么,我们**怎么判断自己犯错了呢?**一种是让结果自然地呈现。过一段时间后,企业的经营状况与我们的预想出现巨大偏差,证明当初的判断失误,或者遗漏了重要变量。另一种情况是,尽管企业的经营状况与我们的预期一致,甚至比我们的预期还要好,但是我们后来掌握了关于企业更多的信息,或思考得更深入之后,发现当初的逻辑是站不住脚的。很多时候,我们是否犯了错是不太容易判断的。企业出现问题,股价大幅下跌,也可能只是暂时的,根本逻辑不变。即便是股价涨了很多,公司也可以在通往毁灭的道路上。所以,我们可能会出现"判断自己出错,其实没错""认为自己没错,其实出错"两种错误。

真正的错误可以分为两类:第一类是原则性错误,大方向上犯错。第二类是战术性错误,包括"看错"和"错过"。段永平把做事情分为两部分,一是做对的事情,二是把事情做对,这个区分很重要。做对的事情是原则性的问题,把事情做对则是具体操作的战术性问题。犯原则性错误是绝对不可饶恕的,战术上犯了错误则可以不断改正提高。

犯原则性错误是不可原谅的，这是投资的底线。大多数人在真正走上投资的道路之前，要经历投机的阶段，巴菲特也画过 10 年的 K 线图。一旦走上投资的道路，就不要再犯原则性错误。所谓原则性错误，就是背离投资的道路，做投机的事情。例如，在股价下跌时，因恐慌或无法忍受暂时的浮亏，而卖掉股票；在股价大幅上涨或大幅回撤后，因要"保住胜利果实"，而赶紧卖掉股票；在手上股票涨幅不如别人时，无法忍受诱惑，换入当前涨幅更大的股票；背离安全边际原则，买入估值过高但"正在"上涨的股票；背离能力圈原则，为了预期的上涨，买入自己完全不懂的资产；频繁交易，做空，上杠杆……**无论短期的结果如何，应该始终做原则性正确的事情，这才能叫作真正的投资者。**我们最终目的当然不是为了做真正纯粹的投资者，但长期优秀的结果，需要我们这么做。投机已经被证明是很难长期取得好结果的。

"看错"和"错过"是战术性错误，是可以犯、也一定会犯的。投资本质上是对不确定的未来下注。智者千虑，必有一失。无论我们的预见能力多么强大，也总是有限的。此外，这个世界唯一不变的就是变化。无论买入确定性多么高的公司，后面也可能发生我们不能提前预见也不能及时做出评估的新变化，这就增加了"看错"的概率。

我们可能发现，**事前看我们很有信心的投资，事后看似乎在能力圈之外**。当然这种情况不算违反原则，投资之前如果认为自己看懂了，实际上并没有看懂，这还是一个认知的问题。应对"看错"的风险，别无他法。只有终身学习、大量阅读、大量实践，不断扩充理论和思维模型、不断研究案例、不断避免犯别人的错误、不断提升商业洞察力，争取不犯、少犯错误，尽可能不犯同样的错误。不过可以确定，即使我们的认知能力越来越强，但还是会犯错误。**唯一可以避免错误的方法就是不投资，但不投资本身就是资产配置的严重错误。**

第二类战术性错误是"错过"的错误。《穷查理宝典》中，芒格对这一错误进行了深刻的思考："伯克希尔历史上**最严重的错误是坐失良机的错误。我们看到了许多好机会，却没有采取行动。这些是巨大的错误——我们为此损失了几十亿美元。到现在还不断地犯这样的错误。我们正在改善这个缺陷，但还没有完全摆脱它。"

坐失良机的错误一般是两种原因造成的，研究不深入以及心理偏误。第一是研究工作不太深入，当机会来临时由于信心不足，白白错过。当发现错过时，股价已经高高在上。解决的方法就是平时的研究工作要深入而广泛，建立个人的"股票池"或"公司储备库"，储备库中的公司应该是经过深入研究而且长期跟踪的，等待机会来临就不那么容易错过。第二种原因是心理偏误，包括过度斤斤计较价格（喜诗糖果再多要10万美元就走开），以及锚定心理（因为沃尔玛的股价上涨了一点而没有买进）。克服心理偏误，需要对人类认知偏误有更多的思考，建立清单，投资时对照检查。另外，**对投资体系中的问题要做更深的思考**。例如安全边际，不能简单理解为花5角钱买1元钱的东西。难道6角就不能买了？安全边际是有"度"的，太安全了就会错失大好机会，估值太高又是犯了原则性错误，造成本金亏损或回报不足。那么这个"度"到底拿捏在什么地方？如果思考不深，实践中就容易出现问题。尤其是对于特别优秀的企业，如果过于追求安全边际，就很容易错过。这个度的拿捏也是一门艺术。

接受我们100%会犯错误，还有另外一层次含义，就是我们要心平气和接受错误。**视野始终要面向未来，不要停留在悔恨之中**。"胜败乃兵家常事"，我们应有接受失败的平常心。做出了错误的决策，我们总结好经验教训，争取今后不犯第二次，价值就完成了。发生过的事情已经成为"沉没成本"，不要让悔恨、自责的心理影响自己。对投资有价值的是理性而不是情绪。投资的本意就是要面向未来，企业过去怎么样不重要，买入的成本价多少也不重要，我们做过怎样的决策也已随风而去，未来怎样才真正重要。

第四节　大道甚夷，而人好径：《道德经》中的投资智慧

《道德经》是我国历史上最伟大的哲学典籍之一，被誉为万经之王，对我国哲学、科学、政治、宗教等产生了深远影响。《道德经》

区区 5000 多字，却充满了关于处世之道、用兵之法、治国之策的极高智慧。道德经的智慧和价值投资的哲学同样相通。以下是我们对部分内容的解读。

上士闻道，勤而行之；中士闻道，若存若亡；下士闻道，大笑之。不笑不足以为道。

翻译：智慧上等的人听了道，努力去实行；智慧中等的人将信将疑；智慧下等的人哈哈大笑。不被嘲笑，那就不足以称其为道了。

解读：投资中，大多数人终究会亏损，所以一定要走少有人走的路，选择不同的投资道路，这就意味着要被人嘲笑。价值投资就是不断被嘲笑的投资方式，因为它看起来很慢，也有些守旧刻板，有些时候看起来还无效。自从格雷厄姆提出这一投资体系，并有无数成功大师的条件下，"勤而行之"的"上士"依然凤毛麟角，"若存若无"的"中士"和"大笑之"的"下士"依然占据绝大多数。因为价值投资很多时候需要坚持真理、特立独行。

大道甚夷，而人好径。

翻译：大道很平坦，但人们却喜欢走捷径。

解读：投资的大道很平坦，那就是研究分析好公司、耐心等待好价格、耐心持有，但大多数人喜欢去走跟风听消息、炒概念、追涨杀跌的捷径，可惜捷径永远到达不了目的地。"捷径是迷路的最快办法。"

使我介然有知，行于大道，唯施是畏。

翻译：假如我稍微地有了一些认识，在大道上行走，唯一担心的是害怕走上了邪路。

解读：投资中，诱惑太多，让人难以忍受的情况也太多。很多人本来坚守正道，但还是经不住考验，走上歪道了。投资是不断修炼的过程，只有在极端情况下不改初衷，才算经受住了考验。极端市场就是一块试金石。

以正治国，以奇用兵，以无事取天下。

翻译：以正道来治理国家，以奇妙的方法来用兵，以无为来取得天下。

解读：投资中需要"守正出奇"，一方面投资的基本原则不能动摇，这是"守正"；另一方面，要获得超额收益，必须看到别人看不到的地方，投资机会往往出现在和别人观点不一致（但正确）的地方，或者别人不敢下手的时机，这就是"出奇"。投资的过程也是无为而治，最成功的投资者是下注最少但很精准的。财富不断从那些勤奋操作的投资者转移到那些看似懒散、呆坐不动的投资者。

飘风不终朝，骤雨不终日。

翻译：狂风刮不了一整个早晨，暴雨下不了一整天。

解读：不管是千股跌停的股灾1.0、2.0，还是千股涨停的大牛市，这都不是市场的常态，都不会太持久。

明道若昧，进道若退，夷道若颣。

翻译：光明的道好似暗昧，前进的道好似后退，平坦的道好似崎岖。

解读：价值投资的哲学可以理解为一个"退"字，无论是企业护城河、市场安全边际、个人能力圈，还是长期持有、淡看波动，都在强调保守的思想。看起来似乎暗昧、倒退、崎岖，实际上正好相反。

大成若缺，其用不弊。大盈若冲，其用不穷。大直若屈，大巧若拙，大辩若讷。静胜躁，寒胜热。清静为天下正。

翻译：最完满的东西，好似有残缺一样，但它的作用永远不会衰竭；最充盈的东西，好似是空虚一样，但是它的作用是不会穷尽的。最正直的东西，好似有弯曲一样；最灵巧的东西，好似最笨拙的；最卓越的辩才，好似不善言辞一样。清静克服扰动，寒冷克服暑热。清静无为才能治理天下。

解读：投资最忌燥热，不停地盯盘、交易，情绪波动大。真正成功的投资者都是清静无为的，他们享受的不仅是不错的经济回报，更是"宁静致远，飘逸春秋"的生活质量。

祸莫大于不知足；咎莫大于欲得。故知足之足，常足矣。

翻译：最大的祸害是不知足，最大的过失是贪得的欲望。知道到什么地步就该满足了的人，永远是满足的。

解读：对投资收益应该知足，不少人动辄要求年化30%、100%，或者制定很高的投资目标。过高的收益预期必然导致投机、杠杆等危险动作。其实，市场是不以个人意志转移的。保守、要求低，追求不亏损、控制好风险，时间长了，收益反而会是非常满意的。

不出户，知天下；不窥牖，见天道。其出弥远，其知弥少。是以圣人不行而知，不见而明，不为而成。

翻译：足不出户，就能够推知天下的事理；不望窗外，就可以认识日月星辰运行的自然规律。向外奔逐得越远，所知道的道理就越少。所以，有"道"的圣人不出行却能够推知事理，不窥见而能明了"天道"，不妄为而可以有所成就。

解读：老子的这句话有不少争议，因为人们相信，不调查就没有发言权，读万卷书不如行万里路。但老子的话在某些方面也有道理。以投资中的调研为例，很多券商研究员虽然非常勤奋地调研，但问的问题均是短期公司的消息、项目、新概念等。还有人跑到上市公司门口数卡车进货数量等，应该说这些行为精神可嘉，但收效却很差，因为虽然勤奋，但对投资关键的"道"却完全没把握，反而渐行渐远。投资高手未必要去做这些调研工作，他们只是把握住商业和投资的核心逻辑。把握事物的规律和本质，反而不需要那么费劲，拥有必要的常识就够了。当然，这也不否认调研的作用。

祸兮，福之所倚；福兮，祸之所伏。

翻译：灾祸啊，幸福依傍在它的里面；幸福啊，灾祸藏伏在它的里面。

解读：以合理价格买了好公司，可能要忍受一段浮亏，但日后的收益可能很可观；很多人高杠杆炒概念和期货，动辄赚了10倍，自信心暴增，却落得破产崩盘的命运。股市中祸福转换很明显，比如刚入市亏损小钱当时很伤心，但学到了教训，反而是好事。一开始投资体系不完善就赚了大钱的人，后来可能惨不忍睹。很多好的投资机会也带着吓人的"鬼故事"。很多业绩和股价高速增长的公司却加速走向失败。此外，我们要珍惜投资中犯的错误和教训，当时虽有后悔和痛苦，但却是今后的宝贵财富。

治大国，若烹小鲜。

翻译：治理大国，好像煎烹小鱼。

解读：治理大国要像煮小鱼一样。煮小鱼，不能多加搅动，多搅则易烂。老子这里的意思是治大国应当讲究无为而治。股市也一样，需要以"静"制动，以"逸"待劳。每天都在忙碌操作交易的人，是很难成功的。

吾言甚易知，甚易行。天下莫能知，莫能行。言有宗，事有君。夫唯无知，是以不我知。知我者希，则我者贵。是以圣人被褐而怀玉。

翻译：我的话很容易理解，很容易施行。但是天下竟没有谁能理解，没有谁能施行。言论有主旨，行事有根据。正由于人们不理解这个道理，因此才不理解我。能理解我的人很少，那么能取法于我的人就更难得了。因此有道的圣人总是穿着粗布衣服，怀里揣着美玉。

解读：价值投资五分钟就能讲清楚了：把股票当企业的一部分，市场先生，安全边际，能力圈。大道理就这几个，如果不能理解，就算格雷厄姆、巴菲特、芒格不停地布道也无济于事。真正做起来很难，最难的是克服人类进化基因中的人性弱点。

知不知，尚矣；不知知，病也。圣人不病，以其病病。夫唯病病，是以不病。

翻译：知道自己还有所不知，这是很高明的。不知道却自以为知道，这就是很糟糕的。有道的圣人没有缺点，因为他知道自己的缺点。正因为他知道自己的缺点，所以，他没有缺点。

解读：这句话与"能力圈"的概念不谋而合。不懂的千万不能碰。我们的能力有多大并不重要，关键是要知道是不是在自己能力范围内。一旦知道自己能力的界限，无知本身就没有坏处了。

天网恢恢，疏而不失。

翻译：自然的范围，宽广无边，虽然宽疏但并不漏失。

解读：投资体系一定要完善，不能有重大的漏洞。隐含巨大风险的交易行为不一定显现为损失，但这种风险是实实在在存在的。一旦有没想明白就去做了的地方，早晚某一天会被市场教训。长期资本管理公司、比尔米勒，这些例子太多了。

人之生也柔弱，其死也坚强。草木之生也柔脆，其死也枯槁。故坚强者死之徒，柔弱者生之徒。是以兵强则灭，木强则折。强大处下，柔弱处上。

翻译：人活着的时候身体是柔软的，死了以后身体就变得僵硬。草木生长时是柔软脆弱的，死了以后就变得干硬枯槁了。所以坚强的东西属于死亡的一类，柔弱的东西属于生存的一类。因此，用兵逞强就会遭到灭亡，树木强大了就会容易摧折。凡是强大的，总是处于下位，凡是柔弱的，反而居于上位。

解读：价值投资者把自己放在弱者地位，比如即使很有信心的股票，也强调预留较高的安全边际作为风险的缓冲垫，尽可能长期持有也是不得已而为之，因为相信自己无法判断市场走势。另外，要坚信自己必犯错误，提前做好容错机制。价值投资者只去把握不变的东西，只去跨越一英尺栏。没想到的是，最后弱者居然胜利了。

天之道，损有余而补不足。人之道，则不然，损不足以奉有余。孰能有余以奉天下，唯有道者。

翻译：自然的规律，是减少有余的补给不足的。可是社会的法则却不是这样，要减少不足的，来奉献给有余的人。那么，谁能够减少有余的，以补给天下人的不足呢？只有有道的人才可以做到。

解读：这里强调了自然界"均值回归"的法则，这一法则在股市中同样存在，逆向投资非常重要，但人们多喜欢损不足而奉有余。

天下难事，必作于易；天下大事，必作于细。是以圣人终不为大，故能成其大。

翻译：天下的难事，一定从简易的地方做起；天下的大事，一定从微细的部分开端。因此，有"道"的圣人始终不贪图大贡献，所以才能做成大事。

解读：投资要先易后难，循序渐进，可以先投资指数基金，然后采用格雷厄姆的低市盈率、分散投资的方法，再慢慢过渡到巴菲特的深度分析、集中投资的方法。

为学日益，为道日损，损之又损，以至于无为。

翻译：求学的人，不断做加法；而求道的人，就要不断做减法，达到无为境界。

解读：对企业的分析、行业的理解，知识越多越好，但投资的大原则大道至简，不断领悟这些最简单的原则的精微之处，才能达到道的境界。投资中不能只做加法，善于做减法的才是高手。

反者，道之动；弱者，道之用。

翻译：事物运动变化的规律就是循环往复；坚守柔弱是道的法则运用的方法。

解读：月有阴晴圆缺，年有春夏秋冬。万事万物的运动都在循环往复。投资的世界也是如此，牛熊更替，此消彼长。而道在发挥作用的时候，用的是最柔弱的方法，任由万物自然而然地发生和生长，而绝不强加自己的意志。投资也是如此，用最柔弱的方法，用最自然的方法，让优秀的企业成为自然之选，让投资的时机成为不得已之选。一切顺应规律，一切柔弱不争，才是恒久和坚强。

重为轻根，静为躁君。轻则失根，躁则失君。

翻译：厚重是轻率的根本，静定是躁动的主宰。轻率就会失去根本；急躁就会丧失主导。

解读：投资要深思熟虑，保持理性，不能被轻率浮躁的情绪所影响。

上善若水。水善利万物而不争，处众人之所恶，故几于道。

翻译：最善的人好像水一样。水善于滋润万物而不与万物相争，停留在众人都不喜欢的地方，所以最接近于"道"。

解读：在众人都不喜欢的地方，不愿意走的路上，不仅有投资的收益，也最接近于"道"。

致虚极，守静笃。万物并作，吾以观复。

翻译：达到虚无的极端境界，固守宁静达到厚重忠实。在万物的生长发展中，我用虚静之境去观察万物往复循环的道理。

解读：老子强调"以物观物"，尽量排除人的情感和欲望，顺应客观事物本来的自然状况，并抓住它们的本质和规律。无论是对投资规律本身的认识，还是对企业的分析，都需要从客观的角度去观察和认识，达到一种静、明的状态。

道生一，一生二，二生三，三生万物。万物负阴而抱阳，冲气以为和。

翻译：大道生出一气，一气分出阴阳二气，阴阳二气和合生出中和之气，阴阳二气和中和之气共同作用产生自然万物。自然万物都由阴阳二气和合而成，都包含着阴和阳，由阴阳两种相反的、矛盾的物质相互作用，彼此和谐而产生万物，阴阳二气的作用在于和。

解读：老子的这段话表明了原点出发，阴阳对立，衍生出万事万物的世界观。老子对自然世界和人类社会的认识，都是从相反相成、对立统一、相互依存的关系去解释的，这种关系是一切事物普遍的、恒久的规律。我们做投资，要理解商品交易中对立统一的双方——企业和消费者，也要理解股票交易中对立统一的双方——买入者和卖出者。

第五节　跨越2 500年的异曲同工：《孙子兵法》与价值投资

《孙子兵法》为春秋时期孙武所著，包含了丰富的道家哲学思想，被奉为兵家圣典。而价值投资起源于1934年美国格雷厄姆和多德所著的《证券分析》一书，后被巴菲特和芒格发扬光大。巴菲特成为价值投资的集大成者，获得了巨大的财富。《孙子兵法》与价值投资分别产生于东方和西方，相隔了浩瀚的太平洋，跨越了大约2 500年的漫长岁月。这两者却有异曲同工之妙。

同在哪里？妙在何处？

如果要用四个字来概括《孙子兵法》的核心思想，那就是"**先胜后战**"。如果同样用四个字来概括价值投资的核心思想，那就是"**不要亏损**"。两者都是充分运用逆向思维，在追求极大确定性的条件下才行动。行动之前已经做了充分的分析、权衡、准备和推演。行动之时，结果已经基本确定了，剩下的只是交给时间去让结果自然而然地呈现出来。最终以貌似平淡无奇的方法，获得了常人难以企及的成功。

第一，在战略认识层面，《孙子兵法》提出要高度重视战争，理解战争的本质——"兵者，国之大事，死生之地，存亡之道，不可不察也。"《孙子兵法》把战争与国家命运、人民的生死紧密联系起来。明确指出**战争的首要目的不是为了战争，而在于确保国家的生存和发展**。"不能尽知用兵之害者，则不能尽知用兵之利也。"要充分认识到贸然发动战争的害处。"非利不动，非得不用，非危不战。""合于利而动，不合于利而止。""故明君慎之，良将警之，此安国全军之道也。"《孙子兵法》认为战争是残酷的，要重战、慎战、备战，才能确保"安国全军"。

价值投资也认为，首先应高度重视投资，理解投资的本质——"投资行为通过透彻的分析，保障本金安全，并获得令人满意的回报率。"**投资的首要目的是保障本金安全，甚至获得满意的回报率也是为了保障本金安全**。因为在所有的大类资产中，现金资产长期来看是必定持续贬值的，甚至黄金资产也不能保值。长期来看股权资产的回报率远远超越其他大类资产。**为了保障本金安全，所以不得不进行投资，为了应对复杂多变的未来，所以不得不选择长期回报率最高的股权类资产**。可见，价值投资思想也是强调高度重视投资，充分认识到盲目投资的危险性，慎重投资、充分准备和分析后才能投资，以确保个人、家庭和组织的资产安全。

第二，战略判断层面，《孙子兵法》提出应先算**胜率，知胜负**。《孙子兵法》从"道、天、地、将、法"五事和"主有道、将有能、天地得、法令行、兵众强、士卒练、赏罚明"七计，来做胜率判断和"知胜"的自我检查清单，"故知胜有五：知可以战与不可以战者胜；识众寡之用者胜；上下同欲者胜；以虞待不虞者胜；将能而君不御者胜。此五者，知胜之道也。"

格雷厄姆和巴菲特提出了价值投资的四大概念——股票是企业的一部分、市场先生、安全边际、能力圈。这四大概念也是**从公司、市场和个人三个角度来算胜率，知胜负**。尤其是要从"自知"的角度，来排除并没有准备好进入市场的自己。价值投资知不易，行更难，"自知"是"入市"的前提条件。巴菲特非常强调"自知"——"投资中最大的风险莫过于你不知道自己在做什么。只要你还有没想明白的地方,就不要去做。否则总有一天市场会发现你的弱点,并把你打得鼻青脸肿。"在现实中,认同价值投资者众,知行合一者少。高瓴资本张磊提出了一个检验知行的判断标准,就是"时间是我的朋友,还是敌人?"这确实是一个很好的判断标准。**时间会使得隐含风险的投资认知与投资行为终究展现其风险**。对价值投资者而言,"知、言、行、绩"四者应是统一的,相互印证的。"知是行之始,行是知之成。知是行的主意,行是知的功夫。"知行不一致的,终究还是"知"的问题。

第三,在战略决策层面,《孙子兵法》总是逆向思维:"故善用兵者,屈人之兵而非战也,拔人之城而非攻也,毁人之国而非久也。"处处以失败为假设前提,总是设法避免失败,减少获胜的代价。价值投资也是逆向思维,处处以亏损为假设前提,总是设法避免亏损,用最小的资金成本,在非常安全的前提下,换取最大化份额的优质股权资产。

《孙子兵法》的战略决策是极度保守,以退为进的,认为"善战者,先为不可胜,以待敌之可胜。不可胜在己,可胜在敌。故善战者,能为不可胜,不能使敌之必可胜。胜可知而不可为。"不可胜,则不可战,则不战,继续等待时机,韬光养晦,或者"多方以误"故人;直至不可胜变为可胜,不可战变为可战;可胜,则可战,则要"全胜",要"一战而定"。

价值投资也是极度保守的,以退为进的,本质上是做**"低风险高收益"投资**,通过"公司护城河、市场安全边际、个人能力圈、股权持有期限"四个维度的"后退",拒绝很多似是而非的投资"好机会",拒绝公司和市场对我们的"多方以误"("能而示之不能,用而示之不用,近而示之远,远而示之近。利而诱之,乱而取之,实而备之,强而避之,怒而挠之,卑而骄之,佚而劳之,亲而离之")。价值投资从四个维度尽可能地剔除投资风险,来实现"不要亏损"的目标。对价值投资来说,如果选择了正确的投资标的,在正确的投资时点,用了正确的资金,但是使用了不正确的投资理由进行了投资,即使最终得到了好的投资结果，也是一笔不正确的投资。价值投资"后退"得越厉害，"不要亏损"的保障就越高，反而潜在的收益就越高。

第四，在战术执行层面，《孙子兵法》处处体现了"事先透彻分析，以求未战而庙算已胜"的"先胜后战"思想，提出了很多作战原则和具体方法。"夫未战而庙算胜者，得算多也；未战而庙算不胜者，得算少也。多算胜，少算不胜，而况于无算乎！吾以此观之，胜负见矣。"

在战斗中，《孙子兵法》强调要掌握自己和对方尽量多的信息："知彼知己，百战不殆；不知彼而知己，一胜一负；不知彼，不知己，每战必殆。"价值投资也需要掌握尽量多的信息，但是信息的筛选和解读能力更加重要。**好的投资机会一般发生在自己对公司关键信息的解读与市场不一致，但是将与未来的事实一致的地方。**在众多信息中挑选出关键信息，并对关键信息进行正确解读，是投资者需要数十年长期训练的能力。

打仗和投资，都需要综合运用多学科知识和思维模型。《孙子兵法》中的战术包含了对天文、地理、政治、经济、心理、管理、数理、工程等多学科思维的综合运用。芒格也认为，投资是普世智慧在资本市场的运用："你应该对各种学科的各种思维都有所理解，并且经常使用它们——它们的全部，而不是某几个。"

对于作战时机，《孙子兵法》认为："不可胜者，守也；可胜者，攻也。守则不足，攻则有余。善守者，藏于九地之下，善攻者，动于九天之上，故能自保而全胜也。"而真正的机会出现时，"一战而定"。对于投资时机，有人认为，可以用价值投资选股，用趋势投资择时，这是错误的。其实价值投资已经包含了完整的择时。没有足够好的投资机会的时候，价值投资者可以安坐不动。芒格说："我不介意在很长的时间里没有任何事情发生。巴菲特也是如此。""投资的重点不是非常多的动作，而是非常大的耐心。你要坚守你的原则，当机会出现的时候，就大力出击。"

《孙子兵法》认为作战时不能受情绪的控制："主不可以怒而兴师，将不可以愠而致战；怒可以复喜，愠可以复悦，亡国不可以复存，死者不可以复生。"价值投资也强调投资时不能受情绪的控制，更不要受到"市场先生"狂躁症情绪的影响。爱惜现金就要像爱惜自己的士兵一样。不能因一时冲动而投资。极端恐慌和极端乐观的情绪最终都会归于平静，但是贸然投资损失的本金再也不会回来了。

《孙子兵法》中有"凡战者，以正合，以奇胜"的名句，讲战斗中"正兵"和"奇兵"的灵活运用，无穷无尽。我们认为，价值投资中的"正"是股权，"奇"是现金——恰恰是西格尔教授《股市长线法宝》中长期回报率最高和最低的两种资产。**股权是"正兵"，是实现资产保值增值的主要力量。现金是"奇兵"**，它的作用是保护股权资产的投资期限，保护股权资产的增值过程，同时它也是**一种期权，它有最高的流动性，具有完全的选择权**，可以使得我们不会错过任何极度恐慌的重大市场机会。"奇兵"作为一支重要的力量，在战斗中可能使用，也可能永不使用，但是它的作用并不因为没有使用而被抹杀掉。就像球场上的替补队员不因为一直没有上场而失去价值。现金表面上持续贬值，是不值得持有的负资产，但实际上它在资产配置中的作用非常关键。

《孙子兵法》认为真正的善战者都不是靠打险中求胜的战役，而是在多个局部战役中获得了区域性压倒性优势，赢得毫不费力，以至于显得平淡无奇。"故善战者，立于不败之地，而不失敌之败也。是故胜兵先胜而后求战，败兵先战而后求胜。善战者致人而不致于人。""故善战者之胜也，无智名，无勇功。"**价值投资也不靠险中求胜**。巴菲特说："要取得非凡的成果，没有必要非得做非凡的事情。""我们之所以取得目前的成就，是因为我们关心的是寻找那些我们可以跨越的一英尺障碍，而不是去拥有什么能飞越七英尺的能力。"芒格说："我们努力做到通过牢记常识而不是通过知晓尖端知识赚钱。""我们属于在桶里捕鱼，而且还要等水更平静才下手。"

《孙子兵法》中还包含了对将帅个人价值观和人格特性的要求——**"智、信、仁、勇、严"**。从巴菲特和芒格等投资大师身上，我们也看到了聪明智慧、真诚信义、仁心厚德、果断勇敢、严于律己的价值观和人格特性。投资的结果，不仅是认识规律、践行规律的结果，长期来看更是投资者价值观、品行道德和个人修养的体现。

为什么东方的战争智慧与西方的投资思想，可以跨越2 500年的历史长河找到这么多的相通之处？

因为，古今中外，自然不变，人性不变。

第六节　价值投资是普世智慧的一个分支

很多价值投资者有过这样的体验：一开始，我们接触投资的主要目的是获得财富，后来我们会发现价值投资是投资的正道，它不仅仅是一种投资体系，也是一种生活方式，更是一种世界观、价值观、人生观和方法论。价值投资是普世智慧的一个分支。

一、人生完美的商业模式

1. 价值投资带给我们财富、自由和独立

财富是实现完美生活很好的工具，获得财富本身不是我们的目的，但能够让我们更加独立。获得财富自由的办法一定不能是像社会中绝大多数人那样，工作一天才有一天的收入，而是获得"被动收入"，要尽快把劳动收入转化为资本收入，打造一个在我们睡觉时依然在为我们工作的系统。投资就是拥有最优秀公司的股权，让世界上最优秀的企业家为我们工作。

我国股市有不少的优秀企业，给长期持有它们的股东带来了巨额的回报。伊利、万科、贵州茅台、腾讯控股、格力电器等，这些公司从上市起给股东带来上百倍，甚至上千倍的回报。哪怕没有能力选择投资个股，仅仅投资沪深300指数，也可以获得10%以上的年化回报，轻松跑赢通货膨胀。

而且，价值投资是用比较干净、有尊严的方式去获得财富，而不需要屈从我们不喜欢的规则。李录在《穷查理宝典》的序言中写道："芒格是一个完全凭借智慧取得成功的人，这对于中国的读书人来讲无疑是一个令人振奋的例子。与我们在社会上所看到的权钱交易、潜规则、商业欺诈、造假等手段不同，他用最干净的方法，取得了商业的巨大成功。"

我们需要有正确的"金钱观"，这样才能更好地获得财富、利用财富。投资中90%以上的人之所以会亏钱，最主要的原因就是急着想赚快钱，没有人愿意慢慢地变富。短线、波段、趋势、杠杆、消息、内幕，这些亏钱的方法，背后都是赚快钱的心理。如果把快速获得金钱作为唯一目的，反而无法赚钱并且带来更多问题。18世纪英国小说家亨利·菲尔丁说："视金钱为神灵，它会像魔鬼一样折腾你。"金钱只是一种工具，运用得当，可以为我们获得独立和自由，也可以造福社会；运用不当，可能毁掉我们的事业和家庭。金钱的作用是有限的，它能买来物质性的东西，但买不来幸福、友情、见识。我们如果把投资本身作为一种目的，把投资看作终身热爱的一种事业和兴趣，看作洞察世界的一个窗口，看作普世智慧的一个分支，把财富当作这个过程的副产品，结果将大不相同。

2. 价值投资带给我们很好的工作和生活方式

价值投资有一个很好的特点，财富不断从那些好动的、频繁交易、勤奋忙碌的人手中流入到那些呆坐不动、大智若愚的人手中。选择了好的股票后，交易只是一两分钟的事情。我们不需要整天盯着股价，只要公司的基本面没有发生大的变化，后续就不需要操作。长期来看，越是折腾的人收益越低。这一点对于投资而非投机的人真是喜讯。对于职业投资者来说，主要的时间用来更深入思考投资、商业以及社会趋势等问题，研究感兴趣的企业；对于业余投资者，完全可以继续从事自己的主业。

价值投资者的一切经历和活动都是对投资有帮助的。餐饮娱乐、逛商场、超市购物，会留心观察新的产品和商业模式；出国旅游，会观察比较外国的国情，哪怕使用携程、坐飞机、订酒店、打车，都增加了对这些公司的调研；去四五线城市出差，也会增加对下沉市场的理解。很多优秀投资者是"多面手"。例如，刘元生是企业家，还爱好体育和音乐，尤善演奏小提琴，还做慈善。如果不是当初他在广州友谊剧院演出小提琴时与王石相遇，如果不是他的企业和王石有业务来往，也许就没有刘元生投资万科的经典案例了。

价值投资并不是知道越多信息越好，对信息的时效性也没有那么高的要求。价值投资需要的是了解关键信息，并对关键信息做出正确的解读。价值投资者就算在交通和网络不良的山沟里，仍然可以做价值投资。所以价值投资者可以在全球范围内选择自己喜欢的地方工作和生活。

大部分的投资大师都是健康长寿的。巴菲特、芒格年逾90，依然充满热情地工作。价值投资者会培养出宏大的格局、宽阔的胸襟、长远的眼光、宁静致远的生活方式、与世无争的态度，良好的心态对健康长寿是非常重要的。价值投资者深知复利的重要作用，他们也会有严格的生活纪律和良好的生活习惯。他们心态平和，宠辱不惊，好好吃饭，好好睡觉，好好走路，这有利于身心健康。而如果像大多数投资者沉迷于短线交易和赌博，心情随着市场波动起伏，一直活在赚钱的压力之中，健康长寿就几乎不太可能了。

3. 投资会开阔眼界，增长学识和智慧

由于价值投资将股票看作企业的一部分，所以会研究企业、研究行业，判断企业的商业模式如何，企业发展空间多大，研究社会趋势，企业面临的竞争格局如何。我们还需要看人的学问，判断管理层是不是优秀。我们会换位思考，站在消费者、员工、管理者、企业家、竞争者、投资者和政府等各种不同角色的立场，去思考问题。我们会去研究市场的规律，看历史上出现的人性的贪婪和恐惧。除了商业的知识，学习经济、金融、管理、历史、哲学、物理、生物、化学、心理、政治、社会学等方方面面的知识，可以建立起芒格所说的那种"多学科思维模型"。可以说，价值投资者"无所不看，无所不想"。

好的价值投资者均有终身学习的习惯，不断增长见识，提高看人看事的穿透力。价值投资的过程，既是投资者积累物质资本的过程，

也是投资者个人积累学识和智慧、积累人力资本的过程。物质资本和人力资本双重的复利效应，到了后期会呈现惊人的力量。

4. 价值投资不用担心被人工智能颠覆

未来的人工智能将颠覆掉很多行业，甚至包括律师、会计师等较复杂的行业。人工智能会使价值投资失效吗？或者说，价值投资获得长期收益的根基会因为人工智能的出现而消失吗？答案是不会。人工智能可能会颠覆量化交易、套利交易、高频交易等更加程序化的交易体系。颠覆价值投资基本上不可能。价值投资并不仅仅是数量化的计算或简单信息的处理，需要对企业的商业模式、护城河、发展前景、管理层、企业文化等各个方面做出很多复杂的定性判断。价值投资是科学与艺术的结合。如果说人工智能可以做价值投资，那么人类的复杂判断力也没有任何意义了，人类已经变成机器完全的从属，人类的存在也没太大意义了。

5. 价值投资者的能力随着年龄增长而增长

好的职业一定是随着年龄增长而增值。大多数职业却是吃青春饭，随着年龄增长，人力资本价值会大幅贬值，甚至医生、教师这样高度依赖经验的职业最终也不能幸免。投资则是不需要退休的职业。投资者对企业的研究，对投资的思考，都是具有累积性的知识。一家企业、一个行业、一次性研究透彻之后，后面只需要投入极小的精力去关注。投资研究也是边际成本递减的活动。随着时间的推移，我们会掌握大部分的行业、大部分的企业，能力圈会不断扩展。巴菲特五分钟就能对是否收购一家企业做出基本判断，就是因为他对大部分企业已经观察了几十年。这种知识的累积是可怕的，复利不仅在赚钱上，也在知识上发挥作用。

此外，阅历和经验也会增加投资能力。随着年龄的增长，阅过的人、走过的路、去过的国家、经历的事情、思考的问题、读过的书、调研过的企业、结交过的朋友、经历的极端市场波动，所有这些都会加深我们对于投资、商业和人的思考，从而反映在我们的投资上。

6. 价值投资是一项有社会价值的事业

人不仅仅是追求金钱，而且会询问自己所从事的事业为社会创造了什么价值。很多人觉得，在股票市场投资，相互从对方手中买卖，没有生产任何有价值的东西。价值投资者做的工作大部分就是阅读、思考、喝茶，看起来并没有创造了什么。其实不然，投资是对社会发展非常重要的事业，尽管这种作用是间接的。

资本市场对一个国家的发展是至关重要的。极端地假设，所有人都不再投资，那也就没有股市了，也不会有一级市场。没有华尔街，美国一定不会成为世界上最发达的国家。没有一级市场的投资机构，谷歌、腾讯、阿里巴巴等企业创业初期就很快就因资金链断裂而胎死腹中，根本没有伟大起来的机会。没有股市，一级市场也失去了退出通道，也就不会存在。股市的本质是企业直接融资的场所，股市的助力让企业将部分股权提前变现获得资金，从而发展得更快。股市也是优化资源配置的场所，股价低估时投资者买入，严重高估时卖出。给优秀企业较高的估值，抛弃劣质公司，投资者的交易和投票让股价回归公司的合理价值，让资本流入到能高效率地创造更多价值的优秀企业那里。大国的崛起需要先进的资本市场，每一位投资者都在间接地为社会做出贡献。

7. 价值投资是财富传承的很好方式

很多价值投资者送给孩子的礼物是股票。在孩子出生时，为其建立单独的股票账户，买入一些优质股票，等到孩子结婚或上大学时，就是一笔很大的财富。当然，这还只是传承财富。如果从小就培养孩子的"财商"，甚至成功传授其价值投资的思想体系，那么我们的孩子就拥有了一项未来生存的"金手指"。这需要和孩子一起学习很多投资知识，培养广泛的兴趣爱好，并且培养他们眼光长远的性格和合适的秉性。

二、普世智慧的一个分支

价值投资是普世智慧的一个分支，就是说价值投资的智慧和人类社会的其他方面的智慧是相通的。大道相通，一通百通，从不同的角度看世界，结论是相同的。无论是战争、经营企业、体育运动还是修身养性，这些领域的成功者，如果理解了价值投资，他们便可以做得很好。价值投资做得好的人，经营企业甚至指挥战争，也大概率是成功的。

价值投资能帮助我们更多地思考做人做事，坚守初心，回归本质，才能简单而有效。股市的初心，就是提供标准化、便利化的股权交易渠道，方便优化资产配置。期货市场的初心，就是为现货提供套期保值，消除远期价格的不确定性。期权市场的初心，就是为证券资产提供保险。它们的初心都不是让我们快进快出，以小博大，一夜暴富。企业经营也是如此。餐饮业的初心，就是为顾客提供卫生美味的食物和体贴的服务，并且价格实惠。零售业的初心，就是帮顾客采办价廉物美的商品。制造业的初心，就是为客户制造高性价比、可靠耐用的产品。说起来都很简单，做起来很多人就走偏并且最终失败。而坚守初心，回归本质的人和企业，长期很难不成功。

从本书对《孙子兵法》的分析可看出，战争的基本原则和道理，和投资是一致的。战争就是打得赢才打，歼灭敌人的有生力量，打不赢就跑，保存并扩大自己的力量。从《道德经》可以看到投资和治国理政的相通之处。段永平、刘元生等企业家能够很本能地做到价值投资，也是经营实业带来的感悟，打通了实业和投资的相通之处。投资和体育运动也有相通之处。巴菲特、芒格都受到棒球运动员泰德·威廉姆斯的77格击球区的影响，也是看到了棒球和投资的相似之处。

芒格说："如果你是一个更好的人，就有可能成为一个更好的投资者。如果你是一个有智慧的人，你就有可能成为一个更好的投资者。虽然孔子之后的世界已经经历了2 500年的变化，今天的事情孔子不知道，但他对人生的基本态度、对人生的基本理解和现代文明是相通的。"价值投资和修身养性的道理也是一致的,拥有纪律和耐心、眼光长远、和企业共成长、乐于分享,这些特质不仅有利于投资,也是提高自我修养的过程。从那些成功的价值投资者身上,我们可以看到他们往往是有道德感和纪律的人,也是能看透事物本质的人。他们对重要的事情明察秋毫,做好万全的准备,对控制不了的事情和无关紧要的事情保持乐观积极的态度。他们在自己的本职工作上很成功,甚至在很多不同领域取得成功,而且也拥有快乐的生活方式。

古今中外,自然世界的物理规律没有发生任何变化,人化世界虽然变幻万千,但是人性没有发生任何变化。我们的世界由无数多个偶然性搭建而成,而偶然性中又隐含了必然性。所有的人和事物,都是普遍联系、互相影响的,没有一个人和一个事物是孤岛。所有的事件都是多因多果的,我们做任何事情,都要抓住推动事物发展的主要矛盾,同时为小概率事件做好准备。简单但最接近本质的做事方法,往往受制于人性最难做到,但最有效。

我们能观察到,所有伟大的公司都是"**务实的理想主义者**"。《基业长青》中写道:"利润是生存的必要条件,而且是达成更重要目的的手段,但对很多高瞻远瞩的公司而言,利润不是目的,利润就像人体需要的氧气、食物、水和血液一样,这些东西不是生命的目的。但是,没有它们,就没有生命。"利润之上的更高追求,在伟大的公司里,更是像"教派般的文化"那样被灌输。价值投资者,也应该是务实的理想主义者,通过终身学习来认知世界规律,通过尊重规律、运用常识、严守纪律和克服人性弱点来获得投资盈利。**在投资盈利之上,价值投资者还有更高的追求。**

价值投资是普世智慧的一个分支。各行各业的成功者,虽然出发的地点、路径和目的不同,但他们看到的都是同一个世界。